浙江省社会科学重点研究基地
浙商研究中心省重点研究项目
（批准号：09JDZS002Z）

自利性和公共性

浙商公共行为与政府公共政策

王春福 /著

中国发展出版社
CHINA DEVELOPMENT PRESS

图书在版编目（CIP）数据

自利性和公共性：浙商公共行为与政府公共政策/王春福著.
北京：中国发展出版社，2012.3
ISBN 978 - 7 - 80234 - 748 - 9

Ⅰ. 自…　Ⅱ. 王…　Ⅲ. 商业企业—企业责任：社会责任—
研究报告—浙江省　Ⅳ. F727.55

中国版本图书馆 CIP 数据核字（2011）第 272105 号

书　　　　名：自利性和公共性：浙商公共行为与政府公共政策
著作责任者：王春福
出 版 发 行：中国发展出版社
　　　　　　（北京市西城区百万庄大街 16 号 8 层　100037）
标 准 书 号：ISBN 978 - 7 - 80234 - 748 - 9
经　销　者：各地新华书店
印　刷　者：北京科信印刷有限公司
开　　　本：700×1000mm　1/16
印　　　张：23.25
字　　　数：388 千字
版　　　次：2012 年 3 月第 1 版
印　　　次：2012 年 3 月第 1 次印刷
定　　　价：48.00 元

咨 询 电 话：(010) 68990642　68990692
购 书 热 线：(010) 68990682　68990686
网　　　址：http://www.develpress.com.cn
电 子 邮 件：fazhanreader@163.com
　　　　　　fazhan02@drc.gov.cn

总 序
Foreword ◣

　　三十年改革开放，华夏风云激荡；十万方浙江大地，浙商风生水起。

　　浙商是中国改革开放时代崛起最早、人数最多、分布最广的浙江企业家和商人群体。浙商的产生、发展、壮大，以及其做出的巨大贡献、取得的辉煌成就和面临的挑战，有许多需要探索解开的谜底，许多值得深入挖掘总结的经验，许多可以深入思考的学理，许多有待研究解决的问题。

　　在改革开放之初，当改革目标尚不明确、经商对错亦无定论之时，浙商就在殴江南北、钱江两岸悄然形成，其中有浙北步鑫生的改革创举，有浙南"八大王"的悲怆故事，还有浙中义乌小商品市场的毁誉泣唱……

　　20世纪90年代初，乘邓小平视察南方讲话发表的春风，浙江涌现出以鲁冠球、宗庆后、徐文荣、南存辉、徐冠巨、李书福等为代表的一大批民营企业家，浙商群体异军突起，越发引人瞩目。

　　到世纪之交，浙商所创造的温州模式、浙江模式不仅成为全国各地学习借鉴的典范，而且强劲地推动浙江区域经济发展，使浙江经济总量在全国的排位从改革开放前的中等水平迅速跃居第四。

　　进入21世纪，面对中国加入WTO、国内市场需求不足和企业融资困难等新情况，浙商跃出国门、冲向世界，在不到10年的时间里，使浙江成为中国外贸大省、百强县中数量众多的经济强省，自身也成为中国财富500强中人数显赫的一个群体。

浙商不仅具有顽强的生命力，而且具有巨大的创新性。她为中国民营化、市场化改革和市场经济的发展，做出了不可磨灭的历史与现实贡献。而今，"三十而立"的浙商，投资播全国，财富遍天下，开始从青春爆发期步入成年稳健期。然而，前所未有的一系列难题，如融资难、招工难、用地难、出口难、转型难、传承难等，又再次摆在浙商面前；改革滞缓造成的不合理制度政策环境，也使不少浙商的行为变形和扭曲，有的企业家蜕变成"弃业家"、投机客。

浙商何去何从？她是否会像历史上的徽商、晋商那样，只能成就一时的辉煌，还是可以浴火重生，成为"地球村"时代、市场经济条件下富有创新精神、与时俱进的现代商帮？新的时代背景和面临的挑战期盼着浙商能够做出新的回答，同时向我们提出了一系列值得深入研究的课题。

在特定时期、特定区域中某个特定商帮的兴起，肯定有天时、地利、人和等多方面的因缘际会。改革开放的时代背景，浙江比较特殊的地理区位条件，义利兼顾的传统文化，勤劳智慧的老百姓，地方政府的顺势而为，可以成为解读浙商形成、壮大的要点。但是，我们仍然有许多值得仔细研究的课题：商帮的兴起需要哪些条件，具有怎样的发展规律和生命周期？前工业革命时期的晋商、徽商等商帮与工业革命以后崛起的浙商有何不同？市场的客观条件与变化、企业的组织形式与选择、政府的制度与政策，地区的传统与文化等等，它们是如何发挥各自的作用，并共同影响一个商帮的形成、发展、走向和命运？

一方水土养一方人。中国地域辽阔，不同区域文化差异明显。当代浙商与其他区域的商帮，如粤商、苏商、鲁商、闽商等，有何异同，各有哪些优势与劣势？通过系统深入的比较研究，可以得出怎样的结论，获得哪些启发，并有助于推动各地商帮的现代化？

浙商是一个人数众多的庞大群体。她的地域（省内外、国内外）分布、行业分布有何特征，具有怎样的变化趋势？她的构成来源，年龄、性别、学历结构和产业选择，有何变化规律？

　　浙商商会（行业协会）尤其是外埠的商会具有什么样的组织特点和功能？商会对于浙商的发展壮大具有何种作用，应当如何更好地发挥作用？

　　如从个体着眼，浙商则是千姿百态的。他们有不同的家庭与职业出身，不同的创业经历，不同的经营理念，不同的人生境遇、追求与命运，有的若灿烂的流星，有的如持久的恒星。他们中的每一位，无论是成功还是失败，是持续还是退出经营活动，都可以从多个学科维度——管理学、经济学、文化学、政治学、法学、心理学、史学等——进行考察。这种考察分析深入持续下去，相信对于相关的学科领域的发展及其本土化，有不可忽视的作用，同时也会为今后新生代企业家的成长提供宝贵的经验教训。

　　着眼于当下，浙商应当如何突破各种瓶颈制约，实现行业选择、经营管理和企业组织的转型升级？应当如何实现省内浙商和省外浙商的比翼双飞、合作双赢？政府如何在制度环境、经济政策方面促进浙商的转型升级，进一步推动浙商的创新创业，吸引外埠浙商回归反哺浙江经济社会的现代化发展？

　　综上所述，浙商研究，论题多多，机会多多，而难度和挑战也是不小的。只要我们精心组织，理论与实践密切结合，从各个角度、不同学科深入系统地调查研究浙商，相信既可推进理论的发展，又可指导浙商的现代转型，还可为政府科学制订政策提供理论依据。

　　依托浙江工商大学建立的浙江省浙商研究中心是浙江省首批哲学社会科学重点研究基地之一，于2006年批准成立，已经取得了丰硕的研究成果，成为浙商研究颇有影响力的"重镇"。现在，我们组织浙商研究中心内外的研究力量，精选论题，将陆续推出的这套"浙商研究中心精品系列"，就是试图为实现以上目标做出的新贡献。

　　是为序。

张仁寿

2012 年 3 月

目 录
Contents

第一章　导　论

　　浙商主要是指当代浙商，是伴随着中国改革开放以来，生产资料所有制关系重大调整而崛起的浙江商人群体。浙商的发展得益于公有制为主体多种所有制经济共同发展的制度设计，也得益于地方政府的政策扶持。浙商作为新兴的、颇具实力的投资者和经营者群体，不仅对经济发展发挥了巨大的推动作用，而且以其公共行为在公共治理中也成为一支不可忽视的力量。

第一节　研究的背景和意义

一、研究的背景

（一）历史背景

　　自利性和公共性是人类本性的两个方面。在古希腊和古罗马时期，人的公共性比较充分地显示了自身所具有的重要的意义。而到了中世纪，在宗教神学的奴役下人的本性由于被扭曲而苦苦挣扎，禁欲主义压抑了人的自利性，公共性被宗教神学异化为神的特性。伴随着启蒙运动对人性的呼唤，人的本性开始回归。启蒙运动的思想家们用"人性"取代"神性"，用理性崇拜取代宗教偶像，用"天赋人权"否定"君权神授"，用自由对抗暴政，用人生而平等反对封建等级特权，恢复了人的价值，彰显了人的本性。伴随着启蒙运动的呼唤，是人的主体意识的觉醒和主体性的回归。人的主体性的确立，使人释放出空前的能量：人们相信自身可以无往而不胜，能够征服一切对象；人们相信理性是万能的，可以获得一切知识。人性的张扬冲破专制的束缚，以人的自利性为基础形成了积极的个人主义，成为推动经济社会发展的内在动力。启蒙运动呼唤人的理性，张扬人的个性，关注个人的自由和权利，使人性中的自利性不断强化，从而也遮蔽了公共性的一面。启蒙运动的意义在于通过对人的理性的呼唤和个性的张扬，充分显示了人的自利性对实现经济繁荣的积极意义，推动了人类社会从传统社会向现代社会转型，加快了现代化的步伐。但是，相伴而来的是人的公共性的逐渐失落，以至于几乎使人类丧失了公共生活的价值。人类在对启蒙运动以来所走过的历程进行反思的过程中，开始重新审视公共性的意义，使21世纪成为呼唤公共性的时代。民营企业通过其公共行为由自利性不断地向公共性展开，恰恰适应了这一历史发展的大趋势。

人性中自利性与公共性的矛盾，在公共治理活动中，主要通过政府、市场和社会的关系来展现。近代以来，在市场经济大发展的推动下，政府、市场和社会的矛盾也逐渐彰显出来，使正确处理政府、市场和社会的关系成为公共治理的永恒主题。企业，特别是民营企业的发展壮大，重构了政府、市场和社会的关系。在政府和市场的关系上，亚当·斯密主张更多地诉诸市场这只"看不见的手"，结果由于市场自身的缺陷，导致了周期性的经济危机，市场失灵了。凯恩斯则强调应发挥两只手的作用，尤其青睐政府这只"看得见的手"，随着政府职能的不断膨胀，结果政府也失灵了。政府不仅不能解决问题，而且成了问题本身。西方新公共管理运动要在公共治理中引入市场机制，收缩政府的职能，重新诉诸市场以解决政府失灵问题。金融危机的爆发暴露了新公共管理治理模式的诸多问题。在政府失灵和市场失灵的双重压力下，是否可以诉诸于社会，然而，社会是否也会失灵，回答应该是肯定的。社会之所以也存在失灵的可能，原因在于社会资源在不同群体之间的非均衡分布。社会是分为不同阶层和群体的，由于他们占有的社会资源不同，组织化程度不同，社会影响力也不同，因此为本阶层和群体谋取利益的能力也存在差异。不同的阶层和群体由于受自利性的影响，都存在着为本阶层和群体争得更多利益的冲动。组织化程度比较高的阶层和群体，往往会比组织化程度比较低的阶层和群体能够为自身争得更多的利益。在政府和社会的关系上，政府象征着秩序，而社会则需要更多的自由。哈耶克强调自由的绝对意义，亨廷顿则认为秩序比自由更重要。是管理多一些，还是服务多一些，政府和社会在强与弱的不同组合中进行着力量不均衡的博弈。政府和社会是否可以同在公共理念之下，通过平等协商来解决公共治理中的问题？人们在苦苦追寻，探求公共治理的新模式。游走于政府、市场和社会之间，无非是要寻找政府、市场和社会的最佳结合点，以摆脱各种"失灵"给人类带来的烦恼。这种最佳结合点在逻辑上可以成立，但在实践中只能无限地接近。政府、市场和社会的最佳结合点就是它们的完全融合，到那时三者的矛盾消失了，政府、市场和社会的分野也就失去了意义。

事实上，寻求政府、市场和社会的最佳结合点，归根结底是寻求解决自利性和公共性矛盾的根本途径。从"应然"的角度来说，政府行使的是公共权力，应代表公共利益，体现为公共性。但从"实然"角度来看，政府也没有摆脱自利性的纠缠，更多地关注自身利益是导致政府失灵的根本原因。政府公共性的回归是政府克服自身失灵的根本前提。"理性经济人"假设揭示了市场主体的根本特征，追求自身利益的最大化成为推动市场主体逐利行为的根本动力，然而，市场主体的自利性也是造成市场失灵的罪魁祸首。当然，即使是作为理性经济人的市场主体也具有公共性的一面，这是克服市场失灵的积极因素。当社会不同阶层和群体出于自利性力图为本阶层和群体谋取更多利益的时候，这里的自利性已经不是纯粹意义的自利性了，它已具有了一定的公共性特征。因此，从这个意义上可以说，社会是由自利性向公共性过渡的桥梁和纽带。要想接近政府、市场和社会的最佳结合点，就必须不断提升各自的公共性。这依赖于政府、市场和社会之间的良性互动。民营企业的公共行为恰恰为政府、市场和社会的良性互动提供了重要的前提条件。

（二）国际背景

对浙商公共行为与政府政策导向的研究，是在特定的国际背景下进行的，这也赋予了浙商公共行为以特殊的意义。由于受国际金融危机的影响，世界经济进入了新一轮的衰退期。尽管从 2009 年第三季度起世界经济结束衰退，并于 2010 年基本确立了复苏的态势，后金融危机时代或已到来，但是国际金融危机的深层次影响远没有结束。世界经济还存在着新一轮探底的可能。这不仅影响世界的经济格局，也影响着世界的政治格局和治理结构。浙商创办的企业以外向型企业居多，世界经济格局的新变化，事实已经证明，对浙商的发展造成了非常大的影响。

伴随着后金融危机时代的到来，加上其他复杂因素的影响，国际经济、政治局势都呈现出一些新的特点。"一是世界经济增长和市场需求发生新变化。世界经济不确定性仍然较大，国际金融危机的深层次影响依然存在，各国经济复苏仍不均衡，贸易保护主义有所抬头。主要发达国家失业率居高不下、消费不振，房地产、金融等支柱产业在危机中受到重创，新的经济增长点短期内还难以形成。一些国家政府负债过高，财政收支矛盾突出，其潜在危害和影响不容小视。特别是一些主要经济体为刺激本国经济复苏，持续实施扩张性货币政策，大量投放流动性，可能会引起国际金融市场的动荡，推动能源资源等大宗商品价格上涨；热钱的涌入也会对新兴经济体发展带来冲击。与此同时，世界范围内经济结构重组引人关注。一些发达国家开始倡导储蓄、鼓励出口并支持实体经济发展，试图解决财政赤字和政府债务过高、经济'虚拟化'等问题。有的发达国家还实施扩大出口战略，推行产业回归和制造业再造，力求改善贸易失衡状况。世界经济缓慢增长，全球需求结构明显变化，对我国稳定和拓展外需、保持经济平稳较快发展形成新的压力，也对我们在内需和外需的平衡中把握机遇、应对挑战提出了新的要求。二是科技创新和产业升级孕育新突破。国际金融危机催生新的科技革命，世界可能进入创新集聚爆发和新兴产业加速成长时期，绿色发展成为一大趋势。不少发达国家在应对危机中提出'绿色新政'，制定未来发展战略，大幅增加研发投入，支持新能源、生物医药、信息网络等领域创新发展。全球范围内，绿色经济、低碳技术等正在兴起，抢占未来发展制高点的竞争日趋激烈。在有些领域，新兴经济体与发达国家的差距相对较小。在这样的背景下，只要我们把握趋势、应对得当，就可能抢占先机、赢得优势，推动实现跨越式发展。否则，就会贻误时机，难以实现赶超，甚至陷于被动和落后。三是国际治理结构出现新调整。经历金融危机的洗礼，国际社会积极推动全球治理结构和金融监管制度改革。通过改进和完善已有架构，形成一个有利于兼顾公平和效率的全球治理体系，以反映国际政治经济格局的变化，已成为各方共识。世界银行、国际货币基金组织治理结构调整已经实施或正在推进，新兴经济体和发展中国家话语权有所增强。各国围绕气候变化、能源资源安全、粮食安全、公共卫生安全等全球性问题的合作与博弈强化，牵动着国际关系调整演变和国际力量分化组合。如何适应国际政治经济格局变化，趋利避害，有所作为，是我们面临的新课题。"[1] 这一切都为浙商的发展提出了新要求，使浙商转型升级的任务迫在眉睫。

（三）国内背景

从国内来看，我国正处于社会结构转型的关键时期。所谓社会结构，就是社会各种构成要素之间所形成的相对稳定的关系，主要包括社会经济结构、社

---

[1]　李克强：《深刻理解〈建议〉主题主线　促进经济社会全面协调可持续发展》，《人民日报》2010年11月15日。

会职业结构、社会分配结构、社会阶层结构、社会组织结构、社会行为结构、社会价值结构。社会结构转型通常是从社会经济结构的变迁开始，由此引发了社会职业结构和社会分配结构的转变，这必然带来社会阶层结构的变化。伴随着社会阶层的分化，重组社会的阶层结构势所必然。随着不同社会阶层组织化程度的不断提高，也带来了不同社会阶层组织化程度上的差异，形成新的社会组织结构。这一切，或迟或早地要改变社会的行为方式和重构社会的价值体系，使社会转型向更深层次的社会文化结构转型推进。社会结构转型对社会的影响是全面的、深远的，带来的是经济、政治、文化和社会所有领域全方位的系统重构，使经济发展和社会结构变化呈现出许多新的特点。

改革开放这30多年，恰恰是我国社会结构转型步伐加快的时期，而且，结构转型同体制转轨相交织形成了一种力的叠加，冲击着人们传统的观念和传统的行为方式。在我国现阶段，社会转型是与新兴工业化道路相联系的社会结构变革。这场变革也是同计划经济体制向市场经济体制转轨相联系的制度和体制上的变革，由此引起的社会结构的变动空前复杂。尽管我国由农业社会向工业社会转型已接近尾声，总体上已经进入工业社会，但这种转型所带来的影响还会持续相当长的时间。与此相伴随的由工业社会向后工业社会转型的大门已经开启，为社会结构转型增添了新的内容，也带来了新的矛盾。随着社会结构转型步伐的不断加快，社会矛盾也会突显出来。

30多年来，伴随着社会主义市场经济体制的建立和完善，一个新的社会阶层正在崛起。民营企业家阶层从小到大，由弱到强，在国家经济社会发展中发挥着重要的作用。伴随着这个阶层的成长壮大，他们在不断扩大经营规模，提升经营层次，以谋得更多的自身利益的同时，在公共事务领域也发挥着越来越重要的作用。他们投资于公共产品领域，既扩大了企业的经营范围，也弥补政府财政资金的不足；他们参与公共权力的运作过程，表达自己的利益诉求，以影响政府的公共政策；他们履行社会责任，开展慈善活动，弘扬公共精神；他们组织民间社团，构建公共领域，为公民社会的培育和发展不遗余力。民营企业家阶层无论是在经济、政治，还是文化和社会领域，都成为一支不可忽视的力量。伴随着经济力量的增长，他们的政治要求也越来越强烈。他们以自身占有的资源活跃在社会的大舞台之上，正在上演着从配角到主角的历史活剧，并在不断显现着自身的影响力，已经成为政府乃至全社会都必须认真对待的一个阶层。他们在同政府通过各种途径的互动中，争取话语权，对政府公共政策的影响不可低估。这30多年也是浙商兴起和发展的重要历史时期，从目前来看，浙商已成为民营企业家阶层中，最具影响力的群体。为了使这一阶层更好地发挥其应有的积极作用，政府也必须通过公共政策予以正确引导，不断提升其公共行为的公共性。

这30多年，从全社会来看，经济的发展带来了收入水平的提高。伴随着收入水平的不断提高，消费结构将持续升级，从而拉动了投资结构和产业结构的升级。目前，在经济快速增长变动中，经济结构升级的约束逐步增多，整个社会结构平衡的难度也在不断加大，经济转型的进程中存在不少需要解决的矛盾和问题。传统的经济增长模式遭遇了前所未有的挑战。尽管中国经济在国际金融危机之后，率先走出低谷，但是转变经济发展方式的任务还很艰巨。伴随着人民生活水平的不断提高，"人民群众对提高生活水平和质量有了新期待。群众的温饱问题基本解决后，对提高生活水平和改善生活质量的愿望明显增强。近些年来，尽管我国社会事业有了很大进步，但总体上依然滞后于经济发展，仍是现代化建设中的一块'短板'。在就业、教育、住房、医疗卫生、环境保护、社会保障等关系群众切身利益的领域，还存在不少难点和焦点问题，基本公共服务的可及性、公平性仍然不够。社会主体的多元性、独立性、选择性增强，而社会建设还不到位，经验缺乏，人才也不足。这些都与人民群众对过上更好生活的新期待有较大差距。"① 调整经济发展结构，改善民生，实现基本公共服务均等化，已成为后金融危机时代我国面临的主要任务。伴随着国内经济发展结构的战略性调整，既为浙商的发展带来了挑战，也带来了机遇。浙商创办的企业从总体上看还是以中小企业为主，目前中小企业的发展面临诸多困难。适应经济发展结构战略性调整和改善民生，实现基本公共服务均等化的需要，积极参与公共产品供给可能成为浙商转型升级和进一步发展新的增长点。2010年5月国务院出台了《关于鼓励和引导民间投资健康发展的若干意见》，称为"新36条"，几乎向民间资本开放了所有的公共产品领域，为民间资本参与公共产品供给敞开了大门。但民间资本真正进入还需要出台一系列的配套政策，打破事实上的垄断问题。这就需要浙商积极参与公共权力的运作，通过各种形式同政府进行积极的互动，表达自己的政策需求。在这一过程中，民间商会要发挥

---

① 李克强：《深刻理解〈建议〉主题主线　促进经济社会全面协调可持续发展》，《人民日报》2010年11月15日。

自身应有的作用，使政府能够真正为浙商公共行为营造良好的制度生态和政策环境。

二、研究的意义

在金融危机的影响下，浙商的发展也一度陷入困境，促使其将全部的精力倾注于企业的经营活动，公共行为被弱化。当浙商从金融危机的阴影中走出之后，其公共行为就具有进一步展示的条件和空间。浙商如何顺应后金融危机时代的呼唤，强化其公共行为，政府如何为浙商的公共行为提供相应的政策环境，是一个非常值得探讨的问题。之所以要探讨浙商公共行为的政策环境问题，可以肯定的回答，在相应的政策环境的作用下浙商的公共行为会进一步地展现出来。因为公共性毕竟是人性中的一个重要方面，更何况改革开放以来浙商的发展同公共性还有着千丝万缕的联系。浙商发展的初始阶段恰恰得益于公共权力的无为而治，为其发展留下的广阔空间。

随着浙商的发展与壮大，浙江商人的影响力不仅仅局限于经济领域，越来越多的浙商将他们的目光投向公共事务领域，例如，参与地方公共产品的供给，支持农村基础设施建设；积极进行政治参与，加入人大、政协、政党等组织；对社会的弱势群体开展了慈善捐助；促进民间商会、行业协会的成长与发展，等等。但由于受金融危机的影响，浙商的发展遇到了前所未有的困难。然而，浙商在转型升级中迎接后危机时代的到来，正在重新崛起，其公共行为必将成为浙商进一步发展的取向之一。

由于一方面浙商自身存在着认识上的局限性、利益上的趋向性，另一方面由于传统政府职能的限制，政策法规的配套等问题，使得浙商的公共行为具有自发性、不稳定性等特点。因此，研究浙商的公共行为，为提升其公共行为的公共性提供制度上的保证和政策上的引导，无论是对浙商自身的发展，还是对我国搞好公共产品供给、推进民主政治建设、促进精神文明、发展公民社会，建设社会主义和谐社会都具有重大的理论和实践意义。

第二节　相关概念的内涵解析

一、浙商内涵解析

在当代中国，浙商无疑是人数最多、分布最广、实力最强的一个投资者、经营者群体，是推动浙江经济发展和创造"浙江现象"的主力军，其知名度、美誉度和影响力都已远远超越省域范围。① 浙商是对浙江商人群体的一种称谓，既包括浙江民营企业的创办者，也包括从浙江走出去的在全国各地乃至世界各地创办企业的浙江商人。这里所说的浙商主要是指当代浙江商人，他们是改革开放以来，伴随着个体私营经济的发展成长起来的民间商人。根据浙江省工商局公布的数据，截至 2010 年 6 月底，全省私营企业总数已达到 60.47 万户，首次突破 60 万大关；注册资本总数达 14835 亿元。浙江省还有 160 多万个体劳动者。浙江省个私经济总产值、社会消费品零售额、出口创汇额等指标连续多年居全国第一。

浙商是浙江人中的商人。"浙江人"主要是由两类人组成，一类是指有浙江血统、籍贯和文化基因的人；另一类是指虽然没有浙江血统、籍贯和文化基因，但生活在浙江和融入浙江的自然和人文环境中，并认同浙江文化的人。很多人尽管不在浙江出生，但他们长期居住在浙江，生活在浙江，喜欢浙江的山水自然和社会人文，融入浙江社会和认同浙江文化，认定自己是浙江人或新浙江人。这后一类人在浙江人中占有相当的比例。② "商人"通常是指做买卖的人。据有关学者考证，之所以把做买卖的人称为商人，可以追溯到殷商时期。在商朝繁盛时期，一部分商族人经常到周边民族地区以农贸产品互换方式进行买卖，在外族人心目中，做买卖的就是商族人。商朝灭亡后，商族人做买卖的就更多了，虽然后来随着历史的发展，买卖已不再以商族人为主体，但人们仍习惯把"商人"作为买卖人的通称，而且一直延续至今。如果给商人做一个界定，商人是指以一定的自身或社会有形资源或无形资源为工具获取利润并负有一定社会责任的人，或者是指以自己名义实施商业行为并以此为常业的人。

浙商作为一个群体，不仅仅是指做买卖的生意人，也包括创办企业的企业家。他们具有商人的一般属性或共同特征，也有自身的特殊性。浙商既表明他们与历史上的晋商、徽商相区别，也表明他们与当代的粤商、闽商、苏商、鲁商、京商等相区别的特性。勤奋、务实、和合、功利，敢为天下先，善于夹缝中求生存的草根精神，可以在一定意义上反映浙商的特点。正是由于其固有的特点，使浙商

---

① 张仁寿、杨轶清：《浙商：成长背景、群体特征及其未来走向》，《商业经济与管理》2006 年第 6 期。

② 吕福新等：《浙商论》，中国发展出版社 2009 年版，第 4 页。

开个体私营经济发展之先河，成为当代中国商人的先锋。浙商又是温州商人、宁波商人、台州商人、绍兴商人和杭州商人等的总称，他们既具有浙商共同的本质特征，又具有各自的独立特性，形成了内涵丰富的浙江商人群体。

二、公共行为内涵解析

公共行为是一个比较宽泛的概念，凡是与公共性相关联的行为都可以称为公共行为。公共性强调的是"一个人从只关心自我或自我的利益发展到超越自我，能够理解他人的利益。它意味着一个人具有这样一种能力，它能够理解其行为对他人所产生的结果"。[①] 一个人从只关心自我的利益发展到能够理解他人的利益，就具有了公共性，与此相关联的行为就可以称为公共行为。在行为前面加"公共"两字，表明它与私人行为相区别，也表明行为的对象是社会公共事务，行为目的指向公共利益，意味着行为所要承担的社会责任和义务以及行为主体行为的公开性。

最早提出"自利人"假设的亚当·斯密也承认，人性中具有与同情心相联系的利他性的一面，他指出："无论人们会认为某人怎样自私，这个人的天赋中总是明显地存在着这样一些本性，这些本性使他关心别人的命运，把别人的幸福看成是自己的事情，虽然它除了看到别人幸福而感到高兴以外，一无所得。"[②] 人在本性中就存在着与公共性相关联的因素，因此人的公共行为是有其内在根据的。在马克思主义看来，"一个人的发展取决于和他直接或间接进行交往的其他一切人的发展"。[③] 一个人的发展如果离开了其他人的发展，就成为不可能的事情。因此，公共性不仅是人性中的一个方面，而且是"自我"得以实现的一个不可或缺的条件。

自然属性和社会属性是人的两种属性，自然属性在人性中更多地体现为人的自利性，而社会属性在人性中就更多地体现为人的公共性。人性同人的需要也是密切相关的，人有自然性需要和社会性需要，自然性需要往往同自利性相关联，社会性需要往往同公共性相关联。人的本性就是自利性和公共性的统一。脱离了人的公共性一面，任何社会都无法维持。在市场经济条件下，市场主体

---

① ［美］乔治·弗雷德里克森著，张成福等译：《公共行政的精神》，中国人民大学出版社 2003 年版，第 18 页。

② ［英］亚当·斯密著，蒋自强等译：《道德情操论》，商务印书馆 1997 年版，第 1 页。

③ 《马克思恩格斯全集》（第 3 卷），人民出版社 1976 年版，第 515 页。

更多地表现为自利性。"理性经济人"假设，概括了市场主体的本质特征。然而，他们也具有一切人都具有的公共性的一面。这决定市场主体的行为更多地表现为自利行为，但其公共行为也会在特定的条件下展现出来。

三、浙商公共行为内涵解析

所谓浙商的公共行为，就是指浙商所参与的与公共事务相关联的具有公共性特征的行为，主要包括参与公共产品供给、公共权力运作、公共精神积淀和公共领域建构方面的行为。浙商的公共行为是与其经营行为相区别的一种行为。经营行为通常是指企业为牟取利润而进行的活动。而浙商的公共行为则主要是为了保障和增进国家、民族整体或者某个特定群体的相关利益，促进社会整体发展和企业自身发展，正确运用掌握的资源和各种行之有效的手段和方法，参与社会公共事务的行为。例如，参与公共产品的供给，建立学校、修建公路，参与农村基础设施建设；积极进行政治参与活动，加入人大、政协等组织参政议政，加入中国共产党的队伍，履行为人民服务的宗旨；对社会弱势群体的慈善行为，特别是在发生重大灾难时的捐助活动；组建民间商会、行业协会，促进其成长与发展；等等。把浙商与公共行为联系起来，一方面明确了行为的主体，另一方面也明确了行为的客体，同时也表明了行为的目标。

浙商公共行为的主体就是浙商本身。在当今社会，公共行为的主体已经多元化了，而浙商公共行为的主体毫无疑问就是浙江商人，它既可以是个体，也可以是群体和企业，而且更多的是以企业的形式出现，也就是浙商创办的民营企业。关于民营企业的概念，政府部门和学术界都存在着不同的看法，界定的标准和范围也不尽相同。一种观点认为，民营企业是民间私人投资、民间私人经营、民间私人享受投资收益、民间私人承担经营风险的法人经济实体；另一种观点则认为，民营企业是相对国营企业或国有企业而言的企业。按照民营企业实行的所有制形式不同，可分为国有民营和私有民营两种类型。实行国有民营企业的产权归国家所有，租赁者按市场经济的要求自筹资金、自主经营、自负盈亏、自担风险。私有民营是指个体企业和私营企业。还有一种观点认为，应该以企业的资本来源和构成来界定企业的性质。企业的资本以民间资产（包括资金、动产和不动产）作为投资主体，即可称之为"民营企业"。不管民营企业如何界定，浙商创办的民营企业主要包括两种类型，即私人企业和合作企业。这表明了浙商作为公共行为主体的特殊性。

浙商公共行为的客体就是社会公共事务。社会公共事务这一概念涉及的领域十分广泛，在社会生活中几乎无所不包。社会公共事务涵盖了所有与国家利益和社会公共利益有关的事物。包括经济、财政、教育、科学、文化、卫生、体育、外事、邮政、交通、民族事务、国防建设、公共安全和环境保护等。浙商公共行为的客体具有社会性的特点。所谓社会性，就是社会公共事务归根结底体现了社会生活中人与人的关系。浙商作为企业的经营者，首要的职能就是通过经营运作达到企业利润最大化。而相对于经营行为而言，浙商的公共行为就是运用企业资源履行社会责任，为社会公众提供服务。浙商公共行为的客体体现出公共性的特点。社会公共事务是社会成员共同享有的各种事务。浙商公共行为从本质上来说，主要是维护和追求"公共利益"，这同企业经营行为追求的是私人利益有所不同。浙商公共行为的客体具有动态性的特点。社会公共事务是随着社会的发展而发展的。由于不同时代人类社会的实践能力、实践范围不同，因此，所面对的社会公共事务也不同。

浙商公共行为的价值目标与经营行为的价值目标有所不同。浙商经营行为的价值目标是追求企业利润最大化、收益最大化。浙商作为一种"经济主体"、"市场主体"、"自利主体"，它遵循的是市场规则，必然要受到市场规律的支配。浙商企业经营行为的核心价值是效率，是以相同的投入获取最大的产出，其本质是追求私人利益的最大化。虽然，浙商在追求自身利益最大化的同时提供了社会需要的产品，上缴了税赋，创造了有益于整个社会发展的价值。但就其基本动机而言，为社会提供产品只是手段，追求自身利润的最大化才是目的。而浙商的公共行为的价值目标主要是如何满足公共利益，这是浙商公共行为的本质特征。对于浙商公共行为的评价，更重要的是要看它在多大程度上满足了社会多数人的需要，多大程度上实现了公共利益。公共行为的目标价值就是有效地保障和增进国家、民族整体或者某个特定群体的公共利益，促进社会整体发展，促进社会福利的最大化。虽然，浙商公共行为和经营行为价值目标的侧重点有所不同，但是，两者之间并不是完全对立的，而是相互联系、相互促进的。不仅如此，公共行为和经营行为的边界也不是一成不变的。在鼓励民间资本进入公共服务领域政策的引领下，一些民营企业通过特许经营等形式参与提供公共产品和公共服务，这不仅是企业的公共行为，也是企业的经营行为。

浙商的公共行为不只是一种利他行为，也有利于自身的发展，因此，是由浙商人性中的自利性和公共性共同推动的。浙商的公共行为对企业自身发展的作用主要表现在以下方面：一是有利于增加企业自身的利益。在市场经济体制下，追求利润是企业的首要任务。企业从事公共行为，承担社会责任要支付额外的成本，这就意味着企业当期利润的部分丧失或让度，但如果换个角度考虑，情况就未必如此。民营企业在力所能及的范围内进行一些公共活动，从短期看，或许不能为企业带来直接的经营业绩，但从长期看，这种行为改善了企业的社会形象和生存环境，在获得社会各界的支持的同时，也提供了企业品牌扩展的机会。从这个意义上讲，民营企业在利他的同时，也在利己。企业的公共行为与市场经济的本质要求并不仅仅只有冲突，而且也有一致性。一个有远见的企业家不仅应追求企业的短期利润，更应关注企业长期盈利的能力，从而在市场竞争中赢得更有利的地位。二是有利于企业的可持续发展。在现代社会，企业存在的意义已经超越了单纯牟利的范畴。企业若想获得持续的发展就必须承担社会责任，积极创造社会财富，而不仅仅是追求自身的利润。企业的可持续发展要求企业必须关心所处社会的全面的和长远的利益，注重社会效益，并且全面履行社会责任和义务。由于企业的公共行为改善了企业形象，吸引了大量人才，取得了竞争优势，同样会增加企业的收益。企业的公共行为和经营业绩之间有着正相关关系。三是有利于塑造良好的企业形象。企业承担社会责任，保护和改善生态环境，积极参加公益事业，提供满意的公共产品和优质服务，有利于树立企业良好的公众形象，赢得商誉，能够获得利益相关者的认同和支持，累积无形资产。同时，民营企业家通过行业协会有更多的机会与政府进行接触和交流，在社会中获得一定的声望和地位，进而提高企业在公众心目中的形象，更有利于企业自身的发展。四是有利于优化企业生存和发展的环境。浙商通过各种参与活动，表达自己的诉求，通过与公共权力机关的良性互动，在制度设计和政策供给上发挥一定的作用，能够为企业的生存和发展营造良好的制度和政策环境，更有利于推动企业的发展。

第三节　国内外相关研究综述

一、关于企业公共行为的研究
（一）国外学者的相关研究

国外学者虽然没有直接对企业特别是民营企业的公共行为进行全面研究，但对企业参与公共产品生产，企业的慈善事业等社会责任问题涉猎较多。国外学者作出的努力其重要意义在于，从不同角度为研究民营企业的公共行为奠定了重要理论基础。

1. 关于私人提供公共产品的研究

公共产品是西方经济学的一个基本概念。林达尔均衡（Lindhl equilibrium）是公共产品理论最早的研究成果之一，其基本观点是：个人通过对公共产品的供给水平以及它们之间的成本分配进行讨价还价，并实现讨价还价的均衡。林达尔认为，公共产品价格并非取决于某些政治选择机制和强制性税收，恰恰相反，每个人都面临着根据自己意愿确定的价格，并均可按照这种价格购买公共产品总量。处于均衡状态时，这些价格使每个人需要的公用产品量相同，并与应该提供的公用产品量保持一致。[①] 萨缪尔森（Paul Samuelson）通过"公共支出的纯粹理论"和"公共支出理论的图式探讨"，提出并部分地解决了公共产品理论的一些核心问题。他把公共产品定义为：每一个人对这种产品的消费并不减少任何其他人也对这种产品的消费。这已成为经济学关于纯公共产品的经典定义。而且他认为，林达尔均衡理论并没有解决公共产品供给的最优均衡问题，因为每个人都有将其真正边际支付愿望予以支付的共同契机，所以林达尔均衡产生的公共产品供给均衡水平将会远低于最优水平。[②] 克拉克（Clark）等人探讨了激励机制的设计问题，力图设计一种计划程序诱导个人基于自己的利益而真实显示其对公共产品的偏好。科斯（Ronald Coase）的产权理论揭示了私人参与公共产品生产的可能性。科斯认为，由于私有企业的产权人享有剩余利润占有权，因此产权人有较强的激励动机去不断提高企业的效益。没有产权的社会是一个效率低下、资源配置无效的社会。只要交易界区清晰，交易成本为零，市场机制就是充分有效的，经济当事人相互间的纠纷就可以通过市场交易来解决，从而也就根治了外部性问题。[③] 布坎南（James Buchanan）的俱乐部理论、公共选择理论，进一步拓宽了公共产品问题的研究领域。"俱乐部的经济理论"首次对准公共产品进行了研究，认为只要是集体或社会团体决定，为了某种原因通过集体组织提供的物品或服务就是公共产品。他的公共选择理论通过"非

---

① Keithl. Dougherty, 2003, Public goods theory from eighteenth century political philosophy to twentieth century economics, Public Choice 117: pp. 239 ~ 253。

② Samuelson, Paul, 1954, The Pure Theory of Public Expenditure, Review of Economics and Statistics, 36 (Nov), pp. 388 ~ 389。

③ ［美］科斯等著，刘守英等译：《财产权利与制度变迁》，三联书店1994年版，第181~191页。

市场决策"，开辟了公共产品研究的新领域。① 桑得莫（A. Sandom）的"公共产品与消费技术"着重从消费技术角度研究了准公共产品问题。萨瓦斯（E. S. Savas）在公共产品的供给上提出了公私伙伴关系的观点，并对公私合作的方式进行了较为详细的研究，认为其主要方式有政府出售、政府间协议、合同承包、特许经营、补助、凭单、自由市场、志愿服务等。② 埃利诺·奥斯特罗姆（Elinor Ostrom）等人的"多中心"理论，提出了公共产品治理的新模式。他们在传统的中央集权和彻底私有化之外，从博弈的角度探讨了社会自主治理的可能性，其目的是探求政府、市场和社会在公共产品供给中的特定作用，以达到最佳的互动效果，提高供给效率。③ 上述理论为企业参与公共产品供给提供了较为系统的理论支持。

2. 关于政治参与问题的研究

为了克服西方代议民主制的弊端，政治参与问题已成为当代西方民主理论研究的核心问题。现代意义的公民参与思想源自于卢梭（Jean – Jacques Rousseau）的人民主权理论。托克维尔（Alexis de Tocqueville）第一个较系统论述了公民参与理论及实践意义。在当代，政治参与理论得到了进一步的发展。以托夫勒（Alvin Toffler）和奈斯比特（John Naisbltt）为代表的参与民主论，把实现普通公民最大限度的政治参与作为目标。托夫勒以人类文明发展的"三次浪潮"为主线，着重论述了实行参与民主制的历史必然性，并提出了"少数派权力、半直接民主、决策分工"等新的政治结构原则，使参与制民主有了比较充实的内容。④ 奈斯比特的"共同参与民主制"（Participatory Democracy）侧重阐述了参与民主制的内容及在实践中的主要表现。⑤ 多元民主论把公共政策看做是不同利益集团相互竞争、妥协和交易的产物，主张通过利益集团参与国家政治生活。罗伯特·达尔（Robeet Dahl）就认为，利益集团是必要的、正常的、

---

① James M. Buchanan, 1965, An Economic Theory of Clubs Economica, New Series, Vol. 32, No. 125, pp. 1 ~ 14。

② ［美］E. S. 萨瓦斯著，周志忍等译：《民营化与公司部门的伙伴关系》，中国人民大学出版社2003 年版，第 116 ~ 138 页。

③ ［美］埃利诺·奥斯特罗姆著，余逊达等译：《公共事务的治理之道》，三联书店 2000 年版，第 50 ~ 68 页。

④ ［美］阿尔温·托夫勒著，朱志焱等译：《第三次浪潮》，三联书店 1983 年版，第 504 ~ 533 页。

⑤ ［美］约翰·奈斯比特著，梅艳译：《大趋势——改变我们生活的十大新趋向》，中国社会科学出版社 1984 年版，第 163 ~ 182 页。

理想的政治生活的参与者。① 公共选择理论以理性经济人和市场交易两个经济学概念为工具，分析了公众决策规则与理性经济人的内在矛盾，开辟了公民参与研究的新领域。② 托马斯·戴伊（Thomas R. Dye）的精英民主论把政治参与仅仅看做是选择政治精英的一种机制。③ 技术民主论认为，高科技的发展为民主的实施提供了现代化手段，使公众更有效、更广泛地参与政治活动。阿尔蒙德（Almond Gabriel Abraham）通过大规模的抽样调查，运用政治文化跨国比较研究的方法得出结论：公民文化的差异决定了公民参与的方式和结构。以塞缪尔·亨廷顿（Samuel Huntington）为代表的稳定民主论提出了"有限参与"的理论，揭示了现代化过程中，政治发展、政治参与和政治稳定的关系。④ 协商民主理论是民主理论发展的最新成果之一，约瑟夫·毕塞特（Joseph M. Bessete）首次从学术意义上使用了"协商民主"一词，开启了协商民主学理研究之门。⑤ 伯纳德·曼宁（Benard Mannin）和乔舒亚·科恩（Joshua Cohen）真正赋予协商民主以学理性含义。⑥ 协商民主强调公共理性基础上的平等协商，提升了政治参与的层次，现已形成比较系统的理论体系，成为当代民主理论中最具影响力的理论。

3. 关于企业社会责任的研究

对企业社会责任（Corporate Social Responsibility）的研究，首先揭示了它的内涵、根据和意义。博文（H. R. Bowen）被誉为现代企业社会责任研究的开拓者。他看到了大型公司所拥有的权力及其经营活动对社会所造成的重要影响，因而提出企业应该为社会承担什么责任的问题，并对企业的社会责任作了最初的界定。所谓企业的社会责任，就是企业有义务按照社会所期望的目标和价值，

---

① ［美］罗伯特·A·达尔著，尤正明译：《多元主义民主的困境》，求是出版社 1989 年版，第 10 页。

② ［美］詹姆斯·M·布坎南著，吴良健等译：《自由、市场与国家》，北京经济学院出版社 1988 年版，第 17～26 页。

③ ［美］托马斯·戴伊著，梅士等译：《谁掌管美国——里根年代》，世界知识出版社 1985 年版，第 293～302 页。

④ ［美］塞缪尔·亨廷顿著，李盛平等译：《变革社会中的政治秩序》，华夏出版社 1989 年版，第 20～50 页。

⑤ Joseph M Bessette, 1980, Deliberative Democracy the Majority Principle in Republican Government, pp. 102～116。

⑥ Bernard Mannin, 1987, On Legitimacy and Political Deliberation, Political Theory, Vol15·No, pp. 338～368；Joshua Cohen, 1989, Deliberation and Democratic Legitimacy, Alan Hamlin, Philip PetiteGood Polity, Blackwel, pp. 17～34。

来制定政策、进行决策或采取某些行动。① 戴维斯（K. Davis）则提出了"责任铁律"，即企业的社会责任必须与它们的社会权力相称，反之，企业对社会责任的回避必将导致社会所赋予权力的逐步丧失。② 弗雷德里克（W. C. Frederick）则强调，社会责任意味着企业应该监督经济体制的运行以满足社会的期望，促进社会的进步。③ 沃尔顿（Walton）提出，社会责任的概念能够使人们认识到企业和社会之间存在的密切关系，企业行为不仅影响他人，还可能影响整个社会系统，当企业追求经营目标时，管理人员必须考虑到企业和社会的关系。④ 斯坦纳（Steine）认为，企业越大，社会责任也越大，把企业社会责任同企业发展规模联系起来。⑤ 曼尼（Manne）提出企业社会责任行为必须是自愿的，纯粹出于自愿的行为才是合格的。⑥

对企业社会责任内在结构的研究也构成了研究的重要内容。罗伯特·爱德华·弗里曼（R. Edward Freeman）最早围绕企业社会责任问题，对利益相关者理论（stakeholder Theory）作了详细阐述。他认为，企业是自身与各种利益相关者结成的一系列契约，是各种利益相关者协商、交易的结果。企业的利益相关者，无论是投资者、管理人员、员工、顾客、供应商，还是政府部门、社区等，他们都对企业进行了专用性投资并承担由此所带来的风险。因此，为了保证企业的持续发展，除了股东以外，企业也应当向其他利益相关者负责，在企业治理过程中要兼顾内部和外部有关权益主体的利益。⑦ 乔治·斯蒂纳（George A. Steiner）和约翰·斯蒂纳（John F. Steiner）具体阐述了美国经济发展委员会的"三个中心圈"理论。这一理论用三个同心责任圈来说明社会对企业的期望，内圈代表企业的基本责任，也就是经济职能，即为社会提供产品、工作机会并促进经济增长；中间圈是指企业在实施经济职能时，对其行为可能影响的社会和环境变化要承担责任，如保护环境、合理对待雇员、回应顾客期望等；

---

① Bowen, H. R., 1953, Social Responsibilities of the Businessman, NewYork：Harpor&Row。

② Davis, K., 1960, Can business afford to ignore social responsibilities? in California Management Review, (2：3), pp. 70～76。

③ Frederick, W. C, 1960, The growing concern over business responsibility, in California Management Review (2), pp. 54～61。

④ Walton, C. C, 1967, Corporate Social Responsibilities, Belmont, CA, Wadsworth。

⑤ Steiner, G. A, 1971, Business and Society, New York：RandomHouse。

⑥ Manne, H. G. & Wallich, H. C, 1972, The Modern Corporation and Social Responsibility, Washington D. C., American Enterprise Institute for Public Policy Research。

⑦ Freeman, R. E, 1984, Strategic Management：A Stakeholder Approach, Boston, Pitman。

外圈则包含企业更大范围地促进社会进步的其他无形责任，如消除社会贫困和防止城市衰败等。卡罗尔（Carroll）提出了企业社会责任的金字塔模型，认为，企业经济责任是基础所占比例最大，上面依次是法律责任、伦理责任以及自行裁量责任，所占比例向上递减。① 约翰·埃尔金顿（John Elkington）提出了企业社会责任的"三重底线理论"（Triple Bottom Lines Principle）也称"三重盈余"（Triple Bottom Line）。所谓三重底线就是指经济底线、环境底线和社会底线，也就是企业必须履行最基本的经济责任、环境责任和社会责任。经济责任是传统的企业责任，主要体现为提高利润、纳税责任和对股东投资者的分红；环境责任就是环境保护；社会责任就是对于社会其他利益相关方的责任。企业在进行社会责任实践时必须履行上述三个领域的责任。② 企业公民（corporate citizenship）理论是企业社会责任研究的新成果。曼坦（Mantegna）对企业公民作了三个方面的区分：一是对企业慈善活动、社会投资或对当地社区承担的某些责任；二是有社会责任的公司应该努力创造利润、遵守法律、有道德并作一个好的企业公民；三是企业对社区、合作者、环境都要履行一定的义务和责任，责任的范围甚至延伸至全球。③ 进一步丰富了企业社会责任的理论。

4. 关于民间组织的研究

关于民间组织的研究，主要的理论基础是公民社会（civil society）理论。亚当·福格森（Adam Ferguson）赋予了"公民社会"以现代含义，并把公民社会同国家分开。亚当·斯密（Adam Smith）则为公民社会提供了经济学上的论证，明确地把经济系统从国家中剥离出来，强调经济自由化，反对国家干预经济，从而为公民社会与国家的分野奠定了坚实的基础。黑格尔（Georg Wihelm Friedrich Hegel）是西方历史上第一位明确区分政治国家与市民社会的人。他把市民社会看做是政治国家的对立物。在他看来，市民社会是伴随着西欧商业经济的发展而出现的与国家相分离的社会组织状态，是每个人私人利益关系的总和，是政治国家生活之外的所有社会经济和社会过程。并主张国家高于市民社

---

① Carroll, A. B, 1991, The pyramid of corporate social responsibility: toward the moral management of organizational stakeholders, in Business Horizons（34），July/August, pp. 39~48.

② ［英］约翰·埃尔金顿著，庞海丽译：《茧经济：通向"企业公民"模式的企业转型》，上海人民出版社 2005 年版，第 2、57~62 页。

③ Matten, D, Crane, A. & Chapple, W, 2003, Behind the mask: revealing the true face of corporate citizenship, in Journal of Business Ethics, 45: 1/2, pp. 109~120.

会，国家决定市民社会。① 马克思（Karl Marx）把被黑格尔颠倒了的关系颠倒了过来，从现实的历史运动出发考察市民社会与国家的关系，把市民社会看做是人们自己活动的过程。他把市民社会的本质看做是市场经济社会的经济交往关系。并认为，市民社会是全部历史的真正发源地和舞台，不是国家决定市民社会，而是市民社会决定国家，重新确立了市民社会与国家的基本关系。

托克维尔与当代公民社会思想有着直接的传承关系，在他看来，独立的社团组织是公民社会的基础，并认为，在民主国家存在着多数专制的危险，一个由志愿性社团组成的活跃的、警觉的、强有力的公民社会对于遏制多数专制是必不可少的。葛兰西（Gramsci Antonio）对公民社会进行了全新的理解和界定，把公民社会看做是各种民间组织的总和，包括政党、工会、学校、教会、新闻机构等，认为公民社会不属于经济基础，而是上层建筑的一部分。在他看来，上层建筑分为两大领域，即"政治社会"和"公民社会"。政治国家恰恰是通过公民社会实施着对社会的文化领导权。② 哈贝马斯（Jurgen Habermas）则把公民社会看做是伴随着资本主义市场经济的发展而形成的、独立于政治国家的"私人自治领域"。认为公民社会由两个领域构成，一个是以资本主义私人占有制为基础的市场经济体系，包括劳动市场、资本市场、商品市场及其控制机制的领域；另一个是独立于政治国家的由私人组成的非官方组织所构成的社会文化系统，包括教会、文化团体和学会、独立的传媒、运动和娱乐俱乐部、辩论俱乐部、市民论坛和市民协会、职业团体、政治党派、工会等领域。③ 进一步拓宽了公民社会的范围。约翰·基恩（John Keane）和柯亨（Gerald Allan Jerry Cohen）等为公民社会理论的系统化做出了突出的贡献。他们倾向于把公民社会看做是私人自治组织的联合体或是由这一联合体所进行的社会运动。并用"三分法"来界定公民社会，把现代社会划分为政治国家、市场经济和公民社会三个领域。他们十分强调公民社会的制度化、组织化特征，认为公民是存在于经济和国家之间的一系列私人组织、社会运动和大众沟通形式。基恩还对不同国

---

① ［德］黑格尔著，范杨等译：《法哲学原理》，商务印书馆 1961 年版，第 197～203 页。

② ［意］葛兰西著，曹雷雨等译：《狱中札记》，中国社会科学出版社 2000 年版，第 7、218～222 页。

③ ［德］哈贝马斯著，曹卫东等译：《公共领域的结构转型》（1990 版序言），学林出版社 1999 年版，第 29 页。

家权力形态下的市民社会进行了系统地分析。① 查尔斯·泰勒（Charles Taylor）把公民社会看做是一个独立于国家之外的自治社团网络，它通过共同关心的事物把公民联合起来，并通过他们的行动对公共政策产生影响。阐述了公民社会与公共政策的关系。② 戈登·怀特（Gordon White）认为，公民社会是国家和家庭之间的一个中介性的社团领域，这一领域由同国家相分离的组织所占据，这些组织相对于国家来说享有自主权，是由社会成员自愿地结合而形成的，目的是保护或增进社会成员的利益和价值。③ 公民社会理论为研究民间组织提供了重要的理论基础。

（二）国内学者的相关研究

国内对民营企业公共行为的研究多是围绕着民营企业参与公共产品的供给、民营企业家的政治参与、民营企业的社会责任和民间商会与行业协会等方面展开。

1. 关于民营企业参与公共产品供给的研究

现有的对民营企业参与提供公共产品的研究，大多是在"公共产品民营化"、"民间资本流入公共产品领域"或者"公共产品的私人供给"等概念下进行讨论的。研究主要集中在如下方面。

第一，民营企业参与公共产品供给的必要性和可行性。绝大多数学者都认为，公共产品可以由企业、私人和一些民间组织参与供给，并且支持公私合作提供公共产品。有的学者从民生保障的视角探讨了民营企业参与公共产品供给的必要性和可行性问题。民营企业参与公共产品的供给是摆脱民生保障财政资金困境的需要。由于长期受计划经济的影响，民生保障由国家统包统管、单一提供的机制已经显得十分僵化、低效，无法适应市场经济的要求。此外，我国庞大的人口规模决定需要构建巨型的民生保障体系，单靠财政的支出已经显得捉襟见肘。因此，民生保障系统正承受着越来越沉重的财政压力和需求压力。而我国民间资本又十分充足，这为民生保障民营化提供了丰裕的民间资金。④

① ［英］约翰·基恩：《市民社会与国家权力型态》，载邓正来等主编《国家与公民社会》，上海人民出版社 2006 年版，第 108～124 页。
② ［加］查尔斯·泰勒：《呼求市民社会》，载汪晖等编《文化与公共性》，三联书店 1998 版，第 171 页。
③ ［英］戈登·怀特：《公民社会、民主化和发展：廓清分析的范围》，载何增科主编《公民社会与第三部门》，社会科学文献出版社 2000 年版，第 83 页。
④ 王太高、邹焕聪：《民生保障、民营化与国家责任的变迁》，《江海学刊》2011 年第 1 期。

有的学者从供给效率、成本和风险的角度阐述了民营企业参与公共产品供给的必要性。民营企业参与公共产品供给改善了公共资源配置效率，弥补了公共资金的不足；提高了服务水平；有效降低成本；合理分配风险。① 有的学者则从交易费用等经济学理论出发，阐述了公共产品私人部门供给的必要性，认为，从边际交易费用指标来看，公共部门供给公共产品所发生的边际交易费用要高于私人部门供给私人产品发生的交易费用。因此，就我国公共产品的供给而言，在一定时间段内，在一定的条件下将公共产品的供给由政府部门交给私人部门可以节约交易费用，提高公共产品供给的效率。② 此外，"公共产品私人供给，可以增强竞争意识，有利于经济和社会效率的提高；有利于解决基础性项目的资金短缺，消除社会经济发展的'瓶颈'障碍"。③ 有利于解决"政府失灵"和提供公共产品效率低下问题。④ "公共物品供给也必须遵循效率原则，对私人部门这是主要的，对公共部门这是次优的考虑。所以，通过对公共物品及其供给的分析，公共物品应该主要由政府公共部门提供，但不排除在明确产权或收费状态下出于经济效率的考虑，由私人提供或公私合作提供。"⑤ 关于民营企业参与公共产品供给的可行性问题，有的学者作了比较系统地分析。一是从技术的角度探讨了公共产品私人供给的可能性。如果有成熟的技术能把不付费者排除在外，并且排他成本较低的情况下，私人企业就能够有效地提供公共产品。二是从实践经验方面探讨公共产品私人供给的可能性。社区中某一成员虽然因为免费搭车享受"短期利益"，但他会失去社区成员的信任而有损于自己的长期利益。由于这一考虑，社区成员免费搭车的动机会大大减弱，社区公共产品可以由社区成员共同出资提供，根本无须政府介入。三是从制度安排上探讨公共产品私人供给的可能性。完善产权制度、期货交易、保险制度，可以解决公共产品私人供给的问题。⑥

第二，民营企业参与公共产品供给的现状及存在的问题。虽然企业和私人

① 李延均：《公共服务领域公私合作关系的契约治理》，《理论导刊》2010 年第 1 期。

② 王磊：《公共产品供给主体选择——基于交易费用经济学的理论分析框架及在中国的应》，《财贸经济》2007 年第 8 期。

③ 马恩涛：《我国公共产品私人供给的有效性分析》，《哈尔滨商业大学学报》（社会科学版）2003 年第 6 期。

④ 周文：《论公共产品的私人供给》，《党政干部论坛》2006 年第 10 期。

⑤ 吕达：《公共物品的私人供给机制探析》，《江西社会科学》2004 年第 12 期。

⑥ 周文：《论公共产品的私人供给》，《党政干部论坛》2006 年第 10 期。

在提供公共产品方面发挥了一定的作用，但是，也有很多学者指出了其中存在的问题。企业和私人提供公共产品的方式单一、缺乏创新。这一方面是由民间投资者本身造成的，另一方面是由于外部环境的制约。政府对在公共产品民营化过程中对民营企业的监管缺位，主要表现为缺乏对民营企业违规现象的监管和缺乏对民间投资者权益保障的监管。① 总体来说，"民营化供给的比重仍然较小；地区之间的不平衡，东部发达省份民营企业参与供给地方公共产品情况较好，而中西部落后地区发展情况较差；在已实行民营化供给的地区，由于各地区、各项目千差万别，没有统一规范的标准。"② 有的学者认为，公共产品的私人供给制度在国内还没有得到充分的发展，许多行业和领域的准入门槛很高，民间资本根本就无法进入。在现实中的表现就是行业壁垒、部门垄断、行政管辖等。另外，由于私人在公共产品提供上的逐利性，使得公共产品提供质量存在缺陷。在我国政府供给和很不成熟的市场供给，这两种公共产品的供给制度并不是完美的，它们各自都不能解决公共产品的供给矛盾。③ 而且公共产品供给过程中存在着公私共谋现象，即公共部门与私人部门勾结起来损害公共利益。目前，我国处于自然垄断行业的公用事业和医疗卫生、教育等领域，公益消费者在各种各样的收费面前通常是无条件接受供给者单方面制定的霸王条款。传统的行政管制增加了公私伙伴关系中的不确定性和机会主义行为。由于政府自由裁量权较大，导致公私伙伴关系在准入、经营和权限划分上存在较多的不确定性和来自公私双方的机会主义行为，由此增加了公私伙伴关系的交易成本。④ 我国目前尚处于社会转型、体制转轨时期，存在市场机制与规则不全，法律与制度滞后，政府资源不足等一系列弊病，使民营化过程存在诸多风险。除了新垄断风险、政府与企业的"合谋"风险外，还存在着公共安全风险。由于准公共物品属于社会的必需消费品，如水、电、燃气、电信和交通等行业，与国家经济生活息息相关，具有网络覆盖面广，投资规模巨大等特征。因此，一旦发生事故，将产生严重后果，给社会经济带来不可估量的损失，甚至影响到国家与社会的安全与稳定；"公民—顾客"角色冲突的风险。主要是政府合法性风

①　谢煜、李建华：《准公共物品民营化的风险分析》，《行政论坛》2006 年第 6 期。
②　赵俊怀：《我国地方公共产品供给民营化研究》，《四川行政学院学报》2003 年第 3 期。
③　黄华、杨平：《公共产品多元化提供与行政体制改革》，《理论与改革》2006 年第 2 期。
④　李延均：《公共服务领域公私合作关系的契约治理》，《理论导刊》2010 年第 1 期。

险和社会公平风险。①

第三，民营企业参与公共产品供给的途径和模式。有的学者提出了形式民营化和实质民营化的问题。形式民营化是指公共行政任务的履行责任仍属于行政机关，只是在执行任务的过程中借助私人和民间机构的力量，但是国家仍然要对形式民营化的结果负责，主要包括合同承包、特许经营、补助和凭单制、行政委托、行政助手等；实质民营化指的是某项行政事务的国家任务属性虽维持不变，但国家本身不再负责执行，而转由民间负责或提供。② 目前，主要的几种模式有：一是公私合资合作，是指政府和私人共同出资、互相合作的一种制度安排。二是托管制，是指在公有财产所有权不变的情况下，将公共服务的一部分经营权通过招投标方式委托给非公共部门经营管理。三是特许经营，即由私人部门和政府部门签订合同，在合同期限内，私人部门经营和管理公共服务项目并获得收益，承担商业风险以及相应的维护性投资责任。四是政府采购（服务外包），是指政府将公共服务以"合同"的形式，交由非公共部门生产和经营，再由政府通过招投标采购（也称为外包）。③

第四，民营企业参与公共产品供给的制度和政策环境。良好的制度环境对民营化的成功推进是至关重要的。然而，在当代中国，一方面民主法制制度尚不健全，对公共部门和行政官员缺乏有效的监督制约，在实践中，民营化成为国有资产流失黑洞的现象屡见不鲜。另一方面，我国市场经济体制尚欠成熟和规范。私营部门在获取公共服务的政策与信息上与公共部门相比本来就处于明显劣势地位，若再缺乏制度保证，它们要长期在公共物品供给领域立足是很难做到的。④ 学者们根据存在的这些问题，也提出了自己的建议，但这些建议基本上都是从政府自身出发，虽然侧重点有所不同。一是为公共产品的私人供给者提供制度激励，给予公共产品的消费者某种支持⑤；二是政府必须履行决策、监督、监管的重要功能；三是营造良好的环境，包括制度环境、经济环境和文化氛围⑥；四是为民营企业供给公共产品提供法律保障；五是转变政府和民营

---

① 谢煜、李建华：《准公共物品民营化的风险分析》，《行政论坛》2006 年第 6 期。

② 王太高、邹焕聪：《民生保障、民营化与国家责任的变迁》，《江海学刊》2011 年第 1 期。

③ 李延均：《公共服务领域公私合作关系的契约治理》，《理论导刊》2010 年第 1 期。

④ 裴峰：《试析公共物品供给的民营化》，《中州学刊》2004 年第 2 期。

⑤ 周文：《论公共产品的私人供给》，《党政干部论坛》2006 年第 10 期。

⑥ 裴峰：《试析公共物品供给的民营化》，《中州学刊》2004 年第 2 期。

企业的观念，放松某些领域的进入管制，切实引入民营企业竞争机制；① 六是不断提高排他性的技术水平，选择合适的公共物品领域②。

2. 关于民营企业家政治参与问题的研究

国内已有的对民营企业家或私营企业主政治参与问题的研究，涉及的内容比较广泛，主要集中在如下方面。

第一，民营企业家政治参与的必要性和重要性。随着民营经济在国民经济中的贡献越来越大，民营企业家或私营企业主阶层已经形成，所以他们提出政治参与的要求是必然的。另外，民主政治的发展，文化素质的不断提高，参政热情的不断高涨也使私营企业主的政治参与成为必然。③ 具体说来，民营企业家的政治参与，一是有助于推进政治民主化。私营企业主的政治参与，有利于完善自下而上的民主政治体制；有利于提高对社会主义国家的认同感、责任感和对政治体制的归属感，从而使自己在政治上更加成熟，完成自我的政治社会化；有助于推进决策的民主化建设，使党和国家更多地了解民情民意，制定出正确的路线、方针、政策；有助于加强政府的施政能力，通过选举、监督，或者直接介入管理过程等，加强和改善公共治理。二是有助于增强政治系统的合法性。私营企业主的政治参与，是以其对国家的政治认同为前提条件或心理条件的。私营企业主的政治参与直接体现着社会主义政治系统的合法化存在。三是有助于消除和化解参与危机。包括私营企业主在内的政治参与的活跃，使私营企业主愈来愈相信自己能够在与自己利益密切相关的政治系统内有所作为，能够有效地化解私营企业主由于参与意识的觉醒和参与实践的萌动而产生的"参与危机"，为社会主义民主政治的平稳发展确立良好的内外部环境。四是有助于政治文化的重塑。私营企业主积极参与到政治文明建设之中，他们以典型的"经济人"理性对待政治参与的机会和实践，以市场经济的平等竞争原则参与政治文明建设，以自己经济上的强势地位呼唤政治平等，以自己回报社会的激情来提升自己的政治理想，必将极大地推进社会主义参与型政治文化的形成和发展。④

第二，民营企业家政治参与现状和特点。一是以合法性参与为主，这种参

---

① 刘珍珍：《我国公共产品供给的民营化研究》，中国科学技术大学硕士论文，2005。
② 张月英：《公共物品私人供给的理论分析》，《聊城大学学报》（社会科学版）2005 年第 3 期。
③ 成伟：《关于私营企业主政治参与的理性思考》，《探索》2002 年第 2 期。
④ 杨贺男：《关于私营企业主阶层政治参与的思考》，《企业经济》2007 年第 3 期。

与主要包括：经有关党政部门和组织的推荐，一些私营业主进入人大、政协，或在工商联、青年联合会等组织中任职，参加相关的政治社会活动。经过中共党组织全面严格考核，符合中共党员标准的一些优秀私营企业主被吸纳为中共党员。经选举和党组织批准，一些私营企业主参加中国共产党的代表会议。一些私营企业主自行加入其他民主党派，自行参与地方领导职务选举，自办企业内部报纸和刊物等。二是非法性参与时有发生，主要有：通过贿赂选民当选为人大代表；通过贿赂人大代表当选为国家公务人员；通过拉拢收买当地一些主要政府官员甚至是某些主要政府部门，通过官商综合体的形式，使地方政权为我所用，用金钱支配权力；传播小道消息或政治笑话以转达某种政治情绪等。三是政治参与的目的层次较低。我国私营企业主的政治义务感并不强，其参与政治活动的动机层次不高，其目的主要是为了获取和维护自身的利益，特别是经济利益。四是政治参与的组织性不强。从参与主体的角度来说，政治参与可分为个体参与和组织参与（团体参与），这也是政治参与发展过程中的两个不同阶段，个体性的参与行为属于政治参与的低级阶段。目前我国私营企业主的政治参与主要是个体参与，处于政治参与的低级阶段。五是政治参与强度不高。当前我国私营企业主的政治参与强度相当弱，对政治系统的实际影响力很小。[①]

第三，民营企业家政治参与的主客观条件。一是经济的发展为私营企业主的政治参与提供了必要的物质前提。目前我国私营企业主的政治参与，从根本上说是经济发展的必然结果。经济的大发展从宏观上为私营企业主的政治参与提供了可能的物质保障；私营企业主群体自身经济实力的增强为其参与政治提供了直接的经济支持。二是民主政治的发展为私营企业主的政治参与提供了政治上的保证。国家宪法为私营企业主的政治参与提供了最基本的法律依据；民主、开放的社会主义政治体系是私营企业主政治参与的政治制度前提；党和政府的政策支持是私营企业主政治参与得以实现的最直接的政治条件。三是文化素质的不断提高增强了私营企业主政治参与的意识和能力。四是参政热情的不断高涨是私营企业主参政的直接动因。[②]

第四，民营企业家政治参与的动机。有的学者以马斯洛需要层次理论为框架，把私营企业主参政的动机分为五个层次：一是发展经济壮大实力。私营企业主政治参与的最初动机主要源于具体的利益要求，其中最主要的是经济利益。

---

①② 成伟：《关于私营企业主政治参与的理性思考》，《探索》2002 年第 2 期。

二是保障权益维护安全。也就是要求对自己经过千辛万苦积攒起来的个人财富进行保护，维护自身的合法权益不受侵犯。三是靠近组织回归社会。也就是在社会政治舞台展示他们在经济上的成功，争取社会的认可，为自己在经济上的更大发展创造条件。四是提高地位获得尊重。即改变他们在经济上富有、政治上低微、社会生活中鲜有地位的尴尬境地，实质就是关心自己的前途和命运。五是成就事业实现自我。一个人的价值和尊严，总是同他对社会的贡献成正比。有的民营企业家强调企业应该成为推动社会进步主要载体。① 有的学者把私营企业主政治参与动机概括为：一是实现自我价值。实现人生价值是私营企业主政治参与目标的最高境界，也是私营企业主政治参与的最高追求。私营企业主都希望通过政治参与，在事业上有所建树，实现自己的事业理想和人生抱负。二是提升社会地位。私营企业主阶层的整体社会形象近年来虽有较大的改善，但还不能说已经获得了社会的广泛尊重，他们希望提高社会地位。三是参与社会。私营企业主在解决了自身生存发展和安全稳定的目标需求后，他们最强烈的愿望和需求就是展示自身在经济上的成功，争取社会的认可，开始向各种社会组织和团体靠拢，借以登上社会政治舞台，为自己在经济上的更大发展创造条件。②

第五，民营企业家政治参与的途径。现有国内学者对我国民营企业家参与政治的途径或方式进行了许多研究，较为典型的观点是："民营企业家参与政治的途径主要包括：一是传统参与，主要是指经有关党政组织部门的推荐，私营企业主阶层的一些优秀分子进入人大、政协，或者在工商联、青年联合会等组织中任职，通过这些机构和身份参与相关的政治社会活动。二是政党参与，通过加入中国共产党或民主党派参与到政治生活中去。三是选举参与，这是指他们凭借个人的力量和资源或者在集团的支持下以个人的名义参加选举，通过选举胜利获取政治职务。四是舆论参与，表现为通过新闻媒介，比如利用新闻监督，投资新闻传媒，自办企业内部刊物和杂志，举办各种会议或论坛，参加各种座谈会等来表达自己的利益立场和诉求。五是集团参与，私营企业主阶层作为利益集团的政治参与将通过商会、行业协会等形式到进一步的发展，其独立

① 华正学：《私营企业主政治参与中的满意度研究》，《河北省社会主义学院学报》2005 年第 1 期。
② 胡绍元：《我国私营企业主政治参与分析》，《西南民族大学学报》（人文社科版）2006 年第 11 期。

性和利益的同一性也必然加强。六是不合法参与，是指私营企业主阶层为了维护自己合法的或不合法的利益，进行现行法律和政策所不允许的政治参与活动。七是其他参与方式，如信访、上书、提供调研报告、直接造访相关决策人、集会游行或者借助既定的规则、惯例和诉诸法律等。"① 有的学者则从制度安排视角将其归纳总结为安排性政治参与；非安排性、自发性的合法政治参与；非正常和非法的间接参与。② 有的学者对非正式政治参与的各种途径进行了研究，发现如下方式：吸纳政府官员加盟私营企业，获得政治资源和社会资源；努力培育与政府上层的关系，将其转化成政治资本，带入地方政治活动领域中；与国家高级领导人政治接触，获得更多参政议政的资本；通过与海外公司的经济合作，影响政府的政策；努力建立与政府官员之间的"共生关系"，通过反复博弈维持合作关系；运用关系规避政府制定的法规。③

第六，民营企业家政治参与存在的限制及其改善。私营企业主的政治参与主要存在着经济、政治制度、政治文化、社会资本等因素的制约。经济因素主要是国家经济发展的总体水平和私营企业主占有的资源。政治制度因素，公民政治参与的程度与一国政治体制是否提供相对公平和广泛的参与渠道相关。我国基本的政治制度决定了私营企业主政治参与的渠道。政治文化因素，我国正处于由传统政治文化向现代政治文化转变过程中，先进的政治文化已经占据了主导地位，但是传统政治文化的影响还存在，私营企业主的政治参与不可避免地要受到其影响。社会资本因素，作为社会关系网络直接影响社会资源的分配，导致私营企业主的分化。④ 除此之外，私营企业主的教育文化程度、年龄结构、性别比例等都会起到一定的影响作用。⑤ 针对存在的这些制约因素，学者们提出了一些改善的对策和措施。一是加快民主政治建设的步伐，推进政治体制改革，是完善私营企业主政治参与模式的治本之策。二是推进制度创新，规范私营企业主政治参与的有序运作，是解决矛盾的关键所在。三是加快私营企业主政治社会化的程度，提升其政治参与的能力水平，是完善私营企业主政治参与

---

① 毛明斌：《略论私营企业主阶层的政治参与方式及其特点》，《兰州学刊》2004 年第 5 期。

② 董明：《论当前我国私营企业主阶层政治参与》，《中共宁波市委党校学报》2005 年 1 期。

③ 王晓燕：《私营企业主非正式政治参与的途径与意义分析》，《南京师大学报》（社会科学版）2006 年第 6 期。

④ 陈诚平、崔义中：《论社会转型时期的私营企业主政治参与》，《云南社会科学》2007 年第 4 期。

⑤ 邢乐勤、杨逢银：《浙江省私营企业主政治参与的现状分析》，《中国行政管理》2004 年第 11 期。

模式的重要主观条件。四是运用道德调适，加强思想政治工作，是完善私营企业主政治参与模式的有力保障。① 还有的学者提出，大力发展社会主义市场经济，推进市场经济改革；提高法律意识，健全立法，强化法制管理②；营造参与型政治文化，实现传统政治文化的现代化；等等。③

3. 关于民营企业履行社会责任问题的研究

有关民营企业履行社会责任问题的研究，主要围绕着企业对社会慈善事业、公益事业、环保事业以及社会可持续发展等方面所承担的责任。

第一，民营企业履行社会责任的内容。有的学者对民营企业履行社会责任的内容作了具体的研究，认为主要内容有：一是员工权益保护方面，主要包括员工安全计划、就业机会均等、反对歧视、薪酬公平等；二是消费者权益保护方面，主要包括企业内部执行较外部标准更为严格的质量控制方法，对顾客满意程度的评估和对顾客投诉的积极应对，以及对有质量缺陷的产品主动召回并给予顾客赔偿等；三是供应链伙伴关系方面，主要包括对供应链上、下游企业提供公平的交易机会，能够通过定期的沟通和交流来提高双方的配合程度等；四是环境保护方面，主要包括减少污染物排放，废物回收再利用，使用清洁能源，减少能源消耗，共同应对气候变化和保护生物多样性等；五是社会公益事业方面，主要包括员工志愿者活动、慈善事业捐助、社会灾害事件捐助、奖学金计划、企业发起设立的公益基金等。以上五方面的社会责任可归为三大类，即法律的边界、道德的边界、自愿的边界。④

第二，民营企业履行社会责任的必要性。当前我国企业面临的社会现实和企业自身持续健康发展的客观要求，决定了我国企业承担社会责任的必要性。有的学者把企业社会责任上升到"构建和谐社会"的高度，认为企业是一个"多面体"。作为经济范畴的企业，它追求最大利润；作为法律范畴的企业，要做好的"企业公民"；作为道德范畴的企业，它要承担社会责任。企业的社会责任包括两个方面：一是在企业内要构造各个利益主体之间的和谐氛围；二是

---

① 华正学：《完善我国私营企业主政治参与模式的对策选择》，《广州社会主义学院学报》2008 年第 2 期。

② 胡绍元：《我国私营企业主政治参与分析》，《西南民族大学学报》（人文社科版）2006 年第 11 期。

③ 陈诚平、崔义中：《论社会转型时期的私营企业主政治参与》，《云南社会科学》2007 年第 4 期。

④ 陈晓峰：《生命周期视角：民营企业社会责任履行促进机制探讨》，《现代财经》2011 年第 3 期。

在企业外要主动承担对自然环境、对社会各利益相关者的义务。[①] 强化民营企业社会责任认知、积极践行社会责任义务，不仅是提升中国民营企业社会责任竞争力和改变和谐社会建设中企业角色形象的需要，也是规避发展风险，实现民营企业持续成长的需要。民营企业的社会责任总体水平较低，在很大程度上削弱了其在国际市场上的竞争力。中国外向型民营企业如果要打入国际市场，与大型跨国公司进行抗争，就必须遵守国际市场上的运作规则，而履行相关国家的企业社会责任准则是首要前提。[②]

第三，民营企业社会责任的缺失。当前我国企业社会责任缺位的现象比较普遍，形势严峻。主要表现为：一是生态环境破坏严重。长期以来，我国实行粗放型经营方式，资源利用率低，能耗物耗高，由此造成的环境污染问题十分严重。[③] 民营企业消耗资源也成为一个重要问题。资源的有限性和企业追逐利润的无限性，导致人们无节制地使用环境资源造成环境污染、资源枯竭，社会的可持续发展受到严重挑战。[④] 二是"企业公民"意识薄弱。由于我国民营企业一般是家族制的企业，在企业的社会责任实践中，受传统小农思想的影响，目前民营企业主的社会责任观往往过于狭隘，只强调对企业所属地域和特定人群的责任。[⑤] 三是诚信缺失、片面追求利润最大化、观念狭隘，在履行企业社会责任方面不够主动。[⑥]

第四，民营企业社会责任缺失的原因分析。一是社会总环境的制约。我国社会整体正处于转型期，民营企业较其他主体是相对独立于社会既有权力体系之外的，没有或较少受到行政和计划的约束，因此，在一种长期的无责任主体的制度文化背景中，民营企业受单纯的自我利益驱动，出现暂时的道德"真空"在所难免。二是法制建设的不完善。在经济体制转轨过程中，与新体制相适应的法律制度和法律体系不可能在短期建立和完善起来。如我国在建立社会主义市场经济体制的过程中，相应的社会立法和生产规则等建立和推行都比较滞后，让企业不能及时依据法律法规来规范自己的经营活动。三是政府推动力

---

① 陈清泰：构建和谐社会中的企业社会责任，国研网，2006 年 9 月 1 日。
② 疏礼兵：《民营企业社会责任认知与实践的调查研究》，《软科学》2010 年第 10 期。
③ 孙丰云：《当前我国企业社会责任的缺位与重构》，《世界经济与政治论坛》2007 年第 6 期。
④ 刘锡荣，韩乐义：《民营企业社会责任缺失原因及对策分析》，《人民论坛》2011 年第 3 期。
⑤ 周燕、林龙：《新形势下我国民营企业的社会责任》，《财经科学》2004 年第 5 期。
⑥ 黄玲：《民营企业社会责任的几个理论问题》，《福建论坛》2007 年第 12 期。

的欠缺。政府职能部门在这方面缺乏引导。四是企业主处理企业与社会关系的不足。有些企业主往往只看重企业的经济性质，轻视企业作为社会行为主体而应承担的责任。[1] 现阶段民营企业的社会责任意识仍处于初级阶段，他们对企业法律责任的认同要高于对企业伦理责任和慈善责任的认同。[2]

第四，民营企业履行社会责任的建议。企业承担社会责任不能仅仅依靠法律和制度约束，也不能完全建立在企业和企业家个人的道德良心基础上，应依靠企业、政府、公众和社会组织共同参与的企业社会责任推进机制，积极营造企业承担社会责任的社会文化氛围，发挥文化氛围的影响、扩散和辐射功能，使得不良企业缺少生存和发展的土壤空间。企业履行承担社会责任是一个政府、企业与社会三方互动的过程，需要政府引导、企业参与、社会配合的协调行动，共同推动民营企业社会责任的实践进展。民营企业社会责任的治理与实现，将依赖于由司法监督、行政干预、经济调控、社会监督、责任认证、企业内部治理和企业自律等方式相结合所形成的一套多层次的制度安排。[3] 通过民营企业生命周期模型以及生命周期各阶段企业社会责任特点的分析，民营企业的社会责任随着企业的生命周期表现出多次轮回、动态演化的特征。因此，应把"企业社会责任"视为企业的一种"特殊资源"，将其内生化于企业生命周期中。企业社会责任建设不可能完全依靠自身的觉醒来完成，必须依靠外力来推动。因此，政府、社会及利益相关者各方都可参与进来，构建长效联动的促进机制。一是政府可制定激励企业承担社会责任的相关政策。对一些社会责任意识较好的民营企业可通过税收优惠、产业准入、市场机制、融资支持等方面的政策措施予以鼓励。同时要加强执法管理力度，加大对损害公共利益行为的处罚力度，使企业社会责任纳入法制化、规范化的刚性约束体系中。二是应加强社会对企业履行社会责任的监督，充分发挥舆论媒体和消费者协会、工会等社会群团组织的作用，形成多层次、多渠道的监督体系和制度安排，以促成有利于企业履行社会责任的社会环境的形成。三是企业在初创期就应把社会责任目标融入其发展计划及战略中来，同时，在企业成长过程中应充分发挥企业领导人和优秀

---

[1] 周燕、林龙：《新形势下我国民营企业的社会责任》，《财经科学》2004 年第 5 期。

[2] 陈旭东、余逊达：《民营企业社会责任意识的现状与评价》，《浙江大学学报》（人文社会科学版）2007 年第 3 期。

[3] 疏礼兵：《民营企业社会责任认知与实践的调查研究》，《软科学》2010 年第 10 期。

员工的拉动作用，塑造出有高度社会责任感的企业文化来。①

4. 关于民间商会和行业协会的研究

民间商会和行业协会的兴起，已经成为影响民营企业发展和加强社会管理的重要力量，因此，有关民间商会和行业协会问题的研究成为一个热点。

第一，民间商会的角色定位与功能。关于民间商会的角色，有的学者认为，一是公共政策运行的参与者。代表公共利益的社会组织与国家之间建立常规协商关系，国家要求它们为有关的公共政策提出意见，但作为交换，它们必须说服其成员与国家合作，来实现政策的有效实施。二是国家与社会的联系中介。民间商会组织的社会位置是中介性的，它为国家体制与社会的主要部分之间提供制度化联系，连接国家与自己代表的社会成员，把组织内成员的需求传达到体制中去。三是政府的合作者。通过协商、谈判、听证、游说、监督等理性化、程序化的活动，有效地承接一定的社会治理功能，在政府与市场、政府与普通公民之间充当桥梁与纽带，起到缓冲、减压的作用。有助于缓解社会矛盾，使社会变得更加和谐有序，使社会结构趋于合理与稳定。民间商会的主要功能包括：一是要发挥民间商会组织弥补市场"失灵"、政府"失灵"，协调经济发展的功能。二是要发挥民间商会组织参与政治、影响政府公共政策的功能。三是要发挥民间商会组织社会管理和社会服务的功能。四是要发挥民间商会组织平衡利益、化解社会矛盾、实现社会稳定的功能。②

第二，民间商会的生成机制。在我国，作为公民社会组织重要组成部分的行业协会与商会日益发展壮大。它一方面是市场经济特别是民营经济发展的结果，另一方面也是政府改革的产物。③ 随着交易范围的进一步扩展，而潜在的交易者又无法事先识别潜在的交易伙伴时，具有非人格化交易特征的第三方治理机制的出现就成为一种必然。商会就是一种典型的第三方治理机制。作为第三方治理机制，商会的出现可以有效地监督潜在交易者的不诚实行为，并记录和传递交易者不诚实的信息，从而使类似的交易走出"囚犯困境"而实现合作均衡；商会的出现也可以解决交易者之间的争端，尽管商会的裁决在很多情况下并不具有强制执行力。④

---

① 陈晓峰：《生命周期视角：民营企业社会责任履行促进机制探讨》，《现代财经》2011 年第 3 期。
② 吴巧瑜：《转型期民间商会组织的角色与功能》，《学术研究》2007 年第 8 期。
③ 郁建兴：《民间商会的发展与政府职能的转变》，《中国行政管理》2005 年第 9 期。
④ 王珍珍：《商会的形成机制及有效性理论综述》，《南开经济研究》2005 年第 5 期。

第三，民间商会发展遇到的主要问题。中国的民间商会在改革中遇到的主要问题，是组织上缺乏独立性、职能上存在角色紧张和角色冲突、法律地位不明确等。这些问题构成了转型期中国民间商会缺失"公众性"的主要原因。比较突出的问题，一是合法性问题。合法性包含着法律合法性、政治合法性、行政合法性和社会合法性。政府对社会团体的全面控制是未来国家与社会关系演变的初始发展条件。对于当下中国商会的民间化，以期建立一种具有高度竞争性的国家与社会关系，似乎没有法律和政策的支持。更为不利的是，转型期中国民间商会还缺乏足够的社会合法性。一部分私营企业主在所谓"暴富"过程中，多多少少存在着所谓"原罪"，加之"寻租"现象引起和加重腐败，极大地削弱包括民间商会在内的私营企业主阶层社会团体的社会合法性。二是内在的需求与国家的客观需要的关系问题。民间商会是企业和企业家的组织，是这个利益群体合法权益的代表者。私营企业主阶层有三个主要诉求：经济诉求、社会声望诉求和政治诉求。这些诉求在很大程度上也反映了民间商会的"内在的需求"。但是，民间商会的"内在的需求"与"国家的客观需要"的关系又是异常复杂的。一方面，私营经济的迅猛发展巩固和维护了党的执政合法性，因而必须毫不动摇地鼓励、支持和引导非公有制经济发展，成为党和国家的客观需要并上升到执政理念的高度。另一方面，人们已经从自身的经验中愈来愈认识到组成集团向政府施加影响的必要性，但是现有的政治结构又不允许它们发展成为利益集团。解决办法只有一个，那就是用法律的形式将它们置于执政党和行政权力的控制之下。结果，当下中国的商会五花八门、各自为战，并分属党委和政府各有关部门，远未达成统一的组织认同。[①] 商会（包括行会）设立的法律缺位，若顺其自然发展又缺乏相应的社会政治文化环境；承载我国民间商会之职的中华全国工商联的体制，使商会的职能不能充分发挥；行业协会体制积重难返；行业协会往往与政府相关工作部门的机构、人事和财务同为一体、合署办公，使得行业协会被指为"二政府"，其 NGO 的角色便荡然无存。[②]

第四，推动民间商会发展的具体对策。商会组织有序、健康发展是完善市场治理和构建和谐社会的必然选择。针对当前商会组织呈现的演进特征，政府

---

① 陶庆：《中国化"资产者公共领域"：从民间商会到市民社会的路径选择》，《文史哲》2005 年第 2 期。

② 朱未萍：《中国商会的生成和发展模式选择》，《管理世界》2006 年第 8 期。

在以下几方面应有所作为，加快商会立法，确立商会的法律地位；不失时机的积极推进行政性行业协会转型；加大对民间商会组织的培育和规范力度；充分发挥商会在市场治理以及和谐社会构建中的作用。① 制定《商会法》，并完善相关的法规，使商会生成和发展合法化和独立化；改革现有商会和行会的体制，生成真正的商会，并完善商会的体系。从"官办"到"半官办"再到"民办"商会的生成和发展模式比较适合我国的国情；创新商会的运行机制。无论综合性的还是专业性的商会，政府不应当直接对商会进行管理，政府官员也不应当在商会中任职。商会应当按照商会法由全体会员通过制定商会章程来确定自身的主要任务、确立商会的组织机构和议事程序、选举和撤销商会组织机构的重要成员、确定商会会员的会费以及商会的预算和年终会计审核。在法律和章程的基础上自我运作。②

二、关于浙商的相关研究

由于浙商成为国内最大的、最具影响力的商人群体，对浙商的研究也吸引了诸多学者的注意力。在现有的研究中，研究得比较多的是浙商的发展模式、浙商的创业和创新、浙商转型、浙商的代际传承等问题。与浙商公共行为关系比较密切的，主要是关于浙商的人文精神和浙商商会等问题的研究。

（一）有关浙商人文精神的研究

浙商人文精神是浙商公共行为的精神支撑和重要推动力量。对浙商人文精神的深入研究，主要围绕着浙商人文精神的内涵、特点，以及历史渊源展开的。

第一，浙商人文精神的内涵。"人文精神是一种普遍的人类自我关怀，表现为对人的尊严、价值、命运的维护、追求和关切，对人类遗留下来的各种精神文化现象的高度珍视，对一种全面发展的理想人格的肯定和塑造；简单地说，人文精神就是以人为本的精神。"③ 这是从一般意义上对人文精神所作的界定，为研究浙商的人文精神提供了依据。"浙商能够崛起并非偶然，它是一个特殊文化体系与中国改革开放环境结合的必然结果。我们可以把这种精神称为，'企业宗教'的人文精神，'二人为仁'的人文精神，'因觉而悟'的人文精神，'大

---

① 周立群、任一：《我国商会组织的发展特点与转型路径》，《学术界》2007 年第 5 期。
② 朱未萍：《中国商会的生成和发展模式选择》，《管理世界》2006 年第 8 期。
③ 王永跃：《浙商的人文精神：基于社会责任的视角》，载吕福新主编《浙商人文精神》，中国发展出版社 2007 年版，第 129 页。

道自然'的人文精神。"① 有的学则通过调查研究，对省外人士认为浙商最具有的和相对缺乏的人文精神进行了分析。在此基础上，对浙商的人文精神作了十个方面的概括，前五个方面是浙商具有的比较突出的、实有的人文精神，后五个方面是浙商缺乏的、应有的人文精神，即精明能干、机敏灵活、吃苦耐劳、敢为人先、务实求真、热诚守信、朴实率真、平实稳健、兼容并蓄、持续发展。② 浙商的人文精神既具有统一性，也具有多样性。由于浙江省区域文化的差异，导致了浙商人文精神具有明显的多样性。奋发图强的越商、前瞻创新的婺商、团结开放的甬商、强调个体的台商、开放与封闭的温商等。③

第二，浙商人文精神的特点。"浙商总体的人文特性是个众自主与和合。浙商既体现了'天人分离'而具有个人的独立性和自主性，又体现了'天人合一'而具有和合特性。相应的，浙商的伦理道德也包括个人自主的伦理道德与社会责任的伦理道德这两个方面。""'天人合一'是东方特别是中国文化的世界观，强调'关系本位'或'伦理本位'；'天人分离'是西方的文化传统和世界观，强调'个人本位'。"④ 有的学者从东方传统文化视角阐述了浙商"个众"的人文特性。"在中国文化弱化人性的基础上强化了作为个体'人'的主体性，有效实现了浙商在个众关系上的辩证统一。""'自主和合'是'个众'理论体系的核心理念。从'自他'概念出发，主要有三种情形：个人主义；大众主义；自主和合。"自主和合是浙商的人文特性之一。"公私兼顾。在'公私'概念的视野下，历史上人们对公私关系的态度主要有：大公无私；自私自利；公私兼顾。浙商坚持的是'公私兼顾'经营理念。""浙商所展现的则是人本主义支配下的'公私兼顾'。""关于'人我合一'思想，不管是古代，还是当代，主要有三种倾向，既毫不利己，专门利人；人不为己，天诛地灭；人人为我，我为人人。""东方传统文化崇尚'人人为我，我为人人'的人生哲学，其标志是天人合一、风流儒雅和中庸之道。浙商便是遵循了这样的'人我合一'哲学。"浙商"希望在人与人相互平等、和睦相处里体现自我的价值与生

① 韩永学：《"浙商非伤"的人文精神》，载吕福新主编《浙商人文精神》，中国发展出版社2007年版，第56页。

② 顾春梅：《身省外视角的浙商印象与浙商的人文特性解读》，载吕福新主编《浙商人文精神》，中国发展出版社2007年版，第165～167页。

③ 韩玲梅：《浙商人文精神的多样性统一》，载吕福新主编《浙商人文精神》，中国发展出版社2007年版，第252～255页。

④ 吕福新：《浙商人文精神》（序），中国发展出版社2007年版，第2页。

活意义。浙商坚持'我为人人，人人为我'的人生哲学。凡是从我做起，我帮助了他人，结果还是真正帮助了自己。"[1]

第三，浙商人文精神的历史渊源。"浙商的人文传统，既有中国传统的主流思想文化和儒家学说，也有浙江'疾虚妄、倡实践'以及'义利并举'和'工商兼本'的思想文化传统，更有浙江的小农市场传统和工商文化传统。此外还受对外开放和西方文化的影响。"[2] 浙江的传统哲学是浙商人文精神的重要源头，其中浙东诸学便是其源泉。浙江的传统哲学思想最早可以追溯到东汉的思想家王充。王充的"疾虚妄，拒空谈，重实践，重效用"（《论衡·对作篇》），提倡学以致用，奠定了后世浙东学派的基本风格。南宋时期，浙东哲学学派分为三支，即永嘉学派、永康学派和金华学派。对浙商人文精神的形成产生直接和重大影响的观点：一是工商观。中国几千年的封建社会，一直是重农抑商。浙东学派从经世致用的立场出发，主张"工商皆本"，实现了对儒家思想的重大突破。正是有了这种不排斥工商，提倡工商的思想传统，才衍生出了浙江人浓郁的创业意识，人人争相经商，争做老板，庞大的浙商群体因而形成。二是义利观。中国的传统思想一直是重义轻利。浙东学派不简单、孤立地谈义和利，而是主张"义利并存"，利是义的伴随，义是利的根本，即便把义和利放在一起谈论，也没有妨害义的纯粹性：即便讲义而不讲利，也不妨害利的专一性。这种观点沿袭至今就形成了浙商义利并举的商业传统。三是事功观。中国的传统是忌谈功利，而"重事功"是浙东学派的一大特点。他们重视道德与功利的结合以及二者相辅相成的关系，强调道德的价值只有在现实的实践活动中才能得到最大化。事功治学的价值在于它突破了主流理学的局限，从社会发展实际需要出发，提出了一系列有利于国计民生的思想。这种意识沿袭到当代就形成了浙商的务实精神。[3] 有的学者基于历史传承、近现代历程和西方参照等方面，总结了浙商人文特性的渊源。一是从历史传承上理解浙商的人文特性。自然地理条件不优越，养成了浙江人勤劳、敬业、诚恳的品质；劣等耕作条件，使一些人转求经商或者事业谋生；缺少资源条件，培养和自然选择了浙江人精明能

---

① 韩永学：《从东方传统文化事业略论浙商"个众"人文特性》，载吕福新主编《浙商人文精神》，中国发展出版社 2007 年版，第 18~27 页。

② 吕福新主编：《浙商人文精神》（序），中国发展出版社 2007 年版，第 2 页。

③ 李继先：《浙商人文精神的哲学渊源》，载吕福新主编《浙商人文精神》，中国发展出版社 2007 年版，第 37~42 页。

干、机敏灵活、吃苦耐劳、务实等精明小商人必备的品质，以及一些人敢作敢为、敢冒风险、胆识过人的品质。这些长期历史积淀中养成的人文精神，支撑和推动当代浙商的形成和发展。自宋以来海外贸易积累的经验，长期地、历史地、潜移默化地深深影响着浙江的人文精神，构成了当代浙商人文特性的历史渊源。浙东学派的"工商皆本"的思想，使浙江人在发展工商业方面超越了儒家的传统观念。二是近现代发展历程对浙商人文特性影响。在近代中国被迫洞开国门的痛苦而屈辱的过程中，中国近现代工商业逐渐发展起来，浙江成为最早出现资本主义企业和资本主义精神的源头。改革开放以来，国有经济相对薄弱的状况，客观上为浙商的成长提供了优越和宽松的社会经济环境。三是政治文化传统对浙商人文特性的影响。在中央集权的国家体制内，远离政治和统治中心，使得商业取向可能成为大多数人的优先选择。浙商的发展更多地体现了体制改革和市场发展的成果。一个比较开明、开放的地方政府，对私营经济发展的默认、鼓励、支持、引导、保护，为当代浙商的崛起发挥了重要作用。四是以近代西方资本主义的崛起为参照理解浙商的人文特性。中国具有近代意义的工商业文化是由西方传入的，对西方世界的依赖性、对官僚特权的依附性等，是近代工商业的主要特征。使中国近现代商业文化普遍缺少主体性、主动性、自主性、创新性。当代中国大陆私营经济的崛起，直接来源于政策导向，很大程度上是政治力量促动的。[①]

（二）有关浙商民间商会的研究

对民间商会和行业协会的研究，由于温州民间商会的一枝独秀引起了学术界的广泛关注，研究主要涉及如下问题。

第一，温州民间商会的兴起与发展。"温州商人钟情于组建商会，有其深刻的社会、文化和经济根源"。[②] 具体来说，一是丰富的民间资本为民间商会的确立和发展创造了必要的经济条件；行业的集中发展与产业群的形成为行业协会的发展提供了组织基础；民营经济发展中暴露的缺陷诱导了商会的发展。二是各级政府对商会发展提供了一定的制度保障，创造了广阔的空间。三是民营企业家阶层的形成是温州商会发展的社会基础。四是温州"通商惠工"、"义利并

[①]　李建华：《略论当代浙商人文特性——基于历史传承、近现代历程和西方参照的思考》，载吕福新主编《浙商人文精神》，中国发展出版社 2007 年版，第 28～35 页。

[②]　吕伟超：《挥舞于"镣铐"与"天花板"之间的大象之鼻》，《特区经济》2007 年 11 月。

举"的文化与结社的传统夯实了商会生成的基础。温州民间商会不仅在本地发展很快，而且在外地也有了很大的发展。有的学者对温州异地商会兴起的原因作了如下概括：一是"温州人经济"的快速发展：温州商会兴起的经济基础。在外经商、投资和创业的温州人，创造了蔚为壮观的"温州人经济"，突出表现在投资规模不断扩大，涉及领域不断拓展，经营方式不断创新。新的经济模式需要更高级的组织形式与之相适应，而近年来温州异地商会的大量涌现及其在当地经济社会中的显著作用，在一定程度上契合了"温州人经济"进一步提升的内在需要。二是温州民营企业家群体的壮大：异地商会兴起的阶层基础。"温州人经济"的高速发展和企业主阶层的崛起，客观上需要一种利益代表、利益聚合和利益表达的组织或机制，以适应该阶层政治、经济和社会利益的聚合和表达，实现行业利益和阶层利益的最大化。三是温州和各地政府的支持与引导：异地商会兴起的制度空间。民间组织的产生和发展，与一定的政治结构的性质是分不开的，只有在一定的政治结构能容纳它即允许它合法存在的条件下，它才能产生和发展。温州商会获准成立，就是地方政府（包括各地政府和温州本地政府）共同支持的结果。①

第二，温州民间商会的特点和发挥的作用。温州民间商会的生成与发展有着突出的特点和自身的独特性。有些学者将它概括为：自律性（自愿遵守激励和约束机制）、自助性（社会合法性的扩大）、自治性（行政性资源依赖的弱化）。民间商会作为政府与企业之间的中介，沟通和协调企业与政府、企业与社会之间的关系，提供了企业与政府对话的平台。它的功能可以简洁的归纳为行业自律、维权、组展、服务、协调、管理等六大方面。②"温州商会在整体上呈良性发展态势，其行业管理职能的总体实施情况较好，但不同行业之间的商会职能在履行上有差异性，各项职能的发挥程度在不同行业之间也有所不同，其中'维护会员合法权益，协调会员关系''开展咨询服务，提供国内外经济技术信息和市场信息''行业基础资料的调查、收集和整理，参与行业发展规划的制定''建立行业自律性机制'等职能在行业组织中发挥得较好"。③温州民间商会在推动企业发展中发挥了重要作用。民间商会推动了温州企业家之间的

---

① 陈剩勇、马斌：《民间商会与地方治理：功能及其限度》，《社会科学》2007年第4期。
② 刘伟伟：《温州民间商会纵论》，《浙商经济》2005年第8期。
③ 郁建兴、阳盛益：《民间商会的绩效与发展》，《公共管理学报》2007年第4期。

沟通与合作，以组织的力量协调企业与社会、企业与政府之间的关系，有效地维护了企业的合法权益；民间商会通过组织优势获取各种投资信息和资源，有效地发挥了信息网络和合作平台作用，降低了成本和风险，更好地把握了投资机遇；民间商会通过规范温州商人的经营行为，树立温州人整体品牌，为企业发展营造良好的社会环境，以实现长远发展。温州的民营企业家以商会为主体"参政、议政"，直接或间接地参与和影响地方公共政策的制定与执行，有效地弥补了政府的理性不及和个人的势单力薄。温州商会参与影响地方政府公共政策的主要方式：制度化参与策略；利益代言策略；信息咨询策略；社会动员策略；营造政治效应策略。①

第三，温州民间商会的治理结构和治理机制。从理论上来分析，民间商会自主治理的结构要素主要体现在以下几点：一是自主治理的资格：彼此尊重对方权利。二是自主治理的动力：在平等参与中确认的共同利益。三是自主治理的基本途径：面对面协商机制。四是自主治理的结构：以信任与合作为基础的多元网络。五是自主治理的绩效：以自治增进行业整体利益。② 温州民间商会在自主治理过程中对不同层面的参与者给予各自所需的"选择性激励"，奠定了商会组织有效运作的激励机制。物质性激励主要指通过组织行动而获得的有形资源；团结性激励主要指通过参与组织活动而获得的社会资本、社会地位、身份认同等；目的性激励主要指行业整体发展而获得的一种成就感和满足感。③ 有的学者从商会发展的不同阶段以合作机制为视角，阐述了温州民间商会的治理结构和治理机制问题。温州商会在初始阶段的合作机制主要是"关系合约"。"关系合约"的有效性建立在产业集群网络中的非正式规则基础之上。随着商会规模的发展扩大和稀缺资源的出现，"关系合约"也会出现一定程度的失效，从而需要借助于正式规则的制度支援，从"关系合约"必须要上升到"制度化合作"。④

第四，温州民间商会发展存在的问题和解决对策。"如何跳出行业兴衰导致协会兴衰的怪圈也是温州行业协（商）会面临的一大挑战。"⑤ 有些商会则因为

---

① 陈剩勇、马斌：《民间商会与地方治理：功能及其限度》，《社会科学》2007 年第 4 期。

② 马斌、徐越倩：《民间商会的治理结构与运行机制》，《理论与改革》2006 年第 1 期。

③ 陈剩勇、马斌：《温州民间商会：一个制度分析学的视角》，《浙江大学学报》（人文社会科学版）2003 年第 2 期。

④ 杨光飞：《从"关系合约"到"制度化合作"：民间商会内部合作机制的演进路径》，《中国行政管理》2007 年第 8 期。

⑤ 郁建兴、阳盛益：《民间商会的绩效与发展》，《公共管理学报》2007 年第 4 期。

职能履行不到位，导致会员数量、人力资源、财务等方面发展缓慢，而这种现象反过来又导致商会职能履行陷入困境。政府主导型的特点使商会与政府之间尚未形成平等的博弈关系，商会需要政府不断地释放政治空间，加之商会与行政部门千丝万缕的关系，导致商会在其发展过程中表现出较强的政治依附性；服务手段的缺乏致使商会陷入财务困境，进而限制商会功能的发挥；商会内部治理的寡头化倾向，使商会成为某些大企业谋取利益、获得资源的渠道。此外，外部的制度环境也给温州商会的发展带来极大的挑战。这包括了政府的"选择性培育"导致民间组织发展不平衡，温州商会在得到有限培育的机会之后，也会利用其强势地位在与其他利益集团博弈时超越合法利益边界。[1]"温州异地商会和民营企业家的政治参与和治理实践，是在一个正处于政治转型期、法治不健全和缺乏公民传统的制度背景下展开的，制度不规范所产生的负面效应必须引起我们的高度重视。"[2] 要推动温州商会健康发展，一是构建政府与行业协会新型关系。树立行业协会和政府的协商伙伴关系；对行业协会的监督要依法而行；改进政府对行业协会管理方式。二是加大对行业协会政策扶持。改善行业协会经费来源；增加对行业协会的税收优惠；完善行业协会工资福利制度。三是苦练内功，提高协会自身素质。要正确定位，认清自己身份，充当会员企业和行业整体利益代表者；行业协会要积极作为，要通过多种形式为企业提供周到的服务。[3]

三、研究现状述评

从上面的梳理可以看出，已有的研究成果对民营企业与社会公共事务相关联的行为，从理论和实践两个方面作了比较深入的研究，取得了丰富的研究成果，为深入研究浙商公共行为奠定了基础。特别是对浙商人文精神和浙江民间商会等方面问题的研究，为研究浙商公共行为与政府的政策导向问题，提供了比较丰富的可以借鉴的成果。但是，归纳和概括已有的研究成果，发现也存在着诸多有待深入的领域和需要进一步拓展的研究空间。

第一，对民营企业与公共事务相关联的行为的研究，尽管涵盖了民营企业

---

① 郁建兴、阳盛益：《民间商会的绩效与发展》，《公共管理学报》2007 年第 4 期。
② 陈剩勇、马斌：《民间商会与地方治理：功能及其限度》，《社会科学》2007 年第 4 期。
③ 王立军：《浙江行业协会改革的探索及其扶持对策研究》，《生产力研究》2004 年第 6 期。

参与公共产品供给、政治参与、社会责任和民间商会与行业协会等广泛的领域，但并没有把它们统一纳入公共行为的概念之下进行系统的研究，缺少对不同公共行为之间相互关系的研究。而且现有的研究基本上是围绕着必要性和可能性、现状和存在的问题、问题产生的原因和解决的对策等问题展开，具有一定的同构性。

第二，对于浙商的研究有很多，但基本上集中在对浙商经济行为、发展模式及文化价值等的研究上。对浙商与公共事务相关的行为的研究，主要集中在浙商的人文精神和浙商民间商会上，对浙商公共行为还缺少全面、系统的研究。尤其是还没有用浙商的公共行为统领现有的相关研究。

第三，较多的研究并没有体现出主体的特性，只是以浙商为个案进行分析，从某一现象或者某些数据入手，依据一些现有的理论进行分析，然后得出结论，缺少对案例的深入调研、分析比较，研究得出的结论也存在着一定的局限性。

总的来说，对浙商公共行为的总体研究还比较缺乏，学者们对此的关注度也不高。一方面，为研究浙商公共行为与政府政策导向问题带来了一定的困难；另一方面，也使得本研究更具有理论意义和实践意义。

第四节　理论基础与研究结论

一、研究的理论基础

（一）多中心治理理论

自从 1989 年世界银行首次使用"治理危机"一词，并于 1992 年起将年度报告定名为《治理与发展》后，治理（governance）与善治（good governance）便成为国际社会科学研究中最时髦的术语之一，成为最新的研究领域。90 年代以来，西方学者，特别是政治学家和政治社会学家，对治理做了许多新的界定。在众多关于治理的定义中，全球治理委员会的定义最具代表性和权威性。该委员会于 1995 年发表了一份题为"我们的全球伙伴关系"的研究报告，对治理作出如下界定：治理是各种公共的或私人的机构管理其共同事务的诸多方式的总和。治理具有四个特征：治理不是一整套规则，也不是一种活动，而是一个过程；治理过程的基础不是控制，而是协调；治理既涉及公共部门，也包括私人部门；治理不是一种正式的制度，而是一种持续的互动。实际上，治理就是一种管理方式，在公共行政活动中，它是由政府、私人部门和民间组织合作共同提供公共产品和公共服务的管理方式。

在新的治理定义中，隐含了治理与统治的基本区别：一是行为的主体不同。统治的权威来自政府，其主体一定是社会的公共机构，即政府或者政府的代言人。治理的主体则并不一定是公共机构，也可以是私人机构，还可以是公共机构和私人机构的合作。二是权力运用的方式不同。政府统治是政府自上而下的主动性行为，通过强制性的国家权力，依靠科层制度的机构网络，发布并实施各类正式的法规、政策来管理公共事务，实现公共利益。在权力行使的过程中，被管理的对象完全处于被动状态。治理则是一个上下互动的管理过程，它主要通过合作、协商、建立伙伴关系等方式实施对公共事务的管理。其权力的运用方式是多元的、相互的。三是权力配置的形式不同。在统治状态下，公共权力是集中的，权力的中心是单一的，那就是政府。而在治理过程中，权力是分散的，权力的中心是多元的、分层次的。

治理作为一种新的政治分析框架，有着自身独特的优点。第一，它提供了新的分析视角和范畴，它将"社会资本"引入治理分析，着眼于政府与公民的合作网络。第二，在分析政治发展时，它比其他方法更加全面。它既包含了制度分析、经济分析和文化分析的内容，又克服了这些方法的自身缺陷。第三，它体现了当下政治发展的方向。它强调国家与社会的合作，强调公民自治和非政府组织的权威，这些都深刻地反映了全球化时代的民主要求。总之，治理理论打破了社会科学长期存在的"两分法"的传统思维方式，即计划与市场、公共部门与私人部门、政治国家与公民社会、民族国家与国际社会。治理理论把有效的管理看作是以上两者的合作过程，力图发展起一套管理公共事务的全新技术。治理理论强调管理就是合作，政府不是合法权利的唯一源泉，公民社会同样也是合法权利的来源。治理理论把治理看做是当代民主的一种新的现实形式。所有这些理念都是对政治学研究的贡献。①

治理本身就意味着治理主体的多元化。治理的权力来自政府，但又不限于政府，各种公共机构，甚至是私人机构都可能成为治理的主体。政府不再是国家权力的唯一中心，各种公共和私人机构只要行使的权力得到公众的认可，都可能成为在各个不同层面上的权力中心。

真正的多中心治理理论是由埃莉诺·奥斯特罗姆（Elinor Ostrom）与文森

① 俞可平：《中国离"善治"有多远》，《中国行政管理》2001年第9期。

特·奥斯特罗姆（Vincent Ostrom）夫妇共同创立。"多中心"一词最早是迈克尔·波兰尼在《自由的逻辑》一书中首先使用的。多中心理论汲取了社会科学和自然科学的智慧，为社会科学的发展提供了独特的理论视野。在奥斯特罗姆夫妇看来，"多中心组织已经被界定为一种组织模式，在此许多独立的要素能够相互调适，在一个一般的规则体系之内归置其相互之间的关系"①。在多中心治理模式中，各个决策主体可以自由地追求自身利益，但这个过程必须受到决策规则的约束，没有任何一个决策主体可以单独控制决策程序。多中心治理是一种不同于一元或单中心权威秩序的思维，它意味着地方政府为了有效地进行公共管理和提供公共产品，实现持续发展的目标，由社会中多元的行为主体（如政府、个人、企业组织、社会组织、政党、利益团体），基于一定的行为规则，通过相互博弈、相互调适、共同参与合作等互动关系，形成多样化的公共管理制度或组织模式。多中心被界定为一种组织模式或系统，其内部结构是存在多个决策主体，且这些决策主体要在一定的规则约束下进行相互竞争、相互调节等互动行为，从而最终达到组织目标。所以，形成多中心治理需要较强的社会资本和社会自组织能力作为前提条件，并有赖于相应的制度支撑。

多中心治理理论的人性假设是将人看做是"具有独立决策能力、能够计算成本收益的理性人，但又不是传统经济学上的完全的理性人或经济人，而是能够自主决策、受环境影响易犯错误和改正错误、受社群的非正式规范约束的社会人、复杂人。多中心治理理论中的行为者具有有限理性这一人性特点"②。

在奥斯特罗姆夫妇看来，现代政府在提供公共服务时采用多中心模式是必要的。可以理解为这是由多中心的优势所决定的，而多中心的优势体现在"交叠管辖"和"权威分散"这两大特点上。交叠管辖可以保证多主体的协调互动过程能够持续运行，而最终的决策依赖于公民的意志。权威分散是基于避免垄断的需要。因为在公共服务领域，提供服务的主体越庞大，服务内容越广泛，对于用户的需求表达就越缺乏回应，因此他们在决策时对用户偏好的依赖就越少。我国在改革开放前采用高度集权的计划经济体制来提供公共产品和公共服务，以及改革开放后的"政企分开"和"私有化"浪潮，恰恰是对公共产品

---

① ［美］迈克尔·麦金尼斯著，毛寿龙等译：《多中心体制与地方公共经济》，三联书店 2000 年版，第 95 页。

② 朱国云：《多中心治理与多元供给》，中国劳动社会保障出版社 2007 年版，第 129 页。

"集中供给"的否定。作为公共事物自主治理的制度理论的多中心治理理论，强调公共物品供给结构的多元化，强调公共部门、私人部门、社区组织均可成为公共物品的供给者，从而把多元竞争机制引入到公共物品供给过程中来。多中心治理理论提出了政府与市场之外的治理公共事务的新的可能——引入"社会"作为第三个中心。

在多中心模式的运作中，奥斯特罗姆夫妇还提到了规则系统、控制系统以及补救系统。规则系统是为了规范多中心组织中各个主体的行为，从而达到相互调适的效果，须有一系列明确集体权力和责任、个体权力和责任的行为规范。控制系统是指多中心治理中公共产品提供是由"选民"决策的，而非公共产品的提供者，也就是说，在多中心模式中选民的意志是支配决策最终走向的。补救系统则是多中心模式中对受害人的救济手段。如在公共服务的供给中，多主体的互动和竞争的结果可以产生"积极效应"，也有可能导致"消极的社会后果"，多中心体制要使受到伤害的人表达其怨言，并从政府或其他机构那里得到救济。所以，我们看到，对利益受损者的救济最终落到了政府的肩上。多中心治理模式的主要观点可以概括如下。

第一，多中心治理模式是指在社会生活中，既有官方权威参与社会治理，也有民间力量（如社会组织、公民个体）参与社会治理，它充分体现了公民自治和自主管理的秩序与力量，且各种力量分别作为独立的决策主体围绕着特定的公共问题，按照一定的规则，采用弹性、灵活和多样的集体互动行动，寻求解决公共问题的最佳途径。

第二，多中心治理模式的关键是要求公民参与和社群自治，将公民参与和自治作为基本的策略。只有实现这一条件，才能保证多元主体积极参与多中心治理的条件和作用，使多中心治理运转并持续。

第三，在多中心治理模式中，多元独立决策主体的利益也是多元的。多元利益在治理行动中经过冲突、对话、协商、妥协，达成平衡和整合。

第四，在多中心治理模式中，不同性质的公共物品可以通过多种制度选择来提供，而多中心治理中政府治理策略和工具向适应治理模式要求的方向转变，以克服政府供给能力的不足和政府垄断的低效率。

（二）协商民主理论

协商民主理论是当代民主理论发展的最新成果之一，作为一种新的政治理论，对民主理论的研究产生了重要影响。协商民主理论的兴起可以追溯到1980

年，克莱蒙特大学政治学教授约瑟夫·毕塞特发表的《协商民主：共和政府的多数原则》一文，在这篇文章中，他首次从学术意义上使用了"协商民主"一词，开启了协商民主的学理研究之门。后来，伯纳德·曼宁和乔舒亚·科恩等真正赋予了协商民主概念的学理含义。到了 20 世纪 90 年代协商民主理论引起了更多学者的关注，形成了比较系统的协商民主理论体系。"协商民主理论近期的发展很顺利，现已主导了有关民主的理论讨论，并开始在实践的民主讨论中被广泛涉及。这不仅表明协商民主已经'发展成熟'，还经历了一种'经验转向'"①。有的学者甚至宣称："到 20 世纪 90 年代晚期，协商民主已经成为大多数民主理论的核心。"②

协商民主思想根源于民主实践的历史积淀，也是民主思想发展到当代的必然结果。协商民主作为一种新的民主形式，其产生有对以往民主实践的反思和民主理论的批判，当然也有经验的总结和理论的借鉴。纵观西方民主发展的历史，在协商民主思想产生之前经历了直接民主、代议制民主、参与民主等不同的历史发展阶段。直接民主的代表性形式是古希腊的"广场政治"。代议制民主发端于近代资产阶级革命建立的共和体制。参与民主是为了弥补代议制民主的缺陷而产生的民主理论。参与民主尽管在推进民主发展进程中发挥了重要作用，但是在解决代议制民主存在的弊端上显得软弱无力。正因为如此，民主理论遭到了质疑和前所未有的挑战。协商民主是民众与思想界对参与民主共同反思的基础上而形成的一种新的民主理论。它力图克服代议制民主存在的缺陷，以回应对民主理论提出的质疑和挑战。

协商民主理论也是在对自由主义民主和共和主义民主的批判吸收中发展起来的。它力图弥合自由主义民主和共和主义民主由于长期的历史争论形成的裂痕。在 20 世纪，特别是 20 世纪 50 年代以来，由于文化的多元化、社会的复杂性和广泛的不平等的存在和演进，人与人之间在经济、政治，甚至文化等方面出现了各种各样的差异。不同的差异，最终都可以归结到利益上。这就产生了一个不能回避而且越来越突出的问题，即关于具有差异性个人利益的公民能否在某种意义上确认"共同的善"的问题。从民主实践发生和民主理论产生以

---

① ［英］斯蒂芬·艾斯特：《第三代协商民主》，《国外理论动态》2011 年第 3 期。

② ［澳］约翰·S·德雷泽克著，丁开杰译：《协商民主及其超越：自由与批判的视角》，中央编译出版社 2006 年版，第 2 页。

来，围绕这个问题历来存在着两种观点、两种理论的冲突和对立。一种是自由主义民主理论，它强调公民利益的多元化和公民冲突的不可避免性，否认形成共同意志和共同善的可能性，认为民主只是一种确保公民个人自由的制度和方法，而不是实现共同善的途径；另一种是共和主义民主理论，认为公民一致性的可能性源于共同利益、价值和传统，民主是实现共同意志和善的有效途径。在这场争论中，自由主义理论家如霍布斯、洛克、熊彼特、达尔等与共和主义理论家如卢梭、佩特曼等处于对立状态。西方协商民主理论就是在探寻确保民主自治的最佳途径的长期和激烈的历史争论中出现的。①

"协商民主是指政治共同体中的自由、平等公民通过参与立法和决策等政治过程，赋予立法和决策以合法性的治理形式。其核心概念是协商或公共协商，强调对话、讨论、辩论、审议与共识。"② 尽管不同的人对协商民主有不同的理解，但在以下两点上达成共识：一是协商民主的核心是公共协商。公共协商是政治共同体成员参与公共讨论和批判性地审视具有集体约束力的公共政策的过程。形成这些政策的协商过程不是政治讨价还价或契约性市场交易模式，而是一个受公共利益责任支配的程序。公共协商的主要目标不是狭隘地追求个人利益，而是利用公共理性寻求能够最大限度地满足所有公民愿望的政策。③ 二是协商民主的前提是公共理性的形成。公共理性构成了协商民主的本质特征。"协商民主是一种以公共利益为导向，以平等公民之间的理性协商为基础，能够形成具有民主合法性和集体约束力的决策机制，它有助于实现民主范式的转型，即从国家形态的民主转向公民形态的民主，在公民实践理性基础上，协商民主激发了理性立法、参与政治和公民自治的理想。"④ 参与主体的平等地位、自由开放的讨论、批判性审议、理性的思考、通过协商达成共识，是协商民主的精髓。协商民主的内涵非常丰富。

第一，协商民主是一种民主的决策形式。协商民主作为一种决策形式，它以一定的民主决策体制为支撑。米勒认为，当一种民主体制的决策是通过公开

---

① ［美］詹姆斯·博曼，威廉·雷吉著，陈家刚等译：《协商民主：论理性与政治》（导言），中央编译出版社 2006 年版，第 2 页。

② 戴维·米勒：《协商民主不利于弱势群体》，载 ［南非］毛里西奥·帕瑟林·登特利维斯主编《作为公共协商的民主：新的视角》，中央编译出版社 2006 年版，第 139 页。

③ ［美］乔治·M 瓦拉德兹著，何莉编译：《协商民主》，《马克思主义与现实》2004 年第 3 期。

④ 万平、罗洪：《协商民主理论渊源探析》，《前沿》2011 年第 5 期。

讨论——每个参与者能够自由表达同样愿意倾听并考虑相反的观点——做出的，那么，这种民主体制就是协商的。这种决策不仅反映了参与者先前的利益和观点，而且还反映了他们在思考各方观点之后做出的判断以及应该用来解决分歧的原则和程序。[①] 亨德里克斯认为，"协商民主更像是公共论坛而不是竞争的市场，其中，政治讨论以公共利益为导向。在协商民主模式中，民主决策是平等公民之间理性公共讨论的结果。正是通过追求实现理解的交流来寻求合理的替代，并做出合法决策。""在协商民主中，公民运用公共协商来做出具有集体约束力的决策。……协商民主的吸引力源于其能够形成具有高度民主合法性决策的承诺。"[②] 协商民主作为决策形式不仅表明了民主决策的合理性，而且也表明了政治决策的合法性。通过协商民主形式进行民主决策，就是通过合理的、公开的讨论以形成能够被普遍接受的判断。

第二，协商民主是一种民主治理形式。瓦拉德斯认为，多元文化民主面临的最大危险就是公民社会的分裂与对立，"协商民主是一种具有巨大潜能的民主治理形式，它能够有效回应文化间对话和多元文化社会认知的某些核心问题。它尤其强调对于公共利益的责任、促进政治话语的相互理解、辨别所有政治意愿，以及支持那些重视所有人需求与利益的具有集体约束力的政策。"[③] 作为民主治理形式的协商民主在本质上以公共利益为取向，主张通过对话实现共识，进而做出民主的决策。

第三，协商民主是一种民主的团体组织形式。科恩认为，协商民主是指一种事务受其成员的公共协商所支配的团体。这种团体的价值将民主本身视为一种基本的政治理想，而不仅仅是可以根据某一方面的平等或公正价值来解释的衍生性理想。从协商民主是一种民主的团体组织形式这一前提出发，正式的协商民主的特征可以从五个方面来把握。一是协商民主是一个正在形成的、独立的社团，其成员希望它延伸到不确定的未来。二是社团的成员都认为，恰当的社团条件为他们的协商提供了框架，或者是其协商的结果。即他们共同的承诺，在那些使协商成为可能的制度中，根据他们借助协商而达成的规范来协调自身的行为。三是协商民主是一种多元的社团，其成员关于自身生活的行为具有各

---

① 陈家刚选编：《协商民主引论》，三联书店2004年版，第4页。
② 陈家刚选编：《协商民主引论》，三联书店2004年版，第44页。
③ 陈家刚选编：《协商民主引论》，三联书店2004年版，第35页。

种不同的偏好、信念和理想。在共同承诺依靠协商解决集体选择问题的同时，他们还具有存在诸多差异的目标，而且他们认为某些特殊的偏好、信念和理想并不是强制性的。四是民主社团的成员将协商程序看成是合法性的来源，所以，重要的是，他们社团的条件不仅是其协商的结果，而且对于他们来说也同样是明白的。五是社团成员认为彼此都具有协商的能力，即进入公开交流理性并根据公共推理结果行动所需要的能力。[①]

协商民主的突出特点可以概括为以下几个方面：一是多元性。多元性是协商民主的社会基础，同时，在某种程度上，多元性的社会现实也是协商民主的动力。二是合法性。协商过程的政治合法性首先出于参与者的意愿，其次是基于集体的理性反思，经过讨论、审议形成政治决策。三是程序性。协商民主尊重程序，并将程序看作决策获得合法性的规范性要求。在这种程序中，参与者都是彼此平等的，他们根据讨论的结果进行合作。四是公开性。协商民主的公开性特征表现为协商过程是公开的，整个程序是公众知悉的，协商参与者在讨论和对话过程中公开自己支持某项政策的理由和偏好，立法或政策建议是公开的，公众知道政策的形成过程。五是平等性。在协商民主中，参与协商过程需要机会平等、资源平等，平等是理解协商民主的基本要素之一。六是参与性。协商民主鼓励立法和决策的利益相关者积极参与公共协商，在参与过程中公开自己的偏好和理由，尊重他人的意见。七是责任性。协商过程的参与者在协商对话过程中，知道自身的偏好，了解他人的看法，更知道促进公共利益的政策建议来自各方的共识。因此，公民有责任维护并促进公共利益，更好地确定支持特定政策的机构、政党和组织。八是包容性。协商民主通过协商过程创造条件，将各种族文化团体吸纳进协商过程，并且认真倾听每个人的声音，容纳相对独立的、不一致的概念和观点，具有多样化的关怀，所有相关的政治共同体成员在平等的基础上参与决策。九是集体理性。政治合法性是建立在集体理性的基础之上的。因为协商过程的结果源自于自主的、在认识上不受限制的整体的集体理性反思的基础上。在协商过程中，发挥作用的是合理的观点，而不是情绪化的非理性诉求。[②]

---

① ［美］詹姆斯·博曼、威廉·雷吉著，陈家刚等译：《协商民主：论理性与政治》，中央编译出版社 2006 年版，第 50~57 页。

② 秦绪娜：《国内外协商民主研究综述》，《中共云南省委党校学报》2008 年第 2 期。

（三）公共领域理论

汉娜·阿伦特是最早对公共领域问题进行系统思考的哲学家，她在分析人的条件、极权主义起源和现代西方宪政困境等问题的过程中发现了公共领域的价值，并通过对上述问题的理论解决建构起了一个独具特色的公共领域理论系统。在阿伦特看来，人的复数性为公共领域奠定了基础。她认为，人是以复数的形态存在于世界的，这是公共领域存在的前提。复数的人们构成了这个世界，也构成了公共生活。复数的人决定了公共领域的存在，而对公共领域的建设则离不开对基本事实的尊重。在公共政治领域构成基本事实的，哲学家秉承的是真理，而政治流行的却是意见。意见的准确性来自于某种同意，这种同意是在平等独立的人们之间的自由协议和商谈。它可以通过劝说或劝告的手段来进行交流而形成。阿伦特把人的活动分为三种：劳动、工作、行动。她认为劳动的目的是维持生命，生命是劳动的动物的最高价值。劳动和工作都是人类在自然环境中采取的活动模式。而行动实际上是人类之间的互动关系。[1] 前两种基本属于私人领域，后一种基本属于公共领域。

关于公共领域最具代表性的理论是哈贝马斯的理论。哈贝马斯的公共领域是与市民社会相联系的概念。但是哈贝马斯对市民社会的理解，同黑格尔和马克思的理解不同。黑格尔和马克思，特别是马克思把市民社会仅仅限定于经济交往领域。而哈贝马斯理解的市民社会，"不应在包括控制劳动市场、资本市场和商品市场的经济领域，其核心机制是由各种非官方的和非经济组织构成的私人有机体。"[2] 在他看来，由私人构成的非官方和非经济组织的领域就是公共领域。哈贝马斯关于公共领域的理念一经形成，迅速成为公共领域研究的典范。当然，哈贝马斯是在资产阶级公共领域的语境下来讨论公共领域问题的。哈贝马斯指出："所谓'公共领域'，我们首先意指我们的社会生活的一个领域，在这个领域中，像公共意见这样的事物能够形成。公共领域原则上向所有公民开放。公共领域的一部分由各种对话构成，在这些对话中，作为私人的人们来到一起，形成了公众。""当他们在非强制的情况下处理普遍利益问题时，公民作为一个群体来行动，由此，这种行动具有这样的保障，即它们可以自由地集合和组合，可以自由地表达和公开他们的意见。当这个公众达到较大规模时，这

[1] ［美］汉娜·阿伦特著，竺乾威译：《人的条件》，上海人民出版社1999年版，第1页。
[2] 杨仁忠：《公共领域》，人民出版社2009年版，第166页。

种交往需要一定的传播和影响的手段；今天，报纸和周刊、广播和电视就是这种领域的媒介。""公共领域是介于国家和社会之间进行调解的一个领域，在这个领域中，作为公共意见载体的公众形成了，就这样一种公共领域而言，它涉及公共性原则……这种公共性使得公众能对国家活动实施民主控制。"①

第一，公共领域形成的基础是市场经济。"市场经济通过平等交换的市场和自由产权制度创造了一个不受国家控制的充满活力的私人生活领域，从而为公共领域的生存和发展提供了一个广阔的社会空间和价值根据。"② 市场经济造就了相对独立的市场主体。在市场经济条件下，资源配置的基础是市场，整个社会生产主要靠市场进行调解，产权明晰的企业成为经济生活的主体。这样就打破了政府对资源的垄断，削弱了政府对社会经济活动的控制，市场主体获得了独立性和自主性，为公共领域的形成提供了前提条件。市场经济是一种自由经济，以市场主体的平等地位和享有的平等权利为基础。在市场经济条件下，形成了自由、平等和权利意识，为公共领域的培育创造了条件。市场经济需要不同市场主体之间建立广泛的联系。"市场经济最大限度地开启了人们的欲望和需求，调动了人们追求物质利益的积极性和创造性，更主要的在于它使这种追求联结为一个'满足需要的体系'（马克思语），从而使社会自身具有了独立自主的特性。在市场社会中，每一个人的需求都必须以另一个人的需求为前提才能实现，任何人都不可能单独地满足自己的全部需要。这必然促使人们走出封闭和孤立，尽力与外界建立广泛联系，这是市场经济的必然结果。"③ 因此，从一定意义上说，市场经济孕育了公共领域。

第二，公共领域的本质特征是公共性。公共领域从一定意义上说，是由社会公众构成的公共交往空间，它通过公众的公共表达形成公共舆论，进而直接影响公共利益的实现，因此，公共性直接展现了公共领域的本质特征。一是公共领域的公共性首先表现为公开性和开放性。公共领域具有公开性意味着它原则上向所有的人开放，人们可以自行决定加入或者退出。"公共领域的成败始终都离不开普遍开放的原则。把某个特殊集团完全排除在外的公共领域不仅是不完整的，而且就不算是公共领域。"④ 公共领域同私人领域不同，在公共领域一

---

① 杨仁忠：《公共领域》，人民出版社 2009 年版，第 167~168 页。
② 杨仁忠：《公共领域》，人民出版社 2009 年版，第 109 页。
③ 杨仁忠：《公共领域》，人民出版社 2009 年版，第 214~215 页。
④ ［德］哈贝马斯著，曹卫东等译：《公共领域的结构转型》，学林出版社 1999 年版，第 94 页。

切都是公开的。"在公共领域中展现的任何东西都可以为人所见、所闻，具有可能最广泛的公共性。"①二是公共领域的公共性还表现为理性商谈性。"公共领域强调公众通过对话和辩论商讨解决问题……在这里，公共性是一种质的相关性，不同质的个体以相关性彼此证明，而不是互相排斥、你死我亡。因此，相互尊重、平等对话和交流、自由讨论和辩论是它存在的必要条件。只有如此，'理性辩论'才能够充分展开，理性讨论的议题才能由个别问题上升到'普遍利益问题'并'达成共识'。"②三是公共领域的公共性集中表现为公共利益性。"与私人性强调个人、阶级、阶层和集团利益相比，公共性是非个人、非阶级、非阶层和非集团的。在公共领域中，社会公众既不是作为商业或专业人士来处理私人事务，也不是作为国家的代表来处理公共事务，它不受任何商业利益或强制性权力的束缚，而完全是以自由人的身份来处理普遍的公共利益问题。所以，公共领域谋求的不是私利而是公益。"③

第三，公共领域是形成公共精神的场所。人们在从事公共领域的活动的过程中，培养了公民的公共精神，形成了公共理性。公共精神既可以做伦理学意义上的解读，也可以做政治学意义上的解读。从伦理学意义上来理解，"公共精神本质上是一种伦理精神，是孕育在公共领域中并渗入每个成员心底深处的以利他方式关心公共利益的态度和行为方式。"④从政治学意义上来理解，"公共精神本质上是一种政治精神，是人类'类'意识的觉醒和体认，它是社会成员在公共生活中对共同生活的理解集聚于其中的行为准则、规范、制度等的认可并体现于客观行动上的遵守、执行。"⑤但实际上两种理解本质上是一致的。综合起来，公共精神具有如下特性：一是公共精神是人类共同体的精神纽带。公共精神促使人们组成各种共同体，并维持和繁荣共同体的一种内在、持久的精神状态。二是公共精神是人类理性的公共运用。理性是人区别于其他动物的本质特征，公共精神深深地打上了"理性"的烙印。它表明一种独立的主体精神、积极的参与精神、公共舆论批判精神。三是公共精神是人"类"意识的伦理表征。公共精神体现了一种德性，从"事"而论，它表现为一种客观义务、义

① ［美］汉娜·阿伦特著，竺乾威等译：《人的条件》，上海人民出版社1999年版，第38页。
② 杨仁忠：《公共领域》，人民出版社2009年版，第213~214页。
③ 杨仁忠：《公共领域》，人民出版社2009年版，第214页。
④⑤ 刘鑫淼：《当代中国公共精神的培育研究》，人民出版社2010年版，第20页。

理；从"心"而论，它表现为一种主观的义务心、责任感。① "公共领域的公共性原则要求，人们在公共领域里不能仅仅依照自己的任性去行事，而需要考虑和听取他人的需要和观点，需要向他人表达自己的认识和想法。这构成了精神交流的需要。人们在公共领域里的精神交流活动中，以公共利益为依归，超越了党派偏见、私利和特权等因素，直接诉诸理性和良知，以寻求彼此的共识，从而使不同意见和观点之间交流、争论、融合而逐步趋于一致，即达致公共理性和伦理的普遍性。"② 正因为如此，公共领域成为培养公共精神最好的学校和场所。

第四，公共领域以社会团体为载体。托克维尔早就指出过结社对于公共生活的重要性："在准许公民在一切事情上均可自由结社时，他们最终可以发现结社是人们为了实现自己所追求的各种目的的通用方式，甚至可以说是唯一方式。只要出现一种新的需要，人们就会立即想到结社。于是，结社的技巧就成为一种基本知识。所有的人都要学习它，而且都要应用它。"③ 通过结社产生自愿性社团，来实现自身的目标。各类独立性的社团构成了公共领域得以形成的媒介。"这里所说的独立社团既不同于传统的社会共同体（它不是建立在血缘或地缘联系之上），也不是以营利为目的的带有强迫性的组织，而是一个独立于政治国家之外的、非政府非营利性的民间自治团体。""这种独立性社团能够培养团体成员的公共精神，形成共同道德价值，从而有助于形成自主和团结互助精神；同时它也为团体成员提供了参与公共事务特别是国家事务的机会和手段，提高他们的参与能力和水平。因此，它是公共领域结构性要素的基础部分，甚至就组织形式而言，可以说，这些社团组织活动于其中的领域就是公共领域。"④ 在市场经济初期产生的社团组织就是同业公会，这是一种初级社团。它主要是因为职业上的联系和利益上的一致而形成的，有着自身的局限性。只有以精神文化和政治诉求为纽带而组成的社团组织，才能成为作为公共领域载体的社团的主流形式，或者说，才是构成公共领域的社会形式。

第五，公共领域的功能是制约公共权力的专制与泛滥。公共领域之所以能够发挥制约公共权力，避免其走向专制和泛滥的功能，主要在于它是改善政治

① 刘鑫淼：《当代中国公共精神的培育研究》，人民出版社 2010 年版，第 20~32 页。
② 杨仁忠：《公共领域》，人民出版社 2009 年版，第 307 页。
③ ［法］托克维尔著，董果良译：《论美国的民主》（下），商务印书馆，1996 年，第 647 页。
④ 杨仁忠：《公共领域》，人民出版社 2009 年版，第 235 页。

参与进而完善宪政体制的重要依托力量。极权主义导致公共权力的专制和泛滥，而抵制极权主义比较好的制度设计就是宪政体制。但是，在西方社会的传统宪政体制中，无论是自由主义宪政体制还是共和主义的宪政体制，都有自身的局限性。宪政体制所要解决的核心问题是国家公共权力的合法性问题，而宪政体制自身的局限性，使公共权力的合法性备受质疑。自由主义宪政体制强调个人权利的至高无上性，企图通过一种制度设计，解决个人基本权利的保障问题，以避免个人基本权利受到国家公共权力的侵害。这种制度设计的基本原则就是严格划分个人权利和国家公共权力的界限，两者都有各自的活动空间，特别是国家权力不能跨入由个人权利构成的私人领地，使个人权利得到保护。然而，对个人权利的过度保护，降低了人们的政治参与热情，而宪政体制又是以公民积极的政治参与为基础的。没有广泛的政治参与，国家公共权力的合法性问题必然大打折扣。共和主义的宪政体制更是依赖于公民的普遍政治参与来使国家公共权力获得充足的合法性。如果没有社会成员对公共事务的广泛参与，国家的公共决策不是在广泛讨论和充分协商的基础上做出的，就不可能充分体现社会成员的公共意志，同样会影响国家公共权力的合法性。然而，类似于古希腊"广场政治"的城邦式直接民主，在今天已是不可能的了。要消除自由主义宪政体制的弊端，需要改善公民的政治参与，而要消除共和主义宪政体制的弊端，同样需要改善公民的政治参与。只有通过积极的政治参与，才能克服两者的局限性。然而，积极而又广泛的政治参与又可能导致多数人的暴政。公共领域的建构为积极的政治参与提供了规范性方向。既要有积极的政治参与，又要避免多数人的暴政，就需要在公共领域学会结社的艺术。在公共领域中，公民通过团体既可以提高政治参与的热情，也可以在广泛讨论和充分协商的基础上形成公共意志，使宪政体制得到完善，有效制约国家公共权力的专制与泛滥。

二、研究的基本结论

人性是自利性和公共性的统一。人的自然属性更多地展现为自利性，而人的社会属性更多地与公共性相联系。这就决定了人的行为不仅仅只受自利性支配，公共性也是人的行为的重要支配力量。人性中自利性和公共性的统一构成了浙商公共行为的内在根据。尽管自利性和公共性共同构成了人的本性，但是在不同的人身上，自利性和公共性的外在表现是不同的，即使在一个人身上，在不同的时期也会形成不同的外在表现。人的自利性展现多一些，还是公共性展现多一些，决定于人们赖以生活的社会环境。在特定的环境下会把人的自利性的一面充分调动起来，而在另一环境下人会展现更多的公共性。浙商的公共行为也有一个不断提升公共性层次的问题。

从浙商公共行为的基本现状中可以看出：一是浙商实际的公共行为有限且层次比较低。由于缺乏对公共行为的系统性认识，使得现阶段浙商的公共行为相对比较缺乏，而且层次不高。但是随着经济实力的提升，随着其他社会群体认同度的提高，浙商参与公共事务的热情也有所提高。二是浙商公共行为的利益导向性明显。通过考察浙商公共行为的动机发现，从总体来说，浙商的公共行为同维护和增加企业自身利益的关联度比较明显，出于对社会公共利益的追求和伦理道德动因的所占比例较小。公共行为的利益导向性明显，关注自我利益的"理性经济人"特征表现得非常突出。三是浙商公共行为存在不均衡性。浙商由于其文化素质、政治面貌和经济实力的不同，在具体的公共行为方面也存在较大差异。另外，不均衡性还表现在浙商公共行为所涉及的领域分布不均衡。大多浙商的公共捐赠行为明显多于其他公共行为。四是浙商公共行为的感性和随意成分居多。作为改革开放的直接受益者，民营企业家对党和政府有着朴实和强烈的感激心理。对政府的动员和引导，都会给予积极的配合和回应，但是，他们的公共行为往往表现得比较感性，还处于一种自在、随性的状态，从而使其公共行为无法在激烈的利益竞争中保持长久。

要提升浙商公共行为的层次，需要制度规范和政策引导。人是社会关系的总和，人行为的价值取向很大程度上决定于由社会关系所构成的社会环境。社会环境又是人行为选择的结果。人在社会生活中选择了各种各样的制度和政策，在这些制度和政策的作用下，社会环境必然发生这样和那样的变化。因此，社会环境从一定意义上可以看做是由制度和政策构成的社会生态系统，它反过来又决定人的行为的价值取向。不同的制度设计和政策供给会形成不同的社会环境，构成决定浙商行为价值取向的不同的社会生态系统。通过相应的制度规范和政策引导，可以使浙商更多地展现其公共性的一面，使浙商公共行为不断向更高层次提升。

三、研究的创新与局限

本研究从以下方面丰富了现有的研究成果。一是提出了浙商公共行为的人性假设。提出了自利性与公共性相统一的人性假设，奠定了浙商公共行为研究的人性基础。二是拓宽了浙商公共行为的研究视野。把浙商涉及公共事务的所有行为，全部纳入浙商公共行为的语境下进行讨论，开辟了新的研究视角，提升了研究的层次。三是确定了浙商公共行为的分析框架。确定了浙商参与公共产品供给、公共权力运作、公共精神积淀和公共领域建构的浙商公共行为的分析框架，使对浙商公共行为的分析涵盖了经济、政治、文化、社会等社会生活的全部领域。

在研究的过程中，研究的对象主要是浙江省内的浙商，一是考虑浙江省内的浙商更具有典型性和代表性。研究浙商公共行为与政府政策导向问题，必须在政府、企业和社会的互动中来把握。在浙江，政府、企业和社会三者之间良性互动的机制已初步形成，从中更能发现浙商的公共行为同政府的制度设计和政策供给之间的关系，从中也更能够体会到浙商公共行为对于企业发展、政府改革和社会进步的意义。二是研究能力所限。如果把研究的对象扩展到省外甚至国外浙商，就需要到省外、国外进行调研，这确实超出了现有研究力量的能力范围。调查样本的选择偏重于中小企业的浙商。浙商作为一个群体本来就是主要由中小企业主组成，以中小企业浙商为样本进行数据采集和数据分析，更能突出浙商的特点。但是，样本的选择毕竟不够全面，对研究结论会产生一定的影响。受研究对象的限制，研究得出的结论必然具有一定的局限性。在分析的过程中，对一些知名的大型企业的浙商力图通过案例分析来克服这一局限，但作用毕竟有限。

调研对象的基本情况：一是地域分布。调查对象主要分布在杭州、宁波、绍兴、义乌、湖州、台州、温州等各市，这些都是民营企业比较发达的地方，也是浙商比较集中的地方。二是性别和年龄。男性占75.6%，女性占24.4%，男性的比例达到3/4。年龄所占比例最大的是41～50岁的人群，占41.9%，这符合中年而立的逻辑常理，而浙商年轻化的情况也比较突出，31～40岁的占到25.8%，超过1/4，而30岁以下的也达到13.5%。三是文化程度。高中和大专学历的人最多，分别为35%和31.8%，大学本科的为14.6%，和初中以下的比例相当，硕士为3.2%，博士为1.3%。这表明大多数浙商的文化层次还不高。四是政治面貌。无党派人士比例为73.4%，中共党员为23.3%，民主党派人士为3.2%，这和整个社会政治面貌的情况相当。五是创业前职业。有24.4%为国企或非公企业人员，有16.7%为农民，有10.3%是政府机关干部，有9.6%是一毕业就开始创业。六是企业规模。90.4%为中小型企业，9.6%的为大型企业，中小型浙商企业在浙江占主导地位。注册资本方面，100万以下占44.5%，100万～500万占25.2%，500万～1000万占12.3%，1000万～5000万占15.5%，5000万以上占2.6%，注册资本也显示浙商企业中小型占的比例较大。七是企业所在行业。制造业占比最大，为40.6%，商贸业居第二位23.9%，服务业居第三位14.8%，另外地产产业占7.7%，高新技术产业占1.9%。分析研究对象的基本情况，可以对研究结论做出符合实际的判断。

第二章　浙商公共行为研究的理论预设

人类本性中的自利性与公共性的统一，构成了浙商公共行为的内在根据。浙商通过公共行为实现从自利性向公共性展开是在更高层次上向人性的回归。参与公共产品的供给、公共权力的运作、公共精神的积淀和公共领域的建构，构成了浙商公共行为的主要内容，也是实现从自利性向公共性展开的基本方式。在政府、企业１、社会的良性互动中构建的学习机制，为浙商公共行为公共性的提升开辟了实现的途径。

第一节　浙商公共行为的人性假设

一、人性观的历史考察

人性是极其复杂的，其本身是多种规定性的统一。因此在人类发展的历史上，伴随着人类自我认识的不断深入，提出了各种各样的人性假设，形成了不同的人性观。在中国的历史上，"性善"论和"性恶"论争论了几千年，伴随着这一争论同时也形成了丰富的人性理论。在西方，则存在着"理性人"、"理性经济人"、"社会人"、"复杂人"、"文化人"等各种假设，尤以"理性经济人"假设影响最为广泛、最为深远。

中国人更注重思考人与人的关系，对人性也侧重于从人与人的关系上来解读。在中国的历史上许多思想家从人与人的关系出发，对人性做了相当深入的探讨，从而铸就了中国传统思想坚实的理论基础。正是由于不同的思想派别在人性问题上基本观点的差异，使中国的人性理论更为丰富多彩，但从总体上看，最终都没有跳出"性善论"与"性恶论"所构筑的两大营垒。中国古代的思想家在人与人的关系中探讨人性问题，基本上都是从人性本善或本恶的"本"入手，着重探讨了人性是先天的与生俱来，还是后天的环境使然。"性善论"和"性恶论"的争论，实质反映了人对自身存在的善恶矛盾的困惑。

远在春秋战国时期，人性问题就伴随着人对自身认识的深化而被提出来了。孔子作为儒家学说的创始人，首先对人性问题给予了极大的关注。虽然，他没有明确地提出人性的善恶问题，但是，他认为人性本来都是相近的，它们之间的区别来自于后天的习染。正所谓"性相近也，习相远也"。（《论语·阳货》）尽管没有正面回答人性是什么，但是已经意识到了人性与后天环境之间的关系，开辟了古代中国关于人性问题讨论之先河。孔子关于人的天性差异甚少，是后天使人们之间渐渐拉开了距离，呈现出不同的禀赋，这一观点无疑对人性的可变性作了极好的注解。环境可以改变人，儒家的"德治"思想正是以此为立论依据的。孟子则明确地提出了性善说，孟子认为："恻隐之心，人皆有之。羞恶之心，人皆有之。恭敬之心，人皆有之。是非之心，人皆有之。"人生下来都有"四心"。（《公孙丑上》）"四心"构成了仁、义、礼、智四大伦理规范的根源。仁、义、礼、智并不是由某种外在力量强加于人，而是人们不待学而能、不待虑而知的本然面目，所以，结论必然而且只能是人性善。人性本善是人之为人的内在规定性，所以要施"仁政"，讲"德治"。孟子由此提出了自己的政策主张：要给民以"恒产"；赋税徭役有定制；轻刑罚；救济穷人；保护工商。并且认为治理国家必须从"道"入手。孟子的政策主张是性善论与现实相结合的产物。

在中国思想史上，荀子是性恶论的集大成者。与孟子的性善论相反，荀子否定性善是与生俱来的，肯定性恶才是人所固有的本性。荀子认为，人性中的善是后天社会环境影响的结果，并不是先天的良知良能。"人之性恶，其善者伪也"。（《性恶》）人和动物虽然有区别，但自然性仍然是人的首要的本性。性的外延就是"情"和"欲"，具体表现为感官欲望，"目好色，耳好声，口好味，心好利，骨体肤理好愉佚"。（《性恶》）好利，表现为对财产的追求和占有；嫉妒心，这是好利的一种特殊的表现形式；好荣恶辱，好荣首先表现为一种权力欲。性恶还表现在人的欲望的扩展破坏了社会的正常秩序。对人性必须进行改造，否则就会带来不可收拾的恶果。只有采用某些外在强制性的手段对"恶"的人性进行"伪"，即人为加工改造，人性才会表现出"善"。礼和法是圣人制定的矫治人性的工具。在荀子看来，所谓礼就是为了满足人的欲望和需求而规定的制度和规范，礼之分首先表现为分物以养体。人的欲望是无止境的，而物是有限的，礼之分可以调节物和欲的矛盾，礼之分还要使人的行为规范化。这无疑是以朴素的语言道出了社会规范产生的根源。荀子不仅主张礼治，而且主张行法。荀子主张富国富民的政策。

法家把性恶论推向极端，荀子认为人性恶，需要教化，可以改变。法家认为人人唯利是图，性不可改。从慎到、商鞅到韩非子都主张人性好利。慎到就说，木匠打棺材，愿意人死。"利其所在，忘其丑也。"（《慎子·佚文》）商鞅说："民生则计利，死则虑名。"（《商君书·算地》）人从生到死都围着名利转。韩非子认为人性好利首先基于人的本能需要，因此，就连最亲密的关系中都是以利为扭结的。既然人的本性是"好利"，政治就应从实际出发，把全部政策自觉地建立在"利"的基础上。正因为人性好利，必须依法治民。

道家则主张人性自然。《庄子》在中国思想史上第一个全面论述了人是自然的一部分，是自然的一种存在形式。人既然是自然界的一种存在形式，人的本性就和自然界的其他事物一样，应该到自然中回溯寻找。自然的原生性是《庄子》人性假设的最主要的观点。自然性是人的本质本能，这是人的主观意识不能支配和改变的。人类只有摆脱一切社会关系，和自然融为一体，才能谈得上真正的人性。以此为出发点，在治国之道上，庄子不仅反对一切有为政治，甚至反对一切人为之治。"古之畜天下者，无欲而天下足，无为而万物化，渊静而百姓定。"（《庄子·天地》）他主张的无为是没有任何作为，任其自然，不加约束。如果对天下百姓，不加约束，任其自然，人们就会"不淫其性，不迁其德，有治天下此哉"。（《庄子·在宥》）就是说，人都能保持其朴素本性，还有什么必要治理天下呢。在他看来放任自流是最符合人性的治，最理想的治。

西汉时期的董仲舒在新的历史条件下，对人性问题进行了新的探讨。他在对孟子的"性善论"和荀子"性恶论"批驳的基础上提出了自己对人性问题的根本看法。他说："天生民，性有善质，而未能为善。"（《春秋繁露·深察名号》）万民之性待外教然后能善。按照董仲舒的解释，人性作为贪、仁两气的混合体，不仅含有善质，而且具有恶因，限制贪气而不使它外露的是心。他还从天道的角度对人性做了进一步说明，以天有阴阳气论证人具有善恶的两重人性。他说："身之名取诸天，天两有阴阳之施，身一也。""天地之所生谓之性情，性情相与为一瞑。情亦性也。谓性已善，奈其情何。"在董仲舒看来，人性中诚然有善质，但不能因此说人性就是善的。人性中有"善质"只是为成善提供了一种可能性，要想使这种可能性变为现实还要依靠外在的教化。"天生民性有善质而未能善，于是为之立王以善之，此天意也。""性者，天质之朴也，善者，王教之化也，无其质则王教不能化，无其王教则质朴不能善。"人性中含有善质，这是成善的内因和根据，后天的教化是外因，只有内外因结合人性才能成善。无论是孟子还是荀子在讲人性时没有作任何区分，都是指万民之性，人性都是一样的。董仲舒否定了孟子的"人皆可以为尧舜"的观点，认为人性是有区别的。提出性有三品，即"圣人之性"、"中民之性"、"斗筲之性"。"圣人之性"已臻至善之境，无须教化；"斗筲之性"溺于贪恶，不可教化；唯有"中民之性"才是教化的对象。同时，董仲舒还指出，社会上属于"圣人之性"和"斗筲之性"的都是极少数人，大多数人都属于"受未能善之性于天，而退受成性之教于王"的"中民之性"。教化是君主的特权，其方法是"立大学以教于国，设庠序以化于邑。"（《汉书·董仲舒传》）通过广泛的教育宣传，使人人都能"贵孝第而好礼仪，重仁廉而轻财利"。（《春秋繁露·为人天者》）教化能取得刑杀手段难以取得的效果。因此，董仲舒主张要施仁政，认为，"大富则骄，大贫则忧，忧则为盗，骄则为暴"。（《春求繁露·度制》）要防范"盗"、"暴"现象，务必使富者足以示贵而不至于骄；贫者足以养生而不至于忧。以此为度，而调匀之，是以财不匮而上下相安，故易治也。他要求统治者把握住促贫富矛盾激化的度，推行仁政，勿与民争利，唯如此方能符合天道。董仲舒主张"德治"，并不排斥刑罚，只是认为不可专任刑罚。德与刑的比例应是百与一。从董仲舒的思想倾向来看，旨在调和孟子的"性善说"和荀子的"性恶说"，强调道德教化对人性向善的作用。从其人性假设出发，董仲舒政策主张的立足点是调和。他一方面严格等级规范，另一方面又力求缓和社会冲突。

宋代的思想家王安石企图用"性情一体说"，否定孟、荀的人性善、恶说和董仲舒的人性品级说。王安石说："神生于性，性生于诚，诚生于心，心生于气，气生于形。形者，有生之本。"（《礼乐论》）人性是人体固有的属性，人的性与情都以共同的人的形体作为活动的基础。性为情的内在依据，情为性的外在表现，性和情是不可分割的。王安石认为，"喜怒哀乐好恶欲未发于中而存于心，性也。喜怒哀乐好恶欲发于外而见于行，情也。"（《性情》）由此出发，他对孟子的性善说和荀子的性恶说提出非议，"性不可以善恶言也"。（《原性》）"性生乎情，有情然后善恶兴焉"（《原性》）就人性而言，既无善恶，亦无品级之分。不仅对孟、荀的人性理论提出非议，而且也否定了董仲舒"性三品"的观点。在王安石看来，善恶的区别仅在于情之所动是否合理。由此立论出发，他得出了以情养性而非以性养情的结论。他认为，情之好恶，取决于其所处的客观环境的好坏，因此只要改变人所处的客观环境，就能改变人的情，进而改变人的性。这一结论实际上是为他"改易更革"，变法图强的政策主张服务的。

明清之际的学者王夫之进一步完善了人性依赖于后天的社会环境的思想。王夫之人性理论的出发点就是性与习成的观点，"习成而性与成也"。（《尚书引义》）他这里所说的"性"是指人先天的自然本性，"习"则指人后天的积习，性与习成，就是人性是与其后天的生活积习同步成长的。他认为，人生之初只具有天以阴阳二气和"五行"所化生的命，这时由于人缺少对自然界能动的力量，人性本无善恶之分。随着"命日受则性日生矣"。（《尚书引义》）由于人后天改造自然的能力的产生，才称作性。人在改造自然时，受到了不同的生活习惯和情趣爱好的干扰，人性中也就出现了善恶之分。人性中的善恶具体就起源于人最初的认识能力，而且随着认识能力的成长而成长。王夫之认为，人命受先天自然因素的制约，不能随人的主观意志随意改变，而人性的成长由于受制于后天的生活和受教育的环境，因此是可以随着人的社会环境的改变而改变的。这种理论更接近现代人的观点。

西方人更注重人与自然的关系，以人与自然的关系为基础来探讨人性问题，关注的是人与其他动物的根本区别，认为人的本质就是人之所以为人而区别于动物的根本特征。最早论及人性的是古希腊的思想家。古希腊的思想家苏格拉底认为，人的本性表明了人与一般动物的根本区别。人区别于一般动物的最主要特征就是人的灵魂有理性，因而能追求知识，可以把这一区别看做是人的本性。人的行为都要服从理性的指导，人根据知识，遵循理智，便能够自制，能够做好事情，实现善。因此，人的理智本性和道德本性是并行不悖的。由于智慧和知识能力是人人皆有的共同本性，因而趋善避恶是人的本性。苏格拉底以其关于人的本性的理论而成为西方人性论的奠基人。他的人性理论和人性假设对后来的学者产生了深远的影响。柏拉图作为苏格拉底的学生，继承和发展了他老师的人性理论，认为人的本性就是人的"灵魂"。在他看来，人的灵魂是由理性、意志和欲望三个部分构成的。而理性是灵魂中最优秀的部分，当它统率和指导灵魂的其他部分时，灵魂就有了智慧的德性；意志是灵魂用以发起行动的部分，当它坚定不移地执行理性的指示，帮助它控制欲望时，灵魂就有了勇敢的德性；欲望是灵魂里面最低劣的部分，当某种欲望和快乐受到控制时，灵魂就有了节制的德性。当意志和欲望接受理性的领导而各司其职，各尽其性时，灵魂从而形成了自然的和谐，从而就具有了最高的德性，或具有了最高的善，即正义。因此，理性是人的本性。柏拉图在此基础上构建了他的理想国，建立理想国的途径就是智慧和权力的直接结合。

在柏拉图之后，亚里士多德在探讨人性时提出的"人是理性的动物"和"人是天生的政治动物"的著名论断，以及由此所阐发的理性精神，为后人探讨人的本质问题寻奠定了理性主义的基础。"人是理性的动物"是亚里士多德关于人的本性的核心观点。在他看来，一切事物都是由质料和形式构成的，人也不例外。肉体是质料，构成人的基础；灵魂是形式，构成人的本质。灵魂又分为营养性的灵魂、感觉性的灵魂和理性的灵魂。一切有生命的东西都具有营养性的灵魂，动物和人类共同具有感觉性的灵魂，而理性的灵魂则只为人类所独有，它是灵魂中最优秀的部分。亚里士多德认为，理性和智慧是人区别于其他一切动物的重要标志，是人的特殊本质。理性是超越于感性与理智之上的"思维的思维"。人一旦能够运用理性工具来支配自己的行为，控制自己的欲望，使行为合乎道德和一定的社会规范，就会从中获得幸福和快乐。德国学者加达默尔对亚里士多德的"人是理性的动物"这一论断给予很高的评价，他说："亚里士多德为人的本质下了一个经典性的定义，根据这个定义，人就是具有逻辑的生物。在西方文化传统中，这个定义成为一种规范的定义。它表明，人是具有理性的生物，作为有理性的生物，人由于能够思维而同一切其他动物相区别。"① 其中更为难得的是，亚里士多德不仅看到了理性是人区别于动物的重要标志，而且还进一步揭示了人的理性的两重性，认为人一旦趋于完善就是最优良的动物，而一旦脱离了法律和公正就会堕落成最恶劣的动物。为了防止这种现象的产生，需要由国家和社会对公民进行德性、德行的教育，同时也依赖于每个有理性智慧的人内心的道德修养。在此基础上，亚里士多德又提出了一个非常著名的论断，即"人是天生的政治动物"。这一论断进一步深化了对人的本性的认识。他认为，正因为人是理性的动物，因此，符合理性的生活，才是真正人的生活，只有过社会的生活、政治的生活，才是符合理性的生活。亚里士多德认为，人是不能脱离其他人而独立存在的，必然处在一定的社会中生活。一个人如果脱离了社会和国家就会失去人的属性，所以，人是政治动物，天生要过共同的生活。理性的人所追求的至善和幸福，仅仅靠个人是无法实现

---

① ［德］加达默尔著，夏镇平等译：《哲学解释学》，上海译文出版社 1994 年版，第 59 页。

的，只有在社会政治生活中才能实现。也就是说，人只有在社会政治中才能实现自己的本质和使命。因此，在亚里士多德那里，"人天生是政治动物"实质上是"人是理性的动物"这一论断在社会政治生活的延续和表现。只有把人放在一定的社会政治关系中来分析和考察，才能理解和把握人是理性的动物的本质。古希腊先哲们的"理性人"的假设，一直延续到今天。

近代以来，随着市场经济的发展，根据市场主体在市场中的行为特征，人的利己性受到了人们的广泛关注。在很多人看来，人是理性的，同时，又是利己的。这同中国历史上主张"人性恶"的观点是一致的。马基雅弗利就把人性看做是自私的。他认为，人的本性是利己的，人天生就追求与己有利的东西，人生就是一个不断追求满足自己欲望的过程。人一旦停止了这种追求，也就停止了生命。马基雅弗利认为，人们所追求的东西一个是财富，一个是权力。世界上的财富和权力都是有限的，而人对这些东西的欲望是无限的，如果听任人性的发展，势必会导致战争，从而影响人类的发展。为了保证人类的发展，避免战争给人类带来的灾难，就必须确立一种权力，以颁布强制性的行为规范，限制人们的欲望和冲突。

霍布斯承袭了马基雅弗利人性恶的理论，认为人天生就是趋利避害的，这源于人的两种原始的情感，即企望和厌恶。企望的对象是有利于生命之物，厌恶的对象是损害生命之物。因此，自我保存是支配人的一切行为的根本原则。依据对人性的理解，霍布斯设想了国家产生以前的人类的自然状态，在这种自然状态下，每个人只是按着自己的欲望去行动。为了满足自己无穷的欲望，能力几乎相等的人都自由去争夺，彼此不信任，人对人就像狼对狼一样，每个人都生活在对死亡的恐惧之中。为了摆脱这种自然状态对人自我保存的威胁，人就需要运用天生就有的理性力量的调节作用。理性可以使人自觉地由野蛮状态过渡到文明状态。霍布斯关于人性的基本观点，已成为西方人性论的主导观点。正是从这一观点出发，西方学者提出了"理性经济人"的假设。

18世纪英国经济学家亚当·斯密就以人的本性作为研究经济学的出发点，提出了经济学史上第一个也是最重要的人性假设，这就是"自利人"假设。他认为，人都有"利己"的本性，其行为都是为"利己心"所驱动的，或者说，追求自身利益是驱使人的经济行为的根本动机，任何个人的经济活动的最终目的都是为追求自己经济利益的最大化。"自利人"在行为上是理性的。每个人在追求自身利益的同时，必须考虑他人的利益，否则就难以实现自己的利益。

由此，斯密揭示了交易的通义，认为交易的必要性恰恰来自于人们的利己心需要他人的利己心才能实现。在斯密看来，"自利人"的自利行为将会无意地增进社会利益，也就是说，社会的公共利益恰恰是在每个人追求个人利益的基础上实现的。斯密指出："在这场合，像在其他许多场合一样，他受到一只看不见的手的指导，去尽力达到一个并非他本意想要达到的目的。也并不因为是出于本意，就对社会有害。他追求自己的利益，往往使他能比在真正出于本意的情况下更能够有效地促进社会的利益。"① 斯密认为，"自利人"又是有道德的人。当然，这种有道德的"自利人"是指受着上帝"看不见的手"指导的人，是中下阶层的人。而拥有特权的上流阶层的人士尽管也有"利己心"，但是他们的"利己心"是同浪费、阿谀、怠惰、乱伦、糜烂等相连接，因而堵塞了通往美德的道路。应当承认，斯密的"自利人"假设并不是完全主观臆造的，可以肯定地说，新兴产业资本的出现和产业资本家的形成是"自利人"假设的现实基础。

在亚当·斯密"自利人"假设提出后，另一位英国经济学家大卫·李嘉图认为，人是"理性人"，每个人都以计算利弊的方式为了个人的保存和利益而行动，为了达到某一目的，都尽可能合乎逻辑地思考和行动。意大利经济学家帕累托率先提出了"经济人"这一概念，并引入了经济学。后来的新古典经济学把"理性人"和"经济人"联系在一起，形成了经济学最为经典的"理性经济人"的人性假设。新古典经济学认为，"自利"是"理性经济人"的本性，在他们参与市场活动时都力图实现自身的利益最大化。这并没有超出斯密对"自利人"的理解。新古典经济学在这方面的贡献在于，在如何实现利益最大化的问题上引入了边际分析的方法，并对斯密的"自利人"的自利行为将会无意地增进社会利益这一论断进行了严格地证明。新古典经济学把广大消费者也被纳入了"理性经济人"的范畴，从而使最大化原理推广到消费者，使经济学的关注重点从注重财富的生产转移到注重商品的实现上。"理性经济人"假设对经济学发展的推动作用是不言而喻的，"正是这具骷髅使科学树立起来并得到进步。它使经济学从软弱无力的东西发展成为坚强有力的科学"。② 然而，新古典经济学的"理性经济人"假设一提出就遭到了相当激烈和尖锐的批判。批判

---

① A. Smith：(1980) Essayson Philosopher Subject, London：MascmillianTV. P. 19.

② 张恒龙：《论"经济人"假说在微观经济学发展中的作用》，《经济评论》2002 年第 2 期。

主要集中在它的片面性的理论抽象、数理化和技术化的发展方向，以及对理性理想化的崇拜三个方面。片面性的理论抽象是指它只注意到了人对经济利益的追求，忽视了非经济利益，进而只关心经济需求的满足，忽视人们丰富的社会需求的满足，忽视了精神、道德因素和人的利他主义动机，使人成为赤裸裸的经济动物。数理化和技术化的发展方向，导致人的经济行为成了干瘪的抽象符号，远离了伦理原则。人的理性被看做是全知全能的，忽视了非理性的作用，这不符合人类行为的实际。因此，赫伯特·西蒙提出了有限理性的概念，认为理性不是全知全能的，非理性在人的行为中发挥着非常重要的作用，并对"理性经济人"的假设提出了批评。尽管如此，主流经济学家一直固守着"理性经济人"的人性假设所构筑的阵地。

"理性经济人"假设也成为西方科学管理理论的基本前提。它认为，多数人生来懒惰，好逸恶劳，对工作抱有一种天生的厌恶感并尽可能逃避工作。多数人胸无大志，愿意任人摆布，缺乏抱负，不负责任。大多数人工作只是为了获得经济报酬以满足生理和安全的需要，因此，其目标与组织目标往往是相矛盾的，要让他们为实现组织目标来工作，只有严加管制，动用威胁惩罚的办法方能奏效。在奖励制度上主要使用金钱刺激人的积极性，同时对消极怠工者给予严厉惩罚。"理性经济人"假设对于管理活动有一定的积极意义，但也有相当大的负面效应。因为这种人性假设把人视为机器，它忽略了人的需求的多样性。正因为"理性经济人"假设的消极影响，导致了"社会人"假设的产生。美国哈佛大学教授梅奥率研究小组进行了著名的霍桑试验。通过霍桑试验得出了如下结论：影响劳动效率的首要因素并不是工作条件、休息时间、工资报酬等物质性因素，而是管理当局和工人之间以及工人相互之间的关系。据此，他们提出了古典经济学不同的"社会人"的假设。他认为，人不仅仅是"经济人"，更是"社会人"，社会心理因素对人的积极性的影响具有根本性的意义。人与人之间的亲密感、友情、安全感与归属感同金钱相比，体现了人的更高层次的需要。"社会人"的假设把改善人际关系，从社会心理等方面调动人的积极性，看做是更为重要的管理手段。

在管理理论发展的过程中，许多学者还提出了新的人性假设，主要有"自我实现人"假设、"复杂人"假设和"文化人"假设等。美国心理学家马斯洛提出了著名的"需要层次理论"，把人的"自我实现需要"列入需要的最高层次。"自我实现人"的特征是：人的需要是从低级到高级发展的，其目的是为了达到自我实现的需要；人们力求在工作中有所成就，发展自己的能力和技术；人们能够自我激励和自我控制；个人的自我实现与组织目标的实现是一致的。这就是马斯洛"自我实现人"的基本观点。"复杂人"的假设是美国行为科学家 E. H·沙因提出来的。该假设认为每个人的需求和能力是不同的，由此产生了需求的复杂性和能力的复杂性；人在不同的组织中可能有不同的动机，这使人的动机呈现出复杂性。正因为如此，人们对于不同的管理方式会做出不同的反应。"文化人"假设是美国加州大学管理学家威廉·大内提出的。在"文化人"假设看来，人是文化的产物，即使是人的一些"纯生物行为"，也打上了某种文化的烙印。因为，文化可以塑造人的性格，因此，同一生活环境下的人具有共同的行为模式。由于人类行为的文化模式的不同，才使不同民族的人各有自己的民族性格，甚至不同地区的人也存有不同的地域性格。人的心理与行为归根结底是由人的价值观等决定，人格的塑造最核心的是对人的价值观的影响。组织行为的效率主要依赖于组织成员是否具有共同的价值观和行为准则。一个人、一群人、一个组织形成自己的独特而稳定的行为模式十分重要，它是自身价值实现及影响社会、作用他人的前提。"文化人"假设的着眼点在于构建一种管理模式。坚持"文化人"假设观念，能够促使管理者透过管理的理性层面挖掘出内在的、无法用理性加以涵盖的文化层面。

在西方的各种人性假设中，"理性经济人"假设最具代表性，其影响力也远远大于其他人性假设。"理性经济人"假设的影响不仅仅局限于经济领域，在一些经济学家的倡导下伴随着经济学霸权主义的扩张，广泛地渗透到社会生活的各个领域。"理性经济人"的人性假设，本来是对市场经济条件下市场主体人性特征的一种抽象和概括，从一个侧面揭示了市场主体的本质。然而，即使是在市场经济条件下市场主体的本质，也不是一个"理性经济人"所能够完全涵盖的。"理性经济人"假设，在经济领域的局限性已是不言而喻的，更何况把它推广到社会生活的各个领域，其产生的后果是显而易见的。①

二、人的自利性与公共性

对社会生活领域中的问题进行研究，归根结底都要从一定的人性假设出发。对浙商公共行为的研究也要以一定的人性假设作为研究的出发点，那就是"人

---

① 王春福：《有限理性利益人与公共政策》，中国社会科学出版社 2008 年版，第 24~35 页。

是自利性与公共性的统一"。自利性是人自然属性的趋利避害性在人性中的体现，反映在社会生活中就是追求自身利益的满足。在市场经济条件下，人的自利性表现得尤为突出。可以说，自利性是市场经济中市场主体"理性经济人"特征的本质表现，其核心价值就是追求自身利益的最大化。关于人的自利性问题，已经在经济学的语境下得到了广泛的讨论，或者说，经济学早已把它的丰富内涵和突出特点揭示得非常彻底。公共性是与自利性相对的一种属性，是人社会属性的合群倾向在人性中的体现，追求的是社会共同体的共同利益。"公共性显然是与私人性、个人性和私密性等概念相对而言的，它强调的是某种事物与公众、共同体（集体）相关联的一些性质。"① 人的公共性是人类共同体得以维持的先决条件。

最早揭示人的公共性本质的西方学者是古希腊的思想家亚里士多德。他把古希腊的城邦生活看做是人公共性的完美体现，并指出："而人类自然是趋向于城邦生活的动物，人类在本性上，也正是一个政治动物。"② 他第一次在公共性和人的本性之间建立了内在联系，把公共性看做是人类的一种本性。西塞罗在谈到人为了共同利益的伙伴关系而联合成集合体的原因时，说道："这种联合的第一个原因并非出自个体的软弱，更多的是出自自然值于人的某种社会精神。"③ 他直接把公共性看做是人生来就有的一种天性。亚里士多德和西塞罗都把公共性看做是人的本性，这无疑是对古希腊以及古罗马共和国时期，重视公民身份和公共生活，并把它视为共同的善的本质内容的人性解读。

在中国思想史上，把公共性同人的本性联系起来的也大有人在，他们只不过是把公共性等同于人的善的本性而已。春秋时期的思想家孟子就增提出过"人皆可以为尧舜"的观点，把人性本善作为人的内在规定性。因此，人的公共性不是由某种外力强加于人的，而是人们不待学而能、不待虑而知的本然面目。西汉时期的董仲舒也认为，人性中本来就有善质，这就为成善提供了一种可能性，当然，要使这种可能性变为现实离不开后天的教化。然而，在他看来，后天的教化只是外因，如果人性中不含有善质，后天的教化也是枉然。内因和外因相结合使得人性可以成善。

---

① 谭安奎编：《公共性二十讲》（编者序），天津人民出版社 2008 年版，第 1 页。
② 谭安奎编：《公共性二十讲》，天津人民出版社 2008 年版，第 6 页。
③ 谭安奎编：《公共性二十讲》，天津人民出版社 2008 年版，第 26 页。

马克思曾经说过，"人的本质并不是单个人所固有的抽象物。在其现实性上，它是一切社会关系的总和。"① 这对人的公共性本质做了最好的诠释。"社会关系的含义是指许多个人的合作，至于这种合作是在什么条件下、用什么方式和为了什么目的进行的，则是无关紧要的。"② 正因为"合作"是人的一种共同的需要和共同的利益所在，"合作"才成为一种共同意志。所以，当马克思、恩格斯说"动物不对什么东西发生'关系'而且根本没有'关系'"③ 的时候，一方面是强调动物的联系与人的社会联系具体本质的不同，人的本质是一种"合作"，而"合作"这种共同活动方式本身就蕴涵着公共性。

人的公共性根源于人类的"自然状态"，产生于社会公共生活。考察人的公共性不得不追溯到人类历史的开端。社会公共生活提供了人的公共性赖以产生和存在的根据。社会公共生活的形成归根结底要从社会生产中才能得到解释。人类为了满足自己的需要，开始从事物质生活资料的生产。这种生产一开始就不是孤立进行的，而是在结成一定的生产关系中发生的。在人类的幼年时代所从事的最简单的生产活动——采集和狩猎中，就形成了最简单的分工和协作。它把人类的个体需要变成了公共需要。在生产关系的基础上逐步展开了其他一切社会关系。公共生活也就伴随着生产活动把人们进一步联系起来。生产劳动不仅是人猿相依别的推动力量，也是社会公共生活赖以存在的第一个前提。

柏拉图在《理想国》中就曾经把社会公共生活形成的原因，归结为满足人类自身多方面的需要的结果。"由于需要许多东西，我们邀集许多人住在一起，作为伙伴和助手，这就是公共住宅区，我们叫它做城邦。"④ 在柏拉图看来，由于人们的多方面的需要，无法靠自身的力量予以满足，必须分工合作，互相帮助，社会公共生活由此形成。亚里士多德认为，社会公共生活起源于家庭，家庭是人类满足日常生活需要而建立的社会基本形式，"'需要'本身就是各种迫切的发明的教师。"⑤ 家庭建立后，人类为了适应更广大范围的生活需要，便在更广的范围内联合。

马克思和恩格斯对历史过程的极其深刻的理解，为打开社会公共生活的奥

---

① 《马克思恩格斯选集》（第1卷），人民出版社1972年版，第18页。
② 《马克思恩格斯选集》（第1卷），人民出版社1972年版，第34页。
③ 《马克思恩格斯选集》（第1卷），人民出版社1972年版，第35页。
④ ［古希腊］柏拉图著，郭斌和等译：《理想国》，商务印书馆1986年版，第58页。
⑤ ［古希腊］亚里士多德著，吴寿彭译：《政治学》，商务印书馆1981年版，第372页。

秘提供了钥匙。首先应当确定一切人类生存的第一个前提也就是历史的第一个
前提是：人们为了能够"创造历史"必须能够生活，因此，人类的第一个历史
活动就是生产满足这些需要的资料，即生产物质生活本身。已经得到满足的第
一个需要本身、满足需要的活动和已经获得的为满足需要使用的工具又引起新
的需要。这种新的需要的产生是第一个历史活动。丰富多彩的社会公共生活的
一切奥秘，都隐藏在第一个历史活动之中。要使这种历史活动延续下去，每日
都在重新生产自己生活的人们开始生产另外一些人，于是产生了家庭。这个家
庭起初是唯一的社会关系。后来，当需要的增长产生了新的社会关系，而人口
的增多又产生了新的需要的时候，家庭便成为从属的关系了，社会公共生活由
此开始。马克思说："在任何情况下，个人总是'从自己出发的'，但由于从他
们彼此不需要发生任何联系这个意义上来说他们不是唯一的，由于他们的需要
即他们的本性，以及他们求得满足的方式，把他们联系起来（两性关系、交换、
分工），所以他们必然要发生相互关系。"① 社会公共生活就是在这种相互关系
中形成的。

　　社会关系是人类公共生活的载体。正是人的需要才使人们不由自主地采取
一定方式结成社会关系，以承载人类的社会公共生活。一方面，"有生命的个人
的存在"是社会存在和发展的基本前提；另一方面，个人又是"处于相互关系
中的个人"，只有生活在一定的人与人的关系中，个人的需要才能满足、个人的
价值才能实现。这种由人际交往过程所形成的生活就构成了人类群体的共同的
生活，即公共生活。② 人作为公共生活中的社会存在物，基于个体生存和种族
繁衍的自然生理需要，在社会化的过程中已经具有了社会的属性，成为了一种
高于自然需要的社会性需要。满足个人需要的方式和行为也成为一种社会化的
行为，受到社会文化的制约和规定。个人只有在社会公共生活中才成为现实的
人。人在各自需要的推动下，发生了一定的社会交往和联系，形成一定的社会
关系，以一种社会的形式来满足各自的需要。当人类为了生存和发展而进入社
会公共生活领域的时候，人类个体的自身需要经过一系列的相互作用，其中的
一部分转化为公共需要。公共需要开始成为社会公共活动动机和目的的初始根
据，并且成为人们度量一定公共活动及其结果的价值尺度。公共需要与满足公

---

① 《马克思恩格斯全集》（第3卷），人民出版社1960年版，第514页。
② 《马克思恩格斯选集》（第4卷），人民出版社1972年版，第320页。

共需要的手段和能力是一起发展的，也是与社会公共生活一起发展的。

通常所说的社会公共需要说到底仍然是人的需要。在社会生活中，公共需要现实化为公共利益。法国启蒙思想家霍尔巴赫说："利益就是人的行动的唯一动力。"① 马克思也曾经说过，人们奋斗所争取的一切都同他们的利益相关。他们都非常明确地表述了利益对人们的至关重要性。利益具有丰富的内涵和广阔的外延，但在庞杂的利益种类中公共利益一直作为一个突显部分左右着人类的发展。"利益把市民社会的成员彼此连接起来。"② 无论是从卢梭式的黄金时代的"自然状态"中，还是从霍布斯式的极端恐怖的"自然状态"中，都可以推导出同样的结果：人类为了摆脱自然状态下由于个人利益无法保障而导致的生存危机，不得不结成群体以形成社会公共生活，从而也就有了公共需要，产生了公共利益。公共利益的张扬，为社会公共生活的延续和发展起了决定性作用。无论从现实还是学理角度是否可以得出这样的结论：公共利益不仅是客观存在的，而且对于社会公共生活来说也是不可缺少的。

为了维持社会公共生活，人不仅仅思考个人利益，而且能够跳出个人利益来思考他人的利益，更重要的是能够思考公共利益，这就是人的公共性的一面。自利性和公共性共同构成了人的本性。

三、浙商的自利性与公共性

浙商首先是人，当然也具有人的一般特性。人的本性就是自利性与公共性的统一，浙商作为人也不例外，自利性与公共性的统一也构成了浙商的本质特征。然而，人的本性又是共性和个性的结合。自利性和公共性的统一寓于所有人的本性之中，体现了人的本性中的共性。但是，自利性和公共性在不同的人身上又会表现出不同的特点，体现了人的本性中的个性。浙商作为浙江商人，既有区别于商人以外的其他群体的特点，也具有区别于其他商人的特点。自利性和公共性在浙商这一群体身上也会表现出区别于其他群体的特点。

浙商作为市场经济的主体，尽管是社会主义市场经济的主体，也无法摆脱自利性的纠缠。追求自身利益的最大化，也是浙商自利性的典型表现。这种自利性在浙商身上表现得尤为突出，而且带有自身的突出特点。一是浙商的自利

---

① ［法］霍尔巴赫著，管士滨译：《自然的体系》（上卷），商务印书馆 1999 年版，第 260 页。
② 《马克思恩格斯全集》（第 2 卷），人民出版社 1960 年版，第 153 页。

性具有突出的个私性的特点。"浙商的个私性比较强"①，这从浙商创办的企业绝大多数是个私企业这一点上得到了证明。浙商自利性的这一特点，同浙江文化中重视个体生活实践的传统密切相关。二是浙商的自利性具有突出的急功近利性的特点。"浙商重视和热衷做事，非常务实和讲实效，做得多说得少，功利性较强。"②不仅如此，浙商的功利性更多地表现为急功近利。各种"炒"的行为把浙商急功近利的特点展现得淋漓尽致。三是浙商的自利性具有突出的物质利益至上性的特点。"由于受中国传统文化强调肉体和精神的统一，以及追求世俗享受的深刻影响，往往混同物质与精神，使精神受物质利益的限制，甚至有些浙商被物质利益所左右，成为物质利益至上。"③四是浙商的自利性具有突出的挤压公共性的特点。"浙商也受中国传统文化的影响，对公共空间和公共环境重视不够，缺乏公共道德，更缺乏对公共道德的信仰"④。因此，"浙商基本上不属于孔子所说的'圣人'，而有许多是'小人'，有唯利是图的'小人'，有投机取巧的'小人'，有缺乏礼仪的'小人'等"⑤。

浙商作为一个商人群体，除了具有自利性的一面之外，也具有一般人都具有的公共性的一面，只不过是浙商的公共性也有其自身的特点罢了。从目前来看，浙商的公共性更多地体现在对社会责任的理解上和对伦理道德的感悟上。浙商的公共性首先表现为对履行企业社会责任的深刻认识上。"如今的企业家价值本位正在发生转型，从'自我价值'走向'社会实现'，已经成为众多企业家价值实现和升华的基本理念。"⑥"社会实现"反映了浙商公共性的本质特征，而这又直接体现在他们对社会责任的认知、觉悟和实践上。"随着浙商对于'企业公民'身份的不断深入的理解和履行，他们对于'社会责任'以及'和谐'的理解变得更加深刻而丰富起来。他们意识到企业社会责任不是企业的负担，不是企业的投资，而是一种企业经营的必须行为、内容和准则。企业不是赚钱的机器，创造利润是一种价值，承担社会责任、做优秀企业公民，是更重要的创造价值的形式。"⑦浙商的公共性还体现在个体和群体自主性的伦理精神

① 吕福新主编：《浙商人文精神》，中国发展出版社 2007 年版，第 3 页。
②③⑤ 吕福新主编：《浙商人文精神》，中国发展出版社 2007 年版，第 4 页。
④ 刘鑫淼：《当代中国公共精神的培育研究》，人民出版社 2010 年版，第 20 页。
⑥ 易开刚：《哲学视野下企业家的价值本位》，载吕福新主编《浙商人文精神》，中国发展出版社 2007 年版，第 61 ~ 62 页。
⑦ 刁宇凡：《浙商转型："责商"的成长》，载吕福新主编《浙商人文精神》，中国发展出版社 2007 年版，第 146 ~ 147 页。

上。"东方'天人合一'以及家庭集体本位的人文特性主要表现为……个体伦理，也表现为集体伦理，更重要发展为社会伦理，其所表现的伦理精神，既是自主性伦理精神也是相关性伦理精神，包括契约相关性伦理精神和仁爱相关性伦理精神。当然，浙商伦理精神的扩展和提升需要一个过程，一个循环和超越的过程。"①

　　浙商的公共性有一个从自利性向公共性展开的过程，这也是浙商公共性的重要特点。这种展开过程不仅仅是因为浙商的自利性色彩过于强烈，更重要的是受中国传统社会结构文化特征的影响，浙商的公共性是分层次的。费孝通在对中国传统社会结构的文化特征进行分析时，提出了"差序格局"的概念，这恰恰也可以用来描述浙商公共性的层次性特点。在浙商创办的企业中，以亲缘或准亲缘为基础的企业占有相当高的比例。这种以亲缘关系为纽带的企业，也形成了一个由内向外扩展开来的格局。家庭亲缘型居于中心，向外扩展为家族亲缘型，再扩展为姻亲亲缘性和准亲缘型，其公共性也随着这种扩展而不断扩大。当然，这也同浙商在创办个私企业并取得成功的过程中，家庭、亲戚和朋友的支持所发挥的重要作用密切相关。"在以自我为中心，由'己'到'家'、由'家'到'国家'、由'国家'到'天下'的特殊主义关系网中，对私营企业成功具有重要作用的，是与业主本人来往最密切的父母、兄弟姐妹、亲戚、朋友、同乡等。"② 浙商的公共性是一个由内向外逐渐推开来的过程，这也恰恰体现了儒家的仁爱精神。"仁"作为儒家思想的核心概念，其最一般的意义就是"仁者爱人"。儒家的"仁"所表明的爱是有层次的，先爱自己、爱家人，爱亲属、爱周围的人，再爱所有的人。这同墨子的"兼爱"思想是不同的。"兼爱"是不加区别地爱所有的人，是博爱。博爱才是公共性的最高层次。

　　公共性虽然是人类本性的一个方面，然而，启蒙运动以来，公共性被逐渐弱化了。启蒙运动呼唤人的理性，张扬人的个性，关注个人的自由和权利，使人性中的自利性向公共性发起了挑战。启蒙运动的意义恰恰在于通过对人的理性的呼唤和个性的张扬，充分显示了人的自利性对实现经济繁荣的积极意义，

----

① 吕福新主编：《浙商人文精神》，中国发展出版社 2007 年版，第 215～216 页。
② 陈立旭：《特殊信任、关系网络与浙商企业组织模式》，载吕福新主编《浙商人文精神》，中国发展出版社 2007 年版，第 98 页。

推动了人类社会实现了从传统社会向现代社会的转型。但是，相伴而来的是人的公共性的逐渐失落，以至于几乎使人类丧失了公共生活的价值。人类在对启蒙运动以来所走过的历程进行反思的过程中，开始重新审视公共性的意义。尽管追求自身利益的最大化是商人的本性，但是，对公共性的呼唤已经成为时代的潮流。浙商必须顺应时代对公共性的呼唤，践行从自利性向公共性展开的道路，并在这一过程中不断提升自己公共行为的层次。浙商发展的初期恰恰得益于地方公共权力的无为而治，它为浙商的发展留下了广阔的空间。浙商公共性的张扬不仅顺应了时代的潮流，而且也符合社会主义市场经济对市场主体的期待，更重要的是可以为自身的发展开拓新的途径。

第二节　浙商公共行为的分析框架

对浙商公共行为的分析，可以从经济、政治、文化和社会领域进行分析。从上述领域出发，可以把浙商的公共行为划分为浙商参与公共产品供给、参与公共权力运作、参与公共精神积淀和参与公共领域建构。这也构成了对浙商公共行为分析的基本逻辑框架。

一、浙商与公共产品的供给

参与公共产品的供给是浙商公共行为的重要组成部分。公共性必然涉及公众的利益，以及对这种利益的识别与供给问题。浙商参与公共产品供给，当然可以通过社会捐赠的形式，这无疑是公共性的重要表现。这里探讨的主要不是这样一种形式，而是浙商通过市场行为参与公共产品的供给。

公共产品是现代社会发展必不可少的，稳定社会、增进社会福利不可或缺的产品。与单个消费者和企业、社会团体等直接消费的私人产品不同，公共产品的性质和功能都有其特殊性。其特殊性具体表现为公共产品的非排他性和非竞争性，这使得每个消费者都相信无论自己付费与否都可以享受到公共产品的好处，而倾向于"搭便车"。私人企业以赢利为经营目的，追求利润最大化，自然不会提供这类产品。由于私人部门通过竞争市场无法提供，就需要公共部门的介入，由政府通过公共财政集中提供这类产品。从某种意义上说，公共产品就是由政府提供来满足社会公众需要的共享性物质产品和服务项目。

　　然而，公共产品生产的可分割性，又为私人参与公共产品供给提供了可能性。它可以使公共产品通过一定的价格机制，使生产能够在边际效益等于边际成本的资源配置的最优条件下完成市场交易，为公共产品的市场提供带来了可能性。西方学者或从理论或从经验方面论证了公共产品私人供给的可能性。科斯定理也告诉我们，通过一系列的制度安排，公共产品消费的外部性得到解决，其生产的成本能够得以补偿，私人生产和提供是必然的。随着公共产品多元供给模式的逐渐形成，浙商已不同程度地参与了公共产品的供给活动。只要公共产品的提供会给社会每个成员都带来利益，公共产品的私人提供就有了一定的基础。

　　政府垄断公共产品的生产、供给和管理的全部活动，实践证明存在诸多弊端。政府既是资金供应者，也是生产安排者和产品供给者，供给的方式是直接向消费者提供服务，而且往往是无偿的或者是低价的。这种供给模式的制度安排是：政府生产，即政府同时扮演安排者和生产者的角色；政府供给，即人们从政府机构获得或购买公共产品；政府间的协议，即政府雇用或付费给其他政府机构来提供公共产品。人们对公共产品的需求不断增长，政府垄断公共产品供给陷入了困境。资金短缺、供需失衡、效率低下、效用递减是政府垄断无法解决的问题。

　　由政府垄断公共产品供给产生的弊端，迫使政府不得不开放公共产品领域，允许私人进入，参与公共产品的供给活动。政府和私人部门合作提供公共产品，政府成为公共产品供给的安排者，私人部门是资金的投入者和生产者。政府以公共利益为依归，私人部门以盈利为目的，产出的是能够满足公众需要的公共产品。这表明公共产品也是可以市场化运作的。由政府和私人部门共同提供，既可以解决效率问题，也可以解决公平问题，从而提高公共产品供给的效率。私人部门的资本投入是以追求效率为目的的，效率也是公共产品供给的物质基础，是改善公共产品供给的前提条件。通过私人部门的参与，又使得公共资源得到了充分利用。政府由于手中掌握着公共项目资源，在合作中处于优势地位，通过制定一定的标准，维护社会公平。既可以减轻财政负担，也可以提高公共产品治理的绩效。政府为了保证实现满足公众需求的目的，负责对私人部门进行监督，避免私人利益对公共利益的侵害。当然，政府也要为私人部门提供保护，使其生产经营活动能够正常进行。通过上述的制度安排，私人作为投资者和生产者在关心自己利润最大化的同时，也要对政府和消费者负责。浙商通过公私合作的方式参与公共产品的供给，对于提高公共产品供给的有效性具有重要作用。通过公私合作的方式提供的公共产品，同样会给社会每一个成员带来利益，同时也使浙商参与公共产品供给的行为具有了公共性。参与公共产品的供给是浙商公共行为的经济表达。

二、浙商与公共权力的运作

公共权力实际上是在特定的力量对比关系中，公共权力主体为了实现和维护公共利益而拥有的对公共权力客体的制约能力。力量的制约关系体现了公共权力的本质。公共权力一方面要以公共利益为基础，另一方面它又是权力的特殊表现形态。可以从对权力的理解中挖掘公共权力的内涵。马克斯·韦伯把权力定义为"在社会交往中一个行为者把自己的意志强加在其他行为者之上的可能性"。[①] 从中可以看出，权力从本质上反映了社会交往中人与人之间的一种带有支配性的关系。"权力是某些人对他人产生预期效果的能力"。[②] 不论把权力看做是一种力量、能力，还是把权力看做是一种关系，都昭示了一个基本事实，那就是权力只能产生在人与人之间。权力一旦以社会制度为依托，就以公共权力的面貌出现在人们面前。"所谓公共权力就是基于特定的政治共同体成员的同意或授权，为管理、支配、影响、控制政治共同体内部的公共事务，而集中起来掌握在法定公共组织手中的一种公共权威力量。"[③]

公共权力是一种组织起来的力量，它应归属于社会公共生活。在社会公共生活中，每一个社会成员都应受到公共权力的庇护。在公共权力的庇护下，公共利益在社会公共生活中得以实现。每一个社会成员都能从公共利益的实现中获得好处。在社会成员之间利益要求发生矛盾的情况下，公共权力应当在相互矛盾的个体利益背后，发现其所包含着的那些具有共性的利益。如果公共权力发挥积极作用的话，那么，它不仅可以在组织成员个体的利益要求之间，发现共同利益并加以维护，而且会主动地促进公共利益的生成，并把更多的公共利益纳入自己的视野。公共权力起源于维护社会公共利益的需要，因而，它在本质上是一种凝聚和体现公共意志的力量。公共权力的中心是国家权力，按照主

---

① ［英］戴维·米勒，韦农·波格丹诺著，邓正来等译：《布莱克维尔政治学百科全书》，中国政法大学出版社 1992 年版，第 595 页。

② ［美］丹尼斯·朗著，郑明哲译：《权力论》，中国社会科学出版社 2001 年版，第 3 页。

③ 宁骚：《公共政策学》，高等教育出版社 2003 年版，第 246 页。

权在民的思想，公共权力主体归根结底是社会公众。浙商一方面是公共权力作用的客体，另一方面，作为社会公众的组成部分，当然也是公共权力的最终主体。这为浙商参与公共权力的运作提供了内在的根据。浙商恰恰是在同公共权力的互动中发展起来的。公共权力的运作或推动着或规范着浙商的发展，反过来浙商也通过各种政治参与的渠道影响着公共权力的运作。然而，公共权力从它产生那一天起就内在地含有否定自身的因素。恩格斯在《家庭、私有制和国家的起源》中指出："国家的本质特征，是和人民大众分离的公共权力。"① 以国家为表现形式的公共权力是社会权力集中化的代表。国家本是以公共权力代表的面目出现的，但由于公共权力的异化，国家也就具有了双重属性。一方面它成为维护统治集团利益的一种权力，另一方面它又是公共权力的最高表现形式。但是在以往的社会中，其前一种属性被放大了，以至于遮蔽了后一种属性。无论如何，公共性是公共权力的本质属性。虽然，与国家相联系的公共权力的公共性，同氏族社会中的议事会所体现的公共性不可同日而语，但他们毕竟是一脉相承的。在与国家相联系的公共权力产生的早期，在权力占有者的极力遏制下其公共性被神秘的外衣所遮蔽，失去了它的本来面目。公共权力成为凌驾于公众之上的一种异己的力量，与公共性背道而驰。当近代的启蒙思想家们以其深邃的洞察力，拨开笼罩在公共权力之上的重重迷雾时，公共权力的公共性逐渐显露出来。由于公共权力异化而导致的自身矛盾也展现在人们面前。为了消除这一矛盾，恢复公共权力应有的公共性，人类付出了巨大的努力。从推翻旧制度的革命到新制度基础上的改良，从权力制衡的制度设计到全方位监督体制的构建，从代议民主制到对公民参与的呼唤，以及对协商民主的张扬。

从本源来看，公共权力来源于人民。公共权力的产生是为了维护社会公共秩序，增进社会公共利益。公共权力的运行过程实际上就是把权力的运行机制应用到公共事务的管理之中，进而实现一定的经济和社会目标。然而，在公共权力的实际运作过程中，公共权力的运行超越了法定轨道，出现了公共权力的非公共运用时，公共权力就会损害公共利益，这就是公共权力的异化。实行广泛而又积极的公民参与，可以有效地遏制权力异化，降低绝对权力导致腐败的发生概率。除此之外，公共权力具有特殊的委托—代理关系。公共权力来源于公众，公众是公共权力的所有者。在公共权力的运行中，实际上以公众和权力

---

① 《马克思恩格斯选集》（第4卷），人民出版社1972年版，第114页。

行使者之间建立了一种典型的委托—代理关系。经过一层又一层的委托和代理，就有可能使本来属于公众所有的公共权力转交到了一部分人甚至是极少数人手中。

浙商作为民营企业家的代表是新生的社会力量，他们人数众多，影响深远，在经济上有雄厚的实力，是我国社会主义现代化建设的重要生力军，也是我国政治生活中一支不可忽视的力量。可以说，浙商参与公共权力的运作壮大了政治文明的建设力量。在民主政治的建设中，他们反映自己的愿望，表达自己的诉求，创建自己的渠道，作出自己的贡献，无疑对公共权力的运作发挥了重要作用。因为，公共权力对社会进行治理时必须得到民众的普遍认可才具有合法性。权力客体对于主体的认可和服从程度，对公共权力的实现状况具有重要的影响。参与公共权力运作的人数越多、范围越广、程度越深、效果越好，就越能够对公共权力的运作产生积极的影响。浙商参与公共权力的运作，也在公共权力恢复公共性的过程中发挥一定的作用，因而，也就成为从自利性向公共性展开的一种方式。参与公共权力的运作是浙商公共行为的政治表达。

三、浙商与公共精神的积淀

所谓公共精神，是指以利他行为为基础的指向公共利益的态度和行为方式。一个人总会与社会公共生活发生联系，必然程度不同地与公共利益相关联，这是任何人都无法回避的。既然一个人不可能脱离社会的公共生活而生存，公共精神就成为不可或缺的精神力量。公共精神落实到公共生活、公共利益之中，必须在主观意愿中寻找动力。然而，由于不同国家的不同的发展历史，不同国家的不同社会结构，公共空间的范围，公共领域的发育存在着差异，因此，在公共精神的积淀上也存在着很大的差异。在中国古代社会传统的组织结构中，本身就缺少形成公共精神的社会土壤。几千年的封建统治造就了家国一体的社会结构，以家为单位的小农经济使家庭、家族成为个人和社会生活的基础。公共空间、公共领域在传统社会结构中发育不良，导致中国传统政治文化中公共精神的缺乏。儒家的修身、齐家、治国、平天下的传统观念，在中国的封建社会成为社会意识建构的基本元素。之所以修身、齐家就可以治国、平天下，原因就在于家和国本来就是统一的，家国之间缺少社会这一中间环节。统治者通过儒家的意识形态对民间社会进行整合，必然使家族精神成为社会占统治地位的精神，缺乏与社会责任感和社会公德心相联系的公共精神就不足为怪了。虽然，中华人民共和国成立以来，公共精神得到了一定程度的弘扬，但是，传统文化的影响根深蒂固，公共精神的积淀在当代中国尤为重要。

在这种文化背景下成长起来的浙商，无法摆脱转统文化的烙印。浙商必须以其社会责任感和正义感积淀社会的公共精神。徐冠巨说过，要让社会形成哪里需要有人做事业，哪里需要有人承担社会责任，哪里就有浙商的印象，这才无愧于改革开放以后成长起来的新一代浙商。浙商公共行为的核心本质是公共性的体现，这就需要致力于增进和弘扬公共精神。特别是在企业"效率至上，利润至上"的价值驱动下，企业往往有意无意地忽视公共精神的作用。对于企业来说，公共精神是一种美德，但弘扬公共精神不仅仅是一种道义层面的要求，它更是一种和社会价值紧密联系的法律层面的要求。①

浙商参与社会公共精神的积淀，首先要树立社会责任感和社会公德心。浙商的社会责任区别于商业责任，是指除了创造利润外，还必须对全社会承担责任，包括遵守商业道德、维护劳动权利、保护生态环境、发展慈善事业、捐赠公益事业等。高度的社会责任感，体现了浙商的公共精神。社会责任也是一种道义责任，是靠人的良心维持的。外部强加的义务只是责任的一个方面，与此并列的是自己的情感和信仰的责任。客观责任源于法律、组织机构、社会的角色期待，但主观责任却植根于自己对忠诚、良知、认同的信仰。浙商要弘扬公共精神，既要承担外在的客观责任，更重要的是要树立内在的主观责任感，用自己的良知来实践社会责任。公共精神中蕴含的终极价值是正义。虽然，正义在不同的历史条件下会有不同的内涵，但基本方向是一致的。"在一个由公众承认的政治正义观念加以有效调节的秩序良好社会里，每一个人都接受相同的正义原则。"② 从古至今，多少仁人志士在探寻其底蕴，践行其轨迹。柏拉图认为一个善的国家应具备智慧、勇敢、自制和正义这四种美德，而正义则是最高层次的美德。正义是人类社会追求的美好理想，体现其价值依归的公共精神显然就是对正义的终极追求。浙商要弘扬公共精神，也必须把正义作为自身根本的价值追求。要在维护社会的公平正义中发挥一定的作用，要求浙商必须具有一定的奉献精神。

---

① 张华，赵海林：《公共精神：公共管理的核心诉求》，《天府新论》2008 年第 6 期。
② ［美］约翰·罗尔斯著，姚大志译：《作为公平的正义——正义新论》，上海三联书店 2002 年版，第 45 页。

伴随着改革开放的不断推进，社会主义市场经济体制也逐渐完善起来。我国民营企业进入了大发展时期，民营企业在整个国家中的地位和作用也发生了历史性变化。浙商作为最大的民营企业家群体，在企业大发展的同时，社会地位也在不断提高，社会影响也在逐渐扩大，浙商弘扬公共精神对社会公众有着重要的影响，对于社会净化和民众的价值取向能产生重大的示范效应。参与公共精神的积淀是浙商公共行为的文化表达。

四、浙商与公共领域的建构

公共领域表明了一种特定的生活层面，社会公共生活在这个领域中得以展开。公共领域还表明一种实体化的共同体，这就是在公共领域中活动的各种行为主体的关系结构。浙商参与公共领域的建构之所以成为向公共性展开的公共行为，是因为公共领域的存在和发展，是为了让人们恢复和展现某种公共性的人格。虽然公共领域的建构与私人领域的明晰相关，但其最终目的不仅仅是为了使私人利益得到保障和促进，更重要的是实现公共利益。西方著名思想家汉娜·阿伦特认为，人的需求有两个层面，一方面人需要有私人生活空间，以隐藏一些应该隐藏起来的东西；另一方面，人又渴望互相沟通与交流，这就必须进入可以显现自己的公共领域，这是一个人得到他人承认的必要条件。哈贝马斯则进一步指出，正是在公共领域中我们能够通过公共理性互相协商达成共识，因而，它能够实现大家所共同关注的普遍利益。[1] 他认为公共领域是公众自由表达和自由对话的公共空间，借助这一空间，各种观点和意见相互碰撞，展开理性讨论。公共领域具有"让公开事实接受具有批判意识的公众监督"，"公共领域具有调节国家和社会的功能"。[2] 由此可见，公共领域是公民参与公共事务的地方，它本质上凸显了公民在政治活动中的互动，是一个国家或社会的民主力量的彰显形式。

公共领域是介于"国家和家庭或个人之间的一个社会相互作用的领域及与之相关的价值或原则"。[3] 它既包括自愿性组织、社团、私人领域等结构性要素，也包括公开性、开放性、参与性等价值性要素。民间组织的发展是公民社

---

① 万俊人：《现代公共管理伦理导论》，人民出版社 2005 年版，第 120 页。

② 解菲：《浅谈互联网对当代公共领域建构的影响》，《新闻世界》2009 年第 8 期。

③ 何增科：《公民社会与第三部门》，社会科学文献出版社 2000 年版，第 3 页。

会得以形成的标志，也是公共领域构建的前提。在中国，公民社会虽然力量还很弱小，公共领域还缺少相对的独立性，但是，随着社会组织的发展，公民社会正在逐步发育起来，社会自我管理的能力在加强。

20世纪90年代以来，基于民营经济的蓬勃发展，出现了一个引人注目的社会现象——一大批民间商会和行业协会大量涌现。尤其是以浙商为主体的各种民间商会和行业协会，发展之迅速超出了人们的预料。一大批由浙商自发自愿组建起来的商会和行业协会，通过民主选举的方式产生商会领导人；依靠会员企业的会费、理事单位的自愿捐助和章程规定的服务性收费等方式成为商会运作的资金来源，不花国家的一分钱；为了保证组织决策的民主性、代表性，不断完善和健全商会的组织结构、治理机制和运作方式；并且在长期的市场活动中发展出了一套基于群体自愿遵守的制度规范和纠纷化解机制，使其成为行业规范和纠纷化解的重要一极。同时，组团参加国内外博览会，宣传和提高产品的知名度，开拓国内外市场；协调和沟通企业与政府、企业与企业、企业与社会之间的关系，发挥了积极和重要的作用。民间商会和行业协会的出现，在一定程度上实现了国家与社会的分离，为公共领域提供了它赖以存在的基础，对公共领域的建构产生了重要影响。参与公共领域的建构是浙商公共行为的社会表达。

第三节　浙商公共行为实现的构想

一、公共行为公共性实现路径的探索

人类的行为从自利性向公共性展开的路径，人的公共行为实现的途径，是近代以来很多思想家苦苦求索和探寻的问题。18世纪英国经济学家亚当·斯密，企图借助一只"看不见的手"的推动来实现人的行为从自利性向公共性的展开。他认为，人都有"利己"的本性，其行为都是为"利己心"所驱动的，任何个人的经济活动的最终目的都是为追求自己利益的最大化。在他看来，"自利人"在行为上是理性的。每个人在追求自身利益的同时，必须考虑他人的利益，否则就难以实现自身的利益。这样，在一只"看不见的手"的推动下，"自利人"的自利行为将会无意地增进社会利益。也就是说，社会的公共利益恰恰是在每个人追求个人利益的基础上实现的。事实证明企图通过市场这只"看不见的手"的自发推动，来实现从自利性向公共性的跨越是无法奏效的，

否则，市场所带来的一系列的负面效应就成为不可理解的了。

法国思想家卢梭企图通过他的"社会契约"呼唤人类的公共性本性。"卢梭设想一种社会契约，其实质就是每一个结合者把自身的一切权力全部转让给集体，接受公意的指导，由此形成一个具有公共人格的共和国。公意被认为是永远正确的，因为它以公共利益为依归。在共和国中，公民必须具有公共精神，亲自参加公共事务，而不是委托代表，这既是幸福的源泉，也是自由的唯一途径。"①卢梭想通过签订社会契约的方式，来实现人类向公共性的回归，事实证明这条路也是走不通的。通过卢梭的社会契约构建起来的共和国，充其量也只能是资产阶级的共和国，"它使任何人之间除了赤裸裸的利害关系，除了冷酷无情的'现金交易'，就再也没有任何联系了"。②如果不是这样的话，那么通过卢梭的社会契约建立起来的就是一种乌托邦式的共和国，这仅仅反映了人类对美好生活的向往而已。社会契约说到底也并不能使人类降低自利性的困扰。

马克思揭示了人类向公共性回归的最终途径，那就是实现"两个彻底决裂"，即同私有制彻底决裂，同私有观念彻底决裂。实现"两个彻底决裂"，建立起"每个人的自由发展是一切人的自由发展的条件"③的自由人的联合体，也就彻底实现了向人的公共性本性的回归。然而，自利性消失了公共性也就失去了存在的意义。当然，到那个时候，浙商作为中国社会主义市场经济特定条件下的一个社会群体也就不存在了。

二、浙商公共行为公共性实现的前提

环境塑造人，环境改造人，人是环境的产物。浙商公共行为的实现，浙商行为从自利性向公共性的展开，离不开相应的制度设计和政策引导。制度生态和政策引导成为浙商公共行为实现过程中最主要的影响因素。在一定的制度和政策的作用下，形成了浙商赖以生存和发展的社会环境。邓小平指出："制度是决定因素"，④"制度好可以使坏人无法任意横行，制度不好可以使好人无法充分做好事，甚至会走向反面"。⑤这就告诉我们制度及其相关配套机制的完善程

---

① 谭安奎编：《公共性二十讲》，天津人民出版社2008年版，第4~5页。
②③ 《马克思恩格斯选集》（第1卷），人民出版社1972年版，第253页。
④ 《邓小平文选》（第2卷），人民出版社1994年版，第308页。
⑤ 《邓小平文选》（第2卷），人民出版社1994年版，第333页。

度，对浙商的公共行为有着直接的影响。浙商公共行为的有序展开需要靠一整套健全的制度来实现。一般来说，浙商的公共行为与国家制度设计和政策供给是否相对公平和完善有密切的关联。

第一，浙商的公共行为与我国现有的经济发展水平密切相关。经济发展是其他一切社会要素发展的现实基础。经济发展决定了政治的发展，进而决定了思想文化和社会领域的发展。浙商的公共行为涵盖了经济、政治、文化和社会的各个领域。但是，无论涵盖的领域多么广泛，归根结底经济发展是基础，离开了一定的经济基础就不可能有浙商公共行为的实现。要正确认识经济因素对浙商公共行为的作用和影响，应该从宏观和微观两个方面来分析。从宏观方面来说，国家整体的经济发展水平决定了国家的整体政治结构、文化结构和社会结构，从而决定了一个国家具体的经济制度、政治制度、文化制度和社会制度，进而决定民营企业公共行为的领域和规模。尽管通过 30 多年的改革开放，在一定程度上解放和发展了社会生产力，提高了生产效率，也促进了经济的发展，但是我国的总体经济发展水平与西方发达国家相比仍然处于落后的状态，这就意味在很长一段时间内，我国的经济发展水平仍将是妨碍浙商公共行为的重要因素。从微观方面来说，浙商创办的企业的经济实力是影响着浙商公共行为直接的因素。大型和超大型民营企业由于在经济实力方面占有相对优势，导致占有的各种资源相对集中，而中小型民营企业因为经济实力较弱占有的资源有限，空有展现公共行为的积极性，由于没有相应的资源作为支撑，其公共行为必然受到影响。浙商企业绝大多数是中小企业，手中掌握的资源相对有限，其公共行为也会受到限制。

第二，浙商的公共行为与政治体制密切相关。长期以来的计划经济体制形成了政府对经济、政治以及社会生活各个领域的深度干预，政府手中掌握了大量的管理社会和直接运行经济的权力和资源。由于我国公民社会的发展尚处于萌芽状态，所以除非政府自身同意让渡权力，否则在政府之外几乎没有独立的力量和制度渠道使政府进行分权。因此，不论是民营企业参与供给公共产品，还是民营企业建立行业协会和民间商会，都离不开政府权力的重新分配，都需要政府重新确定自身在社会发展中的作用和地位，以及政府的积极参与和主动的制度创新。可见，在政府主导的制度环境下，浙商公共行为尽管表现出良好的发展态势，但是如果政府的职能和运作模式没有大的改变的话，要实现浙商公共行为的全面发展，还面临着各种困难。传统的政府管理模式造就了无限权力的政府，由政府精英代替人民进行利益的综合与表达。但是随着社会的进步和利益多元化发展，会不断要求改变传统的政府权力垄断的局面。目前，某些政府组织和政府官员由于自上而下的权威惯性，并没有意识到这种转变，不愿意与社会成员分享权力，甚至认为民营企业的公共行为如果任其发展的话会影响社会稳定。某些政府组织和政府官员即使认识到了民营企业公共行为的必要性，但是对于民营企业还存在着疑虑，使他们害怕民营企业的自利性会损害公共利益，从而阻挠民营企业的公共行为。面对这样的体制，浙商的公共行为也必然受到影响。

第三，浙商公共行为与社会文化因素密切相关。社会文化因素影响着社会系统中每一个成员的行为，同时，由现存的社会结构所造成的机会和压力也影响着社会文化。当人们边学习、边行动并通过行动来学习时，文化和结构、态度和行动之间就不断地发生相互作用。任何社会系统及行为主体都与一定的社会文化相关联，社会文化作为一种无形的然而却强有力的力量积极有效地作用于政治、经济等方面，并影响着民营企业的公共行为。由于我国当前还处于不断变革的社会阶段，政治和经济都在不断的塑形当中，社会文化也随着社会物质生产的发展变化而相应的处于一个不断演变的过程中。在我国处于主导地位的社会文化是以社会主义价值观为核心，涵盖了哲学、宗教、艺术、政治思想和法律思想、伦理道德等方面，它规定了社会规范，并指导着社会成员行动的方向。但文化所具备的延续性特点也提醒我们要看到传统文化对民营企业公共行为的重要影响。中国传统文化经过分化和融合，在深层次上成为传统的社会伦理道德，早已深深扎根于人们的思想意识之中，并影响着我们的社会生活。一些不良的思想和文化使民营企业深受其害的同时，束缚了他们民主意识、主体意识的产生，使其对参与公共行为产生一种天然的冷漠感。

浙商的公共行为相对于经营行为而言，呈现出行为涉及领域广泛，行为形式多样化和复杂化的特点，而决定这些特点的根本因素是我国相关的制度。随着民营经济的出现，经济结构的多样化，经济实力的壮大，导致制度层面上不断针对民营企业做出相关调整。然而，对民营企业公共行为方面的制度建设明显滞后，不能跟上民营企业公共行为的发展步伐，这样势必阻碍浙商公共行为的实现和发展。除此之外，制度的滞后为浙商非制度化的公共行为带来了可能性，又因为非制度的公共行为成本低、见效快的特点，受到了一些浙商的青睐。由于在民营企业公共行为方面存在的制度缺陷，给民营企业的公共行为带来了负面影响，在一定程度上造成了其混乱无序的场面，伤害了浙商公共行为的热情，挫伤了他们的积极性，最终导致了浙商公共行为的缺失。

三、浙商公共行为公共性实现的机制

政府、企业、社会之间的良性互动，构建了浙商公共行为的实现机制。政府是一个国家为了维护和实现特定的公共利益，按照区域划分原则组织起来的，以暴力为后盾的政治统治和社会管理组织。企业，这里的企业主要是指民营企业，不包括政府所属的国有企业，它是由民间创办和经营的以营利为目的的经济组织。民营企业是独立于政府而存在的，但是政府可以通过制度和政策同民营企业发生这样或那样的关系。社会是与政府相对应的另一个概念，是指在一个特定的民族国家范围内，个人之间结成的各种非政府组织与关系的总和，它是由普通社会成员以及他们所结成的各种社会组织和社会团体所共同组成的。在政府和社会之间，既有根本性质上的区别，又有着紧密的联系。

改革开放以来，我国的政府和社会的关系发生了根本性的变化。政府的控制范围开始缩小，控制的力度减弱，控制方式也发生变化。政府控制手段的规范性加强，注意加强法制建设，开始由过去的直接控制、行政干预、微观管理转向间接控制、宏观管理、综合利用多种手段调控社会发展。伴随着经济体制改革的深入和社会主义市场经济体制的初步建立，以及政府管理模式的变化，大大拓展了社会的自由空间，导致政府与社会之间的结构性分化。各类社会主体的自主权扩大，成为相对独立的资源提供者。社会结构分化速度加快，分化程度加深，相对独立的社会力量也开始形成，身份体系弱化，社会流动大大加快。社会中介组织也大量涌现，价值观念开始多元化。浙商就是在这一情况下迅速发展和壮大的，并且逐渐成为社会建设中的一支重要力量。而浙商公共行为的兴起正是政府、企业、社会之间三者良性互动的结果。发达的民营经济和政府的支持是浙商公共行为兴起和发展的基础。

浙商公共行为一头连接着社会，一头连接着政府，形成了一种政府、社会和企业本身之间的互动关系，从而超越了"社会影响政府"或者"政府管理社会"等单向思维习惯。当前，在市场经济稳步发展的背景下，民营企业的公共行为在社会公共事务中发挥着越来越重要的作用，大量民间商会和行业协会在公共部门以外应运而生，民营企业经营范围的扩大，使得社会管理及公共产品供给的主体逐步呈现多元化趋势。民营企业公共行为的发展，既是企业壮大和

社会发展的需要，也与政府职能转变相辅相成。可以说，通过政府、企业、社会三者之间的合作，最终形成一个相对稳定的"三赢"的格局。但是，目前人们往往主要关注影响浙商公共行为的主客观因素和制度上的变化，而忽略了各方行动者之间的互动关系，未能将政府、企业和社会的互动与制度建设联系起来，浙商的公共行为与经营行为之间也缺乏逻辑上的统一。这些问题对浙商的公共行为必然产生一定的影响。

浙商公共行为从自利性向公共性展开和实现的过程，实际上是一个政府、企业和社会之间良性互动的过程。政府、企业和社会不同主体结成的网络结构为他们之间的良性互动提供了场域。在现代社会，伴随着各种组织结构及其相互关系的复杂化，伴随着各种组织力量对比关系的变化，政府、企业和社会的关系也越来越网络结构化了。由政府、企业和社会各行为主体结成的网络结构具有行为主体的多元性、互依性、自主性、平等性、流动性和人际关系复杂性等特点。也就是说，在网络结构中，参与活动的行动主体来自政府、企业和社会等不同领域和不同组织，他们之间既是相互依赖的，又具有独立的自主性。各行为主体在网络结构中地位是平等的，随着网络结构的运行，各行为主体处于流动的状态。由于构成主体的多元性和纵横交错的网络关系导致了人际关系的复杂性。各行为主体之所以会结成网络结构，从根本上来说是利益使然，具体来说主要出于利益结盟的需要、交换资源的需要、交流信息的需要、追逐权力的需要和协调行动的需要。结成一定的网络，可以在网络结构的互动中实现各自的利益。只要网络结构具有足够的开放性，也可以通过不同主体的互动实现公共利益。随着网络结构开放程度的不断提高，进入网络的行为主体不断增多，网络产出的公共性也不断提升。浙商作为一个群体，可以通过各种途径参与到政府、企业和社会结成的网络结构之中，成为网络中的行为主体，在政府、企业和社会的良性互动中提升自己公共行为的公共性层次。

浙商作为政府、企业和社会结成的网络结构中的行为主体，其公共行为从自利性向公共性的展开是通过网络的学习机制实现的。政府、企业和社会的良性互动过程从一定意义上说也是一个学习的过程。通过学习的不断深入，网络的协调程度不断提升，网络的公共性也在不同层次上展现出来。网络学习包括行为学习、价值学习和规范学习等不同形式。行为学习、价值学习和规范学习既表明了网络学习形态的不同类型，也反映了网络学习的不同层次。从行为学习到价值学习，再到规范学习，也是一个学习不断深入的过程。行为学习的目的是发现构成网络结构各行为主体的利益要求。在网络中，每一个行为主体都有自己的利益要求，而且不同行为主体之间的利益要求存在着很大的差异。行为学习的过程就是对其他行为主体的利益要求逐步认可，对自己利益要求进行逐步调整的过程，目的是以缩小各行为主体之间利益要求的差距，达成利益上的共识。价值学习主要表现为对网络目标的学习，其首要任务，就是按照网络达成共识的利益取向选择网络的共同目标。在选择网络目标的过程中之所以需要学习，因为利益取向只规定了网络目标的方向。通过价值学习对凝聚起来的价值进行提炼和升华，最终才能够确立明确的网络目标。网络目标确立之后还有一个再学习的过程，把目标凝聚起来的价值向各行为主体扩散，使目标真正成为各行为主体的共同目标。规范学习是对工具的学习。规范学习的过程，也就是在工具库中寻找有效的工具的过程。工具明确以后，还必须通过进一步的规范学习，使之变成网络中各行为主体的行为准则和依据。通过充分的学习，网络产出的公共性才能充分展现出来。浙商作为网络中的行为主体，也正是在网络学习机制的作用下，实现了由自利性向公共性的展开。随着网络开放程度的不断提升，构成网络的行为主体也越来越多样化，行为主体相互制约的因素逐步增强。浙商在高度开放的网络结构中，其公共行为也会越来越多地展现出公共性。

第三章 浙商与公共行为的历史演进

从公共行为发展的历史过程来看，公共行为经历了一个从萌芽、异化、衰微到回归的过程。人类社会发展历程表明公共行为是推动社会发展的重要因素之一。商人的公共行为则是社会公共行为的重要组成部分。浙商在进行生产经营活动的同时，自身公共行为也得到很大程度上的发展，这缘于人类共同的公共行为的历史演进。

第一节 西方公共行为的历史演进

一、古希腊时期公共行为的萌芽

从整个人类文明的发展来看，商人公共行为的原生态可以追溯到古希腊时期。古希腊是人类公共生活的发祥地，也蕴含着商人公共行为的源头。人类的公共行为是伴随着社会公共生活而产生的。公民参与社会公共活动是公民权利意识的表现，也是推动社会进步的重要力量。商人作为社会群体中的一部分，参与社会公共生活，以及在自身发展过程中所展现出来的公共行为符合社会发展的需要。从公共行为发展的历史沿革来看，早在古希腊时期，思想家就注意到了人的公共性问题。古希腊时期，社会公众通过参与管理城邦公共事务来展现人的公共性，把人的公共行为作为实现自身价值，获得人格完善的重要手段。公共行为在这一时期开始萌芽并得到初步的发展。

（一）城邦政治与公共行为

从历史事实的考察中可以发现，"影响及波及全球的工业化浪潮起源于西欧中世纪城市的兴起"，"而西欧城市的兴起又与希腊的城邦制度有关"。① 古希腊

---

① 萧国亮，隋福民著：《世界经济史》，北京大学出版社 2007 年版，第 3 页。

是欧洲文明的发祥地。公元前 5 世纪到公元前 4 世纪称为古典时期，也是希腊城邦发展的鼎盛时期。古希腊文化的本质是以城市为中心主体的城邦文化。中心主体城市是城邦政治、经济、文化的集中地。以雅典为首的城邦政治，实行的是公民民主治理的方式。这种治理方式与贵族或少数人的统治方式不同，在政治上，公民是城邦的主人；经济上，作为主要生产资料的土地归公民共同体共有；军事上，实现兵农合一的公民兵制。公民自愿参与城邦公共事务的管理，并且处于主导地位。公民参与城邦公共事务的管理构成了公共行为的最初形态，同时也张扬了人的公共性。

关于城邦的定义，基托认为，"城邦起源于'卫城'，是用高墙围绕起来保护自己土地的要塞，它在加固后成为王的住处，自然也就成为公众集会的场所和宗教中心"①。城邦体现了一种合作关系，城邦生活的关键方面，是人们分享某种有关善或正义的生活方式。善或正义可以看做是城邦所能提供的具有公益性的意识形态。有关善或正义的生活方式又以公共行为为依托。

在古希腊，从政治哲学到政治实践都体现了一定程度的公共性。在古希腊政治哲学中，德性和正义是它的核心范畴，正义作为至善又是德性的最高层次。为了达到城邦的至善，古希腊时期的思想家们主张公共权力要全体公民共同分享，公共活动要全体公民共同参与，公共事务要全体公民共同决定和管理。从古希腊的政治实践来看，城邦民主政治构成了它的基本特征。亚里士多德称人是天生的城邦动物，人的本性是由城邦共同体决定的，政治是一种追求至善生活的活动，即人是在献身于城邦整体利益中过上至善生活的。因此，公民只有通过共同参与公共权力的运作，管理城邦公共事务，才能达到城邦的至善，从而提升自身的德性。个人追求自身的美德与城邦公民追求城邦的整体利益是一致的。

"雅典位于中希腊的阿提卡半岛，境内山多地少，矿产丰富，沿海有良港，对外交通方便。"② 雅典曾经是希腊最大的城邦。从雅典城邦的人口数量来看，城邦的正常运转会产生大量的公共事务，如粮食供给、城邦防御、宗教问题以及免除地方官员和将军等，这些都需要全体城邦公民共同参与管理。亚里士多德用了大量篇幅讨论公民概念。在经过严密的辨析后，他认为，所谓公民，是

---

① ［英］H. 基托著，徐卫翔等译：《希腊人》，上海人民出版社 1998 年版，第 82 页。
② 齐涛：《世界通史教程》，山东大学出版社 2008 年版，第 78 页。

指那些"有权参加议事和审判职能的人"①。这里的人是一个复数，是一个群体。这个定义强调了城邦作为公民集体的性质。由此可以认为，古希腊时期的城邦是与公民群体息息相关的公民共同体。一个可以参与城邦事务、享有最高治权的公民团体是城邦政治的关键。

"城邦的基本居民由两部分组成，即自由民和奴隶。自由民中又分为地主和小生产者。大地主多半是氏族贵族的代表，他们以剥削奴隶为主；而小生产者也分化出比较富裕但不显贵的农民，特别是手工业者，他们也剥削奴隶"②。在城邦中奴隶和妇女没有公民权。公元前 12 世纪，由于担心多利亚人南下入侵，迈锡尼各邦的一些居民逃到雅典居住，导致雅典居民混杂，原有的氏族管理机构失灵。经过提修斯改革，设立了以雅典为中心的中央议事会和行政机构，并根据居民的出身和职业，将其分为贵族、农民和手工业者，只有贵族具有担任社会公职的特权。贵族统治构成了雅典城邦政治体制的核心，组建的统治机构有执政官、贵族会议和公民大会。

亚里士多德在谈到关于理想城市的建设时，设想"把广场分为相互隔离的集市广场和集会广场两部分。前者为买卖交易之所，应选择适于商业的良好位置；后者供公民公共活动及城邦政治生活之用。商人、工匠、农民及一切类此者不准进入公民的集会广场。"③柏拉图也主张"把外籍商人置于城外，并尽可能少与其来往。"④从亚里士多德与柏拉图对城市广场的设想与区别限制，可以看出城邦公民资格与公民权利同城邦公共生活密切相关。不仅如此，集市广场和集会广场的划分，事实上划分了私人的经济活动领域和公民公共的政治活动领域。商人被排除在公民公共活动领域之外。在公元前 7 世纪到公元前 6 世纪，雅典的手工业和商业有了显著的发展，成为希腊的手工业生产与商贸的中心。从事手工生产的工场手工业主和以商品贸易为主的商人，也逐渐成长为新的富有阶层。但手工业主和商人的地位仍然很低下，因此，对于参与城邦公共事务的管理自然也无能为力。

城邦制度是古希腊人智慧的结晶，尤其是在城邦事务的管理和政治、法律制度的制定中，充分而深刻地体现了希腊人的公共理念和道德观念。"正是一些

① ［古希腊］亚里士多德著，颜一等译：《政治学》，人民大学出版社 2003 年版，第 73 页。
② 高德步，王钰：《世界经济史》，中国人民大学出版社 2005 年版，第 50 页。
③④ 解光云：《古典时期的雅典城市研究》，中国社会科学出版社 2006 年版，第 25 页。

思想家的高超智慧，不仅进一步确认了城邦的德性，而且就宇宙、世界之本原进行了多方面的探索，从而使实践智慧和思辨（理性）智慧相得益彰。这些思想家或哲学家不仅是城邦理念的奠基人，而且还是城邦的执政者。他们奠定了正义原则在公共生活的核心地位。尤其是在柏拉图和亚里氏多德的进一步论证下，'正义原则'成为希腊政治文化的核心观念"。① 在雅典的立法实践和政治活动中，突出地体现了城邦的公共精神。

公元前 6 世纪初，由于氏族贵族利用自己垄断的政权残酷地剥削、压迫农民，农民的处境日益恶化，引发了包括农民和工商业者在内的平民的反抗。平民准备以暴力推翻贵族政权，内战一触即发。在危急关头，得到绝大多数公民支持的梭伦被推举为"执政兼仲裁"，受命调停矛盾。梭伦到任后，面对贵族与平民之间紧张的关系，主张依法治国，进行了一系列的政治改革。改革的主要举措包括："（1）将全体雅典自由民按财产多寡分为四个等级，并规定相应的权利和义务。地产年收入在 500 麦斗（1 麦斗约合 80 公斤）以上者为第一等级（500 斗级），300～500 麦斗者为第二等级（骑士级），200～300 麦斗者为第三等级（双牛级），200 麦斗以下者为第四等级（雇工级）。工商业者的货币收入也可折合地产计算。国家的高级官员由一、二等级公民担任，第三等级公民可担任四百人会议议员以及一些低级官员，第四等级只能参加公民大会和陪审法庭的活动。但富有者担任高官的权利是同较多的社会义务联系在一起。头两级公民需提供昂贵的骑兵装备，第三等级担任重装步兵，而第四等级只担当轻装步兵和水手。（2）确立公民集体立法的原则，提高公民大会的权力。会议决定战争与媾和等重大国事并选举官职。（3）新设四百人会议和陪审法庭两个重要机构。前者由 4 个部落各选 100 人组成，主要为公民大会准备议程，预审提交公民大会通过的决议；后者则作为城邦最高司法机关。"②

梭伦的政治改革打破了个人和国家之间的旧障碍，使中下阶层获得了政治参与的权利。公民不是按照家庭和出身，而是按照每个人的收入来划分等级。具体涉及商人的改革就是工商业者的货币收入也可折合地产计算，只要商人的收入达到一定水平，即可进入不同等级，如果是第一或第二等级，就能担任国家高级官员，参与城邦的管理。商人以其手中掌握的财富赢得了参与城邦管理

① 王维国：《公共性理念的现代转型及其困境》，兰州大学出版社 2005 年版，第 39 页。
② 齐涛：《世界通史教程》，山东大学出版社 2008 年版，第 80 页。

的权利，同时也赢得了展现公共行为的机会，一定程度上激发了商人更加追求经济收入的动机，同时也提高了商人参与城邦公共事务管理的信心。

梭伦的改革打破了氏族贵族对政权的垄断，提高了工商业主阶层的政治地位，使普通平民也能参加决定国家命运和自身利益的政治活动，推动了雅典政体从贵族政体向民主政体过渡；同时改革采取的鼓励工商业发展的措施，激发了商人公共行为的热情，为雅典的经济和政治繁荣创造了良好条件。

（二）城邦经济与公共行为

公元前6世纪以前，在古希腊城邦中，雅典的工商业经济并不是很发达。从公元前5世纪开始，自梭伦推行鼓励工商业发展的政策以后，雅典的城邦经济开始繁荣起来了，特别是商业得到快速发展。雅典的工商业经济在希腊的所有城邦中最为突出，使之成为古希腊工商业经济的中心。在小城市中开始有一些手工业者为出售自己的产品而开设小店铺，而大城市里已经出现集中交易的市场。在交易市场，一般是将各种商品堆放在帐篷内或露天的场地，包括专门的商品陈列馆，所出售的商品包括农产品和手工业品，也包括奴隶和牲畜。

商人是雅典工商业发展的推动力量，商人的地位直接影响着城邦工商业经济的发展。古希腊的思想家们在一定程度上肯定了商业及商人的重要性。"柏拉图认为，应该从法律上考虑如何接纳商人；亚里士多德称，一个城邦要达到最高程度的自给，并维持自己的独立，就必须有农民、手工业者、商人、佣工和兵士；色诺芬在论及如何增加雅典的收入时，绝大部分涉及工商业活动。诸如建议雅典善待外侨，免除他们的某些义务，授予商人以必要的特权，迅速、公正地裁决商人的案件，设立促进商业发展的基金，建筑更多的宿舍供商人使用等等。"[①] 上述思想家的言论说明，在古希腊，工商业已经成为城邦整个经济体系中不可缺少的组成部分。

在实践方面，雅典城邦也为发展工商业经济创造有利环境，对商人的经营活动予以保护。"雅典城邦注重加强对商道的维护和市场的管理，雅典设有5人委员会专门负责道路维护，设置市场监督，度量衡监督，粮食贸易专员和商业港口监督等维持市场秩序，监督和管理市场，解决交易中可能发生的任何争执。为了便于交易，雅典城市还搭建带有顶棚的市场，代替露天市场，供一切商人

---

① 解光云：《古典时期的雅典城市研究》，中国社会科学出版社，第85页。

之用。"①

古希腊的道德文明是世界最早的道德文明之一。尽管柏拉图、亚里士多德从城邦经济发展的角度肯定了商人和工商业发展的重要性，但是在涉及道德问题的时候，两位思想家都对商人有偏见，宣称不应该追求依靠贸易的生活。认为商人从事商品买卖活动，获取中间差额利润，是不道德的。公民必须关心城邦，将城邦公共事务摆在首位，手工业者要为城邦公民生产必需品。

柏拉图把城邦设想成为一个包括各种职业的经济实体，不同的职业分工，推动了城邦政治、经济的发展。为了避免城邦中的个人各行其是、各谋其利，要求城邦公民必须一以贯之地为城邦的公共利益而工作。同时为了避免公民因献身于城邦公共事务而出现生活困难，梭伦的改革措施是：凡参与公共事务管理的公民，均可以从中获得一定的公共抚恤金。这样就可以保证，即使是经济贫困的公民，也能参与到城邦公共事务的管理中来，从经济上为公民的公共行为提供了保障。

在古希腊时期，富裕起来的商人就开始了对公共事业的捐赠活动，以展现自身的公共性。"罗马城市的开支主要来源于税收，但富裕市民的慷慨捐赠也是十分重要的。在罗马盛世，富裕市民对公共事业大笔捐赠成为一种时尚。当选为市政长官的人，为了显示荣耀必须捐出一笔可观的'荣耀金'。许多富裕市民都乐于就任为行政长官、祭司、各种社会团体的主持人或保护人，而一个重要的附带条件就是为公共事业捐赠。这种风气源于古代希腊的自由城市，而在后希腊化时代，特别是在公元前 3 世纪和公元前 2 世纪最为盛行。"② 从这可以看出，在古希腊时期，商人的捐赠行为已经出现。商人的捐赠行为是商人公共行为的重要组成部分，也是对自身公共性的确证。

（三）城邦文化与公共行为

在古希腊时期，教育是实现理想城邦的重要手段。从更深层次的意义上讲，城邦教育又是理想城邦的本质所在。柏拉图在《理想国》中谈到苏格拉底指望通过集中化的公共教育，可以使铜铁质的后代转化为金银质，从而为理想城邦的实现创造条件。他认为，"把所有十岁以上的有公民身份的孩子送到乡下去，他们接收过来，改变他们从父母那里受到的生活方式影响，用自己制定的习惯

---

① ［法］杜丹著，志扬译：《古代世界经济生活》，商务印书馆 1963 年版，第 61 页。

② 高德步，王钰：《世界经济史》，中国人民大学出版社 2005 年版，第 75 页。

和法律（即我们所描述的）培养他们成人。这是我们所述及的国家和制度籍已
建立起来，得到繁荣昌盛，并给人民带来最大幸福的便捷的途径"。①

在苏格拉底看来，"理想城邦的运作和维系，都是围绕教育展开的。只有通
过教育，才能一代又一代不断地为城邦培养出合格的统治者和护卫者，从而使
城邦的正义得到持续。因此，格林在阐述柏拉图的教育思想时，认为教育是护
卫者'再生产制度'的重要组成部分，对它的漠视将会破坏城邦的稳定性"。②
苏格拉底认为，"所谓美好的可敬的事物乃是那些能使我们天性中兽性部分受制
于人性部分（或更确切地说受制于神性部分）的事物，而丑恶和卑下的事物乃
是那些使我们天性中温驯部分受奴役于野性部分的事物"。③ 由于人自身内部往
往无法实现善对恶的控制，因此，必须借助外部的教育。城邦教育的目的，就
是以外部强制的形式帮助人克制自己心灵中恶的部分。

对于城邦的教育，柏拉图认为，在理想城邦中，教育的内容包括几何学、
音乐和体育。与其说城邦教育是技艺培训，不如说是对城邦公民美德的塑造。
几何学教育的目的是"把灵魂引向真理"，它让人把握永恒的善的理念。音乐
和体育，则分别是陶冶心灵和训练身体，让人的心灵趋向和谐。通过这样的教
育，人便培养了自己爱智的心灵和宁静协调的情感。④ 在苏格拉底看来，城邦
统治者和护卫者，都必须经受长期的教育和培养，具备了相应的品格，才称得
上是合格的。可以说，理想城邦的正义，在于城邦的公共权力与知识完美的结
合，而这又统一于教育的过程之中。

从历史意义来看，古希腊这一时期，在城邦至善理念的推动下，无论是政
治制度、经济发展、文化教育及社会活动，都体现了人的公共性，可以说公共
性在这时期得到萌发与发展。但是，单纯从道德方面要求公共性，显然不足以
约束城邦即国家的管理者。因此，雅典在提倡注重公民德性教育的同时，还发
展了大量公共空间，如城市广场、议事大厅、神庙等以供城邦公民参与讨论和
管理公共事务。

公共空间或者公共领域是西方学者在 20 世纪 80 年代末提出的，用以表述
近代资本主义社会结构性特征的概念，但其起源可以追溯到古希腊。在古希腊

---

① ［古希腊］柏拉图著，郭斌和等译：《理想国》，商务印书馆 1986 年版，第 310 页。
② ［英］D. 梅林著，喻阳译：《理解柏拉图》，辽宁教育出版社 2000 年版，第 105 页。
③ ［古希腊］柏拉图著，郭斌和等译：《理想国》，商务印书馆 1986 年版，第 382 页。
④ ［古希腊］柏拉图著，郭斌和等译：《理想国》，商务印书馆 1986 年版，第 283～305 页。

城邦中、城市广场、公民大会会场、议事大厅等都是城邦的公共空间。斯坦福大学古史研究专家米切尔·詹姆森认为"通常意义上希腊语中表现为家庭和土地的私人空间是相对于宗教圣地、世俗集会之所、市场和城邦的防御工事等这些公共空间而言的。从社会学来说，私人空间与公共空间的区别要比城市与乡村、居所与耕地之间的区别更为重要"。①

"古希腊城邦的公共建筑大致分为三类：一是宗教性公共建筑如神庙和祭坛；二是市政性公共建筑如阿果拉、公民大会会场、议事会厅、市政厅、陪审法庭、忒罗、柱廊、公共浴室等；三是文体性公共建筑如健身室、摔跤场、田径场、跑马场、露天剧场、音乐厅等"②。公共建筑的真正性质是为城邦公有，向公众开放，是真正意义上的公共、公有建筑。公共建筑所承载的公共空间皆是城邦某类或某些公共活动的中心，是城邦举行重大仪式或商讨城邦事务等公共活动的重要场所。例如，召开议事会和公民大会，接待使者和处理城邦日常事务，管理公共财物和公共建筑，宗教祭仪和司法活动，以及参战决策和体育竞赛等，都在公共空间中举行。这些公共空间往往又是通过公共建筑结构而形成的。城邦的中心城市是公共建筑的首要集中地。古希腊城邦最主要的考古遗迹正是其公共建筑，如阿果拉、议事大厅、神庙、祭坛、露天剧场、体育场等，这也反映出公共空间在城邦社会生活中的重要地位和作用。法国著名学者维达尔—那逵特对城邦空间如是说："城邦创造了一种全新的社会空间，一个以市政广场及公共建筑为中心的公共空间。在这里，人们就涉及共同利益的问题进行争论。权力不再限于王宫之中，而是置于这个公共的中心。"③ 古希腊城邦的公共空间不仅为城邦公民增加了活动的场所，更为他们的参与城邦公共事务的管理，提升人的公共性，展现公民的公共行为提供了平台。

二、中世纪时期公共行为的异化

中世纪时期由于罗马帝国的灭亡，基督教开始兴盛起来，在政教合一的体制下，宗教的权力得到绝对提升。基督教在神秘的外衣下，以神性张扬了公共性，从而使人的公共行为进一步强化。公共行为在这一时期得到一定的发展，

---

① 黄洋：《希腊城邦的公共空间与政治文化》，《历史研究》2001 年 5 期。
② 解光云：《古典时期的雅典城市研究》，中国社会科学出版社，第 108 页。
③ 解光云：《古典时期的雅典城市研究》，中国社会科学出版社，第 109 页。

尽管这种发展充满了宗教色彩。罗马帝国的衰亡，使欧洲出现权力真空和秩序失范。基督教会在西欧社会中的势力日益增强，它行使着世俗权力和精神权利，成为在整个中世纪维系欧洲社会秩序的主要力量。虽然，它在诸多方面禁锢了人们的思想和限制了人们的行为，但是，确在宗教意义上提升了公共性。只不过是这种公共性在基督教中为神所充分张扬。

（一）基督教思想与公共性

基督教在人性的认识上主张人是邪恶的，人一出生就充满罪恶，需要听从教会教义的指示，完成自我救赎。商人从事商业活动，赢取利润也是不道德的。人们只有献身于公共事务之中，才能洗清罪恶。随着教权与王权的斗争，在中世纪末期，伴随着商业的发展及对公共活动的影响和共和制的出现，欧洲尤其是意大利开始出现了实际意义上的公民。同时商人成立商业联盟，保护自身合法权利，在公共领域的构建中发挥着自己的作用。中世纪从另一角度促进了人的公共性，发展了人的公共行为。

中世纪对公共性的发展最早体现在思想方面。研究人与国家的关系和人与人之间关系的集大成者是奥古斯丁，他在《上帝之城》一书中提到尘世国家和上帝之城两种不同的秩序，"世界上有两种统治，一种是善的统治，一种是恶的统治，它们分别适应于两种国家，即上帝之城（国）和地上之城或人间之城（国）。在上帝之国，人们爱上帝，蔑视自己，过高尚的精神生活，向往至善，追求永生；在人间之国，人们爱自己，蔑视上帝，充满对权力和享乐的追求，犯罪作恶，醉生梦死"。[1] 在奥古斯丁的眼中国家是一种人的造物，是人理性的外化，是人们意识到他们所追求目标的一致性而联合形成的集体。是人对人统治的机器，是以恶抑恶的世俗机构。而人作为上帝的造物，他们之间原本就是完全平等的。"国家至多只能算是上帝整个救世计划中一个临时的安排，如果没有天使的反叛和人的堕落，国家本来是不需要的……因此整个来说国家只是一种权宜之计，它起着一定的管理作用，但只是用较小的恶来防止较大的恶，让人朝圣的旅程稍微有些秩序"。[2] 这些对国家本质和平等问题的论述，可以说是对公共性的另一种诠释。但是，奥古斯丁认为教会的成员应该服从尘世的秩序，无论是和平和谐的秩序还是动荡混乱的状态，他认为此世只是一个过渡阶段，

---

[1] 燕继荣：《西方政治学名著导读》，中国人民大学出版社 2009 年版，第 68 页。

[2] 燕继荣：《西方政治学名著导读》，中国人民大学出版社 2009 年版，第 70 页。

彼世才是人的最终归宿。在基督教看来，教会作为天国在尘世的代表，公共性在其中得以张扬。奥古斯丁认为人类天生就是邪恶的，自私自利缺乏正义。教会教义认为只有多做善事才能去除邪恶，并且教会是遵循上帝的旨意来拯救世人，因此，人们必须接受教会的指导和约束，遵从教义，这样才能实现自我拯救。这些宗教思想很大程度上影响了中世纪民众的公共行为。

托马斯·阿奎那作为中世纪基督教思想的集大成者，虽然他和奥古斯丁一样都认为只有在"上帝之城"里才能实现终极的正义和和平，但由于"人类利益及其追求的多样性显然表明，存在着多种达到其目标的途径，而且在此过程中，人们需要得到指导"。[①] 这种指导是公共活动和公共精神产生的基本原因之一。而且，每个人除了自身利益产生的动力之外，必须还存在着某些原则，它们能够产生对人类群体而言的共同的善，这种共同的善为公共行为奠定了伦理基础。阿奎那认为，理性和法的意志最终目的在于公共幸福，"任何为了某种目的而存在的东西必须与那个目的相称。法律的目的是公共福利，法律的制订不应当只是为了某种个别的利益，而是应当以公民的普遍利益为目的"。[②] 法律应以公共利益为目的，并保障公共利益的实现。

虽然，文艺复兴时期的思想家极力倡导复兴古希腊时期创造的灿烂文化，但是，近代以来的思想家们都无法摆脱中世纪时期思想的影响。斯宾诺莎的泛神论、霍布斯和洛克的国家理论、卢梭的天赋人权思想等等，从中都可看到基督教思想的延留。在现实中，随着教权和王权的不断斗争，一些地区如威尼斯和佛罗伦萨出现了各种不同类型的共和制政体，社会政治生活和经济生活方面的公共性在尘世中也得到了彰显。

（二）商人信仰与公共行为

基督教的训条对于中世纪的经济生活和经济理论具有重大影响。基督教学说倾向于指责被现代经济学视做根基的商业元素。教会法所表达的观念中有一个重要观念，那就是认为商业在道德上低于农业。《圣经》甚至对富人的财产都抱有疑虑。由于基督教对公共性的关注，使深受宗教和伦理意识形态影响的经济领域，公共性也成为一种观念的力量。在这种观念的作用下，人的公共行为与社会发展融为一体。商人由于受基督教公共性观念的影响，自身的公共性

---

① 李鹏程等：《政治哲学经典》（西方卷），人民出版社 2008 年版，第 109 页。
② 李鹏程等：《政治哲学经典》（西方卷），人民出版社 2008 年版，第 123 页。

也得到了进一步的张扬。

在基督教价值观的影响下，人们仅仅把财富看成是维持每个社会成员在适当条件下"生存"的手段，而不把它当做目标。人们甚至认为，财产是挡在自己热爱上帝、热爱人类道路上的一块绊脚石，因为它导致人们自私自利、贪得无厌，为财产而你争我夺。托马斯·阿奎那就曾经指出："甘愿贫困是人们达到完美之爱的最重要和最基本的条件。"① 因此，商业活动最初被认为是一种邪恶的活动，商人也怀着这样一种矛盾的心情去经商。由于他们心怀愧疚，赚到钱以后，所做的第一件事往往是践行基督教教义，以证明自己的财富具有正义性。"他自豪的捐献款项，建造美丽的公共建筑，开办学校或医院，为他的城市的普遍繁荣和伟大作出贡献。看到他和他的自由公民同胞正在完成的事业，他会由衷地感到他们是佼佼者。"② 通过这样的举动，商人们在民众中获得认可，赢得声誉，地位也不断提高。

中世纪商人的灵魂中存在着不可抗拒的财富诱惑和严峻的宗教道德规范之间的冲突：一方面，他们崇敬宗教道德；另一方面，他们的职业又使他们不断突破原有的宗教束缚。这种突破在君主的支持下，伴随着教育的世俗化，使商人的价值观发生了转变。在新的价值观念中，商业不再是罪恶的根源，而是一个社会发展的必不可少的基础。这种思想的发展对当时的社会意识产生了极大影响，为宗教改革、商业革命、公共领域的建构都奠定了基础。

（三）商业文化与公共意识

由于商业的发展，中世纪一些地区如威尼斯、佛罗伦萨等出现了以商人为基础的共和制政府。以威尼斯为例，"威尼斯之成为一个城市国家，初期接受希腊罗马传统，最低限度在外表上，政府的权力由全民大会（general assembly）产生"。③ "自始至终威尼斯的政府要不是商人的发言人和主持人，就是他们的武装和后盾……威尼斯名义上信奉天主教，但是她不受教皇的管束……一般僧侣受贵族监视，犹如各种文官组织"。④ 这种政体的出现虽有它的特殊性，但从根本上讲还是由它的经济基础决定的。作为一个商业城市，它的内部结构近于

---

① 赵立行：《商人阶层的形成与西欧社会转型》，中国社会科学出版社 2004 年版，第 263 页。
② ［意］卡洛·M·奇波拉著，徐璇等译：《欧洲经济史》（第一卷），商务印书馆 1998 年版，第13 页。
③ 黄仁宇：《资本主义与二十一世纪》，三联书店 2006 年版，第 69 页。
④ 黄仁宇：《资本主义与二十一世纪》，三联书店 2006 年版，第 71 页。

一元化，商业活动几乎覆盖了整个经济活动，构成了它最主要的经济基础。在威尼斯，商业并没有被少数人所把持，广大平民都可参与商业活动。随着商业对各个阶层的渗透和人们各种公共实践活动的展开，资本主义因素在这里成长起来，新的理念、新的思想也不断出现，旧的体制在瓦解，大众的平等意识和公共意识开始在尘世中觉醒。

中世纪商业文化的发展，还表现在商人组织的建立。"在中世纪的城市中，商人的数量并不大。但他们拥有大量的资本。商人组成自己的联盟——同业公会。同业公会保护自己的会员在城市中有贸易权利，并维护商人经商旅途中的安全和利益。"① 受基督教思想的影响，类似于同业公会这种早期商人组织也参与到公共事务之中，例如，在建筑业方面，城市中较大的公共建筑的营造，开始就是由许多这样的行会共同分担完成的。商人参与公共事务的行为，直接推动了社会的公共性，公共行为在这一时期也得到了发展。

三、近代公共行为公共性的衰微

到了近代资本主义阶段，商品经济与私人领域的快速发展，经济利益关系成为人与人之间的主要关系，自身利益的最大化成为人们奋斗的目标。人的公共性在自利性的遮蔽下被弱化，人们参与社会公共活动的公共动机在衰退。伴随着生产工具与生产技术的进步，中世纪晚期的农业进入了快速发展时期，工业革新的速度也在加快，商业化的农业与工业生产正在改变着欧洲的传统经济面貌，使欧洲出现了前所未有的经济繁荣。另一方面，落后腐朽的封建专制制度越来越成为阻碍经济发展的主要障碍，社会需要变革。思想文化往往成为社会变革的先导。文艺复兴运动带来巨大的思想解放，人们开始从宗教束缚中走出来。伴随着市场经济的发展，人们撕下了由宗教伦理所编制的温情脉脉的面纱，开始最大限度地追求亚当·斯密所提倡的经济自由与个人利益。人的自利性得到充分的张扬，由此推动了经济发展。然而，由于公共性被自利性所遮蔽，人的公共行为的公共性开始弱化。

（一）资本原始积累冲击公共性

马克思认为经济基础决定上层建筑，经济与政治相互关联，密不可分。15世纪晚期到16世纪中期的英国，伴随着商业经济的发展，商人和新贵族势力越

---

① 樊亢：《资本主义兴衰史》，经济管理出版社2007年版，第7页。

来越强大。经济上的优势使他们在政治上越来越活跃。他们通过议会与王室进行了长期的斗争，目的是削减和弱化王室对经济的干预。新贵族在取得商业利益后拿出小部分来投资公共设施，以提高自己的地位，目的是通过提高社会地位争取更多的政治权利，获得统治者政策上优惠，以便为自身的进一步发展扫清道路。

"由于自主的市民社会无法从传统农业文明中生长出来，封建社会形态一般难以直接向资本主义社会形态转型。15、16 世纪欧洲自治城市由于农业经济过分缓慢的发展而走向没落，因此它根本无法成为新的文明形态的承载者。"① 资本主义制度作为新文明的承载者，取代封建制度就成为历史的必然。资本主义发展的前提条件是资本的原始积累。

从英国的资本原始积累过程来看，它之所以能够率先完成资本主义制度代替封建制度的过程，成功走向资本主义社会，其中一个重要原因就是英国王权政府与城市资产阶级贵族的合作，在强制城市化的过程中完成了资本的原始积累。伊丽莎白时代（1558～1603）英国重商之风日盛，鼓励商人从事商业活动，并公然抢掠西班牙得到殖民地的财富。重商主义政策后来被斯图亚特王朝的君主们及奥利佛·克伦威尔所继承。商人的活动需要民族国家政府给予安全、运输等方面的支持。由于政府逐渐取消了中世纪的种种限制，推动了商业的发展，促进了早期资本主义民族国家的强盛。正如布罗代尔所指出的，"资本主义的前提条件乃是一个强大的国家力量的支持"。② 缺乏国家政权的有力支持，资本积累的过程根本无法完成。

在欧洲资本主义发展的早期，城市工商业在很大程度上依赖于农村在劳动力和生产资料方面的资源供给。当工商业发展到一定阶段，城乡之间的平衡必然被打破，因为农村的资源供给将无法满足城市工商业的飞速发展。这样，城市工商业的发展，就必然要以对农村的强制性剥夺为条件。"英国在 16～18 世纪期间完成了资本的原始积累。对农民的剥夺是原始积累全部过程的基础，殖民掠夺和对外贸易是英国原始资本的重要来源。对农民的剥夺在英国进行的也最典型。一方面，持续时间很长的圈地运动使大批的农民丧失了生产资料和生活资料，成为一无所有的劳动者，为工业革命准备了廉价的劳动力。另一方面，

① 朱孝远：《近代欧洲的兴起》，学林出版社 1997 年版，第 189～197 页。
② ［法］布罗代尔著，顾良等译：《资本主义论丛》，中央编译出版社 1997 年版，第 94 页。

在对土地的掠夺中，大量财富逐渐集中在少数人手中，这些财富使资本主义机器大生产成为可能。"①

剥夺农民土地的圈地运动、殖民制度、奴隶贸易、商业战争，这些血淋淋的原始积累手段，充斥着资产阶级兴起的过程，同时也促进了资本主义的发展。正如马克思所概括的："资本来到世间，从头到脚，每个毛孔都滴着血和肮脏的东西。"② 近代资本主义时期，资产阶级为了获取发展所需的资本与劳动力，自私自利的本质暴露无余。资产阶级在疯狂追逐自身利益的同时，也弱化自身公共行为，弱化了自身的公共性。

(二) 重商主义弱化了公共意识

近代资本主义的快速兴起有三方面的动力因素：一是代表新兴贵族利益的统治阶级的政策支持；二是资产阶级对于自身利益的无限制的追求；三是重商主义文化的影响。重商主义思想主张，商人积累财富有利于壮大民族国家，商人的税收使中央政府受益，政府通过税收可以为国家发展创造更好的环境，为公民提供更多的公共产品和公共服务，商人与商业的发展对于国家的发展至关重要。在这种思想支配下，商人的地位不断提高。在 17 世纪的荷兰，商人的地位最高，他们受到人们的尊重，可以与社会上层家庭联姻，后代也被培养成为商人。

商业文明的发展进一步引发了社会观念的重大改变。事实上，这种变化是从文艺复兴和宗教改革时期开始的。这种变化的主要表现是人本主义和新教伦理打破了旧封建思想的禁锢。商业革命进一步促进了新观念在商业实践中的发展，并真正成为人们新的行为准则。人们彻底放弃了中世纪的道德观念，用商人的视角来观察社会生活中的人和事，关心实际利益，最大限度地追求利润，并且把市场竞争中的成功与失败等作为检验人们能力和德行的唯一标准。新教伦理进一步促进了近代资本主义精神的发展。马克斯·韦伯指出，宗教改革后，新教教义和新教徒的实践活动对资本主义精神的传播起了重要的作用。新教徒阐述的伦理集中体现了资本主义精神。例如，美国的富兰克林在他的布道辞中说道，"时间就是金钱，信用就是金钱，对别人不要失信，否则你的朋友的钱袋

---

① 高德步、王珏：《世界经济史》，中国人民大学出版社 2005 年版，第 254~255 页。
② 《资本论》(第 1 卷)，人民出版社 2004 年版，第 819 页。

会永远向你关闭。"① "近代资本主义扩张的动力首先并不是用于资本主义活动的资本额的来源问题,更重要的是资本主义精神的发展问题。不管在什么地方,只要资本主义精神出现并表现出来,它就会创造出自己的资本和货币供给来作为达到自身目的的手段。"② "中世纪时期,一些道德家力图证明,资本主义事业,特别是商业,是正当必要的。然而,当时占据着统治地位的教义把资本主义获利的精神斥为卑鄙无耻,或者至少不会给予这种精神以积极的伦理认可"。③ 新教精神的发展"产生了一种特殊的资产阶级经济伦理,资产阶级商人意识到自己受到了上帝的恩宠,受到上帝的祝福。他们觉得,只要注意外表得体,只要道德行为没有污点,只要财产的使用不致遭到非议,他们就可以随心所欲地听从自己的金钱利益的支配。"④ 新教伦理推动了资本主义精神的发展,逐渐推衍出了此后的功利主义思想。

资本主义的核心思想从一定意义上来说,来源于18世纪英国的古典政治经济学。亚当·斯密作为古典政治经济学的创始人,在他的著作《国富论》中,提出了反对阻碍工业资本主义发展的政治壁垒的观点,并主张应通过财富的迁移和自由竞争市场的出现来增进"国民财富"。对于个人利益与公共利益二者的关系,斯密强调,允许人们追求个人利益是重要的,这是促进国家繁荣的一种手段。个人利益不仅是一切经济活动的推动力量,而且是公共利益最大化的源泉。人们是为了挣钱或自利才工作的,不是单纯出于帮助别人而工作的。个人利益启动了一项项交易。市场保证了人们追求个人利益的不计其数的活动能够导致社会整体的最佳结果,即最大产出。因此,个人利益对于公共利益是必不可少的。事实上,靠无节制地追求个人利益是无法实现公共利益的。

与重商主义相伴而生的是资本主义的贪婪。当利己心的障碍被逐一消除后,带来了资本主义的飞速发展,同时也带来了一系列的新问题,例如,残酷剥削导致工人生活水平的下降,财富增长不均引起两极分化,经济危机的爆发与社

---

① [德]马克斯·韦伯著,于晓等译:《新教伦理与资本主义精神》,陕西师范大学出版社2006年版,第12~13页。

② [德]马克斯·韦伯著,于晓等译:《新教伦理与资本主义精神》,陕西师范大学出版社2006年版,第25页。

③ [德]马克斯·韦伯著,于晓等译:《新教伦理与资本主义精神》,陕西师范大学出版社2006年版,第29页。

④ [德]马克斯·韦伯著,于晓等译:《新教伦理与资本主义精神》,陕西师范大学出版社2006年版,第102页。

会矛盾的不断加深，等等。人与人的关系变成了赤裸裸的金钱关系，弱化了公共意识。

四、当代公共行为公共性的回归

现代社会出于对民主、公平、正义的期待，重新开始呼唤人的公共性，呼唤人的公共行为。浙商的公共行为恰恰是对这种呼唤的一种回应。随着市场经济的全面发展和资本主义生活方式的确立，极大地推动了近代资本主义的发展。伴随着资本主义的发展，资本主义固有的矛盾也逐渐暴露出来，而且越来越尖锐，社会自身的发展也陷入困境。一方面，政府"守夜人"的治理方式，放任市场经济自由发展，由于市场自身的缺陷导致周期性的经济危机，以破坏性的后果阻碍着经济发展；另一方面，社会公共性的缺失导致社会问题层出不穷，两极分化日益严重。市场失灵催生了国家对经济活动的干预，国家的过度干预又导致了政府失灵。资本主义国家开始寻求第三条道路，即福利国家的发展模式。但随着福利资本主义的瓦解，人们开始真正关注和重视公共行为及其公共性，在主张一种合理的自利性的同时更注重社会的公共利益。个人合理的自利性的实现不仅要靠个人的努力，更依赖人们共同建构和维护的社会公共生活。当代社会开始呼唤人的公共性，呼唤人的公共行为。浙商作为社会主义市场经济的主体，其公共行为的展现正是适应这一时代的要求的结果。

（一）公共领域的重建

由于市场经济自由发展带来了市场失灵与资本主义的社会危机，而积极的政府干预也因政府失灵的出现最终没能从根本上解决问题。为此哈贝马斯提出，摆脱深重的晚期资本主义危机的唯一有效途径就是重建公共领域，创建能够形成良性的公众舆论的制度框架，为政治统治提供有效的合法性依据。只有这样才能更好地解决市场失灵与政府失灵，推动资本主义社会的有序发展。

重建公共领域意味着公共性的真正回归，"被社会组织强占的，而且在集体性私人利益的压力下被权力化的公共领域，只有在它本身完全满足公共性要求的情况下，即在它重新变成严格意义上的公共领域的情况下，才能发挥超出纯粹参与政治妥协之外的政治批判功能和监督功能"。① 也就是说，只有公共领域彻底回归真实本质之后，公众才能真正参与到公共领域中来，探讨公共事务，

---

① ［德］哈贝马斯著，曹卫东等译：《公共领域的结构转型》，学林出版社1999年版，第243页。

弘扬社会的公平正义。哈贝马斯还特别指出："不仅国家机关，而且一切在政治公共领域中具有公开影响的机构，都要求具有公共性，因为社会权力转变为政治权力的过程就像政治权力在社会中的正当运作一样需要加以批判和监督。"[1]呼唤公共性的呼声如此之高，为公共性的回归作了铺垫。"甚至政治新闻界，也与一切通过展示和操纵而在公众领域施加特殊影响的机制一样，自身也要遵守民主的公共性要求"。[2]

实现人的公共性的回归，使社会真正成为一个公平正义的共同体，主要应具备两方面的条件：一方面要有完善的社会制度和公共伦理建设；另一方面需要公共文化的启蒙、公共精神的塑造和公共理性的形成，构建一个能使人的公共性得以实现的公共活动领域。这样的一种公共活动领域，既不是以追求私人利益为目的，也不是少数人或部分人参与的公共领域，而是一个让所有公民都能通过积极的言论、行为来展示自我、成就他人、增进人类自由和幸福的公共领域。

浙商也通过行业协会和民间商会的建立和发展，为公共领域的建构，尤其是为中国社会主义市场经济条件下公共领域的建构，贡献着自己的力量。

（二）公共经济的兴起

市场失灵还有一个重要的表现，即单纯靠市场无法提供社会所需要的公共产品和公共服务。公共产品和公服务的供给无法与市场的逐利性进行无缝隙对接，社会的公共产品和公共服务的需求又必须满足。由此，提供公共产品和公共服务就成为政府的重要职能，从一定意义上来说是政府的首要职能，这就催生了公共经济。社会公共需求是公共经济产生与发展的根本动力。

政府介入经济活动，致力于提供市场不能提供而又为社会发展所需的公共产品和公共服务，已经成为政府的根本任务。但是，随着经济社会的发展，人们生活水平的日益提高，公共需求的规模越来越大，层次越来越多且复杂，需要提供的公共产品和公共服务也越来越广泛、越来越丰富。政府垄断公共产品和公共服务的供给，变得越来越力不从心。遇到的首要问题就是政府掌握的公共资源所能提供的公共产品和公共服务，与不断发展的社会公共需求相比差距越来越大。而且政府垄断公共产品和公共服务的供给带来的是低效率。这就迫

---

① ［德］哈贝马斯著，曹卫东等译：《公共领域的结构转型》，学林出版社1999年版，第244页。

② ［德］哈贝马斯著，曹卫东等译：《公共领域的结构转型》，学林出版社1999年版，第243页。

使政府不得改变公共产品和公共服务的供给方式，向私人企业开放公共产品和公共服务领域。在政府的主导下，通过公私合作的方式提供公共产品和公共服务。私人企业参与公共产品和公共服务的供给，一方面满足了社会的公共需求，另一方面通过政府公共政策的倾斜，一定程度上满足了自身的利益追求。企业参与公共产品和公共服务的供给推动公共经济的进一步发展，也直接促进了私人企业公共行为公共性的提升。

浙商通过参与公共产品和公共服务的供给，一定程度上满足了社会的公共需求，推动了公共经济的发展，同时也展现了自身的公共行为。

（三）公共责任的履行

从社会契约论的角度来看，社会中的个体与群体都是社会共同体中的权利人，享有社会的资源和财富，同样，他们也有维护社会稳定，促进社会发展的责任。公共管理理论把这种责任称为公共责任。公共责任是指公共组织在解决社会公共事务时，因产生不同的作用和结果，而对社会公共利益负有的责任。随着社会的进步与发展，特别是在经济全球化、信息化、城市化进程不断加快的情况下，公众对公共物品和公共服务的需求不断增长。公共部门与私人部门和社会组织在提供公共物品和公共服务时，避免不了要承担更多的社会公共责任。因此，公共责任的履行就显得尤为重要，特别是私人企业承担公共责任显得更为重要。

企业被称作市场经济的细胞，足见其在市场经济中的地位。社会资源的有限性决定企业在占用社会资源的同时必须承担相应的社会公共责任。企业不应仅仅以为自身赢利或赚钱作为唯一目的，而应在增进自身利益的同时满足公共利益，为公益事业作出贡献，有目的、有计划地承担社会公共责任。

近年来，世界上许多成功的商人、企业家都开始热衷于慈善事业，这是企业承担社会公共责任的突出表现。"比尔·盖茨——美国微软公司的总裁。2006年美国《福布斯》杂志公布的年度世界超级富豪排行榜中，比尔·盖茨以500亿美元的身价蝉联世界首富。然而，作为成功商人的比尔·盖茨多年来一直热衷于慈善事业。1998年比尔·盖茨开始创建全球健康计划。1999年向他和夫人共同创办的'比尔和梅琳达盖茨基金'投入7.5亿美元，创立'全球儿童疫苗基金'，同年他开始启动'医疗训练队计划'，此外。比尔·盖茨和夫人在许多发展中国家特别是非洲国家也开展了众多的慈善活动。目前，比尔·盖茨和夫人的慈善基金会已经成为世界上最大的慈善基金会。2006年6月15日比尔·盖茨宣布，2008 年他将逐步放弃微软公司的日常事务，退居幕后，开始全身心地投入到慈善事业中来。同时，他对外界宣布不会将个人财产留给自己的继承人，而会将其个人资产的95%捐给慈善机构。世界著名的投资家，身价高达440 亿美元的亿万富翁沃伦·巴菲特将以股票的形式向'比尔与梅琳达盖茨基金会'捐赠300 亿美元。据统计，迄今为止，比尔·盖茨的慈善捐款已经累计为近360 亿美元，成为世界第一大慈善家。比尔·盖茨的'慈善王国'似乎越建越大了。"① 可以说，比尔·盖茨和巴菲特的慈善事业为社会做出了很大的贡献，不仅带动了企业慈善事业的发展，更是弘扬了人的公共性，推动了公共行为的发展。

第二节　中国商人的历史与公共行为

一、社会结构与公共意识缺失

对于西方公共行为的历史演进，可以较为清晰地勾画出演进的基本脉络。但是要理清中国历史上公共行为演进的基本线索，就不是一件容易的事情。在中国的传统文化中，有很多精华的东西，它支撑了中华民族的优秀传统。但是，传统文化中的糟粕所产生的消极影响，也不可低估。在中国的历史上，虽然有悠久的民本思想渊源，但却缺少真正意义上的公共意识。原因在于中国古代社会传统的组织结构中，缺少形成公共意识的内在根据。毫无疑问，社会公共领域是公共意识赖以存在的基础。然而，几千年的封建统治，盛行的是家天下，王朝的更迭只不过是统治家族的变换而已，加上男耕女织，自给自足的小农经济打造了中国特有的家国一体的社会结构。以家为单位的小农经济使家庭、家族成为个人和社会生活的基础。家国之间缺少社会这一中间环节，公共领域在家和国的挤压下失去了自己存在和发展的空间。正是由于公共领域在传统社会结构中发育不良，导致中国传统文化中公共意识的缺失。儒家的修身、齐家、治国、平天下的传统观念，在中国的封建社会成为社会意识建构的基本元素。之所以修身、齐家就可以治国、平天下，原因就在于家国本来就是一体的。统治者通过儒家的意识形态对民间社会进行整合，必然使家族精神成为社会占统治地位的主导意识，与社会责任感和社会公德心相联系的公共意识的缺乏也就

---

① 梅芳：《经济人假设的比尔·盖茨慈善行为分析》，《现代农业》2007 年第 8 期。

不足为怪了。当然，这仅仅是问题的一个方面。

中国历史上公共意识缺失并不等于没有公共意识。墨子的"兼爱"思想，从一定意义上可以看做是公共意识原始的显现。"所谓'兼爱'就是人人都要视人如己、爱人如己，相亲相爱"，"'兼相爱'可以导致'交相利'的积极效果"。[①] 如果"天下之人皆相爱，强不执弱，众不劫寡，富不侮贫，贵不敖贱，诈不欺愚"[②]，何惧天下不安泰。"仁人之所以为事者，必行天下之利，除去天下之害，以此为事者也"。[③] "兼爱"以爱天下，不能说不是一种公共意识。但是，由于墨子的兼爱思想缺乏现实的根据，因而对后世的影响远远小于孔子的仁爱思想。孔子的仁爱恰恰是伴随着"修齐治平"的不同层次逐步扩散开来的。尽管如此，也不能说没有公共性的一面。而"天下为公"的思想，也许更能证明公共意识的存在。不可否认的是中国历史上人们的公共行为还是存在的，只不过是这种公共行为的公共性层次低一些罢了。这种"公共意识"在历史上商人的行为之中也会有所体现。

二、工商业的发展与公共行为

要探讨历史上中国商人的公共行为，有必要简要回顾一下中国工商业发展的历史。无论在中国还是在西方，商业活动往往伴随着农业同畜牧业、手工业同农业的分离。在最初的商业活动中，畜牧业、农业和手工业者本身也从事商业活动，他们在相互交换中换取自己的生活必需品，尤其是手工业者本身也是商人。

（一）历史上工商业者的社会地位

历史上工商业者的社会地位与统治者的工商业政策密切相关。在中国的历史上，封建统治者为了维护封建社会的经济基础，多采取"重农抑商"的政策，商人的社会地位比较低。但是，由于商人占有大量的社会财富，统治者又不得不重视同商人的关系。商人为了自身的生存和发展也必须同封建势力结合在一起。当他们的势力发展到可以同封建统治相抗衡的时候，便开始同封建势力展开斗争，以为自身争取更多的利益。

---

① 王焕镳：《墨子校释》，浙江文艺出版社1994年版，第104页。
② 王焕镳：《墨子校释》，浙江文艺出版社1994年版，第109页。
③ 王焕镳：《墨子校释》，浙江文艺出版社1994年版，第107页。

据考证，在中国殷商时期手工业已有了一定的发展，商业也开始逐步兴起。当时从事手工业的既有奴隶，也有自由人，而从事商业活动的大多数是自由人，但是，工商业者的地位是低于农民的。到了西周时期，从事工商业的多为自由人，但地位仍然低于普通人。"春秋时代的手工业者与商人，除小部分可能是工奴与商奴外，大体都是自由民身份"。① 但是，他们的地位都低于庶民，这当然是统治者打压的结果。

尽管春秋时期各国一般都实行"虐工征商"的政策，工商业总体上还不甚发达。但也有些国家由于采取了有利工商的政策，进而推动了手工业和商业的发展。当时的卫国为狄人所迫，为使自身尽快强盛起来，卫文公厉行节俭，并且"通商惠工"（《左传》闵公二年），从而使卫国逐渐兴旺起来。齐桓公用管仲的办法，"通齐国之鱼盐于东来，使关市几而不征，以为诸侯利，诸侯称广焉"。（《国语·齐语》）晋文公创霸业，也"轻关易道，通商宽农"，结果是"政平民阜，财用不匮"（《晋语》四）。春秋后期随着工商业的发展，"新兴的自由商人与自由手工业者已是'中间阶层'的原始'市民'，他们就是后来商人地主的前身"。②

到了战国时期，手工业和商业相携发展，那时的商人往往也经营手工业及其他企业，手工业企业家与商业经营者统称为"商人"。③ 商人为了谋取更多的利益不顾危难艰险，开始四处贩运货物，"商人之四方，市贾倍蓰，虽有关梁之难，盗贼之危，必为之。"（《墨子·贵义》）此时，大商人垄断市场以牟取高额利润的现象也开始出现，有所谓"长袖善舞，多钱善贾"的俗话。（《韩非子·五蠹》）

秦汉时代手工业承继了战国时代的发展趋势进一步兴盛，而且手工业与商业的发展互相促进，手工业的发展促进了商业，商业的发展又反过来刺激了手工业的发展。在盐铁官营之前，民间盐铁业极为兴盛。汉武帝实行盐铁官营后，对于盐："募民自给费，因官器作煮盐，官与牢（价值）盆（煮盐盆）。"（《史记·平准书》）铁则使用奴隶性的徒卒采取冶铸，这就是所谓的"铁官徒"。④秦汉时代，商业发展已近有史以来的最高峰。"汉兴，海内为宜，开关梁，驰山

---

① 童书业：《中国手工业商业发展史》，中华书局2005年版，第20页。
② 童书业：《中国手工业商业发展史》，中华书局2005年版，第23页。
③ 童书业：《中国手工业商业发展史》，中华书局2005年版，第52页。
④ 童书业：《中国手工业商业发展史》，中华书局2005年版，第35页。

泽之禁，是以富商大贾周流天下，交易之物，莫不通得其所欲。"（《史记·货殖列传》）

伴随着工商业的发展，商人势力也逐渐强大起来。他们在经济上，对农民进行高利盘剥，并大肆兼并土地，形成了"商人地主"阶级。由于所占有的经济资源不断增加，商人在经济上不仅压倒了官僚地主，而且可以与贵族地主相抗衡，甚至企图侵入政治界，从而威胁到了封建统治者的统治地位。在封建统治者看来，这种局面不能再继续下去了，这就使秦汉时期的统治者开始实行一系列抑制商人的政策。中国历史上"重农抑商"的政策，事实上早在商鞅变法时就已开始。秦代继续实行商鞅之法，并有过之而无不及。当时的商人与有罪者和贱民处于同等地位，处置的方法是发配边疆。汉代实行"编户其民"，商人不在其列。不仅如此，汉高祖令贾人不得衣丝乘车，不得操兵、骑马；孝文皇帝时贾人不得为吏；武帝和哀帝时贾人不得名田。在统治者的不断打压之下，后汉时期商业逐渐走向衰落。

晋统一中国后商业稍见复兴。统治阶级奢侈贪鄙，不但求贵，而且求富，封建贵族和官僚都开始经营商业，这是商业复兴的重要原因。到了南北朝，贵族和官僚经商的风气更是日渐兴盛，商业有了进一步发展。由于封建贵族和官僚控制着商业，民营商业势力微小。然而，南北朝时，比较发达的都市民营商业已经繁盛起来，大有普遍复兴的趋势。由于商业开始复兴，并与封建经济相结合，而且带来了巨大的商税收入，使得封建统治者开始采取措施扶持商业。奖励通商和减低关市赋税成为当时的重要政策。与此同时，富商也开始得到重用。

隋唐五代时代，手工业和商业进一步发展。"隋代统一南北，国内环境相对安定，于是生产发达，交通开辟，商业更趋兴隆"。[1] 唐代进一步采取鼓励商业发展的政策，加快了商业的发展。这时的商业发展重心已开始转向从事转运和批发，因而邸店开设非常普遍。但这时的邸店已被封建贵族和官僚所把持，而且邸店本身就是一种封建性的行业，这表明唐代的商业已经封建化。

宋代手工业和商业有了更大的发展，然而，手工业仍然只是农民的副业，正式手工业工资劳动还处于萌芽状态。在元代，手工业者大多被蒙元统治者所奴役，沦为奴隶和半奴隶。明代手工业者的地位有了很大的改变，因此手工业

---

① 童书业：《中国手工业商业发展史》，中华书局2005年版，第107页。

技术和生产比宋元时代有了更大的提高和发展，手工业的工资劳动也比宋代发展了一步。明代中期以后，就逐渐产生了资本主义的萌芽。①

（二）历史上工商业者的政治行为

有了一定的经济实力以后，工商业者往往都想介入政治领域，历史上的工商业者也多如此。他们或是入朝为官，集官商于一身，加快财富积累；或是影响朝廷的政策为自己谋取更多的利益；或是融通官吏为自己经商打开方便之门；或是寻求政治庇护提升自身的影响力和财产保护的能力。这是历史上的工商业者多积极从事政治行为的原因所在。

春秋时期，郑国工商业比较发达，商人也比较自由。鲁僖公三十三年，秦国起兵偷袭郑国，在路上遇到郑国商人弦高，《左传》记载："郑商人弦高，将市于周，遇之，以乘韦先，牛十二，犒师……且使遽告于郑。""弦高料之秦兵是来攻打本国的，就把自己的商品当作犒师之物，假装使者去犒师，并派急足报告本国，使有防备。后来秦兵果然退了回去。"②

汉代虽对商人竭尽抑制之能事，但是，"商贾大者积贮倍息，小者坐列贩卖；操其奇赢，日游都市；乘上之急，所卖必倍；故其男不耕耘，女不蚕织；衣必文采，食必粱肉；亡农夫之苦，有阡陌之得；因其富厚，交通王侯，力过吏势；以利相倾，千里游敖，冠盖相望；乘坚策肥，履丝曳缟"。（《汉书·食货志》）从中可以看出，富商们通过与王侯们交往，在王侯们的庇护下扩张自己的势力，已使某些官吏的势所不及。

魏晋南北朝时商人通过自己的政治行为，已与封建势力密切结合在一起。蜀主刘备在起事之初就得到富商的支持。"中山大商张世平、苏双等赀累千金，贩马周旋于涿郡，见而异之，乃多与之金财，先主由是得用合徒众"。（《三国志·蜀书·先主传》）孙坚初起时也曾以商旅为兵。"坚又募诸商旅及淮泗精兵，合千许人"。（《三国志·吴书·孙坚传》）

在中国封建社会，封建统治者力图控制商业，商人也乐与封建势力相勾结。商人勾结权贵，一面为了兜揽生意，一面乃是寻求保护，以免"多财为势倾"。元稹《估客令》对此作了非常形象地描述："先问十常侍，次求百公卿；侯家与主第，点缀无不景；归来始安坐，富与王者勍。"商人不但勾结权贵，而且钻

① 童书业：《中国手工业商业发展史》，中华书局2005年版，第199页。
② 童书业：《中国手工业商业发展史》，中华书局2005年版，第22页。

营做官。"公府补授，罕存推择；遂使富商豪贾，尽居缨冕之流；鬻伎行巫，咸涉膏腴之地。"（《旧唐书·辛替否传》）

（三）历史上工商业者的行会组织

工商业者的组织历史上早已有之。"春秋时工商业者的组织……大体仍是聚族而居的。《论语》说：'百工居肆以成其事'，'肆'大概是工厂，可能也兼店铺"。① 秦汉时期似乎已有了类似于行会的组织，吕思勉先生说："王君公以侩牛自隐，此即货殖列传所谓'结驵会'，后世之牙行也。"②

"至少在唐代，手工业与商业的行会已经存在，而且可能已有一定程度的发展。最早的'行'，似乎是指街巷上贩卖摊和商店的行列……此外街巷也可以称为'行'，在一条街上，往往开设的都是同类的店铺，由此一种职业也称为'行'……通置业的店铺间产生一种组织，所以'行'也是同列店铺的组织，这就是行会的起源。"③ 唐代商业以邸店为重心，邸店组成的"行"也是一种封建性的商业行会。

宋代行会制度已相当发达，尤其商业行会有了空前的发展。这时的行会可分为三类：一是手工业的行会，由同行手工业者所组织，偏重手工业品的制造。都市手工业附属商业，手工业行会是商业行会的分支。二是商业行会，商业行会是同业的商人所组织，偏重于货品的买卖。三是其他行会。在中国的唐宋时代，行会占有很大的实力，在经济领域内，工商业者很难脱离行会而独立经营。宋代行会的主要作用有三：一是工商业者等避免同业间的竞争，组织成团体，共同经营，以便利益均沾。有些组织近于近代的商行。二是抵制业外及他方人的经营，以便本地方本业的人独占利益。三是为官府服务，也抵制官府的过分剥削，推代表与官府接洽，以保障本业人的利益。宋代的"行"已非单纯的区域组织，而主要是同业的组织。行会中的会员名誉上地位是平等的，其上则推有首领，更有"商行"一类机构。首领和行头负责对内对外的一切任务，这些人在唐代多称为"行头"、"行首"，在宋代则多称为"行老"。"行老"的权力很大，他是行会、行帮或商行的操纵者，对内控制会员或行人，对外与封建政府相勾结。行会是一种严密的组织，有序并共同遵守的规约，规定了行会会员

① 童书业：《中国手工业商业发展史》，中华书局2005年版，第19页。
② 童书业：《中国手工业商业发展史》，中华书局2005年版，第41页。
③ 童书业：《中国手工业商业发展史》，中华书局2005年版，第94~95页。

的营业范围和会员的权利和义务，以及货物的价格等。① 唐宋时行会制度的发达，说明那时的市民阶层已有比较严密的组织，他们也可以与封建统治阶级作抗争，但势力还比较弱小。

到了明代，旧式的行会制度出现萎缩，新式的行会制度开始出现。所谓新式的行会制度就是"行帮"、"会馆"制度。新式行会制度的一个重要特点，是在对抗封建统治势力，保卫本行业的利益方面作用更加突出，因此推动了工商业的发展。行帮是行业和地方的行会，其地方性越来越强。由于明清时代交通和工商业比较发达，离开故土做客他乡的人多了，由此在一些地方形成了乡土性的行会组织，这就是商帮。会馆就是这种组织的具体形式。这种会馆以士绅为主，它要使"出入都门者，籍有稽，游有业，困有归"，亦有帮助同乡人找寻职业，救济困难的作用。后来会馆制度逐渐普及，被胥吏游闲等所盘踞。② 清代会馆制度继续发展，逐渐变成了行帮处理事物的机构。同业者到他乡经营工商业，建立地方性的会馆是为应付当地土著和封建政府的压迫，保护自己的利益。会馆一面是同乡的团体，一面又是同业的组合，是同乡的行帮机构。行帮和会馆具有团结工商业者，以对抗外来侵害的作用。在清代后期，行帮、会馆还曾发起抵抗外来侵略者的运动。③

三、历史上的浙商与公共行为

历史上浙商的公共行为与工商业的发展，与浙商队伍的不断壮大密切相关。浙江古之越地，历史悠久的自由而务实的文化底蕴，有益于工商传统的传承和发展，因此，早在春秋时期就是手工业和商业比较发达的地区。在随后的魏晋六朝、隋唐五代的漫长岁月中，尽管儒家体制和文化居主导，国家也处于分分合合之中，浙江人自主谋生，善工商，图幸福的法则贯穿如一。浙江的经济尤其是商业文化日渐兴旺，后来居上。唐宋的商业都市，著名者除长安、洛阳、扬州、益州、广州等外，浙江的杭州、明州均为新兴的商业城郭。隋唐以来日渐兴盛的浙江工商业，于南宋期间跃上新台阶，并为日后浙江商业之风引领全

---

① 童书业：《中国手工业商业发展史》，中华书局 2005 年版，第 166～170 页。
② 童书业：《中国手工业商业发展史》，中华书局 2005 年版，第 205 页。
③ 童书业：《中国手工业商业发展史》，中华书局 2005 年版，第 270～271 页。

国奠定了基石。北宋期间，工商业出现前所未有的盛况，尤其以商业都市的繁荣为特征。宋室南迁，官营手工业制造中心移至两浙，官办丝绸、陶器、军工制造等手工业相继落户，两浙地区工商业的规模急剧扩张。①

当然，"浙江手工业的发展，与中国经济重心南移与工业分布的相应变化密切相关。随着经济重心的转移，有不少手工业生产部门和手工制造品的主要产地，也从北方逐渐移到南方。这种情况，在中国古代丝织业地方分布的变化中表现得最为明显。在远古时代，中国的丝织生产，以北方的黄河流域为繁盛之地，又以河北地区为盛。其后逐渐演变为'南盛北衰'，迄至宋代，中国的丝织业生产重心已经移至江南地区，尤以苏州、杭州、南京、广州等地为盛，不论官府丝织业还是民间丝织业都是如此。"②"到了南宋，官办手工作坊经营方式迅速蔓延至民间，民间手工作坊规模扩大，丝织品的种类、数量、质量大幅度增加和提高。"③"到明清两代，官府手工业渐渐走向衰落的道路，民间工业则不断发展，官府手工业在中国经济中所占的主导地位逐步让给民间工业。在这一时期，自给自足的自然经济开始破坏，在商业都市之外，又出现了诸多商业市镇，浙江商业呈现一派繁荣景象。"④伴随着浙江手工业和商业的发展，商人队伍也不断壮大。浙江商人的慈善行为和组建民间组织等公共活动也越来越突出地展现出来。

历史上浙商的慈善行为可以追溯到战国时期的范蠡。范蠡是战国时期越国的名臣，集思想家、政治家、军事家于一身，弃政从商后又成为历史上有名的大商人。根据《史记·货殖列传》记载：昔越王勾践困于会稽之上，乃用范蠡、计然。计然曰：知斗则修备，时用则知物，二者形则万货之情可得见矣。故旱则资舟，水则资车，物之理也。推此类而修之，十年富国，厚赂将士，遂报强吴，刷会稽之耻。范蠡曰：计然之策，十用其五而得意。乃乘扁舟，浮于江湖，变名姓，适齐鸱夷子皮，之陶为朱公。以为陶天下之中，诸侯四通，货物所交易也，乃治产积居，与时逐而不责于人。故善治产者，能择人而任时。十九年之间三致千金，再散分于贫友昆弟。后年衰老，听子孙修业而息之，遂

---

① 徐斌：《当代浙商：从配角到主角》，浙江大学出版社 2008 年版，第 8~9 页。
② 汪岩桥等：《浙商之魂——浙江企业家精神研究》，中国社会科学出版社 2009 年版，第 76 页。
③ 汪岩桥等：《浙商之魂——浙江企业家精神研究》，中国社会科学出版社 2009 年版，第 84 页。
④ 汪岩桥等：《浙商之魂——浙江企业家精神研究》，中国社会科学出版社 2009 年版，第 86 页。

致巨万。故言富者称陶朱。"范蠡不独以思想、辅政而垂世，更以其弃政从商的成功实践泽被后人。约于周元王六年（前469年），范蠡步计然后尘……在吴、越、楚、齐等地做生意，'十九年之中三至千金'三次散财济民，世称陶朱公。做过大政治家的范蠡投身商海，明于天道人事，以务实变通的思想理念弃虚荣，屏权贵，以民为本，以工商利民，这种文化底蕴一直浸润着越地，陶朱公被中国商界奉为鼻祖，万世景仰。"① 正因为范蠡经商以诚信为本，信守合同，遵守职业道德，致富以后又帮助贫困之人，所以司马迁谓之"富好行德"。

浙江商人在外从事商业活动素有传统，逐渐形成了以乡谊为纽带的松散群体，通过同乡会、公所、会馆之类的组织，维护共同利益，互助、济困、扶危。早在嘉庆年间，上海的宁波帮商人就在行业帮会的基础上建立了四名公所，为同乡集会和推行善举的组织。宁波商人严信厚1902年在上海创办商业会议公所，严为主任；次年，改组为商业总会，严任总理。1907年，严信厚病逝于上海，遗嘱将部分财产捐给慈善事业。叶澄衷的善行素为人称道，捐输赈济冀鲁淮徐灾民；在故乡建祠田400亩、捐三万两创义庄，设义塾、牛痘局；在上海办义堂、怀的堂，救恤各厂店同仁家属孤苦者。1899年即叶氏去世当年，在沪北张家浜购地20多亩，建澄衷学堂，拨银10万两充经费，寄希望于学童"大则渴望成才，小亦足以谋业"。朱葆三也一直热心于社会公益事业，先后在上海和外地创办或投资的医院、善堂、义赈会、救济会、孤儿院、习艺所和中小学等二三十所。

1903年，浙江第一个商会——杭州商务总会成立，继杭州之后，其他各州县也分成立商会。温州府商会由银钱业、布业、典当业、药业、木业、酱园业的商人共同发起成立。这时的商会已是一个具有共同政治、经济利益的社团，以非政府组织的形式捍卫自身利益。商会的章程中规定其基本职能为"联商情，开商智，扩商权"，以"保卫商业，开通商情"为宗旨。维护民族工业是他们关注的重点。商会的迅速成长并日渐显出其非政府组织的特征，成为制衡政府的民间力量，也成为孕育民主意识的摇篮。在商会给官府的公文上，使用"照会"、"移请"、"敬启者"之类的用语，官商平起平坐。当民族利益和商人利益

---

① 徐斌：《当代浙商：从配角到主角》，浙江大学出版社2008年版，第5页。

受到侵害时，奋起抗争越来越多地使用集会、请愿、报刊论辩，甚至罢市、抗捐税等斗争手段。①

　　历史上浙商的公共行为，一定意义上成为当代浙商公共行为的历史渊源，体现了浙商公共行为自发性和自生性的一面。但是，浙商的公共行为同其他群体的公共行为一样是需要激励和引导的，只不过是这种激励和引导需要注入更多的公共性罢了。

---

① 徐斌：《当代浙商：从配角到主角》，浙江大学出版社 2008 年版，第 23 ~ 28 页。

第四章　浙商公共行为与经营行为

　　浙商公共行为的展开，离不开浙商经营行为的发展。经营行为是围绕市场经济展开的，主要以追求企业利益最大化为目的的自利性活动，公共行为主要是展现浙商公共性的活动。在浙商经营行为发展的过程中，由于特殊的历史条件和生存环境，导致浙商在生产开发和市场营销中形成了独具特色的行为特点。在企业拥有了一定的资本积累的基础上，浙商的公共行为又为企业的生存和发展发挥了重要的推动作用。浙商公共行为与经营行为的耦合，是推动企业发展的动力，也是浙商自我发展、自我实现的根本途径。

第一节　浙商的经营行为

　　经营行为无疑是企业的最重要的行为，对于企业的发展发挥着带有根本意义的作用。探讨浙商公共行为与经营行为的关系，首先必须搞清楚经营行为的内涵，浙商经营行为的特点和发展的过程。

一、浙商经营行为的内涵

　　要了解企业经营行为的内涵，必须首先了解企业行为的内涵。对企业行为的研究，一般可以从两个视角展开：一是对企业中人的心理及其行为规律进行研究，这属于组织行为学的研究范畴；二是对企业组织本身的活动方式进行研究，它是以企业的组织活动方式为基础，探讨企业中自然人及其群体的行为。这种研究涵盖了组织中所有的利益相关者并把它们作为一个整体来研究。对浙商行为的探讨，主要是围绕后者展开的，即研究浙商开办的民营企业的机构行为或者法人行为。在传统的对企业机构行为的研究中，一般从企业生产运营过程角度、持续行为时间角度、行为成因角度、自然人主体角度、价值规范角度等五个方面进行分类研究，分为生产行为、产权行为、经营者行为、规范行为、合法行为等等。①

　　浙商的行为主要是通过他所开办的企业行为表现出来的，因此，企业行为实际上是浙商行为的衍射。它必然会折射出浙商行为背后隐藏的人性特征。在以往的对企业行为的分类当中，往往是从企业的自身出发，探讨企业在市场经济运作过程中的种种不同行为。然而，企业作为经济社会发展中的一分子，不应只看到企业自利性的一面，还应该从企业公共性的一面探讨其行为规律。因此，从企业本性的角度出发，可以将企业的行为结构分为以自利性为主的经营行为和以体现公共性为主的公共行为。事实上，无论是企业的经营行为还是公共行为，其背后都隐藏着企业开办者自利性和公共性相统一的人性特征。

　　在市场经济条件下，企业作为市场主体，企业的经营行为是为了谋利而围绕市场展开的。根据《反不正当竞争法》第 2 条第 3 款的规定，经营行为是指"从事商品经营或者营利性服务的"活动。经营行为有两个构成要素：一是行为的内容是提供商品或者服务；二是行为的目的是为了赢利，即提供商品或者服务的目的是为了赚取利润，这两个要素缺一不可。行为人虽然提供了商品或者服务，但不是以赢利为目的的，构不成经营行为。经营行为是围绕市场展开的系列经济活动，又可以分为生产活动和营销活动。生产活动指以市场为导向而进行的产品和服务的生产，其中包括传统产品或服务的生产和新产品或服务的开发。营销活动是指在开发、提供商品和服务前对顾客需求的确定，以及买卖双方发生的钱货两清的交易行为。

二、浙商经营行为的特点

　　企业的经营行为是与市场活动相联系的行为，因此，生产与营销是企业经营行为中最为重要的两个方面。由于浙商有着不同其他商帮的特点，浙商的经营行为也在一定程度上区别于其他商帮。

　　（一）浙商的生产开发行为

　　1. 市场需求决定产品内容

　　雅戈尔的韩永生曾经说过，在市场经济规则下，只有短缺资源才能创造财

---

　　①　王国平：《现代企业行为结构初探》，《学术月刊》1997 年第 7 期。

富。并不是你生产多少就能实现多少财富，关键在于如何把握物以稀为贵的原则。适应市场是浙商最重要的经营准则。在浙商眼里，产品要有竞争力，必须适应市场的需求。质量要高，价格要低是市场需求中的一个悖论，但是，浙商总能够游刃有余地处理好两者之间的关系。不仅如此，在商场如战场的激烈竞争中，浙商还具备了敏锐的市场洞察能力，能在瞬息万变的市场中捕捉他们所需要的信息。在我国由计划经济体制向市场经济体制转轨的初期，浙商这群目光敏锐的企业家就能够迅速准确地抓住这个历史性机遇，率先发展起来，成为我国改革开放以来规模最大和最具影响力的商人群体。在这个时期，机会对所有人来说都是平等的。浙商能够迅速适应市场经济，就在于他们善于发现、善于挖掘，并且能够把握住市场这个中心。在北京奥运会、上海世博会上，浙商善于抢抓机遇的特点都有比较充分的表现。在市场经济条件下，以市场为导向是一条必须遵守的原则，谁要是违背了这条原则，谁就会被市场淘汰。只有满足市场的需求，才能在激烈的市场竞争中独占鳌头，立于不败之地。

2. 追求卓越决定产品品质

产品质量是企业赖以生存的基础，不注重产品质量，不仅会影响企业的经营和发展，最终在企业发展中功亏一篑。正泰集团董事长南存辉曾说过，经营要走正道，为人要讲正气，产品要正宗，要讲信誉。每一个浙商都懂得，产品质量对于一个企业长久的发展的重要性。这也是他们在企业经营实践中以亲身的经历总结出来的经验教训。在浙商创业初期，一些企业为了能够更多和更快地赚取利润，在产品生产中只注重产品形式，不注重产品质量，生产出来的产品样式新颖，但质量低劣。甚至一度出现以假冒伪劣产品充斥市场的现象。虽然，这种低成本、高产量的生产经营方式一开始为他们赚得了一定的企业利润，但是，极大地降低了产品的市场信誉度，败坏了企业的声誉，破坏了企业的形象，使企业经营也陷入了困境。尤其是一些外向型出口企业，他们的产品由于质量差，遭遇西方国家的客户纷纷退货，并且决定以后不再同浙江的企业打交道，甚至影响了整个中国产品的国际声誉。在如此深刻的教训面前，浙江商人从中领悟到了市场是企业的根本、产品是企业的灵魂，而产品的质量决定企业的生存。要赚取更多的企业利润需要节约成本，但是，不能靠降低产品质量来节约企业成本，否则只能使企业自寻死路。反而提高企业生产产品的质量可以为企业争取更多的客户，赢得更大的市场，这样才能够更长久地为企业带来更多的利润。温州企业生产的产品曾一度成为假冒伪劣商品的代名词，这曾使温州企业发展陷入前所未有的困境。教训如此惨痛，为了重新赢得市场，为了重树企业形象，在温州打响了"温州商品保卫战"。使他们终于以高质量的产品迎来了企业新一轮的大发展。正泰集团董事长为了让企业得到长远的发展，将产品质量视为企业的生命线。他曾为了企业发展而"三顾茅庐"，邀请一位技艺高超的技工师傅。这位技工师傅曾质问南存辉，你是要赚今天的钱还是明天的钱？如果你要赚今天的钱，你只要向其他人一样，搞点假货卖掉就行了，一样可以发财。如果你要赚明天的钱，一定得脚踏实地，一步一步地来。面对这样的质问，南存辉毅然决然地选择了后者，以追求卓越的精神提高产品的质量，以高质量的产品赚取明天的钱。这也是正泰集团能一直保持青春活力的重要原因。

3. 抢占先机决定生产效率

浙江的自然环境和文化传统造就了浙江人的经商意识和经商能力，在农村几乎家家户户都在经商，都在办厂，很多村庄的人要么在家做生意，要么出去闯世界。浙商的独到之处在于，他们往往能从别人不看好的事业中开发新的发展途径，并且有着自己独特的商业运作方式。

在这个快节奏的时代，市场竞争异常激烈，商海风云瞬息万变，市场信息的流动速度也越来越快。浙商之所以能够成为享誉中外的商人群体，他们中大多数人成功的重要秘诀在于：能够在别人不明白、不看好的事业中发现机遇，在别人不理解的最新经济发展的萌芽中抢占先机，在新旧制度、体制和机制的交替中壮大自己。这些都是浙商在他们的经营行为中所带有的天然品格。正是因为浙商这种善于抢抓机遇的能力，使他们能够走在别人的前面。浙江不是畜牧业的发达地区，但却有着中国最大的皮草生产基地。在市场经济潮流中，商业机会的竞争对所有人来说都是平等的，竞争所取得的结果以及为了结果而付出的商业代价的差别，往往就取决于商家发现机会与抢占先机的能力。在今天的市场中，谁先研发出新的产品，谁先满足市场的要求，谁先抢占市场，谁就能在激烈的竞争中脱颖而出，取得成功。

（二）浙商的营销行为

"所谓市场营销，是指确定顾客需求，使提供的商品和服务能满足顾客需求，并能为企业带来利润的经营活动。"[①] 企业进行市场营销，可以为企业把握

---

① 胡瑞仲：《企业经营管理》，东南大学出版社 2007 年版，第 151 页。

顾客需求，指导企业的商品生产，并且能够通过开拓销售市场，满足顾客需求来实现企业的目标。善于经营的浙商，在国内赫赫之名，而且以小搏大，以细小的商品生产起家并逐渐发展壮大，这不仅仅与浙商的胆量和魄力密切相关，更是浙商与众不同的智慧和营销手法的成果。这种敢想敢做，充满智慧的全球战略和营销策略，是浙商能够取得成功的重要原因。

1. 以顾客为导向

先确定顾客的需求是企业开发、提供商品和服务的前提和起点。企业要倾听顾客的心声，必须首先找出顾客需要而又社会缺少的商品和服务，再以此为根据生产和销售这些商品和服务来满足顾客和社会的需求，这是企业经营最基本的常识。在改革开放初期，我国社会资源短缺，人民的物质生活水平比较低，生活用品匮乏。同样是处于资源短缺的浙江民众，他们从这种短缺和匮乏的环境中嗅出了生财之道，于是他们敢于突破当时的传统和限制，做起小商小贩。这在当时属于一方面政府不允许，另一方面也是当时人们不愿意做的事情。鸡毛换糖使义乌人白手起家。30 多年前，义乌货郎肩挑货郎担，手摇拨浪鼓，用小百货和义乌姜糖去全国各地谋生计。也正是这一过程中，他们发现了社会中潜藏的商机，才在后来的市场经济大潮中逐渐形成了义务国际小商品市场不可替代的地位。

2. 建立人际关系网

孟子说："天时不如地利，地利不如人和。"（《孟子·卷四：公孙丑下》）人和，即人与人之间的关系，这是重要的社会资源。在企业经营中，人际关系也是企业成功的关键因素。企业内部的人际关系影响企业的绩效，而企业外部的人关系直接影响企业的发展。一个人的力量总是有限的，每一个人都要借助其他人的帮助和扶持才能取得成功。由于种种原因，浙江曾经是一个比较落后、相对贫穷的地方，但是，浙江人能够依靠广泛的人际关系把生意做到全国，做到世界。他们能够掌握丰富的国外市场的信息，这除了他们自身敏锐的洞察力，还有一个非常重要的方面就是他们广泛的社会关系网络。改革开放后，数十万计的温州人在全国推销产品靠的是社会关系网络，能够把企业做到国外，社会关系网络也发挥了重要作用。例如，温州人具有很强的老乡观念，善于"抱团"经营，正是由于对人脉关系的高度重视，使温州人能够在改革开放后掀起一轮又一轮的经营浪潮，并取得了极大地成功。在浙江民营经济发展的过程中，民间资本发挥了重要的作用。许多人在做生意缺少资金时，往往通过银行贷款来获得创业的资金。但是，浙商却不一样，对他们来说，银行贷款只是万不得已的一种方式。因为，在他们眼里，资金的来源很多，只要你善于利用，就能够从不同的渠道获得所需资金。在温州全市中小企业资金来源总额中，来自国有商业金融机构的贷款仅占一小部分，其余的大部分来自民间金融。这些资金大部分来源于亲戚朋友之间的互帮互助，以及通过社会网络关系的民间融资。依靠人际关系获得信息、依靠人际关系开拓市场、依靠人际关系融通资金，这是浙商取得成功的不可忽视的重要因素。

3. 拓宽营销渠道

由于营销渠道一定意义上决定营销的绩效，因此，在营销活动中人们创造了多种多样的营销渠道。从不同的角度可以做出不同的划分，例如，直接营销渠道和间接营销渠道；单一营销渠道和多向营销渠道；传统营销渠道和现代营销渠道；垂直营销渠道和网状营销渠道，等等。在现代的企业经营中，营销是企业经营行为的核心要素之一，其地位也越来越重要。对于浙商而言，他们的成功不仅取决于对市场的洞察力，其卓越的市场营销能力更是为企业的发展打通了道路。2009 年 12 月，阿里巴巴集团旗下亚洲最大网络零售商圈——淘宝网与湖南广电集团旗下的传媒娱乐机构——湖南卫视达成战略合作，双方宣布共同组建跨媒体合资公司"湖南快乐淘宝文化传播有限公司"。合资公司将整合湖南卫视和淘宝网双方资源优势，专门筹备一档电视节目，同时在淘宝网上设立专门潮流购物频道及外部独立网站，打造与网购有关的电视节目及影视剧。马云把"快乐淘宝"的诞生看做是双方在打通各自产业链、寻找新发展方式上的一次尝试。除此之外，淘宝网还走下互联网，与联想、保洁、戴尔等品牌通过授权社区商店作为代购店的模式，实现与其他品牌的双赢合作。① 淘宝发布了名为"Powered by Taobao"的平台，以实现淘宝电子商务技术的对外开放，利用网络 + 纸媒 + 电视 + 移动互联等多个平台复制淘宝的传统成功模式。这是淘宝开拓新型营销渠道，将自己的资源、品牌与更广阔的平台融合，形成电子营销网络的新模式。与此同时，还有一条有型网络连接着浙商的发展前途。2010 年 7 月 2 日，浙江省政府经合办在杭州召开了全国浙商营销网络试点工作会议，部署全面推进全国浙商营销网络建设工作。这一有形网络，将充分发挥

① 新华网，《淘宝网结盟湖南卫视组建公司"快乐淘宝"》，http：//news. xinhuanet. com/internet/2009 - 12/30/content_ 12726644. htm2009 年 12 月 30 号。

全国浙江商会和浙商在全国各地办市场的优势。它同时面向省内中小企业及省外大中城市，通过政府引导、企业主体、商会服务、市场运作，建立政企会联手、产供销衔接，集信息、销售、服务于一体，内外联动、运转高效的具有浙江特色的全国浙商营销网络。①

三、浙商经营行为的发展

中国的改革开放最早发轫于徽商故里的安徽凤阳小岗村。但徽商后人尽管具有敢为人先的豪迈勇气，却并没有形成一支数量可观的新徽商群体。相反，一向低调的浙江商人却借着改革开放的大潮，在短短十年的时间里，成为"抢跑"改革开放的风云人物。浙商缘何能够如此迅速地试水市场经济，这从他们独具特色的经营行为中可以得到解释。

（一）散落单体、以小搏大

可以说，浙商的崛起，源于浙江传统文化打造出来的经营欲望。原始社会时期，浙江的原始手工业和原始纺织业在当时就起步较早。经过后来的发展，浙江的手工制造业在接下来的各个时期得到了大力的发展。这一地域的居民因地制宜，尊重实际，尊崇"事功之学"，他们创造了富有浙江区域的特色商业文化。随着杭州、宁波、温州等地带贸易活动的频繁，从唐代开始，浙江沿海地带的商人纷纷出海，发展海外贸易，使得当时的贸易交流更是飞速发展；南宋时期，浙江的贸易活动更进入鼎盛时期，逐渐出现了龙游、南浔、宁波等商帮。在明清以来，浙江与"重农抑商"的传统不同，主张"农商并重"，甚至务实重商。资本主义开始在这里萌芽，经济贸易得到了进一步的发展。在漫长而悠久的历史发展过程中，浙江的历史逐渐形成一种重商的地域性文化史。这种文化史没有因为朝代的更替而中断，反而随着历史的传承根深蒂固地存在于浙江的民众心中。

在中华人民共和国成立后，伴随着社会主义公有制的确立和发展，各种民间自主商业活动被禁止，然而，浙江地区民间商业的"地下活动"却没有终止。温州农民向工商业者的转化过程在十一届三中全会之前即已开始，当时更

---

① 东方财富网，《织一张全国浙商网》，http://finance.eastmoney.com/news/1350，2010082792750229.html，2010年8月27日。

多地属于"地下状态"，因为作为职业主体的农民没有获得独立的劳动力产权①，浙商的经营意识被动地处于"休眠"状态。到 20 世纪 80 年代，改革开放的大门刚刚打开，国家正处在"短缺经济"的阶段，这为浙商的发展提供了巨大商机。由于浙江自然资源匮乏和缺乏国家有力的政策支持，不甘落后的浙商，抢抓机遇，率先投入到改革开放的浪潮之中，赢得了市场经济发展的先机。他们开始做别人不愿做的小事，摆地摊、弹棉花、走街串巷收破烂，开始了创业的起步阶段。此时的浙商还不懂得管理、不知道什么是产业链，但他们从小的事情上发现潜在的生意，就是这些小事不仅改变了自己的生存条件，同时为创业积累了资金。

（二）聚合资本、经营品牌

浙商在起步阶段，都是从弱小的个体家庭工业开始的。他们在自家的作坊里生产衬衫、拉链、玩具、工业配件、日化用品。在 20 世纪 80 年代，这种小作坊的企业遍布浙江的各地乡镇。由于他们的前期创业是在资源要素供给不足的约束下开始的，这种依靠家庭自身的劳动力或少量帮工、以住宅作为生产基地的组织形式，能够灵活、高效、低成本地开展加工生产，所以适应了当时的发展需要。

20 世纪 90 年代，对外开放和外向型经济的发展，推动了浙商从封闭的自我积累方式向开放型增长方式转变。浙商的产业链开始向省外甚至国外延伸，更多浙商开始参与国际产业的分工与协作。然而，由于以家庭工业组织形式为基础的生产模式，受急功近利意识的影响，一些商家开始生产假冒伪劣产品以降低成本，获得利润，但这给他们带来了极为深刻教训。浙商在经历了或吸取了无品牌、质量次的教训之后，对名牌、质量在市场及消费者心中的地位开始觉醒或有了一定的认识。于是他们开始以质量树品牌，以质量创名牌。从"一村（镇）一品"起步，就近建立专业市场，走小规模、大群体、专业化的道路，形成了绍兴的纺织业、诸暨大唐的袜业、慈溪的小家电、乐清的低压电器等生产基地。在这些经济强县（市）中，有许多国内知名的企业，他们品牌亮、质量好，已成为具有相当实力的民营企业。这些企业或者兄弟联手、或者朋友合作、或者集体民营，他们将个体的小资本聚合成强大的资金团队。经过多次产品档次的提升，主导产业开始不断壮大，逐步形成了"小商品大市场高

---

① 吕福新：《浙商的崛起与挑战——改革开放三十年》，中国发展出版社 2008 年版，第 72 页。

回报"和"小资本大集聚"的区域特色产业。

（三）资本运作、升级转型

浙商第一代的创业从事的是鞋子、纽扣等传统行业，并不具有长久强劲的国际竞争力，尤其是在经济发展突飞猛进的时代，更加缺乏行业品牌参与抗衡的实力。到了 20 世纪 90 年代发展起来的产业集群现象，是浙商成长壮大的重要经济组织。在 2001 年中国加入 WTO 后，更加开放和大范围的市场为浙商发展提供了有法规保障的新机遇。加入 WTO 后中国经济进一步与经济全球化接轨，浙商开始全面进军全国以及国际市场。同时，由于参与进出口贸易的体制障碍、政策壁垒大大减少，这为浙商的外向型经营与发展提供了新的机遇。

在这种的新形势下，原有的"生产＋销售"的经营模式已经不能满足开拓新市场的需要。他们的产品大多质量不高，而以低廉的成本和价格上的优势参与市场竞争。在国际市场上，浙商制造的产品市场规模虽然大，但是缺乏核心竞争力。社会环境已经发生变化，浙商如何保持原有的经济发展势头和经济地位，怎样充分利用国内以及境外的资本市场，推动跨域跨境的资本运作，以及如何进行产业升级和转型是摆在新时期浙商面前的重要问题。资本运作要求浙商改善企业原有的经营方式，突破发展的融资瓶颈，进行企业制度创新和品牌创新，实现企业价值再创造和再提升。这种运作方式，一般以外资并购或协议控制、资产注入、产业整合为起点，以企业上市、基金逐步的退出为标志，来实现企业发展与资本增值的双赢。当然，资本的运作只是为浙商的大发展提供了资金保障，如何保持经济的持续增长还要以企业自身的产品为主。因此，除了资本的运作，浙商还要对原有的产业结构进行转型升级。原来的劳动密集型产业面临更加严峻的产业升级的压力，低成本、小规模、散落式的经营模式难以突破品牌和经济增长的限制。在浙商原有熟悉的领域，进行产业升级，开发新技术以发展更加高端的产品，应当是今后企业发展的有效途径。

第二节　浙商公共行为对经营行为的影响

浙商的公共行为不仅有利于提升浙商的公共性，而且对企业经营行为也有重要的影响。对于广大浙商而言，公共行为的展开是企业公共性的体现，同时，企业公共行为的发展又推动了企业经营行为的发展，给企业带来了巨大的收益。

一、浙商公共行为对企业生产经营的影响

（一）有利于扩大企业生产经营范围

由于理论上和实践上多方面因素影响，更是由于公共产品自身的特点，导致了最初的公共产品供给上的政府垄断模式，私人企业无法参与公共产品的供给，其结果造成公共产品供给资金严重匮乏、公共产品供给效率和质量低下，这曾是世界范围内各个国家面临的一个共同问题。为了增加公共产品的供给，提高公共产品供给的绩效，更大程度上满足社会对公共产品的需求，西方国家的政府相继打破垄断，开放公共产品供给领域的大门，通过各种制度和政策吸引和鼓励私人企业参与公共产品供给。并且创造了各种不同的公私合作模式，特别是公共产品的"多中心"治理模式，极大地提高了公共产品供给的效率。我们国家于 2005 年和 2010 年分别出台了《关于鼓励支持和引导个体私营等非公有制经济发展的若干意见》（简称"非公经济 36 条"）和《国务院关于鼓励和引导民间投资健康发展的若干意见》（简称"新 36 条"），通过一系列政策相继引导非公企业进入公共产品供给领域。特别是"新 36 条"，几乎开放了所有的公共事业领域。民间资本进入垄断行业和领域，包括电力、电信、铁路、民航、石油等行业和领域，已经没有了宏观政策上的障碍。当然，目前面临的重要问题是需要具体的配套政策与这些宏观政策相衔接，真正打破垄断行业种种壁垒，使民间资本真正能够进得去，同时要完善相应的制度，为民间资本进入垄断行业提供制度上的保障。真正的全面放开公共产品供给领域，引入市场竞争机制，不仅能够为满足社会需求提供更多、更好的公共产品，同时，也是为了把民间资本引入正常的投资渠道，避免民间资本的非正常流动，给经济社会发展带来负面影响。这些曾经被国有企业垄断的行业都具有相当高的行业利润，这些垄断行业的打破，无疑为浙商提供了一个更加具有挑战性的生产经营平台。参与公共产品的供给，不仅能够满足浙商大发展的愿望，同时能够为企业带来稳定的收益。虽然公共产品的供给项目有很多是投资大、回报期长的项目，但是，对于已经积累了相当雄厚资本而又善于"抱团"的浙商来说，资金不是问题。因此，国家放开民营资本的投资渠道，无疑是为浙商进一步发展和转型升级开通了一条更加宽广的发展途径。

（二）有利于高效率开展企业营销活动

"与政府修好，是本公司最大的公关"，这是100多年前奔驰公司的创始人卡尔·本茨对下属说的话。政治与经济永远连在一起，经济基础决定上层建筑，但政治则是经济的向导和重要推动力量。正泰集团的南存辉认为，做什么事不能脱离当时的政治环境和社会背景，没有改革开放，就没有民营企业的发展。企业与政府进行互动、参与政策的制定，归根结底要以企业经营行为为动力。企业参与公共权力的运作，可以表达自己的利益诉求，影响政府的政策，为企业的发展创造良好的政策环境；可以获得更多的信息，使企业能够更好地把握发展的机遇。现代商业社会，谁能最快地得知政策信息、谁掌握的信息量多，谁就把握了抢占先机的主动权，因此，获得信息是企业抓住机遇的关键因素。在这个信息社会，信息就是企业的机遇、企业的资源、企业的财富。另一方面，企业作为社会中的成员，不仅要因政策信息的变动而采取适时的行为，而且应该更主动地采取某种行动。因为在激烈的市场竞争中，企业之间、行业之间、行业与政府之间都会出现一些矛盾和摩擦，如果处理不当，便会激化矛盾产生恶劣的后果。企业通过一定的参与公共权力运作的渠道，将企业的经营情况、身处的环境反馈给政策机构，不仅有利于企业与社会外界的沟通，也能够通过企业这一层面，达到政府与市场之间的有效互动，从而化解社会矛盾，寻求共识。如果企业在产品营销或者与社会互动的过程当中，政治系统无法给予企业一定的支持和参与政治的渠道，那么个人和社会群体的政治行为就有可能冲破社会的正常秩序，影响社会的安定和谐。

二、浙商公共行为对塑造企业形象的影响

（一）企业形象的重要意义

企业良好的社会形象是企业除了产品以外的另一张品牌名片。企业如何通过销售产品以外的社会活动塑造更好的营销形象，维护更多的客户关系，弘扬公共精神当然是非常重要的。在当今消费者占主导的市场经济条件下，消费者的投票方式非常的简单，买与不买该企业的产品，完全取决于对该企业和其产品的认可和信赖程度。自2008年9月"三鹿奶粉致婴儿患肾结石"事件曝光以来，"三聚氰胺"事件仍风波不断。这一事件对一个行业产生了如此大的影响。总结这两年我国乳业的种种现象，"公关"或许依旧是这个行业最为重要的关键词之一。尽管整个行业呈现出强劲复苏的态势，但消费者的信心却并未回复至 2008 年前的状况。一时间，国内市场奶制品公司对消费者如此不负责任的事件，使有着巨大发展空间的乳制品行业陷入了崩溃状态。相反，杭州的农夫山泉公司一直秉承"你买一瓶水，我捐一分钱"的企业目标，在极大程度上提升了农夫山泉的企业形象，为农夫山泉带来了巨大的经济效益。一分钱的捐赠对企业来说不是一笔大的付出，可它所代表的企业爱心和社会责任感，则为该公司营销形象的提升大大加分。人民群众自然会选择这样的产品，在满足自身需求的时候，又为社会行了善。因此，仅仅关注利润和消费者的营销还不是最高境界的营销，关注社会责任的营销才是最高境界的营销。①

（二）浙商企业形象地树立

改革开放以来，浙商经历了从解决生计到原始积累，再到拥有一定规模实力的发展过程。在这一过程中，浙商的公共精神也经历了缺失、萌芽和发展的过程。浙商参与公共精神的积淀，主要表现在企业履行社会责任和企业的公益捐赠活动等方面。随着浙商的发展壮大，可以看到绝大部分浙商能够承担一些基本的企业社会责任，在一定程度上得到了社会的认可和好评。然而，在有些情况下，浙商履行企业的社会责任是被动的，特别是在国际竞争中表现比较突出。我国的民营企业在承担企业社会责任方面，国际社会曾一度评价不高。在2003 年发生的我国出口企业因为达不到国外设定的企业社会责任标准SA8000②，而遭到退货、取消订单，使企业蒙受了很大的损失。经过这一事件的教训，许多企业开始转变产品生产、企业经营的价值理念，同时关注企业社会责任，并且开始反哺社会，以重树企业的社会形象。在公共精神的引导下，企业摒弃了单纯追求经济效益的价值理念，把企业的经济效益和社会效益结合起来，使企业成为一个从社会中获利、又反哺社会的经济体。他们出于自愿的目的做一些社会公益事业，如组织志愿者团队为社区服务、进行慈善捐助，为有困难的人提供改善生活质量与水平的帮助。浙商便在这种公共精神的引导下，诚信生产、道义经营、发展慈善事业，在学习和实践中不断改变企业的价值理念、塑造先进的企业文化，重新为企业树立更加具有社会责任感的企业形象。

---

① 吕福新：《浙商的崛起与挑战——改革开放三十年》，中国发展出版社 2008 年版，第 247 页。

② SA8000 即"社会责任标准"，是 social Accountability 8000 的英文简称，是根据《国际劳工组织公约》，《世界人权宣言》和《联合国儿童权益公约》制定的全球首个道德规范国际标准，1997 年 10 月公布。其宗旨是确保供应商所提供的产品，皆符合社会责任标准的要求。SA8000 标准适用于世界各地、任何行业、不同规范的企业。

三、浙商公共行为对企业经营环境的影响

企业的经营活动离不开企业面临的环境。正因为企业的发展受周围许多环境因素的影响，因此企业必须了解它所处的环境，并对这些因素做出恰当的反应来适应环境。浙商公共行为在改善企业经营环境方面发挥着重要作用。

（一）企业经营环境的内涵

企业经营环境是指企业经营中与其发生关系的各种外部因素的总和。这些因素对于企业经营管理的能力，对于开展和保持企业与顾客的成功交易确具有重大意义。在当代，企业经营成败的关键往往就在于企业能否适应不断变化的经营环境。企业必须时刻注意对经营环境的调查、分析和预测，审时度势、顺势而变，只有及时制定相应的经营战略，才能顺利实现预期的目标。企业的经营环境比较复杂，构成要素非常多，涉及的范围也非常广，根据经营环境中各种力量对企业市场营销活动影响的方式和程度，可以把企业的经营环境分为宏观环境和微观环境。

（二）企业经营环境对企业的影响

企业的宏观经济环境对企业经营有很大的影响，在有些情况下甚至决定企业的兴衰成败。企业必须善于对待周围的环境，这是毫无疑问的。但是，应当指出，企业的经营归根到底，取决于整个国家，甚至整个世界的宏观经济状况。在经济环境比较好的情况下，大多数企业的经营效果就好；在经济环境比较差的情况下，许多企业的经营状况也会出现问题，有些企业甚至还要亏损、倒闭、破产。国民经济生产总值，是指整个国民经济生产的产品和服务的年总价值。生产的产品和服务的总价值是衡量国家经济状况的一个重要指标。当政府财政支出增加时，在其他条件不变的情况下，国民生产总值将会上升，但是，如果企业投资减少了，就会抵消政府的支出。如果宏观经济发展上下波动过于频繁，企业在如何应对经济环境的问题上就会面临相当大的困难。但是，只要企业经常注重对国家宏观经济环境的分析和研究，就可能对它的现实状况和未来走向做出比较准确地判断，使企业更好地应对宏观经济环境的变化，搞好企业经营。

企业的微观经济环境对企业的影响也不可小视。对企业来说，在关注国家乃至世界的宏观经济环境的同时，更要关注行业发展状况和公司内部所发生的事情，也就是企业发展的微观经济环境问题。具体来说，微观经济涉及的是产品和服务的生产成本、消费者需求、定价等问题，当然也包括行业发展的环境。从微观经济的角度研究环境的最好方法，就是考察公司从事经营活动所处的市

场的类型。企业是在竞争的市场环境中从事经营活动的，竞争的程度因企业和行业的不同而不同。

总之，在激烈的市场竞争中，一个成功的企业，必须善于把握宏观经济环境和微观经济环境，这对企业的经营发展具有直接的影响。当然，除了经济环境之外，企业发展还面临自然物质环境、政治法律环境、社会文化环境等，任何一种环境因素都有可能影响企业的经营发展。但是，如果企业能够了解它们的发展状况，就能够恰如其分地适应环境，并有效利用环境中的有利因素，规避环境中的不利因素，推动企业的发展。

（三）浙商公共行为与企业经营环境

浙商公共行为与企业的经营环境有着非常密切的关系，在改善企业经营环境方面发挥着重要作用。要改善企业的经营环境，浙商必须在公共行为方面做出努力。浙商的公共行为可以为企业经营掌握更多的环境信息。企业获得信息的渠道很多，通过同政府的良性互动获得信息、通过民间组织渠道获得信息、通过服务对象获得信息，这都离不开企业的公共行为。同政府的良性互动依赖于浙商参与公共权力运作的行为。浙商通过各种渠道参与公共权力的运作，同政府直接打交道，可以从政府那里获得更多的经济信息、政治信息等，从中了解企业经营环境及其变化的趋势。企业通过参与民间组织的活动，从社会人际网络中寻找企业经营的环境信息。企业通过良好的服务树立良好的企业形象，同服务对象建立广泛的联系，也可以广开信息渠道。有了这些政治、经济、人文方面的信息，通过浙商自身的加工处理，就可以为浙商认识当时的宏观环境、预测未来的发展走向，提供有力的帮助和支撑，以便进行生产、营销行为的调整。

浙商的公共行为可以为企业经营创造良好的环境。环境决定人的行为，人也可以通过自己的行为改变环境。浙商也是如此，一方面要适应环境，更重要的还是要改造环境，使环境更能适合企业经营发展的需要。浙商的公共行为可以改善企业的经营环境。浙商通过进入公共产品供给领域，扩大投资规模，拓展经营范围，可以增加经济发展总量。而经济发展总量增加了，反过来又会为浙商进一步发展提供条件。浙商根据社会需求，根据政府的政策导向，在参与公共产品供给的过程中调整产业结构和产品结构，对于促进经济发展结构的优化有重要作用。经济发展结构的优化又进一步改善了浙商发展的环境。经济发展形势构成了企业经营环境的重要内容。民营企业发展的状况直接影响整个经济发展的形势，从而改变着经济发展的环境。

企业经营不仅仅依赖于经济环境，对政治环境的依赖成程度也很高。一个国家的政治民主化、法制化的程度，政治的开放程度，从根本上决定一个国家的政治环境。浙商作为民营企业的经营者同政府的良性互动，既依赖于现有的政治环境，也可以在一定程度上改变现有的政治环境。浙商作为一个群体可以同其他群体一道，通过对政府行为的影响，使政府做出更完善的制度设计和政策供给，为企业经营构建良好的制度环境和政策环境。

第三节　浙商经营行为对公共行为的影响

浙商的经营行为和公共行为都是企业发展必不可少的行为，两者之间不仅不是对立的，而是相互促进的。正确处理两者之间的关系，更有利于推动企业的发展。在两者的关系中，企业经营行为对企业公共行为的影响，是把握两者关系首先应该关注的问题。浙商经营行为的根本目的是推动企业的发展，而企业经营的发展离不开开辟新的发展途径，离不开制度和政策上的保障，离不开企业的良好形象，离不开浙商的组织化程度，这一切都同浙商的公共行为密切相关。正是企业经营行为发展的需要，推动了浙商公共行为的产生。从这个意义上可以说，浙商的经营行为是其公共行为产生的根源。

一、经营行为对浙商参与公共产品供给的影响

企业经营有企业经营的理念。所谓经营理念，就是指经营的内在价值追求和所坚持的基本观念，主要表现为在市场经济条件下，围绕企业经营所引发的经营思想、经营方式、经营策略和经营目的等。经营理念指导企业以什么目的、怎样的方式来经营。但是，无论什么企业都有一个共同的经营理念，那就是通过企业经营的发展把企业做大、做强，以获取更多的利润。这是由企业自身的本质决定的。做大、做强一个企业，可以做两个方面的经营选择，一个是走内涵扩张的发展道路，就是在企业现有的产业和产品上下工夫，不断扩大现有产品的市场占有份额；另一个是走外延扩张的发展道路，进军新的产业，开发新的产品。

从我国改革开放后民营企业走过的发展历程来看，在市场经济刚开始发展的初期，由于当时社会上的各类产品都非常匮乏，属于卖方市场，所以基本上

是企业生产什么就可以销售什么，各种产品都有着广阔的市场。然而随着市场经济的发展，市场也发生了根本性的变化，由原来的卖方市场变成了买方市场，企业生产什么就可以销售什么的时代一去不复返了。伴随着人民生活水平的不断提高，人们的需求也开始发生变化，需求的档次越来越高，特别是对公共产品的需求也越来越丰富。这为企业经营发展提供了广阔的发展空间。为了不断满足人民日益增长的对公共产品的需求，政府又放开了几乎所有的公共产品领域。

浙商在企业经营发展的过程中，为了提升企业的档次，为企业发展开辟新的途径，在私人产品市场份额基本被分割完毕，或者说市场空间越来越小的情况下，进军公共产品领域就成为浙商企业经营发展的重要途径。这就催生了浙商参与公共产品供给的行为。

在今天，由于世界经济、政治环境的变化，浙商又一次站到了新的重要历史关口。面对传统产业发展瓶颈的限制，浙商又如何为自身的发展选择道路？在推进中国经济发展方式转变和促进经济结构调整的过程中，战略性新兴产业的发展显得非常重要。从推动经济发展方式转变和调整经济结构来看，经济增长需要有新的产业实现战略性的接替，从而推动中国经济高速、持续增长。同时，金融危机的爆发使世界各国都加快了产业结构调整和科技革命的步伐，以新能源为代表的全球新一轮产业结构调整摆在了人们面前，同样也摆在了浙商面前。

每一次重大的危机，往往带来重新洗牌的机遇；每一次抓住机遇的变革，都会开启影响深远的变局。浙商群体在新领域的新实践，或将肩负起中国民营经济转型升级的历史重任。过去的30年里，浙商书写了一段传奇，浙江人依靠聪明才智和拼搏奋斗，不仅使浙江大地发生了翻天覆地的变化，而且走向全国、走向世界，在世界经济发展中赢得了一席之地。在我国经济结构战略性调整的关键时刻，在经济全球化的大潮中，寻找企业经营发展新的经济增长点，也成为浙商面临的一项重要任务。战略性新兴产业是一个创新驱动性产业，国家出台的七大新兴产业——新能源、新材料、信息产业、新医药、生物育种、节能环保、电动汽车，以及根据浙商实际、政府引导发展的金融与股权投资、生产性服务产业、文化创意产业，已经成为浙商发展新的增长点。在这些政府鼓励发展的产业中，有些产业是同公共产品相关联的产业，有些产业本身就生产公共产品的产业。浙商要扩大企业经营，一个明智的选择就是进军与公共产品相关联的或者直接生产公共产品的产业。浙商以其前所未有的自觉姿态，积极寻找介入新兴产业的突破口，他们试图成为中国经济整体转型的中坚力量。同时，浙商也只有进入战略性新兴产业，才会有更大的发展前景。

浙商的企业经营行为也为参与公共产品供给提供了资金基础。企业参与公共产品供给，无论是经济类公共产品，还是社会类公共产品，都需要以雄厚的资本为基础。对国家垄断行业的进入，参与提供教育、医疗卫生、社会保障和文化产品等，脱离了企业经营的发展都无从谈起。企业经营搞好了，积累了大量的资金，而且企业的资金越雄厚，参与公共产品供给的能力就越强。企业经营行为是推动企业参与公共产品供给行为发展的动力。

总之，可以说，企业经营发展的需要是浙商参与公共产品供给行为产生的根源。也可以说正是企业经营的发展，推动了浙商参与公共产品供给这一公共行为的产生和发展。

二、经营行为对浙商参与公共权力运作的影响

企业经营发展需要一定的制度作保障，需要一定的政策来引导。制度设计和政策供给从根本上依赖于政府的力量来完成。至于政府在制度设计和政策制定的过程中采取什么方式，一定意义上是由民主政治发展程度决定的。不管采取什么样的方式，政府在这一过程中始终发挥着主导作用。企业作为市场经济中的主体，虽然具有一定的自主性和独立性，但在现代社会企业不可避免地要受到政府行为的影响，企业在经营过程中必须要与政府打交道。企业同政府打交道的主要形式就是参与公共权力的运作。浙商参与公共权力的运作是在企业经营发展的推动下产生的，也是在企业经营发展的推动下不断发展的。

企业经营的发展是在市场竞争中展开的，需要一个公平竞争的市场环境。我国是一个政府主导的社会，由计划经济体制向市场经济体转轨，是政府通过体经济制改革发动的。市场经济体制的完善也离不开政府，需要政府制定相应的制度来规范市场行为。市场监管是政府的重要职能。政府的市场监管作用发挥得如何，直接影响市场环境，在很大程度上左右着企业的经营行为。正是由于这一点，搞好企业经营的需要，推动了浙商参与公共权力运作行为的产生。

政府经济调节职能的发挥也对企业经营的发展产生重要影响。政府的经济发展战略规定了经济发展的目标、步骤、途径和措施，引导着整个经济的发展。政府的产业政策为了调整产业结构，确定了优先发展的产业和限制发展的产业。

政府的金融政策、税收政策、财政政策、物价政策等，对整个经济的发展起着重要的调节作用。政府经济发展战略和各项经济政策作用的发挥形成了特定的政策环境，企业是在这一特定的政策环境下生存和发展的，企业的经营活动也是在这一特定的政策环境下展开的。企业的经营活动不可避免地要受到政策环境的影响，在有些情况下，政策环境可以决定一个企业的兴衰成败。

企业的经营发展要拓宽发展领域，特别是要进入公共产品供给领域，首先需要政府向民营企业开放这一领域，这是重要的前提。同时也需要政府制定一系列的制度，为民营企业进入公共产品供给领域提供制度上的保证。主要包括：准入制度，这是民营企业参与公共产品供给的首要的制度需求。政府要通过相应的制度安排，明确开放的领域，也就是明确哪些公共产品领域允许民营企业进入；明确进入的条件，也就是明确哪些民营企业可以进入；明确相应的程序，也就是明确设置能够保证民营企业平等竞争的程序，保证进入的公正性和合理性。保障制度，这是民营企业参与公共产品供给的带有关键性的制度需求。民营企业进入公共产品治理领域，一个非常重要的问题就是产权保护问题。民营企业投资公共产品的生产，产权必须得到应有的保护。调节制度，这是民营企业参与公共产品供给的非常重要的制度需求。调节制度就是能够有效调节公共产品市场价格的制度，通过相应的制度设计，建立起有效调节公共产品市场价格的机制，降低公共产品生产领域的投资风险，可以使民营企业得到较为长期的收益回报。这一系列的制度都需要政府来提供。

为了能够为企业经营的发展争取一个良好的市场竞争环境，争取一个良好的政策环境，争取一个良好的制度环境，企业必须同政府进行政治互动，参与公共权力的运作。从这个意义上说，正是企业经营发展的需要，推动了浙商参与公共权力运作的积极性，从而产生了相应的行为。

浙商参与公共权力运作的行为，也是伴随着企业经营的发展而发展的。浙商参与参与公共权力运作，不能不受到参与动力、参与能力、参与影响力的影响，而这一切都同企业经营的发展密切相关。参与动力是影响参与积极性的决定性的因素。参与的动力来自于推动浙商参与公共权力运作的内在动机，来自于这种动机所激发的激励力量。浙商在企业经营中越发展，就越需要良好的市场环境、政策环境和制度环境，这种内在的需求成为推动浙商参与公共权力运作的根本动力。参与的能力一方面决定于浙商自身的素质，另一方面也同企业的发展相关联。浙商自身的素质是决定企业经营发展的关键性因素，但是，反过来，企业经营的发展又可以提高浙商的素质和能力，使他们以更高的素质、更强的能力，从更深的层次上参与公共权力的运作。参与的影响力就是浙商参与公共权力运作所能够发挥的作用，也就是能够在多大程度上影响政府的行为。这同企业经营的好坏、企业经营的规模密切相关。经营比较好、规模比较大的企业通常对整个经济的发展贡献比较大，影响比较大，其社会地位也比较高。他们可以通过参选国家、省、市的人大代表和政协委员等形式，更有效地发挥自己的作用，直接参与重大问题的决策，监督政府的工作等。企业的经营行为同样是企业参与公共权力运作发展的推动力量。

三、经营行为对浙商参与公共精神积淀的影响

浙商参与公共精神的积淀主要是指浙商以自身的公共精神，为整个社会公共精神的弘扬作出自己应有的贡献，这也是浙商公共行为公共性的最突出的体现。"所谓公共精神是指以利他方式关心公共利益的态度和行为方式，一个人的生活总会与公共生活发生联系，必然会程度不同地与公共利益有关。但有些人只有在能直接带来个人好处时才关心公共利益，这时他们只是以'私人'身份参与公共事务，这样的人就不能被认为具有公共精神，即便在效果上他们的行为也促成了公共利益。显然，公共精神落实在公共生活、公共利益中，但又必须在主观意愿中寻找动力，自主地追求公共利益，并在态度、气质、行为方式上达到与他人的沟通，才是出于公共精神，并具有公共精神的。"[1] "公共精神是现代公民社会的公共生活形态中，公民个体与社群应有的'自主、公道、宽容、理解、同情、正义、责任、参与、奉献'等理性风范和美好风尚。"[2] 浙商的公共精神主要通过追求社会正义、承担社会责任、关心公共利益等行为表现出来。浙商作为社会治理当中的重要成员，有义务承担起社会责任的重任，来发挥企业作为市场与公众、市场与政府间的桥梁、纽带作用，通过浙商自身公共行为的开展，在社会当中形成良好的风气，促进整个社会福利的最大化。

在浙商发展初期，多数的浙商企业由于是由家族企业发展壮大的，企业在对员工履行责任方面比较欠缺。为了节约企业的经营成本不惜压低员工的工资

---

① 李萍：《论公共精神的培养》，《北京行政学院学报》2004 年第 2 期。

② 袁祖社：《"公共精神"：培育当代民族精神的核心理论维度》，《北京师范大学学报》（社会科学版）2006 年第 1 期。

待遇，同时，缺乏科学的人力资源管理及规划，对企业发展造成了非常不利的影响。此外，浙商对环境、社区等有紧密联系的利益相关者的关注度不够，很多地区由于不规范的生产，出现了严重的环境污染，影响了公众的日常生活，也影响了整个环境的持续发展。从而也影响了企业在社会公众中的形象，给企业的发展带来了许多困难。浙商最初承担社会责任是出于企业经营的需要。一个企业要想有大的发展，必须在社会公众中树立良好的企业形象。一个没有社会责任感的企业，不关心内部员工的利益，对社会的公共需求不闻不问，甚至损害公共利益，不可能得到社会公众的支持，企业经营不可避免地要受到影响。浙商为了能够加快企业的发展，树立良好的企业形象，主动承担社会责任，由此推动了浙商弘扬公共精神的行为。伴随着企业经营的发展，浙商自身的人格也在不断完善，企业履行社会责任的自觉性在不断提高，而且公共意识也在不断强化。这是浙商经营行为影响其公共精神积淀的最主要的表现。

企业的成功离不开利益相关者，因此，企业的经营也要以利益相关者的利益为导向。一个具有公共精神的企业，不仅要对企业面向的消费者负责，还要对企业内部的员工、社会的公众、企业的竞争者、政府等不同的利益相关者负责。当前，浙商在不同的领域上都能够体现出其具有公共精神的一面。例如，承担一定的社会责任。在一些突发性的社会灾难发生时，浙商能够及时的伸出援手，进行一些慈善捐助工作。而且，由浙商个人名义建立起来的希望小学等，也都为社会公众带来了帮助。然而，作为在经济领域具有重大影响力的浙商群体，承担社会责任的辐射面不能仅仅局限于一些社会慈善事业，面对众多的利益相关者，还应当承担更加广泛的社会责任。这也需要通过企业经营行为的发展来推动。

四、经营行为对浙商参与公共领域建构的影响

企业经营发展的需要，推动了浙商参与公共领域建构行为的产生和发展。在常人眼里，成功的民营企业家都是单枪匹马打拼出来的。但静观多年来浙商不败神话的根源，喜欢"抱团"打天下是其中的重要原因。正是这种乐于"抱团"的特点，才使浙江商人在生意场上功效显著。由于金融风暴的影响，给浙商的发展造成了前所未有的困难，浙商们试图联合起来闯出一条新路。他们这种"抱团"现象，是新形势下新的结盟形式，它不同于过去以产品、品牌以及在同行业、同地区内的企业联盟，而是在更大范围和更广泛领域的企业联盟。

企业"抱团"走向市场，将给企业注入竞争与发展的强大活力。

从单打独斗到作为团队竞争，是一个不小的跨越。"抱团"联盟的各企业间充分运用和整合市场资源，创造出新的市场竞争优势，就能超越对手。从以自身积累扩大规模到以资产重组与资本运作做强、做大企业。企业间"抱团"，事实上是将联盟各企业的资本视为一个整体，共同进行更大的资本市场化运作，运用强大资本实力，发挥支撑联盟体成员企业的作用。从独自承担融资风险到风险共担与互助互利。运用"抱团"企业间的品牌信誉、金融诚信度与资本实力等，相互提供诚信和金融信贷担保，一方面开拓融资新领域，另一方面相互间拆用短期资金，以发挥出更大的资本经营效益。

近年来，我国企业生存与发展的环境在不断发生变化，国外跨国公司在"家"门口对我们展开实力竞争，确实对我国的企业形成了巨大的压力。此种情况下，单个企业要想做强做大，仅仅依靠自身的力量明显不够，"抱团"联盟堪称是一个有效举措。由此推动了浙商行业协会和民间商会的发展，这也是浙商参与公共领域建构的根本动力。

浙商参与行业协会和民间商会的组建和活动，是企业参与公共领域建构中非常重要的方面。这一行为在温州民间商会建立的过程中有着充分的体现，它是企业主动参与维权的一种自发性行为。对于温州民间商会和行业协会的兴起，与温州经济发展的自身特点密不可分。温州的产业发展具有企业集群、产业集聚的特性。一大批具有同样生产项目的企业聚集在一起，形成了强有力的"块状经济"。基于这样一种局面，温州一些有先见之明的企业家，从90年代初开始就自发地建立行业性组织，以规范同行竞争，防范和打击各种不正当的竞争行为，尝试构建一个公平合理、竞争有序的市场经济新秩序。

总之，公共行为虽然为企业的发展带来了新的活力与动力，然而作为市场活动的主体，浙商要想生存最主要的来源仍然是经营行为。只有在浙商经营状况良好的条件下，才能够开展公共行为，完成自己作为社会成员一分子的任务与职责，与其他治理主体一道完成社会治理的任务。那么，经过社会的不断发展，浙商虽已突破千难万险，但在今后的发展道路上仍然面对着不同的坎坷。浙商需要在认识自我、完善自我的基础上，改变原有的经营方式、拓展新的经营领域、形成新的企业管理方式。

第五章　浙商参与公共产品供给

浙商参与公共产品供给，构成了浙商全部公共行为的基础。伴随着社会公众对公共产品需求的发展，政府垄断公共产品供给的方式已经无法适应这一需要了，公共产品的供给主体越来越呈现多元化的趋势。公共产品的多中心治理已经成为世界潮流。浙商参与公共产品的供给，一定程度上弥补了政府垄断下的"政府失灵"，也减轻了政府的财政负担。更重要的是在满足社会公众需求，改善民生方面发挥了重要作用，同时也推动了浙商自身的发展。浙商参与公共产品供给主要呈现出参与积极性不断提高、参与领域比较集中、参与的程度与自身发展相关联、参与目的比较单一等特点。同时，浙商参与公共产品供给也面临着行业垄断的阻碍、民众偏好的影响、自我利益的驱动、制度建设的薄弱等问题。为了提升浙商参与公共产品供给的积极性和有效性，扩大其公共性，一方面政府要为民营企业创造良好的参与环境，另一方面浙商也应当在经营理念上不断创新，突破传统发展路径，提高自身竞争力，强化参与的公共性。使浙商参与公共产品供给的公共行为向更高层次发展。

第一节　浙商参与公共产品供给的现状

一、浙商参与公共产品供给的现状分析

公共产品是相对于私人产品而言的满足社会公共需要的共享性物质产品和服务项目。与单个私人消费或公司、社会团体消费的私人产品不同，公共产品具有使用上的非竞争性和非排他性。非竞争性是指增加一个消费者不会减少任何一个人对该产品的消费数量和质量；非排他性是指一个消费者对该产品的使用不会将其他消费者排除在外。具体来说，公共产品又可以按照非竞争性和非

排他性程度的不同分为纯公共产品和准公共产品。纯公共产品是指完全具备以上两种特性的产品，而完全不具备以上两种特性的产品是私人产品，而准公共产品就是介于二者之间的混合型产品。从传统意义上讲，公共产品的供给主体应该是政府。但随着经济社会的发展，公共产品的理论和实践都得到了极大的丰富和发展，公共产品供给主体也出现了多元化的趋势，除了政府以外，私人企业、第三部门、社区和国际化组织也参与到公共产品的供给中来，成了公共产品供给的重要主体。

世界银行认为，在许多国家中，基础设施、社会服务和其他商品及服务由公共机构作为垄断性的提供者来提供不可能产生好的结果。因此，在政府不能实现公共产品最优供给的情况下，人们开始探讨公共产品供给的多种可能性形式。这样便将公共产品供给引入到一个一般性的竞争领域，既打破了政府垄断和行政屏蔽，提高政府公共产品供给的效率，也能够整合并充分利用社会资源。同时，公共产品供给的市场化还能够满足公众的多样化需求，扩大对公共产品选择的范围与形式。

私人参与供给的公共产品一般是准公共产品。准公共产品是指具有有限的非竞争性或有限的非排他性的公共产品，它介于纯公共产品和私人产品之间，如教育、医疗卫生、市政公用设施、公路、铁路等都属于准公共产品。它与纯公共产品共同构成公共产品的分类。从严格意义上讲，纯公共产品种类并不多，而准公共产品却具有规模大、种类多的特点。

从理论上看，公共产品的私人供给冲破了传统经济学的观点。在传统经济学看来，由于公共产品供给中存在着"外部性"、"搭便车"等问题，这决定它只能由政府来供给。公共产品如果由私人供给必须解决"外部性"和"搭便车"问题。科斯定理为解决"外部性"问题指明了方向。只要产权明晰、交易费用足够低，任何"外部性"问题都可以通过市场自由方式来解决。而要解决"搭便车"问题，必须以排他性技术作为前提。戈尔丁的"平等进入"理论证明了排他性技术的存在，解决了这一难题。因此，只要制度设计合理和有相应的技术水平，私人参与公共产品的供给是可以做到的。

从实践上看，政府职能转变为私人供给公共产品提供了可能。20世纪80年代以来，随着经济全球化步伐的加快，为了在综合国力的竞争中立于不败之地，西方国家掀起了一场以政府改革为主要内容的新公共管理运动。这场新公共管理运动追求的目标是经济、效率和效益，核心是以企业管理的理论、方法和技术改造政府，通过引入市场机制来提高政府的公共管理水平和公共服务质量。为此，政府除了保留自己的核心职能之外，其他职能通过各种形式引入市场机制，通过竞争节约政府成本、提高政府效率。在公共产品的供给方面，由于市场机制的引入，打破了政府的垄断，以整合社会资源，提高公共产品供给效率。在私人资本的参与下，实现了公共产品供给方式的多样化，也带来了公共产品供给效率的大提高。实践证明私人参与公共产品供给不仅是可行的，而且是高效的，既节约了政府成本，又提升了公共产品供给的有效性。

公共产品的私人供给首先是在西方国家发展起来的。在当今的世界，公共产品私人供给已不是什么新鲜的话题，并且存在着很多成功的实例，如美国的教育、航空、通信等行业。在我国，尤其在最近几年，伴随着改革的不断深入，民营经济快速发展和民营企业不断壮大，也使得公共产品供给的公私合作甚至民营化成为一股潮流。经过理论的不断深入和实践的不断证明，公共产品民营化发展的美好前景逐步被展现出来。

民营企业提供公共产品是公共产品民营化的一种表现。从广义上说，民营企业参与公共产品的提供，是更多依靠民间企业和机构的力量来满足社会公众的公共需求。通过把责任委托给在竞争市场中运营的民营企业，打破政府对公共服务提供者的垄断地位来改善绩效。民营企业参与公共产品供给的方式多种多样，如合同外包、特许经营、补助、凭单制度等等。无论哪种方式，目的只有一个，就是让民营企业在提供公共产品上承担重要的角色。当然在鼓励民营企业参与公共产品供给的同时，不能弱化政府的责任。提高公共产品供给的效率，最大限度地满足社会公众的需求，这是政府在公共产品供给上不可推卸的责任。一般来说，民营企业参与公共产品供给主要集中在，一是基础设施建设领域，主要包括道路、交通、路灯、垃圾收集与处理等；二是社会服务领域，主要有基础教育、医疗卫生、社会保障与社会福利、消防、公园等；三是文化与传播领域，主要包括广播、电视、报纸、杂志、出版社、文化艺术馆、表演团体等。当然，随着民营企业的发展，随着社会公众对公共产品需求的增长，民营企业参与公共产品供给的领域还可以不断拓宽。

改革开放30多年来，我国的经济社会发展取得了令人瞩目的成就，浙江的发展更是成绩斐然。浙商这一群体为国家发展，尤其是浙江的发展作出了突出的贡献，在人们生活的方方面面发挥了非常重要的作用。随着经济社会的发展，城市化进程不断向前推进，农村的现代化程度也不断提高，改善民生已成当务之急。而公共产品的生产和供给同民生的改善密切相关，因此，公共产品的供给已经成为政府普遍关注的问题。经济社会的快速发展，提高了人民的收入水平，改善了人民的生活。在收入不断增长的同时，居民的需求结构、消费结构等也发生了很大的变化。社会公众对公共产品需求在日益增长，种类也在不断丰富。

为了能够更清楚地了解浙商目前参与公共产品供给的现状，本研究采取问卷调查和专题访谈等形式对杭州、宁波、绍兴、湖州、温州、义乌等地的民营企业和民营企业家参与公共产品供给情况进行了调研，获取了大量一手的资料。在关于浙商参与公共产品供给的普遍性的调查中，结果显示，参与过公共产品供给的已占到45.3%，也就是说有近半数的浙商涉猎了公共产品供给领域；调查结果还显示，目前浙商参与公共产品供给涉及的领域，主要包括教育培训、医疗卫生、体育文化、环境保护、基础设施建设等。面对人们日益增长的对公共产品的需求，浙商的参与使之成为公共产品生产和供给领域中一支重要力量，这股力量已经成为政府在公共产品供给领域不可忽视的、可以借助的力量。

吉利集团积极创办各类教育培训机构，成为浙商参与公共产品供给的突出案例。由吉利集团独资创办的北京吉利大学，首开我国汽车企业投资教育行业之先河。它起步早、规模大、成效好，现已成为向吉利集团输送人才、为社会培养人才的一所非常有影响力的学校。除此之外，浙江吉利技师学院和浙江吉利汽车工业学校也均为吉利集团投资兴办的。吉利集团之如此大手笔的投资办学，既为想进入汽车行业的人才提供了一个进修技术与理论的途径，也为我国汽车行业培养了大量人才。然而，这些都源于吉利集团一直以来对人才的需要与偏爱。

20世纪80年代末，正处于创业之初的吉利集团面临倒闭。面对企业资金少、设备差、缺乏与同行竞争实力的情况下，有人建议关闭厂子。然而经过激烈的讨论，企业最终选择了聘请专业技术人才，自己研究制造设备，与引进的洋设备企业进行竞争的道路。事实证明这条道路是正确的，通过引进人才这个方法，为企业研究出质量好、价格实惠的设备，挽救了企业的生命。然而，这也为吉利集团看重人才，并在企业无法留住人才的情况下，毅然决然选择自己开办学堂做了重要的铺垫。90年代中期，吉利集团决定进入汽车行业，这是一个人才、技术、资金高度密集的行业。刚毕业的大学生由于不习惯偏僻的黄岩县城，纷纷跳槽离开，导致企业人才急剧缺乏。既然急需人才又留不住人才，吉利索性做了一个大胆的决定，先办学校，在本地农民中培养出中专生、大学生，供自己所需。于是在几乎与创办汽车厂同时，吉利在浙江临海办起了第一所汽车工业学校，接着又办起了浙江汽车职业技术学院。从 2001 年到 2008 年，吉利先后投资创办了以汽车专业与其他社会需求的专业相结合的全日制北京吉利大学、海南大学三亚学院，以及中国第一所重点培养汽车车辆工程博士与硕士的研究生院——浙江汽车工程学院。

吉利集团的这一系列举措，不但以其胆识和魄力创造了独特的人才创新模式，也成为汽车行业进入教育投资领域的先驱和典范。吉利教育中心的办学目的，就是以社会岗位需求为导向，实施"订单教育"，为毕业生搭建各种就业平台，实现了学生毕业与就业之间的无缝连接。既培养了自己需要的人才，也为社会培养了大批的优秀技术型人才。同时，在人才培养模式的支撑下，吉利集团将这批人才吸收到企业内部，为社会解决了大量的就业问题。这一案例对我国正在进行的产业转型升级提供了有价值的参考典范。吉利集团的成功，既需要胆识和魄力，又受益于公共教育资源的供不应求。近些年来，越来越多的浙商把眼光放在了投资教育领域，尤其是民办学校。虽然近些年我国的高校普遍实行扩招政策，但仍有部分同学无法进入公办学府就读，这就为非公学校的发展提供了原动力。而在整个教育培训中，民办学校可以说是个稳健型的种子，虽然需要一定的投入，但其稳定的收入和较低的风险，越来越成为浙商看好的公共产品行业。

除了投资教育行业外，铁路和医药行业也是所熟知的浙商参与较多的公共产品领域。2004 年，我国铁路初步开放四大领域鼓励非公资本进入，即铁路建设领域、铁路运输领域、铁路运输装备制造领域和铁路多元经营领域。2005 年，作为首条民资投入铁路干线建设的案例，光宇集团开始参建衢常铁路。然而，由于巨大的成本投入，该企业最终降低持股比例以致最终退出投资。尽管没有成功，但毕竟是一次有益的尝试，可以从中总结经验教训。在 2010 年"国新 36 条"鼓励民营资本进入公共产品领域的政策出台后，提出了关于探索建立铁路产业投资基金，积极支持铁路企业加快股改上市，拓宽民间资本进入铁路建设领域的渠道和途径。这一变化使浙商们看到了一条更为广阔的发展道路，尤其是那些传统制造行业的企业。2010 年 7 月底成立的浙商产业投资基金，便是一个试探性的动作。浙商希望通过这一途径，投身于铁路建设发展领域。

尽管进军公共产品领域会遇到很多困难，例如，事实存在的垄断壁垒问题、企业对某些领域还比较陌生的问题、企业的资产规模问题，等等。但是，这并没有挡住浙商投资公共产品领域的步伐。调查显示，有 65.1% 浙商愿意进入公共产品供给领域，参与公共产品的供给，不愿意参与的仅占 6.4% 。

二、浙商参与公共产品供给的主要特点

事实上，民营企业进入公共产品供给领域，改革开放以后逐渐放开。十六届三中全会的召开，为我国公共产品供给进一步打开了市场化改革的大门，公共产品供给市场化也被写进了党的决定。随着公共产品供给领域向民营企业的逐渐开放，政府出台了一系列的政策鼓励和推动民营企业进入公共产品供给领域，极大地调动了民营企业的积极性。无论是从全国来看，还是从浙江省来看，公共产品供给的市场化都取得了显著的成就。这与浙商的积极参与也是分不开的。浙商参与公共产品的供给可以满足社会公众对公共产品的需求，为实现社会的公共利益做出了自己的贡献。然而，从另一方面来看，浙商参与公共产品的供给也是企业扩大经营范围和经营领域的重要渠道，可以为企业获得丰盈的利润。而且，也是企业树立公共形象、取得社会效益的良好途径。因此，浙商参与公共产品供给的积极性总体来说比较高。从浙商参与公共产品供给的实践和调查结果来看，浙商在参与公共产品供给方面的行为表现出如下特点。

（一）参与公共产品供给领域相对集中

在对浙商参与公共产品供给领域的调查中，从调查结果来看，目前浙商参与公共产品供给的领域主要包括教育培训、医疗卫生、体育文化、环境保护、基础设施建设等几个方面。其中参与基础设施建设占 24% ；教育培训占 21.2% 、环境保护占 15.1% ，这三个领域是浙商参与的主要领域，具体情况见图 5 – 1 。

产生这一结果的原因是多方面的，其中主要的原因有两个：一是受市场化程度的影响。尽管从政府的政策规定来看，几乎所有的公共产品供给领域都向民间资本开放了，但从实际的市场化程度来看，在公共产品供给市场化进程当中，基础设施建设、教育培训、环境保护这三个领域实际的开放程度相对较高。在政府招标的项目中，这三个领域占主要方面。二是受企业收益的影响。从浙商自身来说，与其他方面相比，参与这三个领域的公共产品供给收益的回报率相对来说比较高。基础设施建设、教育培训、环境保护这三个方面的公共产品都存在较强社会需求。浙商参与不仅能使企业获得更多的经济利益，而且也是满足社会需求的需要。通过浙商的介入，既节约了政府的财政成本，也使广大

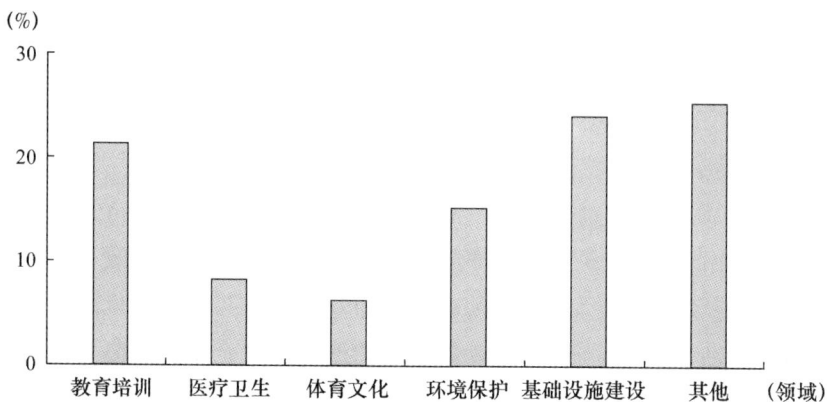

图5-1　浙商参与公共产品供给集中的领域

资料来源：问卷调查整理所得。

社会公众得到了实惠，同时，又扩大了浙商企业的经营范围，增加了收益，一举多得。

（二）参与公共产品供给同企业的发展阶段具有相关性

从企业的发展周期来看，企业发展的过程可分为不同的阶段，即初创阶段、成长阶段、发展阶段、扩张阶段和成熟阶段。浙商进入公共产品供给领域同企业发展的不同阶段相关联。调查显示，有15.4%的企业在初创阶段就进入公共产品供给领域；有17.9%的企业是在成长阶段开始进入公共产品供给领域；41.0%的企业是在发展阶段进入的，所占比例最高，然后开始递减；有15.4%的企业在扩张阶段进入，而到了企业发展的成熟阶段进入公共产品供给领域的只有10.3%（见图5-2）。

从以上调研结果可以看出，浙商参与公共产品供给同企业发展阶段具有相关性，这种相关性呈现一个倒"U"曲线。在企业初创阶段和成长阶段进入公共产品供给领域的比较少，产生这种现象的原因是多方面的。一是与企业发展不同阶段的主要任务相关联。在企业的初创阶段和成长阶段主要任务是把企业开办起来，并能够使它在激烈的市场竞争中站稳脚跟，对参与公共产品供给无暇顾及。到了企业发展阶段，企业在激烈的市场竞争中找到了自己的生存空间，企业的产品已经占有了相对稳定的市场份额。企业要进一步发展需要通过一定的途径扩大生产经营范围，借助一定的力量拓展发展空间，这是多数企业选择在企业发展阶段进入公共产品供给领域的重要原因。而到了企业发展的成熟阶

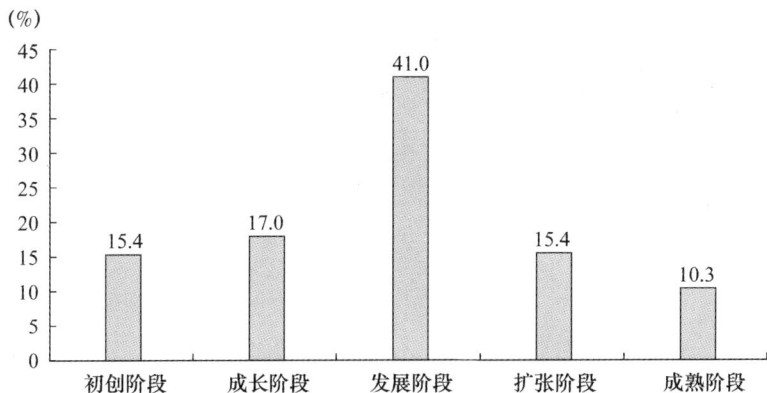

图 5 - 2　浙商开始参与公共产品供给的阶段

资料来源：问卷调查整理所得出。

段，已经形成了企业经营的固定模式，导致企业进入公共产品供给领域的比例比较低。二是与企业的资本积累相关联。企业资本的积累直接影响浙商参与公共产品供给的积极性。参与公共产品供给需要有一定的资本积累。基础设施建设是浙商参与公共产品供给的主要领域之一，这是一个投资多，回报比较慢的领域，这需要相当雄厚的资本积累才有能力进入。投资教育和医疗领域也是如此。这是企业在初创阶段和成长阶段无法达到的。而到了企业的发展阶段，伴随着企业的大发展，企业也积累了大量的资金，具备了进入公共产品供给领域的能力。当然，除了上述两个企业自身因素之外，也不排除其他因素的影响。大多数浙商是伴随改革开放一起成长起来的。改革开放初期，也是浙商企业的初创阶段，在这个时期政府对公共产品供给领域的开放程度相当有限，也是其中的重要原因。

（三）参与公共产品供给的意愿比较强烈

通过对浙商参与公共产品供给意愿的调查结果看，多数浙商都有参加公共产品供给的意愿。调查结果显示，有 65.1% 浙商愿意进入公共产品供给领域，参与公共产品的供给，不愿意参与的仅占 6.4%（见图 5 - 3）。此外，在没有参与过公共产品供给的浙商中，有 32.1% 愿意参与公共产品的供给。

众所周知，浙商是一群白手起家的草根企业家。他们同有些地方的民营企业不同，创业伊始没有享受国家优惠政策的扶持，也没有外来资金的支持，他们单凭自己的双手去打拼。通过自己勤奋、务实，敢打、敢拼、敢为天下先的

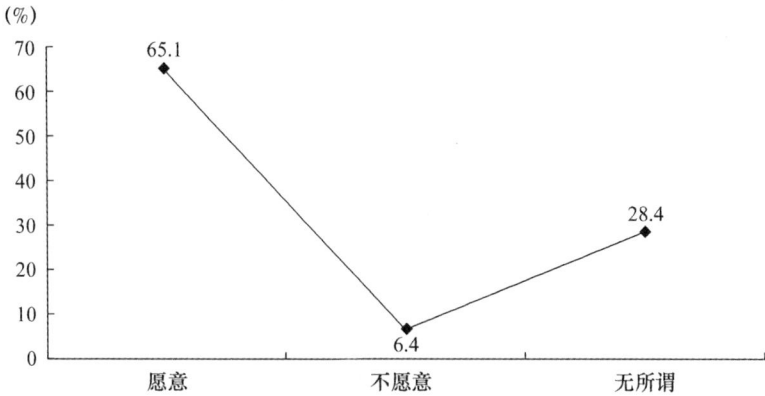

图5-3　浙商对是否继续参与公共产品供给的意愿

资料来源：问卷调查整理所得。

精神，走出了一条独具特色的发展之路。然而，当他们积累了一定的资本以后，开始关注社会的发展，积极参与公共产品供给。随着经济社会的不断发展，浙商也在不断拓展自身的公共行为。

（四）参与公共产品供给的趋利特征比较明显

在调查浙商参与公共产品供给的目的时，有43%的浙商目的是为了扩大生产经营范围，获得更多利润，占大多数；有30%的浙商参与公共产品供给的目的是能够借机向社会公众宣传企业的品牌，树立企业的形象，也是从企业的经营方面来考虑。但是，可喜的是有16%的浙商是出于向社会尽义务，有11%的浙商是出于公益目的来参与公共产品的供给（见图5-4）。

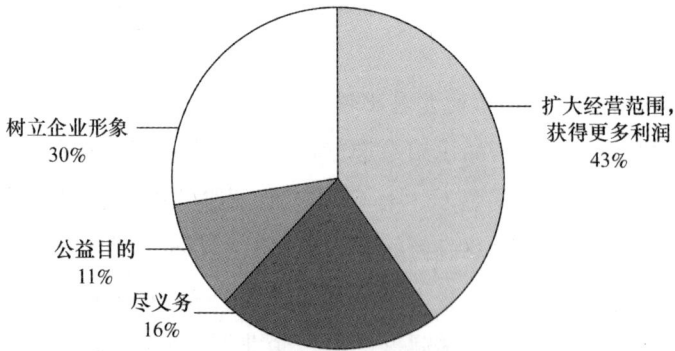

图5-4　浙商参与公共产品供给的目的

资料来源：问卷调查整理所得。

从总体上看，浙商参与公共产品供给的趋利特征比较明显。浙商作为市场经济条件下的市场主体，受自利性本性的影响，追求利益的最大化是其必然的选择。这也从一个侧面反映出浙商公共行为的公共性有待于进一步提升。但是，也有少数浙商出于公共性的目的来参与公共产品的供给，这从一定意义上来说，代表了浙商公共行为的发展方向。

三、浙商参与公共产品供给面临的问题

公共产品供给的公私合作，公共产品生产的民营化发展方向已经不可逆转，特别是近年来国家几乎放开了所有的公共产品领域，包括基础产业和基础设施（交通运输、水利工程、电力、石油天然气、电信）；市政公用事业和政策性住房建设（城市供水、供气、供热、污水和垃圾处理、公共交通、园林绿化、租赁和经济适用住房）；社会事业领域（医疗事业、教育培训、社会福利）；国防科技工业领域（军工、军民两用高科技开发、军工生产和科研）；等等。这一切都为民间资本参与公共产品供给提供了政策上的支持。可以说，浙商已经走在了参与公共产品供给的前列，然而，在肯定已有成就的同时，也需要看到目前存在的一些问题，以便正确判断自身的发展阶段、周围环境的发展趋势。通过调研发现，主要有以下几个问题制约着浙商参与公共产品供给行为的发展。

（一）行业垄断的阻碍

在传统的经济发展路径中，政府是社会投资的主体。改革开放以来，各行业开始实行市场化的发展，随着私人投资的崛起和发展，政府垄断投资的局面被打破。从表面上看，私人资本进入公共产品供给领域已没有了政策上的障碍，但一些行业仍然被垄断部门或集团所控制，私人资本进入的壁垒事实上并没有被打破。现在浙商参与公共产品供给比较多的领域是基础设施、医疗卫生、教育培训、环境保护等领域。浙商参与这些领域的公共产品供给时，主要是通过特许经营、合同外包等与政府合作的形式。但是，在有些领域，由于行业主管部门为了行业利益不愿意向社会资本开放，在项目审批、项目设计、优惠政策选择、原材料供给等方面，都倾向于本系统的直属企业，民营企业难以在短时间进入。这种过高的市场准入限制，一方面，造成这些领域的建设资金投入不足，影响公共产品供给的数量和质量；另一方面，导致大量民间资本进入受限，民营企业发展也受到一定限制。随着国家对拓宽民间资本投资范围的重视，在今后，公共产品供给领域将成为新的投资热点和新的经济增长点，但浙商要想

扩大在公共产品供给领域的投资，还依赖于行业垄断的真正被打破。

（二）民众偏好的影响

由于国有企业具有不同于其他类型企业的特殊产权关系，决定它既要承担经济责任又要承担社会责任，其经营行为的目标也不是单一的。也就是说，它并不像民营企业那样具有十分突出的商业性目标。同时，由于体制上的原因，人们事实上已经将国有企业信用等同于国家信用，在民众的心目中，国有企业以国家为后盾，企业经营的稳定性比较强，不会轻易破产倒闭。而且，在传统的经济体制下，国企一直是社会公众所需的公共产品的直接供给者，形成了一定的品牌效应。尽管近年来国有大型垄断企业的一些不良行为，直接影响了企业的社会形象，使人们对它的信任度打了折扣。但是，在民众的心目中，国有企业较之民营企业还是具有相对来说比较好的信誉。民营企业在进入公共产品供给领域过程中受到种种限制，在品牌上缺乏知名度。而且人们对民营企业还存在着种种偏见，认为民营企业基本是唯利是图，在这种情况下，实施政府投资退出，改由民间资本来替代，提供相应的公共产品，人们自然会担心交易安全和利益保障问题。当一个地区没有形成广泛接纳和认可民营企业的社会氛围时，民营资本进入并在其中经营的难度是可想而知的。这在一定程度上也影响了浙商参与公共产品供给的意愿。大部分浙商是白手起家的家族式企业，受传统小农思想影响较深，因而除了在私人产品供给领域有极强的主动性外，参与公共产品供给的积极性还不够高。民众偏好的作用更加影响了民营企业参与公共产品供给的意愿，使他们不能正确、科学地认识到参与公共产品供给的自身优势所在。一些企业在掌握了大量的经济资源后反而迷失了方向，存在小富即安的心理。因而有些浙商企业很少关注公共产品供给领域，不愿意在公共产品供给领域拓展生产经营的范围。

（三）利益驱动的限制

务实肯干是浙商获得成功的关键，因此，追求企业的利益是浙商企业经营第一动机。在浙商参与公共产品供给的过程中，大多数企业都以追逐自身利益为导向。浙商今天的成功，正是凭着强烈的追逐利益的动机，才在这块政策扶持少、资源相对匮乏的地方创造出了惊人的业绩。然而，在不同的事业当中追求利益都要讲求一个"度"，超越了度的界限，就会走向反面。对于私人产品的提供，浙商可以在供给平衡的状态下追求利润最大化，但是，相对于公共产品而言无论如何他都具有一定的公益性，公共产品的提供就是为了最大限度地满足社会公众的需求。即便是准公共产品的供给，也要建立在一定的公共利益的基础上，在公共产品的质量、价格、数量上都要以满足社会公众的需求为主要的价值取向，这样才能实现参与公共产品供给由自利性向公共性的展开，提升参与公共产品供给行为的公共性。在调查的过程中发现，一些企业在进入公共产品供给领域时，由于过大的利益驱动，不仅导致了资源的浪费而且也损害了社会公众的利益。例如，在参与市政水务工程建设的过程中，民营企业在原有的基础上又铺设了供水的新管道，并向用户收取管道铺设和维护的费用，而且供水的价格一再提高。本来鼓励民营企业参与公共产品供给的一个重要目的就是通过市场竞争降低成本、提高效率、保证质量。然而，在民营企业参与公共产品供给的实际运行过程中，优势并没有充分地反映出来，达到预期的目标，所提供的公共产品并没有比原来费用更低、效率更高、质量更好，反而在质量上和服务水平上均低于原有的供给。这种不惜牺牲企业诚信、社会公众利益的做法，显然不符合公众对公共产品供给的要求。过度追求利润最大化的行为降低了公共产品供给的质量和效率。在公共产品供给领域，浙商应该把握其特点，不断提高公共产品供给的公益性。

（四）制度建设的薄弱

目前，我国正处于社会转型和体制转轨的关键时期。尽管经过改革开放30多年的发展，从法律文本上来看，已经建立了较为系统的法律体系；从制度的规定来看，已经形成了较为完善的经济制度、政治制度、文化制度和社会制度。但是，有些遗憾的是某些法律在实施过程中打了折扣，某些制度在社会实践中并没有形成制度生态，有些甚至被形式化了。在这样的大环境、大背景下，制度的缺失在一定程度上，导致民营企业在参与公共产品供给的过程中积极性明显不足。这主要表现在民营企业参与公共产品供给缺少完善的制度，已有的制度又不能得到很好的落实，监督机制不完善。例如，关于民营企业生产公共产品的产权界定问题，应明确区分民营企业参与不同形式的公共产品供给，应有不同形式的产权分割，这样才能寻找出有效的供给方式。同时要完善保障制度，既要保障社会公众的利益，也要保障民营企业的利益。可以通过民营企业供给的领域，政府就应该逐渐退出，这既可以减轻政府的财政负担，又可以提高供给效率，何乐而不为；不能通过私人资本参与提供的领域，政府相关部门要齐抓共管起来，并且在资金、质量、效率上得以保证。由于民营企业参与公共产品的制度还不够完善，民营企业参与公共产品供给的政策、法制环境并不理想，对企业的竞争、监督、价格制定等方面也存在很多的问题，在这样的环境下，是非常不利于公共产品供给民营化的发展。我国公共产品供给的民营化道路，必须要坚持法制化的方向，应当通过加强法制建设，构建全面、系统的法律体系并付诸实施，使之生态化。要在法律的框架下推进公共产品的民营化，这样才能为浙商参与公共产品供给提供制度上的保证，更进一步地调动浙商参与公共产品供给的积极性。

第二节　浙商参与公共产品供给的价值

浙商通过市场参与公共产品的供给是浙商公共行为在经济领域的展示。浙商参与公共产品的供给，既是弥补公共产品供给过程中"政府失灵"的必然要求，也是浙商为自身创造更多发展空间的重要途径。将实力雄厚的浙商资本引入到公共产品供给领域，可以大大改善公共产品供给的状况，提高供给效率。事实上，通过公私合作供给公共产品这已成为公共产品民营化不可改变的趋势。

一、对企业自身发展的价值

（一）有利于增加企业的利益

公共产品供给领域的开放对浙商来说是一个新的商机。浙江省是我国民营企业最活跃的省份之一，在这些民营企业为社会创造财富的同时，它们未来的发展环境也发生了变化。目前，许多行业的发展空间和利润空间已经趋于饱和甚至过剩。面对越来越多的竞争者以及二次创业的压力，浙商如何才能在市场激烈的竞争中，在自身未来发展中立于不败之地？彭罗斯的企业成长理论认为，企业的成长来自于企业内部对资源的利用能力。那么，如何利用其雄厚的资本实力提高经济效益是当前众多浙商面临的共同问题。通常提高经济效益有两大途径：一是生产符合社会需要的产品，二是节约劳动。这就要求企业在变化的社会中及时发现机遇，合理利用资源、生产符合社会需要的产品。随着经济的发展和城市化水平的不断提高，与私人产品相比，公共产品市场有着巨大的需求空间。像高速公路、城市地铁、城市供水供电、农村道路设施、卫生医疗等领域，都需要巨大的资金投入和运营精力的投入。虽然某些公共产品的生产具有建设周期长、沉淀成本高、规模经济等特征，但是其市场广阔，赢利稳定，风险比较小。因此，公共产品供给领域无疑为民营企业提供了新的商机。浙江民营企业的加入，也将会为经济发展带来新一轮的投资热潮，必然使经济总量的大幅度增加。

在市场经济体制下，追求利润是企业的首要任务。在多数情况下，企业参与公共产品供给，承担社会责任要支付额外的成本，这意味着企业当期利润的部分丧失或让度。但如果换个角度思考情况就未必如此。从长期来看，参与公共产品供给的行为改善了企业的社会形象和生存环境，在获得社会各界的支持的同时，也是企业品牌扩展的机会。民营企业在利他的同时，也在利己。企业的公共行为与市场经济的本质要求并不冲突。

（二）有利于提升企业的竞争力

参与公共产品供给是企业实力的证明。民间资本进入公共产品供给领域，要在公平竞争的条件下参与公共产品的招标工作。向社会和公众提供越来越多、越来越好的公共产品是建设服务型政府的根本宗旨，而公共产品供给的市场化就是在服务民生、改善民生这一目标的指导下，改善政府作为服务提供者的效率、降低公共产品供给的成本。因此，选取有实力、负责任、能为民众造福的企业，是政府选择参与公共产品供给的企业的根本标准。所以，企业在公平合理竞争的条件下，能够获得投资、运营公共产品的资格是企业实力的有力证明。

民营企业积极参与公共产品的供给，为社会公众提供满意的公共产品和优质的公共服务，有利于企业树立良好的公众形象，赢得商誉，累积无形资产，获得利益相关者的认同和支持。在以往的单纯由政府提供公共产品的阶段，由于缺乏竞争，产生了政府的垄断和行政屏蔽等问题。一方面政府公共产品供给成本大大增加，制约了社会经济的快速发展；另一方面公众无法享受到高效率、低费用、高服务质量的公共服务和公共产品，影响了人民生活的水平和质量。目前，浙江省在公共产品供给方面进行了积极的市场化改革，使得浙江民间资本能够进入城市水务、道路交通、环境保护等领域。由于存在一定的竞争，浙商的资本在进入公共产品供给领域后往往能够以较高的效率、服务水平以及合理的价格，为公众提供公共产品，在改善城乡居民生活水平方面都起到了积极的作用。同时也树立了企业的良好形象，提升了企业的竞争力。

（三）有利于企业的可持续发展

在现代社会，企业存在的意义已经超越了单纯牟利的范畴。企业若想获得可持续的发展就必须承担社会责任，积极创造社会财富而不仅仅是追逐利润。所谓企业的可持续发展是指为了谋求永续发展，企业应努力掌握既可满足消费者需求，又可合理使用自然资源，并保护环境的生产方法和措施，通过追求综合效益（经济、社会、环境效益的统一），以实现本企业与社会、竞争者、消费者之间的和谐共存。① 企业的可持续发展重在保持企业持续的生命力和活力，这要求企业必须关心所处社会的全面的和长远的利益，注重社会效益，并且全面履行责任和义务。由于企业参与公共产品供给有利于改善民生，同时改善了企业形象，吸引了大量人才，取得了竞争优势，增加了企业的收益。可以说，民营企业参与公共产品供给与经营业绩之间有着正相关关系，即企业参与公共产品供给会促进企业经济效益的提升，保持企业长盛不衰。

二、对政府公共治理的价值

（一）有利于推动政府体制改革

政府职能转变指的是对传统的政府管理方式、管理手段进行变革，使政府由微观管理转向宏观管理，由直接管理转向间接管理，由部门管理转向行业管理，由以管为主转向以服务监督为主。把原来不应该由政府承担，政府承担也做不好的事情还给企业和社会，应该更好地履行它应该履行的职能。具体到公共产品的供给方面，民营企业投入到公共产品供给中，使得政府投资和民间投资能够更好地协调起来，政府能合理界定并且调整在公共产品领域的投资范围，从而让政府有更多的精力从事宏观的管理、社会服务工作。除此之外，政府职能转变必然带来政府机构的改革，要求政府机构按照转变后的政府职能精简、归并，形成"小政府、大社会"格局。政府机构缩小之后，原来由政府机构承担的行业管理职能，就应该交由代表行业的行业协会或商会承接。换言之，民营企业参与公共产品供给，为政府职能转变和机构改革创造了条件，推动了政府体制的创新。

深化政府体制改革需要政府由统治性型政府转向服务型政府。党的十七报告从深入贯彻落实科学发展观，构建和谐社会，发展中国特色社会主义的战略高度，明确提出了"加快行政管理体制改革，建设服务型政府"的要求。这要求政府不仅要履行好宏观经济调节和市场监管的职能，更要履行好社会管理和公共服务的职能，大力发展社会事业和公共事业，为人民群众提供更多更好的公共产品和公共服务。而为社会公众提供更多、更好的公共产品和公共服务，

① 王中林：《对中小企业社会责任问题的思考》，《商场现代化》2007年第12期。

正是目前政府履行职能过程中的薄弱环节。人民群众迅速增长的公共需求同公共产品供给的不足之间存在一定程度的矛盾。因此，迫切需要推进公共产品民营化，引导民营企业参与公共产品的供给。充分利用现有资源，引入社会资金，把公共产品供给同完善市场化运行机制结合起来，引入市场竞争机制，建立统一、开放、竞争、有序的现代市场。鼓励民营企业进入公共产品供给领域，打破现有的部门和行业垄断的格局，从源头上增加公共产品的供给，以达到创新社会管理体制，整合社会资源，提高政府的公共服务水平，满足公众对公共产品和公共服务的需求。

（二）有利于维护政府的合法性

提高公共产品供给效率可以增强政府的合法性。由于公共产品在消费上具有排他性的特性，即它并不排斥非付费者对公共产品的消费，这样就形成了所谓的"搭便车"现象，即不付费而享受公共产品的现象。这样的现象，有其合理的一面，如老人和儿童是公共产品重点供给的对象，但是他们却不具备支付（纳税）的能力，因此，就要认可他们"免费搭车"的权利。但是，由此也会产生一些弊端，又可能使一些有纳税能力的人逃避纳税而享受公共产品。这就会造成公共产品消费上的不平等和低效率。将公共产品民营化，除了那些必须由政府供给的纯公共产品外，民营企业参与一些准公共产品的供给，通过收费等手段可以有效地遏制搭便车现象和消费拥挤现象。而对于老人和儿童可以通过社会保障的方式来满足他们对公共产品的需求。同时，由于引入私人供给，增加了供给的竞争性，供给主体不再由原来的单一角色担任，也能够改变垄断供给下的无效率状态。民营企业为了自身的生存，必须高质量、高效率的供给公共产品。人们在消费高质量的公共产品和享受高质量的公共服务时，政府的行为也会得到社会公众的认可，增强政府的合法性。

民营企业参与公共供给的行为，是以其对政府的政治认同为前提条件或心理条件的。民营企业家积极参与公共产品的供给，这本身就表明了政府合法性的存在。民营企业阶层作为新生的社会力量，经济实力雄厚，影响深远。参与公共产品供给所涉及的范围越广，效果越好，就越表明广大的民营企业对政府的认同，同时也越能增强政府的合法性，为政府的治理活动培养深厚的群众基础。

（三）有利于政府走向善治

在当代，公共治理主体多元化是社会发展的基本趋势。在过去论及公共事务治理责任时，人们通常把关注的焦点主要集中在政府身上。但是，近几年来，这种观念在发生变化，人们开始讨论非营利组织在社会公共事务中的作用问题，并对非营利组织参与公共事务越来越予以认可。当然，政府与非营利组织在公共事务治理中都是重要主体。但在强调这两者的地位和作用时，也应当看到，在现代多元化的公共管理主体中，企业也成为其中重要的一员，在社会公共事务治理中发挥的作用也是极其重要的。伴随着公共治理多元化体制的发展，浙商也明确的认识到，他们在社会公共事务治理中也肩负着越来越重要的责任。通过对这种责任的履行，企业在求得自身发展的同时，也为公共治理做出了贡献。

随着全球化时代、信息时代的来临，人类政治过程的重心正在从"统治"走向"治理"，从"善政"走向"善治"。对于现在生活的城市，当我们沐浴着现代城市文明的同时，也感受到诸如环境污染、交通拥挤、生态失衡等一系列的城市问题。之所以这样，世界所有地区的城市都有证据表明，城市之所以问题丛生，根源于城市政府在提供公共产品、管理城市公共事务、纠正负外部性方面的失败。"善治"是人们针对国家权力与公民社会关系重新厘定的一个愿景，实际上是国家权力向社会的回归。这种多元的治理结构中，政府虽然是公共治理中的主要角色，但并不再是唯一的角色。各种企业、非政府组织也能够承担更多的公共事务治理的角色。民营企业参与公共产品的供给，可以同政府和民间组织一道推动政府走向善治。

目前，民营企业参与公共产品供给的领域多数为准公共产品领域，这些准公共产品有着消费上的竞争性和非排他性。这样竞争性和非排他性就构成了一对矛盾，市场化或者国家化的方式都难以实现这类公共物品的供需平衡。埃利特·奥斯特罗姆通过对小范围"公共池塘资源"的研究，认为"从建立小规模的最基本组织起步的成功，使群体中的人们得以在所创立的社会资源基础上，通过更大更复杂的制度安排来解决较大的问题。"① 也就是一群利益相关者共同建立起一种合作的关系，互惠互利、互相监督、互相合作，以解决公共物品的供给问题，实现多中心治理。因此，企业参与公共产品的供给，也是企业参与公共治理的一种形式，是企业实践公共行为的体现。这对于推动政府走向善治发挥着重要的作用。

---

① ［美］埃莉诺·奥斯特罗姆著，余逊达等译：《公共事物的治理之道：集体行动制度的演进》，上海三联书店 2000 年版，第 102 页。

三、对社会健康发展的价值

（一）有利于维护社会的稳定

发展是硬道理，稳定是硬任务。维护社会的稳定才能为经济发展创造良好的社会环境，为政治发展提供重要的前提条件。没有社会的稳定，发展就无从谈起，人民群众的生活也必然受到影响。

鼓励和引导民营企业参与公共产品供给，能够引导民间资本投资的健康发展。改革开放以后，经过多年的发展，浙商手中积累了大量的资金，必然要寻找新的投资方向，公共产品供给领域的放开恰恰为浙商开辟了新的投资方向。否则的话，民间资本找不到正确的投资方向，就可能在社会上进行不合理的炒作，如"炒房"、"炒煤"、"炒棉花"，炒其他生活必需品，造成市场混乱，影响社会稳定。

浙商参与公共产品供给，扩大企业的经营领域，可以为社会增加更多的就业机会。企业参与公共产品的供给，在拓宽企业自身经营范围的同时，也能够增加就业机会缓解社会就业压力。自改革开放以来，浙江省城乡公共产品供应进展顺利，各地区公共产品供给水平都有了长足进步。但与浙江省经济的快速发展相比，公共产品的供给仍然处于初级阶段，存在着农业基础设施建设投入明显不足、基本医疗卫生也有极大的发展空间等问题。因此，浙商在参与公共产品供给的过程中，无疑为促进社会就业发挥了重要的作用。失业减少了，就业增加了，有利于社会的稳定。

公共选择理论认为，政府活动的结果未必能校正市场失灵，政府活动本身也存在失灵问题，政府失灵甚至会造成更大的资源浪费。这是由于政府部门的活动大多不计成本，即使计算成本也很难做到准确；再加上政府系统缺乏明确的绩效评估制度，其成本和效益较私人部门更难以测量。同时，官员也有理性"经济人"的特征，也难免存在特殊利益集团的"寻租"现象。在这种情况下，要矫正政府失灵，就要在政府中引入市场竞争机制，下放权力。民营企业参与公共产品供给，正是政府市场化改革和分权改革的有效途径。这可以在一定程度上遏制腐败行为，维护社会稳定。

（二）有利于构建和谐社会

加强社会主义和谐社会建设是一种历史使命，也是一种社会责任，它需要观念先行，更需要民营企业的广泛支持。和谐社会应该是民主法治、公平正义、诚信友爱、充满活力、安定有序、人与自然和谐相处的社会。在发展观上，使政府、社会组织、社会成员在精神状态、行为特征、文化践行等方面与和谐发展的要求相适应；在充满理性的思考中，消除发展中存在的不和谐因素，促进人与自然、人与社会的和谐发展。民营企业的社会责任，不仅表现在促进经济社会财富的创造等方面，还体现在促进社会和谐及人的全面发展方面。在企业与社会互动关系中，导引民营企业参与公共产品供给，既有利于企业自身的健康发展，而且也有利于和谐社会的构建。

影响社会和谐的因素是多方面的，其中收入差距过大，基本公共服务供给的城乡差距、不同群体差距和不同地区差距过大，是影响社会和谐的带有关键性的因素。要构建和谐社会重要的是实现收入分配合理化和基本公共服务的均等化。要实现基本公共服务的均等化，需要投入大量的资源，这仅靠政府自身是无法解决的。实现基本公共服务均等化需要调动社会各方面的力量，其中在基本公共服务领域引入民营化和市场化机制是一条重要途径。当前，推动基本公共服务均等化也是国家所关注的民生问题的关键所在。引导政府与私人部门、民间组织的通力合作，在实现基本公共服务均等化方面发挥重要作用，已成当务之急。引导企业积极参与公共产品和公共服务的供给，对于实现基本公共服务均等化具有重要作用。实现基本公共服务均等化，消除城乡之间、地区之间和群体之间基本公共服务上的差距，有利于缓解社会矛盾，解决社会问题，推进社会的和谐稳定。

基本公共服务在不同群体间配置的不均衡，某些群体由于种种原因同其他群体相比实际占有的基本公共服务大打折扣，这是实际上是对某个群体公民权利的一种剥夺和侵害。在我国，基本公共服务的最大不公平，表现为城乡间的差距，这种差距根源于城乡二元结构。城乡二元结构导致对农民的体制性排斥，使农民在基本公共服务的享有上同城市居民相比形成很大的反差。由于受城乡二元结构的影响，政策性排斥也使农民在基本公共服务的享有上处于不利地位。在体制性排斥和政策性排斥的双重作用下，一部分社会成员被推至社会的边缘。排斥必然加深被排斥群体的不利处境，使之沦为弱势群体，被社会边缘化。排斥的结果是弱势群体的权利在某种程度上的被剥夺。人的基本权利遭到否定或者被剥夺，实际上就是对社会成员公民身份的否定和剥夺。权利资源在不同的利益主体间分布的不均衡，权利配置和实现的不平等，直接影响社会的和谐，并成为瓦解社会公共生活的重要隐患。

恩格斯指出："一切人，作为人来说，都有某些共同点。在这些共同点所及的范围内，他们是平等的，这样的观念自然是非常古老的。但是现代的平等要求是与此完全不同的。这种平等要求更应当是，从人的这种共同特性中，从人就他们是人而言的这种平等中，引申出这样的要求：一切人，或至少是一个国家的一切公民，或一个社会的一切成员，都应当有平等的政治地位和社会地位。"① 实现基本公共服务均等化体现了公民平等的社会权利。社会公众都享有平等的权利，有利于社会的和谐。

第三节　浙商参与公共产品供给的走向

　　民间资本进入公共产品供给领域是一个非常复杂的问题，涉及经济、政治、文化、社会等各方面的改革。对于浙商群体而言，也需要从自身角度进行积极、切实、有效的探索，充分发挥民间资本的种种优势，弱化乃至克服可能出现的一些弊端。通过政府组织和浙商群体的共同努力，促进浙商参与公共产品供行为的健康发展，不断提升其公共性。

一、浙商参与公共产品供给的未来展望

　　通过公私合作的形式推动公共产品的民营化和市场化，已经成为一种世界潮流，不论在资本主义国家还是社会主义国家，无论是发达国家还是发展中国家，都在对此进行积极探索和实践，并且取得了良好的效果。它是政府行政管理实践对新环境、新问题的检讨和反思的结果，也是传统行政模式对新环境适应的结果。在这样的背景下，对于我国而言，拓宽民间资本的投资范围，推进私人部门、民间组织共同参与公共产品的供给，既是时代对公共产品供给模式改革的迫切要求，也是今后的行政改革的潮流和趋势，参与公共产品供给也将成为民间资本投资的重要方式。参与公共产品的供给，不仅是浙商自己的行为，其参与数量、参与广度、参与深度等等，在很大程度上都要受到经济社会发展的影响，反过来也要影响经济社会的发展。不仅如此，浙商参与公共产品供给的未来发展，依赖于政府体制改革的深化和政府职能转变的实现程度。当然，浙商参与公共产品供给行为的发展也会对政府体制改革和政府职能转变起到促进和推动作用。在市场经济发展的背景下，对未来浙商参与公共产品供给行为

---

① 《马克思恩格斯选集》（第3卷），人民出版社1972年版，第142～143页。

的展望,必将围绕浙商与政府之间的关系而展开。

浙商与政府之间的关系实质上就是私人部门与公共部门之间的关系,反映在公共产品供给上,就是通过公私合作的方式走一条民营化和市场化的道路。民营化体现了新公共管理理论和实践最基本的理念,是进行公共治理的基本战略。在这一战略中,公共部门与私人部门扮演着不同的角色,他们是一种伙伴关系。这种伙伴关系首先表现在公共部门和私营部门共同参与生产和提供物品和服务的所有安排之中,如合同承包、补助、凭单、特许经营等。在所有的这些制度安排中,政府和私人部门都是一种伙伴关系。在我国市场经济不断发展和逐渐成熟的条件下,政府要正确处理同民营企业之间的关系,明确为企业服务的本质,通过公共政策营造出良好的市场环境、社会环境、法治环境、舆论环境。当然,为社会公众提供更多、更好的公共产品是政府不可推卸的责任,但是,提供的方式可以选择。从未来的发展趋势来看,政府对公共产品生产的直接投资会相对减少,政府的主要职责是通过制度保障和政策引导,鼓励民营企业参与提供公共产品和公共服务。在民营企业参与公共产品供给过程中,加强监督和管理,以保证广大社会公众的利益。这便是今后政府与企业的角色关系。

二、浙商参与公共产品供给能力的提升

(一)要突破传统发展模式

浙商无论是生产个人消费产品还是参与公共产品的供给,首先都是建立在有利于企业发展、促进社会进步和国家繁荣的基础之上。因此,浙商自身的发展水平、企业实力如何对参与公共产品供给有着重要的影响。当前,浙商的发展面临很多问题,加之国际经济环境、国内经济状况的影响,浙商传统的发展路径已经不能很好地适应现代经济的发展。浙商要想更快、更好的发展,并且能够进入到公共产品供给领域,必须要突破传统的发展瓶颈,转变原有的经营方式,提高自身竞争力。

在改革开放的浪潮中,浙商凭借其不屈不挠的精神、敏感锐利的眼光在改革开放30多年里赢得了自身的发展空间,从原来的生存都存在着危机到现在成为中国最有影响的商人群体。创造了奇迹,也形成了自身特有的发展模式。从浙商白手起家的发展路径看,大多数浙商都存在以家庭作坊、家族企业为明显特征的经营方式,这种小、精、活的组织形式成为浙商崛起的重要优势。但是

"从总体上来说，增长形式主要是规模扩张而非技术密集化"。① 浙江省地处长江三角洲地域，然而，这个经济大省却是个在资源上位于全国倒数第二的资源小省。灵活的浙商们却没有因为这种资源限制而束缚前进的脚步，他们另辟蹊径取得了现在的成绩。然而随着社会的进步，经济的发展，小作坊、小生产的发展模式已经不适应今天的经济发展了，更无法适应未来的经济发展。从面临的形势来看，我国作为世界工厂的优势已经在逐渐弱化，调整产业结构、转变经济发展方式已是刻不容缓。浙商要想在未来的市场竞争中立足，在未来的经济发展中争得一席之地，跻身于公共产品供给领域，提高自身的竞争力，必须打破原有的发展模式，改善现有的资本结构、克服技术上的不足、转变发展方式、调整企业的经营结构。加快从企业的组织结构上、产业和产品结构上转型升级，不仅仅是要适应未来的发展需要，更重要的是要引领未来民营企业的发展。

浙商要不断提高自己的创新能力，有创新才会有发展。现代经济学认为，在出口产业已经发展到相当规模以后，出口导向政策容易使出口国的企业依赖于低要素价格和低汇价，缺乏从事技术创新和产品升级的压力和动力。这种情况，被诺贝尔经济学奖获得者斯蒂格利茨教授称为"劳动密集型产品专业户"。② 在过去几十年的发展中，低成本加工的小生产模式为浙商创造了巨大的财富，然而这种优势势必降低了浙商创新生产技术、升级产品层次的动力。随着中国经济的发展和汇率水平的变化，单靠竞争出厂价格，不能为浙商的可持续发展增添优势。2008 年的国际金融危机给国内的制造业带来了严重的影响，也同时为浙商们敲响了警钟。中国的世界工厂优势在逐渐弱化，浙商应当为自己寻找新的市场、新的发展途径。参与公共产品的供给，将会扩大浙商的生产经营范围。然而怎样在公共产品供给领域争得发展的空间，增强创新能力、提高企业竞争力才是浙商可持续发展的根本动力。

浙商应当以创新企业文化作为引领来促进企业的可持续发展。企业文化是一个企业的精神，它影响着企业的战斗力和号召力。作为企业发展的强大支撑和动力的企业文化，在浙商企业转型升级的"转折点"上发挥着非常重要的作用。在市场经济条件下，企业的核心竞争力不只是高、精、尖的技术产品，先

---

① 陈群：《如何提升浙江中小企业生存能力》，《民营经济与科技》2008 年第 4 期。
② 袁弘明：《转变发展方式的战略变革》，《中国投资》2009 年第 8 期。

进的企业文化也是企业的生命力之所在。新时代的浙商，要提高企业的未来竞争力，必须创新企业文化。产品可以模仿，企业文化是无法模仿的，要靠企业的长期积淀。有了先进的、独特的企业文化，可以为企业的可持续发展提供不竭的发展动力。

（二）要加强人力资源的储备

当今的时代，企业核心竞争力越来越表现为对人力资源的培育、拥有和运用能力。人才是推动企业发展的力量源泉，人才资源已经成为企业的第一资本。无论从宏观角度，还是从微观角度来看，人才是企业发展的决定性因素。因此只有拥有了充足的人才，企业才能实现跨越式的发展。企业的新产品开发靠人才，企业的市场拓展靠人才，企业的转型成绩更要靠人才。

相对于国企来说，民营企业要想进入到原先被垄断的公共产品供给市场进行竞争，必须有足够的人力资源储备。但是，由于浙江民营企业发展的独有特点，在人力资源上也存在着一定的问题。这已经成为影响浙商发展的关键性的因素。

浙商家族式管理模式使人力资源获取存在封闭性的特点，对企业的发展极为不利。浙商主要以中小企业为主，出于成本考虑，很少通过专业的职业中介机构招募新人，大部分由创业者本人挑选招聘，或通过他人介绍。根据中国社会科学院 2004 年的抽样调查，浙江省私营企业的私人股份所占比例在 90% 以上，其中量大的股东所占比例高达 66% 以上，处于绝对控股地位；还有其他同性兄弟也占相当比例，大约为 14%。根据 2006 年全国民营企业普查资料，民营企业内部已婚企业主的配偶 50.5% 在本企业从事管理工作，9.8% 负责购销；已成年子女 20.3% 在本企业从事管理工作。在浙江民营企业中，除了一些规模较大的知名企业，绝大多数的企业还是通过家族管理的方式经营企业。这些企业在创立之初经历了比较好的发展，但随着行业整体的发展，需要他们以更为有效的管理方式来面对激烈竞争。但家族式的企业，家族式的管理模式已经无法面对越来越激烈的竞争。在人力资源管理上，打破原有的封闭模式，吸引和储备更为优秀的人才已成当务之急。

企业缺乏人力资源的战略规划，也是影响人力资源储备的重要因素。民营企业在制定发展战略时，往往忽视人力资源规划，对本企业的人力资源状况及人力资源体系能否有效地支持企业发展的战略，缺乏足够的重视，人力资源与企业发展战略不匹配。大多数民营企业人力资源管理很少从公司战略层面来考虑，没有根据公司战略发展的需求来配置和引进人才。事实上，企业发展的不同阶段对人力资源的需求有不同的特点。某些企业很少考虑目前企业发展处于哪一个战略阶段，该配置什么样的人才，为了适应企业的未来发展还需要储备那些人力资源。导致员工能力和素质不符合岗位的要求，无法满足企业长远发展的需要。不仅企业的生产、销售、市场、品牌、资本运作等需要制定战略规划，人才这一企业发展的决定性资源更要有科学详细的规划。

许多民营企业过于强调组织中的管理制度和管理程序的制定，忽略建立和健全企业的激励机制。在薪酬管理方面，由于现在国内人才市场上务工人员的流动性较大，一些企业已经开始注意用激励手段来激发员工的工作热情。然而单一的激励因素并不能使员工的工作状态达到满意的程度。较高的工资或物质激励方式是吸引人才、留住人才的一种方法，但是也要有科学合理的绩效考评措施、评估体系等配套措施跟进，这样才不至于使薪酬制度流于形式。

（三）要在理念上创新

企业是经营性组织，而赢利则是其存在和发展的前提条件，因此追求利润是企业首要的目标。企业的运营管理就是围绕着这一目标的实现而展开的，可以将这种经济诉求称为企业的"经济性"要求。在传统的市场经济中诞生的企业，一直在这一理念的指导下经营与生存，并逐渐发展壮大。传统的经营管理理论对这一点已做了充分的论述，它通常被表述为未加任何限制的所谓"利润最大化"。"利润最大化"并不必然导致野蛮经营，但它并未排除野蛮经营的可能。但是，随着现代社会生产力的不断提高，社会文化的转变也使市场经济日益从野蛮向文明转化，形成了以法制经济和道德经济为特征的现代市场经济，从而对构成市场经济细胞的企业的要求也大大提高了。

企业是一种社会组织，它不但存在于社会之中，而且依赖于社会才得以存在和发展。企业必须维护社会的存在，才能保障自己的存在。社会不会因企业的衰亡而衰亡，但企业却可能因为危害了社会而使自己走上衰亡。因此，企业就必须自觉地使自己的存在方式与社会相适应，把企业的利益与社会的利益统一起来。在维护社会利益，起码是在不危害社会利益的前提下去追求实现企业利益，同时它还必须履行自己对社会的责任和义务。

日本学者水谷雅一曾在其代表作《经营伦理理论与实践》一书中提出并详细论述了"经营价值四原理体系"问题，包括：效率性原理、竞争性原理、人性原理和社会性原理。他认为前面两个原理是传统的经营价值原理体系，已不适应"成熟社会"和时代发展的要求,需要增加后两个原理,重新构建成一个新的经营价值四原理体系。① 他还将前面两个原理归并为"经营经济性",后两个原理归并为"经营公共性"。企业可以也应该追求赢利,但不能不择手段地搞野蛮经营,损害社会公共利益,必须遵守法律并搞好道德自律。这样,就必须对传统的经营理念进行发展和创新,不能再片面的只强调"经济性",还要同等考虑"公共性"的要求,从而构成一个全面的、将"经济性"和"公共性"紧密结合的新的经营管理理念。这一演进过程早已开始,正在逐步从量的积累进入到质的变革。然而市场经济的法律、法规体系不可能一下子就很完备,至于市场伦理建设更需要一个较长的过程。但现在已到了质变的关节点,关键在于企业如何适应这一变化的问题,这也是企业的"经营公共性"的实质所在。确立企业"经营公共性"的理念不是要把企业变成一般公益性的组织,更不是要把企业变成一般的慈善团体,而是强调企业在追求赢利、从事经营活动时不得损害社会公益、不得违反社会的法律规范和道德规范,要自觉约束自己,搞好企业的经营伦理建设,切实履行企业对社会的义务和责任。

浙商应该把企业的"经营经济性"要求和"经营公共性"要求结合和统一起来,形成新的企业经营管理理念,这是推进企业经营伦理建设的思想基础,也是浙商适应社会变化升级企业管理水平,使企业能够更好地参与公共产品供给的重要途径。

---

① 李长明编:《经营伦理理论与实践》,经济管理出版社 1999 年版,第 212 页。

第六章　浙商参与公共权力运作

　　浙商参与公共权力运作，为浙商的其他公共行为提供了保障。尽管经济行为是民营企业家开展其他行为的基础，但是浙商的经济行为不可避免地要受到其公共行为的影响。浙商参与公共权力的运作，可以在一定程度上为自身发展创造更好的外部环境。参与公共权力运作不仅有利于经济行为的开展，也有利于自身政治理想和政治诉求的实现。近年来，随着社会地位的提高，越来越多的浙商开始参与公共权力的运作。虽然浙商参与公共权力运作还处于初级阶段，参与方式尚不规范，制度环境也有待完善，但带有普遍性、规范性、民主性的参与是未来浙商参与公共权力运作的必然趋势。

第一节　浙商参与公共权力运作的现状

　　之所以运用"浙商参与公共权力运作"来表述浙商参与政治活动的行为，是为了强调浙商不是作为公共权力一种外在的力量来参与，而是作为公共权力运作的主体之一参与公共权力的运作。"多中心治理"理论强调治理主体的多元化，在当代的公共治理中，政府、企业和社会都是治理的主体。民主协商理论也主张主体的多元化和不同主体之间的平等协商。从根本上来说，这根源于主权在民的思想，也是现代民主政治发展的特色和趋势。浙商作为"民"的组成部分，是当然的公共权力运作的主体。浙商作为一种外在的力量进行政治参与到作为内在的主体之一参与公共权力的运作，这也从一个方面反映了浙商参与行为的发展过程。浙商参与公共权力的运作经历了曲折前进的历史过程。在民主参与的历史中，随着我国民主政治制度的不断完善，公共权力的运作也呈现多元化的趋势，浙商参与公共权力运作的意识也正日趋增强。

一、浙商参与公共权力运作的主要动机

对于参与公共权力运作，主要存在两种不同的看法，一是限制公民参与，二是强调公民参与。强调公民参与的理论主要有全面参与论和多元主义民主论。限制参与论认为，民主需要节制，主张政治参与的主体应以政治家、精英参与为主，普通公民应有限参与或者限制参与。亨廷顿就认为美国有关统治的一些问题正是由于民主过剩引起的，因此提倡对民主进行限制。[①] 在强调公民参与的理论中，全面参与论主张政治参与应以公民的全面参与为主，只有公民不断地参与社会和国家管理，个人的自由和发展才能得到充分的实现；多元民主论认为合理的民主政治也应当是一种多元的格局和多种力量作用的结果。民主不是仅仅通过国家这个权力中心而存在，而应由社会中众多团体来分享，由众多团体共同参与决策过程。国家政治是多元利益集团和寡头精英共同施加影响的结果。多元民主论的主要代表人物是达尔和拉斯基。达尔认为，民主不意味着大多数人在某项政策制定上能够形成一致决定，而是各种利益集团、社会组织能够参与决策的稳步的妥协过程。各种相对独立的团体的存在，并能有效地参与决策过程，是维持民主政治的重要条件。在公共权力的运作中，强调公民参与，主张全面参与和多元主义民主正在成为当前我国政治民主化的重要趋势。

改革开放以来，我国民营企业发展迅速，民营企业数量从 1989 年的 90 581 家增长到 2008 年的 6 574 171 家，民营企业主人数也从 1989 年的 214 224 人增加到了 2008 年的 150 733 611 人[②]，民营企业主已经形成了一个具有一定规模的阶层，这一阶层已拥有十分坚实的经济基础。随着所占有的经济资源的不断丰富，这一阶层正在开始积极寻求政治上的权利，对参与公共权力运作表现出越来越大的积极性。

组织行为学认为，人的行为是由动机引起的，它支配着人的行为。在马克思主义哲学中，意识能动性的一个主要方面是意识活动具有目的性和计划性，这是人类意识区别于其他动物最基本的特征。目的性是人们认识世界和改造世界的出发点与落脚点。人行为的目的又是由动机决定。人从本质上是自利性与公共性的统一，人的行为也就离不开自利性动机和公共性动机的推动。浙商参与公共权力的运作也是受自利性动机或公共性动机驱使的。对浙商参与公共权

---

① ［美］亨廷顿著，马殿均等译：《民主的危机》，求实出版社 1989 年版，第 100 页。

② 浙江省人民政府网站：http: //v. zj. gov. cn/html/news/200910/29/1605136499. shtml#play。

力运作的动机也可以从这两方面进行考察。一方面，人为了自身的生存和发展必然要追求自身的利益，这种利益要求如果被国家法律所认可，就转化为人应该享有的权利。浙商当然也享有宪法和法律赋予的地位与权利，因此，也有着迫切的政治参与愿望和要求，有着公民政治参与的一般动机，即希望通过政治参与表达本阶层的利益诉求，影响政策资源的分配。因此，浙商参与公共权力运作的目的很大程度上与其所在的行业及企业利益相关，自身的经济利益也成为浙商参与公共权力的主要动机。另一方面，人又是社会性的动物，不能脱离社会的公共生活，这同时也就塑造了人的公共性。在追求自身利益的同时，浙商也会考虑公共利益的实现，希望营造良好和谐的社会氛围。因此，浙商参与公共权力运作的公共性动机也不能否认和忽视。

受人的自利性和公共性相统一的人性特征影响，浙商参与公共权力运作的动机一般可分为四大类，两个组合：经济利益导向和政治保护导向、公共责任导向和个人利益导向。为了弄清浙商参与公共权力运作的动机，就此问题进行了问卷调查。在问卷调查中，将上述四类参与动机转化为五个选项。调查结果显示：出于改善企业经营环境，获得更多的企业利益动机的所占比重最大，为35%；其次为寻求政策保护，使企业免遭不公正待遇，占了22%；而以实现个人价值，实现自我，贡献社会为动机的，占19%；以对社会事务、政治事务的关心，推进社会发展为动机的，占16%；以提高自己的声望地位，获得社会尊重为动机的，占8%（见图6-1）。这一结果表明浙商参与公共权力运作，既有自利性动机，也有公共性动机，当然，自利性动机居于主导地位。

（一）经济利益动机

对于行为动机，公共选择理论把市场制度中的人类行为与政治制度中的政府行为都假设为"理性经济人"行为。这种"理性经济人"假设是由亚当·斯密的"自利人"假设发展而来的，它揭示了市场经济条件下市场主体的本质特征。亚当·斯密认为，人的行为动机根源于经济诱因，人都要争取最大的经济利益。作为一种理论假设，自然不能与现实社会中的所有行为完全匹配。但是从普遍意义上说，这种假设基本上符合了人类行为的主要动机，也就是人都有自利性的行为动机。浙商作为市场经济条件下的市场主体，在行为动机上更符合理性经济人假设。

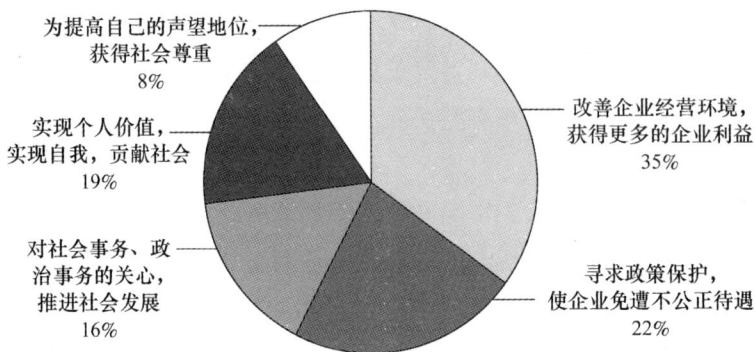

图 6-1　浙商参与公共权力运作的目的

资料来源：根据问卷统计数据整理。

罗伯特·达尔认为，"政治资源是一个人可用于影响他人行为的手段"。① 戴维·伊斯顿认为，"公共政策是对全社会价值进行的权威性分配"。② 公共政策的这种权威性对企业的发展十分重要，尤其在我国的市场机制还不成熟的条件下，政策不仅可以影响企业的发展的外部环境，甚至可以直接影响到企业经济利益的获得。在西方国家，企业政治行为的总体目标是产生有利于企业持续发展的公共政策结果③。在我国亦是如此，企业的经济利益依然是民营企业家政治参与的主要动机。

在浙商政治参与动机的调查结果中可以发现（图 6-1），出于"改善企业经营环境，获得更多的企业利益"动机的比例最大，出于"寻求政策保护，使企业免遭不公正待遇"排在第二位，两项总共占了 57%。这两种动机都同企业追求经济利益相关，也就是说浙商参与公共权力运作的最主要的动机，就是通过自身的参与行为获得企业更好的发展条件，实现更大的经济利益。

在另一项"政策对民营企业的影响"的调查中，58.5% 的浙商认为政策对民营企业的影响较大；28.8% 的浙商认为政策对民营企业的影响很大；只有 2.54% 的浙商认为影响很小（见图 6-2）。可以看出，浙商参与公共权力运作

---

① ［美］罗伯特·达尔著，王沪宁等译：《现代政治分析》，上海译文出版社 1987 年版，第 47 页。

② ［美］戴维·伊斯顿著，马青槐译：《政策体系——政治学状况研究》，北京商务印书馆 1992 年版，第 122 页。

③ Keim, G., and B. Baysinger. The Efficacy of Business Political Activity: Competitive Considerations in a Principal Agent Context ［J］. Journal of Management, 1988, (14). 转载于邹爱其，金宝敏《个人地位、企业发展、社会责任与制度风险：中国民营企业家政治参与动机的研究》。

的热情，很大程度上与政策对民营经济的影响有关。

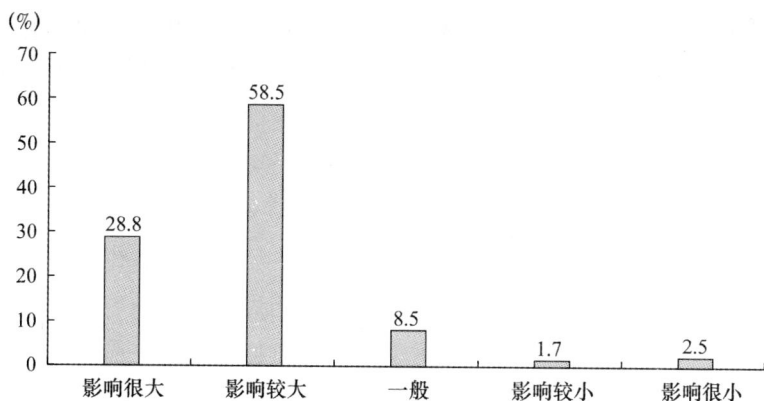

图6-2　政策对民营企业的影响

资料来源：根据调查统计数据整理。

　　在对参与公共权力运作过程中浙商最关心的问题的调查中，结果显示，52.3%浙商们最关心的是自己所在行业的行业政策，排在第一位；有34.2%的浙商最关心国家对民营企业的政策动向；然后依次是国际政治经济发展趋势、党的理论和国家的前景，以及党委和政府的人事安排等（见图6-3）。这说明浙商参与公共权力运作的主要目的还是为了影响政府的政策，为企业的发展创

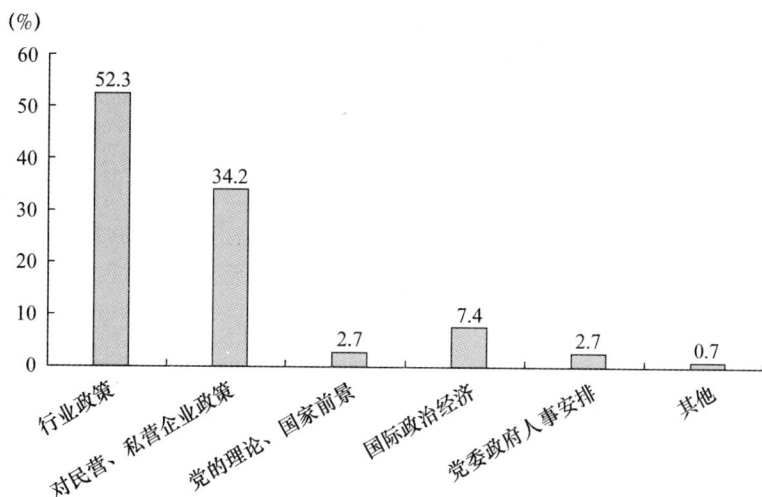

图6-3　浙商参与公共权力运作最关心的问题

资料来源：根据调查统计数据整理。

造良好的政策环境。

通过浙商中的人大代表、政协委员的议案、提案，也可以看出明显的经济利益取向。如在温州市人大十届一次会议上，从事纺织品行业的温州商人提出的《关于实施温州市纺织品市场的议案》，就是希望政府能够对纺织品市场进行管理，对纺织品行业进行政策扶持。省政协委员、普天东方通信集团有限公司总裁张泽熙2009年提出的《引导支持民企进军农业》的议案，建议对民营企业和民间资本从事农业产业及农业生产性服务业，给予一定程度、一定期限的优惠；对计划进入农业产业及农业生产性服务业而尚未退出原有产业的民营企业，在现有资产剥离、抵押、出售等方面能够提供便捷通道。而通过非正式参与方式进行参与的浙商希望能在与政府官员非官方接触中了解政府未来的政策走向，最终的动机还是为了企业的经济利益。

经济利益动机成为浙商参与公共权力运作的最主要动机，其中的原因是多方面的。一是浙商作为民营企业家区别于其他社会阶层的最大特点，就在于通过企业经营获取经济利益，拥有相对较多的私有财产，具有比较强的经济实力。正是凭借这些财富才确立起浙商的身份和地位，才能获得社会的认可，才能进一步实现其他的目标。所以，浙商参与公共权力运作的最原始动机就是搞好企业经营，获取更多的利益，不断壮大自己的经济实力。二是目前浙江民营企业中，99%是中小企业，这些中小企业还处于成长阶段，获得更大的企业利益仍是企业发展的主要动力。虽然，中小民营企业在改革开放后，在社会主义经济体制中的地位逐渐得到认可，但在市场准入与资源占有等方面仍然没有获得与国有企业甚至外资企业平等的待遇。企业发展中的种种不公平、不公正的待遇和处境促使浙商希望通过参与公共权力运作，为他们在经济上的更大发展争取政府政策上的支持，为企业开辟更加宽广的发展空间。三是这同浙商的性格特征有一定关系。浙商有一种求利唯实的性格特征，具有"实用理性"的价值观念，认为应该"在商言商"，商人首先要把企业做好，然后再参与其他活动。当然，如果参与政治活动能够带来企业利益，促进企业发展，他们往往会积极参与。

通过参与公共权力的运作，如成为人大代表或政协委员，具有一定的政治和社会地位后，浙商就更容易得到政府的重视，通过提案等方式表达自身的利益诉求，进而促进政府制定有利于民营企业发展的政策或有利于自己所在行业发展的行业政策。外部信用环境、经营者人身安全保障、公平的国民待遇、政府职能转变仍是浙商迫切期待改进的重要制度性问题。浙商希望通过参与公共权力运作改变或至少是能够影响政府的政策。一旦政策资源优化，就能给企业带来更大的经济利益。

（二）政治安全动机

安全是一种长期的自由，它是一种信心，即相信自由在未来不会遭受侵犯。[①] 改革开放之初的一段时间，民营经济在中国不受重视，民营企业家的身份地位也没有得到社会的认可。这既与中国的历史传统有关，也与人们对社会主义制度的片面理解分不开。在中国古代，一直奉行"重农抑商"的传统，商人是一个没有社会地位的阶层。在封建社会士、农、工、商的等级划分中商人地位最低。在中国传统的政治文化中，商人一般与政治无缘，也很少有促进商业发展的政策。中华人民共和国成立以后，尤其是三大改造完成之后，国家通过没收和赎买等国有化方式将私营经济转化成了国有经济。由于实行的是单一的公有制，不允许个体私人经济的存在，所以也不存在真正意义上的商业活动。改革开放以来，民营经济在社会主义市场经济体制中的地位逐渐得到认可，国家也日渐放开对民营企业的各种约束政策，民营企业获得了较多"自由活动空间"。但是，基于历史政策的大起大落，民营企业家对政治仍然存在着很大的隐忧。

从现实层面看，目前我国正处于经济转型时期，尽管政治不确定性随着社会主义市场经济体制作为改革的根本方向的确立而逐渐降低，但政策变化带来的不确定性依然存在，政府和执法部门工作的不透明性和不规范性带来的不确定性也不同程度地存在着。这些不确定性会给企业经营带来不可预见的风险，这些都给民营企业家带来不安全感。他们只有通过参与公共权力的运作，一方面寻求政治庇护，更重要的是影响政府的政策，为自身的发展形成良好而稳定的政策环境。

为寻求政治保护，力争使民营企业获得更加公平的待遇，已成为人大代表的浙商提出的很多议案与此有关。例如，吉利集团董事长李书福在 2006 年全国两会时提交的《更快更好地建设社会主义市场经济竞争氛围》，正泰集团董事长南存辉在 2007 年全国两会上提交的《尽快出台〈反垄断法〉，警惕外资并购》，星月集团总裁胡济荣在 2007 年全国两会上提交的《制定〈反商业贿赂

---

① ［德］柯武刚著，史漫飞，韩朝华译：《制度经济学》，商务印书馆 2000 年版，第 96 页。

法〉，减少"权力寻租"的机会》等议案，其主要动机是希望政府能够为民营企业提供一个更为平等的市场竞争环境。经过多方利益博弈，《反垄断法》终于于2008年出台了。尽管不能说这其中浙商起了很大的作用，但这些浙商的提案至少对该政策进入政府议程起到了较大的促进作用。

（三）个人价值动机

美国心理学家马斯洛的需求层次理论把人的需要分为五个层次，即生理的需要，安全的需要，社交的需要，尊重的需要和自我实现的需要。人的需要都有轻重层次之分，人们总是在力图满足某种需求，一旦一种需求得到满足，就会有另一种需要取而代之。个人价值动机属于自我实现的需要，居于五个层次中的最高层次。在实现了或基本实现了之前的四个层次的需要后，个人价值的实现就开始上升为一种迫切的需要。

第一代浙商大多是"草根"出身，包括万象集团的鲁冠球，传化集团的徐传化都是农民出身。在刚开始创业时的主要目标是解决温饱问题，满足基本的物质需要。但随着资本原始积累的完成，浙商的企业越做越大，巨大的财富积累使他们赢得了一定的社会认可，也获得了一定社会地位，社交和尊重的需要也基本得到了满足。个人价值需求逐渐成为这些规模较大企业的浙商追求的主要目标。诚然，对于以中小企业为主的浙商来说，实现个人价值还不是参与公共权力运作的主要动机，但通过参与公共权力运作实现自我价值，最终实现个人的社会价值已成为一部分浙商潜在的追求。一旦企业进入成熟期，基本需求得到满足，这一动机就会逐渐的显现出来。

老一代浙商已逐渐退出历史舞台，当前，浙商的主流多出生于20世纪60和70年代。这一代人在父母那里了解到战争的过往和新中国的成立，以及社会主义改造的情形，自己又亲身经历了改革开放前后两种完全不同的政治环境，受政治影响很大，抱有很大的政治理想。但是由于当时的用人机制不完善，以及其他种种条件的限制，这些浙商没有能够进入政治体系中实现自己的人生理想。而随着我国民主政治的发展，政治的开放程度越来越强，这使得很多浙商希望能够实现自己的人生价值参与到政治体系中。在社会价值层面，获得经济上的成功以后，很多浙商并不仅仅安于个人的成功。他们希望通过参与公共权力的运作，推动社会的良性发展，实现自身的社会价值。相对于中小企业，在这方面大型民营企业的企业家更加有能力也更有责任感。他们的参与已经超出了个人甚至本阶层的层面，关注的是整个社会和国家的发展。例如，娃哈哈集团总裁宗庆后在 2007 年全国两会上提出的《尽快推动农民工社会管理制度改革，促进社会和谐》，在 2010 年全国两会《加快住房保障法立法》等议案。吉利集团的李书福在 2010 年两会上建议，将现行的个税起征点调整为 5000 元，各省、区、市可根据本辖区财政实际情况最多上下浮动 1000 元。适当降低工资收入的最高税率，建议将其设定在 5% 至 35% 的范围。这些议案关注的视角充分地证明了这一点。在企业发展取得成就并进入稳定阶段之后，民营企业家希望通过自己的努力尽力实现自身的社会价值。当然，这两个层面的价值并不是决然分离的，在很多人的价值观中，人生价值的实现依赖于社会价值。

（四）公共责任动机

最早提出"自利人"人性假设的亚当·斯密并不否认人性中也有美好的东西。因此，斯密提倡：人应该发挥自己的善良本性，更多地理解别人，同情别人的喜怒哀乐；同时要抑制自己在喜怒哀乐上的激情，将情感的强烈程度降低到别人能够同情的程度；要谨慎和理性，获取更大的幸福；最后，人还要有正义和仁慈之心。"对自己幸福的关心，要求我们具有谨慎的美德；对别人幸福的关心，要求我们具有正义和仁慈的美德。前一种美德约束我们以免受伤害，后一种美德敦促我们促进他人的幸福"。① 在斯密看来，克服人性的弱点，发扬人性的美德是每个人都应当做的，也是做得到的。

从客观上讲，与发达国家民营企业家相比，目前我国民营企业家阶层总体的公共责任感还比较低，只有少数浙商是以公共责任为动机参与公共权力运作的。当然，这与企业的发展规模和发展阶段有一定的关系。一般处于企业成长期的中小企业浙商更关注企业自身的发展壮大，没有更多的时间和精力思考社会责任问题，或者说社会责任问题还没有提到议事日程。企业处于成熟期的大型企业的浙商，由于企业的运作已经进入稳定轨道，自己也积累了一定的社会影响力，开始希望通过自己的政治活动，表达社会公众的利益需求，为实现社会的公平、正义贡献自己的力量。温州最知名的打火机厂总裁的说法代表了一种普遍的心态，"过去办厂首先想到脱贫，但赚了钱后，就要回报社会"。②

传化集团的董事长徐冠巨从 2001 年开始至今，在人大会议上提出过大量提案，有关于民营企业发展的、也有"三农"问题的。2008 年，徐冠巨在《积极

① ［英］亚当·斯密著，蒋自强等译：《道德情操论》，商务印书馆 1997 年版，第 342 页。
② 浙江私营企业主入党高潮背后，《21 世纪经济报道》2002 年 11 月 23 日。

推进民营企业社会责任标准体系建设为构建社会主义和谐社会作贡献》的提案
中建议"政府要建立基础性的引导机制，树立社会责任企业榜样，通过赋予社
会责任标杆企业税收优惠、优先采购权等方式，支持和鼓励企业积极践行社会
责任。对于不履行社会责任的企业，除法律规定的处罚外，还要出台相应的政
策和措施，强制其履行应承担的社会责任"。从这种希望将社会责任推广到全体
民营企业的提议中，可以发现浙商对公共责任的使命感。

二、浙商参与公共权力运作的基本方式

参与公共权力运作的方式是政治系统民主发展水平与公民政治参与能力的
体现，它随民主化水平和公民参政能力的变化而变化。根据各国的政治实践，
政治参与的主要方式有投票、选举、主动接触、政治结社等。[①] 当前，我国民
主化水平和公民的参政能力都还不高，浙商参与公共权力运作的方式主要包括
制度性参与和非制度性参与两种方式，其中主要有选举、投票、非正式接触和
成立行业协会组织等。

在对参与公共权力运作方式的调查中，在被调查的浙商中通过行业协会或
商会方式进行参与的所占比例最多，达21.8%；其次是加入中国共产党或民主
党派的，占17.9%；第三位的则是通过与政府官员的私下接触，占12.8%；通
过加入政治性团体方式来进行政治参与和通过参加党政部门召开的政策咨询会、
座谈会或听证会的方式各占11.5%，同属于排在第四位的参与方式；接下来分
别是加入人大或政协占4.7%；通过新闻媒体或互联网表达对政府看法占
2.1%；除此之外，还有17.5%的人没有进行任何形式的参与（见图6-4）。浙
商参与公共权力的运作尽管有多种方式，但从是否是正式的制度设计的视角，
可以划分为制度性参与和非制度性参与。

（一）制度性参与

制度性参与是一种有序性参与，是指在现有合法的制度体系内合法地、有
序地进行参与公共权力运作的活动。在我国，目前制度性参与主要包括五种形
式：进入人大或政协；加入政党；加入政治团体；参加党政部门召开的政策咨
询会、座谈会或听证会；加入行业协会或商会。

人民代表大会制度是我国的根本政治制度，人民代表大会是我国的最高权

---

① 杨光斌:《政治学导论》，中国人民大学出版社2004年版，第258页。

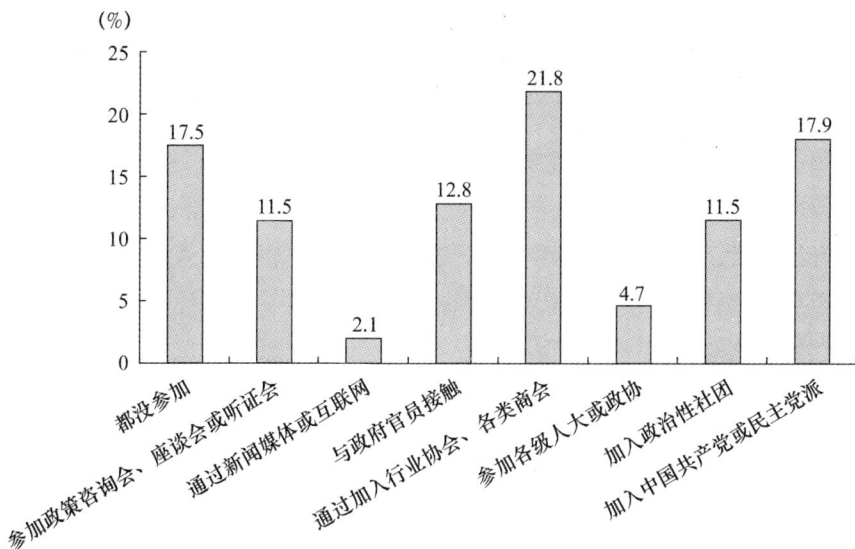

图6-4 浙商参与公共权力运作的方式

资料来源：根据问卷统计数据整理。

力机关和立法机关。政协是中国共产党领导的多党合作和政治协商的重要机构，是中国政治生活中发扬社会主义民主的重要组织形式。人大与政协会议是产生法律和政策的重要机构，"两会"期间代表们提出的议案、建议对政策法规的制定有着直接的导向作用。因此，成为人大代表或政协委员是影响政策制定的最有效的途径之一。在由中华全国工商业联合会编的《1993~2006中国私营企业大型调查》一书中，调查发现有28.8%的私营企业主认为"争取当人大代表、政协委员"最为迫切。[①] 作为利益诉求较多的浙商，加入人大和政协的愿望十分强烈。但是，要真正成为人大代表或政协委员的要求和成本都很高。首先要在地方上具有足够的影响力；其次还需要很多时间和精力了解民情和参政议政；此外，还需要提高自身的文化水平来适应参政议政所需的能力要求。这些因素的影响下，能够通过人大与政协方式进行政治参与的浙商并不多，仅占4.7%（见图6-4）。

通过对政治面貌的调查发现，有37.8%的浙商是中国共产党党员，加入民主党派的只有0.8%，而61.3%的浙商是无党派人士。从数据来看，加入中国

---

① 《近三成私营企业主想当人大代表政协委员》，《中国青年报》2010年10月30日。

共产党的浙商比例较大。之所以如此，主要有三方面的原因，一是受原来职业因素的影响。在被调查的浙商中，在成为民营企业家之前有24.4%是国企员工，5%是政府公务员，4%是复员军人，在这些职业因素影响下，许多浙商在从事原职业时就已加入了中国共产党。二是党的政策决定的。在2001年江泽民在中国共产党建党80周年大会上的"七一"讲话和党的"十六"大报告中都积极肯定了私营企业主的政治地位，明确私营企业主中的优秀分子，只要承认中国共产党的党章、党纲，达到党员标准，主动申请，可以加入共产党。三是执政党党员的政治保护作用。很多浙商入党是为了寻求政治保护。从浙商参与公共权力的动机看，寻求政治安全是浙商参与公共权力运作的主要目的之一。而加入中国共产党，即意味着个人身份的归属。此外，还有许多民营企业主入党的原因比较简单朴素。多数要求入党的私营企业主，觉得自己之所以富起来，靠的就是共产党的改革开放政策，因此，他们感激党、拥护党。①

调查显示，有11.5%的浙商是通过加入工商联、妇联等政治团体方式参与公共权力运作的。浙商通过工商联、妇联这些政治团体参与公共权力运作，其中一个重要目的是协助政府优化非公有制经济发展的政策环境。这些政治团体对民营企业发展的作用主要有三个方面：一是积极参加政府有关民营经济发展的重要会议和政策法规的起草工作。二是通过人大议案、政协提案、专题调研报告等形式，向政府建言献策。三是定期编写民营经济发展报告，为政府决策提供准确、翔实和及时的相关信息。

通过参加党政部门召开的政策咨询会、座谈会或听证会等方式，参与公共权力运作的浙商与加入政治团体方式的比例相同，也是11.5%。召开政策咨询会、座谈会、听证会等是我国民主政治的一个重要内容，有利于决策的科学化、民主化。浙商在参与这类形式的政治活动时，有时只以普通公众的身份参与讨论政府决策合理性。但在有些情况下，浙商是作为民营企业家阶层的代表表达本阶层的意见或建议。不管以什么身份参与，都是为了是政府决策更科学、更合理。

加入行业协会或商会是浙商最主要的参与途径。行业协会是由同一行业或相关行业组成的民间组织。行业协会与商会作用与功能略有不同，但大体一样，都是政府与企业之间的桥梁，在政府与企业之间起协调、沟通的作用。

----

① 《浙江私营企业主入党高潮背后》，《21世纪经济报道》2002年11月23日。

作为非营利组织，进入行业协会、商会的条件较低，程序也很简单。通常只要从事相关行业，并承诺遵守该协会的章程即可申请加入。行业协会的功能较多，包括促进政府与民营企业之间的沟通，协调民营企业的矛盾，制定行业标准，维护民营企业的正当利益等。由于当前我国行业协会发展还不成熟，与发达国家相比，行业协会的作用还没有完全发挥出来。但浙江省的行业协会相比较而言，发展较快，浙商参与程度也较高。浙商通过行业协会、商会组成民营企业家阶层的利益团体，以团体的身份向政府提出整体的利益诉求、维护整体利益。

为了了解浙商参与公共权力运作的普遍性和有效性，对浙商是否提出过建议和议案以及数量进行了调查。调查显示，在所有的参与形式中，提出 1~2 条建议或提案的浙商最多，占 38.95%；而从未提出任何建议或提案的浙商占 37.89%，与提出过 1~2 条的人数相差无几；提出 2~5 条的人数相对于前两者人数则有大幅下降，仅占 13.68%；提出 5~10 条或 10 条以上的浙商人数则更为稀少，仅占 5.26% 与 4.21%（见图 6-5）。可见，尽管制度性政治参与方式的人数较多，但制度性参与的有效性并不高。

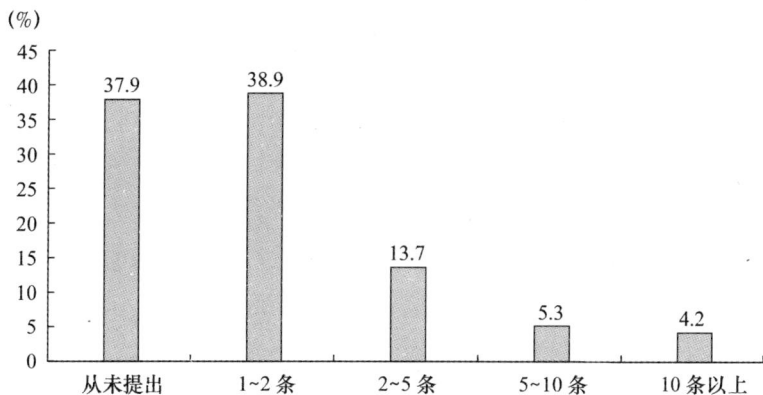

(%)

图 6-5　浙商提出议案和建议的条数

资料来源：根据问卷统计数据整理。

（二）非制度性参与

浙商在参与公共权力运作的过程中，除了制度性参与方式之外还有非制度性参与方式。非制度性参与方式是指通过制度规定以外的渠道进行的参与活动。非制度性参与通常是由于制度内的渠道难以满足参与的需要和多元主体的各种利益诉求，使参与者到制度以外寻找途径，而以各种非常态形式来影响政府的政策，来满足自己的利益诉求。通过同官员的非正常接触，甚至以拉拢收买、寻租贿选等形式影响政府官员的行为，从而达到影响政府政策以获得更多资源的目的。尽管伴随着民主政治建设的发展，形成了各种制度性参与渠道，但作用发挥得不理想，是导致非制度性参与的根本原因。当然也不排除某些浙商为了获取不正当的利益而选择非制度性参与的形式。

在对浙商参与方式的调查中，通过与政府官员的私下接触进行参与的占到了12.8%，排在了所有参与方式的第三位。这足以说明非制度性参与在浙商参与中的重要地位。通过与政府官员的非正式接触，建立一种互利的关系，在这种互利关系中，政府官员以自己的权力交换浙商的物质性财产，而浙商则以自己的物质性财产获得自己需要的政治保护与有关政策。有相当多的私营企业主都与政府官员接触过，主要是通过送礼，包括赠送钱财、古董、珍贵的字画等，这形成了中国特有的"关系政治"、"人情政治"。这种政治关系不仅造成政治腐败，严重影响政策的有效性及政府的公信力，而且已经影响社会的方方面面，一旦遇到需要政府介入的事情，人们总是立刻想到"找关系，走后门"。可见非制度性参与的危害非常之大。

此外，通过媒体来表达自己的利益诉求和对政府政策的看法，也是浙商参与公共权力运作的一种方式。2004年一本专门以浙商为对象的杂志——《浙商》创刊，为浙商提供了一个探讨投资创业、政策信息以及对政府政策进行讨论的平台。伴随着信息技术和网络技术的飞速发展，使网络成为一条重要的参与渠道，深刻地影响和改变着传统的参与模式。通过网络参与的具体方式呈现出多样化态势，诸如网络选举、网络信访、网络听证、网络舆论、网络监督等。浙商的网络参与包括通过各级各类政府门户网站所提供的服务，进行政策咨询、政策建议、政策监督等；另一方面则是通过自己的门户网站、网络社区、网络博客等表达自己的利益诉求，评论当下政策、提出政治性建议和对策。目前，浙江各类行业协会、商会等都有自己的门户网站，这形成了某一行业的浙商群体的网络集聚场所。还有一些新闻媒体的网络版也为浙商提供了群体聚集的网络场所，如《浙商》杂志的网络版，其中的浙商论坛、浙商声音等，为浙商提供了表达自己意见的场所。

第二节　浙商参与公共权力运作存在的问题

一、浙商参与公共权力运作的自身局限性

（一）参与目的的局限性

从以上的分析中可以发现，目前，浙商参与公共权力运作的目的还存在很大的局限性，其中最主要的问题是参与的功利性目的明显，公民意识不强与公共精神缺乏。浙商参与公共权力运作的公共性还有待提升。

第一，浙商参与公共权力运作的公民意识不强。"政治参与是普通公民通过一定的方式影响政治权力体系的活动及重大公共政治生活的政治行为。"[①] 在现代的民主开放的政治体系中，参与公共权力的运作是公民的一项重要政治行为，也是每个公民的权利和应当承担的责任。党的十一届三中全会至今，我国的民主政治发展迅速，社会各阶层都可以以合理方式、和平手段、合法渠道进行参与公共权力的运作。近年来，民营企业家政治参与的热情越来越高，参与的人数也越来越多。但仍有部分浙商参与的积极性不高，有的甚至政治冷漠。从调查数据看，依然有17.5%的浙商没有通过任何形式参与公共权力运作。当然，原因比较复杂，或者是因为缺乏合理的参与渠道，或者是因为时间、精力不足无法参与，或者是认为"在商言商"，没有必要费时费力进行参与。尽管原因不同，但依然可以从一个侧面反映出某些浙商公民意识不强，对参与公共权力运作的实质不够理解，没有把参与公共权力运作看做是自己作为一个公民的不可推卸的责任。

第二，浙商参与公共权力运作中缺乏公共精神。公共精神作为公民美德，本质上是公民的公共责任意识在行为和性格上的体现。公民的公共责任体现在公民与国家、政府、公共事务、公共事业、公民社会以及与其他公民的关系之中。在这个过程中表现出来的利他精神，以社会公共利益为依归的精神。不能说浙商没有责任意识，但这种责任更多地表现为私人领域对自己、对家人的责任，而对他人、对社会的责任则相对来说比较淡化。关于这一点，在上述对浙商参与公共权力运作的目的分析中已有所反映。浙商参与公共权力运作的主要目的还是自身的经济利益，希望通过参与公共权力运作获得促进企业发展的政

---

① 李爱华：《现代政治学》，北京师范大学出版社2001年版，第309页。

策、创造有利于自身行业发展的政治环境以及政府对自身的认可与保护。

浙商参与公共权力运作中的公共精神缺失是由内外两方面原因决定的。从内因来看，这与浙商长久以来所形成的商业文化有关。"浙商既继承浙江民间工商文化重功利的传统，也接受西方现代化起始于市场化及其功利文化的影响。"① 这使浙商特别"务实"，特别功利，做事往往以自身利益为导向，十分注重自身利益的得失。从外因来看，封建社会长期的家长制、集权制与小农经济扼制了公共精神的发展。以家为单位的小农经济使家庭、家族成为个人和社会生活的基础，传统社会结构的特征是家国一体，由家及国，家国之间的联系环节即一般意义上所谓"社会"或现代意义的"公共空间"被打压或被忽略，缺少公共精神积淀的现实基础。

（二）参与方式的局限性

从以上的分析中，可以发现浙商在参与公共权力运作的方式上也存在着较多的问题，无论是制度性参与还是非制度性参与，都存在一定的问题。

第一，制度性参与方式的参与度不高，而且缺乏有效性。在制度性参与的各种方式中，虽然，通过非营利组织进行参与的浙商较多，但参与效果不明显。而通过人大和政协这样对政府影响比较大的途径进行参与的浙商并不多。

第二，非制度性参与的参与度较高，参与方式不规范。通过非制度性参与方式进行参与的浙商还占有相当的比例，而且所选择的多为同官员私下接触的参与方式进行。有些浙商在参与公共权力运作过程中，绕开正常的组织渠道，寻求个别政府官员的"私下"保护就是例证。在非制度性参与过程中，真正能同掌握实权的政府官员建立联系的，往往都是有一定经营规模、有一定社会影响的浙商。这种同官员私下接触的方式，往往都同权钱交易相联系，这不利于形成公平合理的市场环境。此外，由于非制度性参与的作用，进一步导致政府部门"公信力"的缺失，从而又导致参与的低效率，形成了恶性循环。

二、浙商参与公共权力运作的制约因素

浙商参与公共权力运作中存在诸多问题，参与的普遍性不高，参与的渠道比较单一，参与的目的更具有趋利性等等。从参与的普遍性来看，受多种因素的制约，其中最主要的制约因素包括自身经营状况、政策和制度不完善、时间

---

① 吕福新等：《浙商论》，中国发展出版社2009年版，第56页。

精力有限等。调查显示，有28.5%的浙商认为参与公共权力运作主要受自身经营状况的制约，有24.7%的浙商认为主要受政策和制度不完善的制约，而认为时间精力有限的占19.10%，渠道不畅通的占13.30%，信息缺乏的占10.30%（见图6－6）。之所以如此，其背后有更深层次的原因。

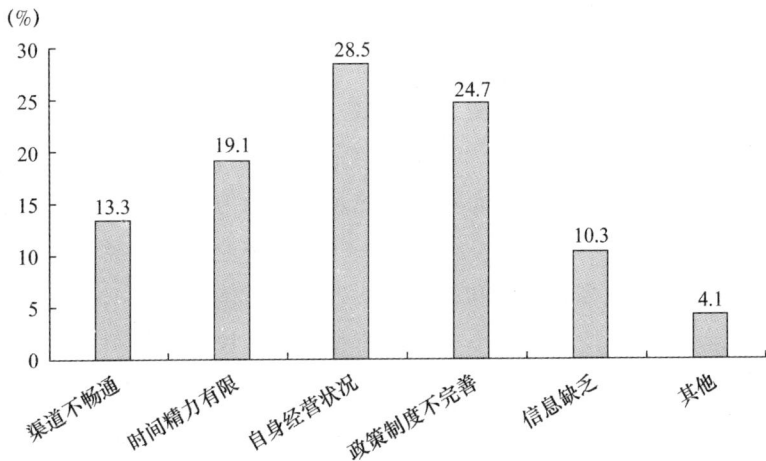

图6－6　浙商参与公共权力运作的影响因素

资料来源：根据问卷统计数据整理。

（一）浙商参与公共权力运作成本的制约

在参与公共权力运作的过程中，每一个参与者在进行选择时，往往要进行例行的思考，先对个人的参与成本与收益进行计算。如果一项决策给他带来的收益，大于他参与时所需承担的实际成本，那么，他就会支持这项决策，否则，就不支持甚至反对。浙商参与公共权力运作的成本主要包括财力和人力、时间和精力以及风险等。

第一，财力和人力成本是影响浙商参与公共权力运作的重要因素。企业的财力与企业的经营状况有关。企业发展的规模，企业能够获取的利润，决定企业自身的经营状况。参与公共权力运作要支付一定的财力和人力成本。在我国目前的公共权力运行过程中，由于公开化和透明度不够，参与需付出更多的财力和人力成本。选民通常对候选人的个人情况如品德素养、实际能力、当选后的政策取向等不太了解，而要获得这些资料往往需要付出较大财力和人力成本进行收集。支付财力和人力成本对于部分大型民营企业来说并不是主要的问题，因为他们有着雄厚的财力和人力。但对于中小企业来说财力和人力都相对有限，在政府的回应性十分不确定的情况下做出相应的投入是不理性的。而且企业经营状况好的大型企业的浙商，具有较大的社会影响力，自然也容易引起政府的重视，投入能够获得相应的回报，甚至能够获得更大的收益。而对企业经营规模较小的浙商来说，即使参与公共权力运作，提出合理的建议或诉求往往也不容易引起政府的重视，参与的效度较低。

第二，时间与精力成本对浙商参与公共权力运作也有较大的影响。与社会中的其他社会群体不同，浙商从事企业经营，在瞬息万变的市场中竞争，需要投入更多的时间和精力来管理和经营自己的企业。参与公共权力的运作不可避免地要投入一定的时间和精力，而且参与的时间和精力成本同可能获得的收益之间的关系具有很大的不确定性。特别是一些中小企业企业的经营发展可以说是头等大事，投入那么多的时间和精力去从事收益不确定，甚至得不偿失的活动，内在的动力不足。这也是中小企业浙商参与公共权力运作积极性不高的重要原因。

第三，风险成本对于浙商参与公共权力运作的影响也不可低估。我国目前的行政体制尚未完全从"人治"走向"法治"，而集权体制使各级领导拥有了相当大的社会价值的分配权力和政治信息资源。通过参与公共权力运作获取更多的社会价值和政治信息资源，对企业经营来说是极为利好的事情。但是，要获取这些价值和资源有时需要遵循制度外的"潜规则"方能奏效，这就需要承担很大的风险。与其如此，不如利用现有的资源，老老实实地搞好企业经营，通过自己高质量的产品占领更多的市场份额，获取更高的企业利润。法制不健全、政治民主化程度比较低，导致某些浙商的政治冷漠。

（二）浙商参与公共权力运作渠道的制约

从目前我国的政治制度和政治体制的设计来看，浙商参与公共权力运作的渠道性的制度和体制设计，主要包括人民代表大会制度、政治协商会议制度、政党制度、社团制度、社会监督体制和民意表达体制，等等。这些制度性的参与渠道，确实发挥了重要的作用。但是，由于制度上的不完善，某些渠道作用发挥得并不是很理想。

第一，人大和政协渠道。当选人大代表和政协委员被多数浙商看做是最佳的参与渠道。人大代表和政协委员可以直接参政议政，提出提案和议案，在进行决策时直接发表自己的意见和建议。但是，成为人大代表和政协委员需要具备许多条件。要有较高的社会地位和较强的社会影响力，要有一定的参政议政的能力，同政府关系比较密切，能够得到选民的拥护和组织的信任，等等。这一切又同企业的经营状况、发展规模以及对社会所作的贡献密切相关。大型企业的浙商在这方面具有天然的优势。中小企业的浙商要想通过当选人大代表和政协委员的渠道参与公共权力的运作，由于受上述条件的限制，显得十分困难。而浙商又是以中小企业为主，所以这条渠道对于大多数浙商来说是不现实的。

第二，行业协会和民间商会渠道。通过加入行业协会和民间商会等社团组织，也是浙商参与公共权力运作的重要渠道。个人参与的影响力总是有限的，通过组织起来，以组织的形式参与公共权力的运作，可以发挥更大的作用。这些组织化程度相对较高的组织形式，有利于整合其成员的利益诉求，使其规模化，并把这些利益诉求凝聚成组织的意志，以促进利益表达的有效性，从而提升参与的效度。但是，由于各个地区民营企业分布不均衡，有些地区由于民营企业少或民营企业家缺乏参与的积极性，致使某些行业协会和民间商会存在着先天不足。会员的覆盖率低，代表性比较差，缺少凝聚力，无法形成统一的意志。目前，浙江省仍有不少行业协会的会员企业不超过该行业企业总数的20%，影响了行业协会的发展和作用的发挥。省民政部门曾对妨碍行业协会发挥作用的主要因素做过抽样调查，抽样的对象包括行业协会和企业。结果显示，行业协会认为影响其发挥作用的主要因素是"没有明确的职能"和"缺乏政策扶持"，这两项因素在所有影响因素中占绝对优势，两项合计所占比重为77.4%；被调查的企业则认为，影响协会发挥作用的主要因素是"政府对协会放权不够"和"行业协会功能太弱"，两项所占比重为65.4%。政府对民间组织放权不够，使某些民间组织缺少独立性，往往更多地体现政府的意志，有的甚至成了政府部门的衍生机构。这种自上而下的单向控制式的参与体制，降低了浙商参与公共权力运作的认同感和效能感。

第三，社会监督和民意表达渠道。社会监督渠道和民意表达渠道，也是浙商参与公共权力运作不可忽视的渠道。从现有的制度和体制设计上，社会公众可以通过各种渠道，包括听证会、咨询会、政府网站、市长热线、信访和各种媒体，来表达自己的利益诉求，对政府进行监督。但是，上述渠道作用发挥得不是很理想。在有些情况下，民意表达得不到及时回应。在有些情况下，由于政府行为缺少透明度，监督无从入手。

（三）浙商参与公共权力运作效度的制约

参与公共权力运作的效度是影响浙商参与积极性的要因素。参与效度也就是参与的有效性程度，这直接依赖于政府对参与的回应。政府要及时、准确地对各种利益诉求、意见和建议做出令人满意的回应，依赖于构建良好的回应机制。所谓回应机制，就是指政府对社会的利益诉求、意见和建议作出迅速反应和积极应答的机制，开放机制、传导机制和应答机制构成了回应机制的重要内容，直接影响浙商参与公共权力运作的效度。

第一，开放机制对参与效度的影响。开放机制实质上反映了政府和社会之间的互动关系，主要指政府向社会开放的结构和方式，离了开放机制政府就无法对社会利益诉求、意见和建议做出回应。开放机制表明政府是一个开放的系统，不断地与社会环境进行各方面的交换，及时、敏锐地捕捉社会利益诉求、意见和建议，采纳社会的意见和建议形成政府的政策，并通过政府的政策输出满足和引导社会利益诉求。开放应该是全方位的，面向所有的群体。高容量、敏感性是开放机制的显著特征。浙商的利益诉求、意见和建议能否及时进入政府议程，不可避免地要受到政府开放程度的影响。但是，从目前的情况来看，政府的开放程度还不高，主要表现在政府获取社会信息的容量比较低，这与政府开放的选择性有关。在有些情况下，政府对社会的不同群体、不同阶层的开放程度有差异的。正是由于这样的原因，很多中小企业的浙商的利益诉求、意见和建议无法进入政府的视野。政府开放程度不高还表现在政府捕捉社情民意的敏感程度比较低，不能及时发现带有倾向性的、有可能对社会产生重大影响的不同群体的利益诉求，参与效度必然受到影响。

第二，传导机制对参与效度的影响。传导机制就是把社会利益诉求、意见和建议及时地传导到政府的中枢系统，把政府中枢系统的决策迅速传导到社会。在现代社会，这种传导呈现出网络化、多向性的特点。浙商的参与活动需要通过传导机制及时传递到政府的中枢系统，对政府决策产生实质性的影响，同时也需要政府的政策能够及时地传递回来，使浙商能够根据政府的政策及时调整自己的行为。但是，现有的传导机制在有些情况下会处于阻断状态，无法实现这种传递，影响参与的效度。传导机制阻断，往往表现为政府的中间环节不作为或有选择的作为，致使下情无法上达，上情也无法下达。社会利益诉求、意见和建议不能及时传导到政府的中枢系统，使中枢系统形成盲点。即使政府中枢系统形成了相应的政策，也无法传导到社会，付诸实施。在有些情况下政府的中间环节不是不作为，而是有选择的作为。对我不利的不作为，对我有利的乱作为，表现为传导的部分阻断。导致传导机制出现变异，使社会利益诉求、意见和建议上传时被扭曲，政府政策下传时变形，无法发挥应有的作用。

第三，应答机制对参与效度的影响。应答机制以最快的速度对通过传导机制传递的社会利益诉求、意见和建议做出反应，形成政策方案，及时出台并付诸实施。快速度、高质量是对应答机制的基本要求。但是在现实社会生活中，这种应答机制往往存在着应答速度比较慢，应答质量比较低的问题。这是由政府的中枢系统反映迟滞导致的。政府的中枢系统反映迟滞是指政府的应答机制反应迟缓，无法迅速形成政策决策，并付诸实施。很多问题就是由于应答机制反应迟缓而久拖不决。政府政策时滞过长，延缓社会利益诉求达成的时限、延缓了某些合理的意见和建议转化为政府政策的时限。在这种情况下，社会必然要作出反弹，搞不好有可能导致带有消极特征的反应。

近年来，越来越多的浙商通过各种形式参与公共权力运作，一些浙商在刚开始参与这些活动时，怀有较高的政治热情和参与预期，但是随着参与时间和次数的增加，浙商发现公共权力参与中自身的力量十分微不足道，提出的议案与建议很少会被政府采纳或采取实际意义的措施，其参政热情受到了较大的打击，转而对参与公共权力运作态度冷淡，即使参与也只是形式化地走过场。

第三节 浙商参与公共权力运作的发展与展望

民营企业合法地位的确立，是浙商参与公共权力运作的基础和前提条件。改革开放以来，对非公有制经济的认识以及相关的政策环境发生了重大变化。非公有制经济在理论认识上经历了三次大飞跃。第一次是从"资本主义的尾巴"到"必要的有益的补充"。第二次是从"必要的有益的补充"到社会主义市场经济"重要组成部分"。第三次是从社会主义市场经济"重要组成部分"到平等享受"国民待遇"的市场主体。每一次的理论突破，都推动着非公经济迅速发展，从而为一批批民营企业家的产生和成长培育了土壤。这一切也为浙商参与公共权力运作开辟了更加广阔的空间。

一、浙商参与公共权力运作的发展历程

浙商参与公共权力的运作是伴随着浙商自身的发展而发展的。分析浙商改革开放以后的发展历程，由于浙商发展水平上的差异，在参与公共权力运作过程中也呈现出不同的特点，经历了不同的发展过程。但从整体上看，浙商参与

公共权力运作的发展过程又带有某种共同的发展规律。浙商参与公共权力运作的发展过程，经历了从初始型的补偿性参与到功利型的经济性参与，再到民主型的公益性参与三个发展阶段。

（一）初始型的补偿性参与

改革开放以后，我国对私营经济的态度开始发生了转变。1981 年，中共中央、国务院发出《关于广开门路，搞活经济，解决城镇就业问题的若干规定》，指出今后要调整产业结构和所有制结构。1988 年，国务院颁布了《中华人民共和国私营企业暂行条例》、《中华人民共和国私营企业所得税暂行条例》和《国务院关于征收私营企业投资者个人所得税暂行条例》三项法规。通过这些法律法规，自此私营企业的发展和管理纳入了法制轨道。事实上，早在国家政策出台之前，浙江省的民营经济就已悄然发展，但由于没有国家法律的认可，彼时的浙商无法参与政治活动，也没有考虑过进行政治参与。但随着国家出台的放开民营经济发展的政策，民营经济开始慢慢浮出水面，部分有条件的浙商尝试着进行政治参与，由于他们是一个过去曾在政治上受压抑的阶层，这样他们的政治参与自然就带有明显的初始型特点，其政治参与行为属于压抑后的一种反弹。一般说来，其参与程度的高低往往取决于经济实力。经济实力比较强的参与的程度也比较高，参与的程度基本上与经济实力成正比。同时，他们的政治参与还大多具有政治心理的补偿性质，即他们参与政治的目的很大程度上是想以此来获得相应的政治地位，成为政治生活中的一员。此时，其参政议政所注重的主要是能够进行"参与"这一事实，并非"参政"的具体内容，他们在政治要求方面也体现出较大的盲目性。从总体上看，他们并未形成自觉，完整的政治要求，大多数人对政治的关心仅是一种出于自我利益保护的政治反应。这一特点应当说至今仍较普遍地存在于不同经济发展层次的浙商之中，只是其自觉意识在程度上各有差别而已。

（二）功利型的经济性参与

1997 年，党的"十五大"提出了非公有制经济是社会主义市场经济的重要组成部分。民营经济的地位获得了很大程度的提高。2001 年 7 月 1 日，江泽民在庆祝中国共产党成立八十周年大会上的讲话，首次认可了民营企业家是中国特色的社会主义事业建设者，并且允许他们当中的优秀分子加入中国共产党。这次讲话明确了民营企业家的政治地位，大大提高了民营企业家政治参与的热情。"七一"讲话以后，浙商通过各种方式政治参与的人数有了很大增长，但浙商政治参与的主要目的是获得经济利益，寻求政治保护，获得企业的声誉，是一种利己主义的行为。浙商政治参与总体还处于这种"功利型经济性参与"阶段，还是一种缺乏公共精神的行为。这类性质的政治参与的出现有其复杂的社会政治背景。

经济学家茅于轼有一个观点：由于市场经济发育的不成熟，一些资源的配置不是由市场，而是由政府来完成的。这使得一部分民营企业家执著地走官场经济的路线，以实现官商的结合。因此，一些民营企业家努力成为所谓的"红顶商人"。北京大学人大与议会研究中心执行主任蔡定剑认为，众多出身卑微的民营企业家在实践中感受到了"红顶商人"的实惠。利益驱动使得他们对成为"官僚资本家"充满向往。在一些民营企业家看来，当选人大代表是实现梦想的捷径之一。① 由于我国市场经济体制的不完善和政治体制的限制，浙商的功利型经济性参与不可避免地要将在一段时期内长期存在。

（三）民主型的公益性参与

随着市场经济体制的逐渐成熟，政治民主的进一步发展和浙商自身的自我提升，部分浙商已不能满足于单纯的政治满足感、社会认同感，已不满足于单纯追求自身经济利益的参与行为，他们参与行为开始向民主型公益性发展。

2003年的全国两会，正泰集团董事长南存辉提交的是一份制定《社会保障法》的建议。建议指出："建立和完善社会保障体系，是一件'关乎国运、惠及子孙'的大事，也是落实'三个代表'重要思想的具体体现。多渠道筹集社会保障资金，用好、管好这笔资金，不仅能使社会保障制度的范围不断扩大，更能维护人民群众的合法权益。"南存辉先前当过省级人大代表，以往，他在省级人代会所提的议案，主要集中于为本行业民营企业争取"国民待遇"的内容。全国人大代表、富润（浙江）控股集团董事局主席赵林中在十一届全国人大常委会第十一次会议期间，向全国人大常委会提交了《关于遏制过度应酬、公款吃喝的建议》。在提交这一建议时，赵林中带着一种矛盾的心理。一方面，作为人大代表，他觉得有责任将群众的呼声向党和国家传递。另一方面，又担心此举可能引起一些政府官员和企业家朋友的误解，甚至可能给企业工作带来某种莫名的损失。最终，履行好人大代表职责的使命感战胜了他的担忧，提交了这一建议。这个变化表明，他们已经从关注自身和行业的利益发展到关心社

① 章敬平：《老板从政》，《南风窗》（上）2003年第3期。

会公益，参与公共权力运作行为的公共性有所增强。

从为私企发展极力呼吁到为全社会的弱势群体请命代言；从关注微观经济问题到关注宏观经济问题；由表达个别或局部利益的狭隘诉求到关注社会问题与国计民生，浙商参与公共权力运作的行为正在跳出"老板阶层"的圈子和本阶层的思维局限，自觉为全社会的利益建言献策，为各个社会阶层尤其是占人口大多数的社会公众"争利"。使浙商参与公共权力运作的行为开始从自利性向公共性展开。尽管这种民主型公益性的参与还未成为浙商参与公共权力运作的主流，但相信伴随着浙商参与公共权力运作行为的发展，必将由局部现象转为普遍现象。

二、浙商参与公共权力运作的完善对策

（一）倡导公共精神，调整参与目的

浙商在参与公共权力运作过程中，要不断提升参与的公共性才能为社会的发展作出更大的贡献，也才更能够体现自己的社会价值。这就要求浙商在参与公共权力运作过程中要树立公共精神。如果缺乏公共精神，那么，参与的目的就很难会从公共利益出发，甚至会因为本阶层、本行业的利益而损害公共利益。倡导公共精神是浙商参与公共权力运作行为完善的重要途径。"所谓公共精神是指以利他方式关心公共利益的态度和行为方式。"[1] "公共精神是孕育于公民社会之中的位于最深的基本道德和政治价值层面的以公民和社会为依归的价值取向，它包含民主、平等、自由、秩序、公共利益和负责任等一系列最基本的价值命题。"[2] 公共精神是"在由公民组成的共同体中，公民对共同体公共事务的积极参与，对共同体价值的认同和对公共规范、公共原则的维护。"[3] 可以把公共精神界定为：公民在公共事务的参与中，以公共利益为出发点，维护社会价值，遵守社会道德的思想和行为方式。只有倡导公共精神，浙商参与公共权力运作才能够更多地以社会公共利益为依归。浙商的公共精神要在如下几方面进行培育。

第一，构建公共领域，扩大公共空间。公共精神是在公共领域中形成的，

---

① 李萍：《论公共精神的培养》，《北京行政学院学报》2004 年第 2 期。
② 谭莉莉：《公共精神：塑造公共行政的基本理念》，《探索》2002 年第 4 期。
③ 吴光芸：《公民公共精神与民主政治建设》，《理论探索》2008 年第 1 期。

伴随着公共领域的完善，扩大了公共空间，为公共精神的培育提供了基础。公共领域的建构要以民间组织为依托，大众传媒为中介。长期以来，人们习惯于政府包办一切而忽视了民间组织的力量。民间组织的发展有助于建立国家与社会的良性互动关系，克服其各自能力的有限性。民间组织体现自助、互助和助人的原则；倡导普通民众主动参与社区发展、自主解决社会问题的精神；有利于减少市场制度负面效应、克服公共机构官僚作风、增进人际和谐和社会向善的意识。有效发挥大众传媒的作用，使之成为全社会弘扬公共精神的舆论导向工具。公共领域的构建和公共空间的扩大，有利于浙商公共精神的培育。

第二，完善民营企业的党建工作，发挥党组织的引导监督作用。与国有企业不同，党组织并不是民营企业的决策中心，而是企业行为的引导者和监督者。党组织如果能够凭着党员们优秀的生产经营才能，积极参与企业的改革与生产经营，党员们能够发挥先锋模范作用，带领职工群众投身于企业的改革和生产经营之中，促进企业的发展，并且能够站在国家、企业和职工总体利益的基点上协调矛盾，使业主和职工共同为建设有中国特色的社会主义作出贡献。党组织要站在党和国家的高度，站在党的方针政策和国家法律法规的立场上，用"团结、帮助、引导、教育"的方式方法，纠正私营企业主的不良倾向，使他们通过自身的不断努力，成为合格的社会主义建设者，成为具有社会主义觉悟和品德的企业家。在必要时，要敢于同他们的不良行为作斗争，目的是为了企业更加健康地发展。事实上，在一些大型民营企业中，党组织已经存在了很多年。例如，正泰集团早在 1993 年 7 月就率先在当地的非公企业中成立党组织；1998 年成立了党委；现有党支部 18 个，党员 260 名，还建有教育培养党员的党校。在进行重大决策时，董事会都要听取党委的意见。发挥党组织的引导监督作用，有利于公共精神的培养，对把握浙商参与公共权力运作的方向具有重要的作用。

第三，构建培育机制，增强民营企业的社会责任感。政府要建立基础性的引导机制，通过树立榜样、优惠政策等支持和鼓励企业积极践行社会责任，并在践行社会责任的过程中增强社会责任感。要引导企业构建自我约束和自我激励的社会责任管理机制，建立企业履行社会责任的目标体系，并定期评估，定期发布社会责任报告，使民营企业把自我发展与社会发展紧密联在一起。同时，鼓励相关社会组织建立第三方机构评价机制，收集企业承担社会责任行为的信息，积极征求社会公众的意见，定期评价企业的社会责任业绩，通过社会的舆论监督，防止企业社会责任缺失行为的发生。保证上述机制的长期运作，企业的责任感就会不断增强，公共精神也就得到了进一步发扬。

（二）加强制度建设，改善参与方式

诺斯认为，在历史上，人类制度的目的是要建立社会秩序，以及降低交换中的不确定性，并为经济行为的绩效提供激励。[①]"制度能够产生出某种结果的可预期性和规则性，从而有利于制度之下的所有参与者"。[②] 没有制度会产生很多不确定性，产生很多消极后果。脱离制度规范的非制度性参与存在诸多的弊端，容易引起政治腐败，破坏政府的公信力，从长远来看，也不利于浙商的利益表达和提高参与的效率。制度的关键性功能就是增进秩序，抑制人际交往过程中的机会主义行为。因此，加强参与的制度化建设是解决浙商参与方式中的非制度化参与问题的重要途径。

第一，完善制度性参与机制，将浙商非制度性参与纳入制度化轨道。要进行公民参与的制度化建设，首先要完善现有的参与制度，尤其是人民代表大会制度。当前我国的人民代表大会制度还没有做到完全的公开透明。要公开人民代表大会的选举过程、政策议程与立法程序以及人大代表的相关信息等。这有利于拉近人民代表大会与社会公众之间的距离，促进社会公众真正了解和理解人民代表大会的运作，从而提高公众参与的热情。通过完善人民代表大会制度，使浙商能够了解如何通过人民代表大会这一制度化的途径参与公共权力运作，如何当选人大代表，如何提出提案，如何参加审议等，既可以提高浙商的参与度，又提高了浙商参与的有效性。另外，还需要通过制度建设，将非制度性参与纳入制度化轨道。政府有关部门及官员应与浙商建立制度化的联系，使浙商与政府官员的接触公开化、透明化，防止私人化、隐蔽化带来的弊端。浙商参与公共权力运作中通过大众媒体、互联网等方式进行的参与，要通过相应的制度加以规范。

第二，构建多层次的利益表达机制，提高浙商参与的普遍性。目前，我国利益表达的机制还不够完善，在已有的制度性参与渠道中，似乎已经全面开放，但不同阶层在实际行使参与权利的过程中还存在着诸多的不平等。从浙商参与

---

① ［美］道格拉斯·C·诺斯著，陈郁等译：《经济史中的结构与变迁》，上海三联书店1991年版，第68页。

② 何俊志等编译：《新制度主义政治学译文精选》，天津人民出版社2007年版，第77页。

的实际情况来看，企业规模的大小和经营状况决定了浙商参与水平高低。企业规模大，经营状况好的浙商一般都拥有更多的社会资源和政治资源，在参与中也更具有话语权，利益表达渠道比较畅通。而对大多数中小企业来说，缺乏相应的社会资源和政治资源，缺少有效的利益表达渠道，无法表达自己的利益诉求。因此，需要构建多层次的利益表达机制。对在政治生活实践中涌现出来的被广大浙商认可的代表性人物，要通过完善人民代表大会制度和政治协商制度等，发展高层次的表达渠道；对那些具有较高的参政热情和较强的参与能力的浙商，要通过完善各级各类团体组织，明确这些组织的地位和作用，拓展参与空间，使他们也有利益表达的渠道；而对广大中小企业的浙商，要通过完善广大的基层群众性自治组织，拓宽利益表达的渠道。因此，政府应鼓励建立各种不同层次利益群体的社会团体，要制定相应法律和政策，对他们的利益表达进行法律保护，使其具有合法性，尤其重要的是要形成多元的非强制性的参与渠道。

第三，健全法律法规，减少政府官员的寻租行为。由于制度上的不完善和市场经济负面效应的影响，产生了大量的政府官员的寻租行为。不仅官员自身失去了公众的信任，而且败坏了政府的形象，威胁政府的合法性，更为严重的是带坏了社会风气。官员寻租行为多了，非制度性参与也随之增多。政府官员寻租行为是导致非制度性参与的重要原因。要改变这种局面，必须健全法律法规，建立法治社会，完善我国的反腐败制度，对于那些以权谋私、违法乱纪的行为要坚决查处、纠正，维护国家宪法和法律的严肃性、权威性。只有政府官员自觉遵纪守法，才能影响和要求公民守法，减少浙商的非制度化参与。

（三）引入治理理念，减少参与限制

第一，引入参与式治理理念降低参与的成本。按着传统的国家理论，建立在统一基础上的国家只能有一个权力中心。但是由于政府失灵的频繁发生以及公民社会的发展，公共治理理论对这种国家管理模式提出了质疑。参与式治理理论突破了国家与社会的对立关系，试图建立国家与社会之间的互动网络，克服国家和社会各自的局限性。参与式治理要求非政府组织和公民个人直接地、积极地参与社会公共事务的治理过程，实现了治理主体的多元化。通过参与式治理，公民根据参与对象同自身利益的相关度，选择是否参与和参与的程度，可以节省参与成本。在参与式治理的条件下，参与主体更加广泛，企业的规模和经营状况，以及由此带来的社会声望已不再是决定参与的基础性条件。浙商也不再需要为了进入正规的参与渠道而笼络政府官员。在时间和精力上，通过参与式治理省去了许多交易成本，浙商可以根据参与对象与自身的利益相关度自由选择参与与否，节约了参与的时间和精力。通过参与式治理，使得政治信息更加公开化、透明化，减少了浙商参与政治活动或了解政府的政策动向而付出的信息成本。尽管参与式治理也需要一定的参与成本，甚至在这种治理模式运行的早期，由于受运行的初始成本的影响，参与的成本有时也可能很高，但一旦这种治理模式确立以后，随着公民社会的发展和公民对这种参与模式的了解，参与成本会大大降低。

第二，培育公民社会，扩大参与渠道。社会团体和各种中介组织在公民与政府之间起着桥梁和纽带作用，它综合组织成员的利益诉求，并通过一定的渠道向政府反映组织成员的利益诉求，在公民和政府之间建立了一种缓冲机制。由经济和社会发展引起的社会组织结构的变迁是政治发展的重要推动力。社会组织结构的变迁必然带来重新分配政治权力和政治权利的要求，根本出路在于进行制度创新。要完善我国社团和中介组织的各项制度，保证其民间性、自愿性和独立性，应取消"挂靠制"，改变社团经济上依附于企业或有关部门的状况。切实发挥民间组织的职能，有效协调各种利益矛盾。增强吸引力和凝聚力，缓解过多的政治诉求对政治体系产生的压力，使民间组织成为浙商参与公共权力运作的重要的渠道。

第三，完善回应机制，提高参与的有效性。要使政府对社会需求作出及时、准确和高效的回应，以化解社会矛盾，解决社会问题，构建良好的公共秩序，就必须优化政府的回应机制。当然，要优化政府的回应机制从根本上要在体制和制度的完善上做文章。从我国的实际情况来看，体制和制度上的完善还要依赖于治理方式上的变革。政策网络作为一种新型的治理方式，为完善现有的体制和制度，进而优化政府的回应机制提供了新的途径。米切尔·黑尧认为，政策网络是指"政府与其他利益相关者之间建立的制度化的互动模式，他们针对和围绕共同关心的议题进行对话和协商，使得参与者的政策偏好或政策诉求得到重视，以便增加彼此的政策利益"。[①] 罗兹认为："政府不同分支机构和不同部门之间的相互关系，以及政府与其他社会组织之间的互动关系构成了政策网

---

① ［英］米切尔·黑尧著，赵成根译：《现代国家的政策过程》，中国青年出版社2004年版，第56页。

络，这个网络有助于政策的形成与发展。"① 政策网络理论主张，政策过程发生于众多主体所形成的网络之中，构成政策网络的不同主体都拥有一定的资源，他们为实现自身利益，在政策网络中相互影响、相互作用，构成了政策网络的运行机制。政策网络运行的实质是政府同其利益主体之间的互动。从治理方式的视角解读政策网络，它本质上是政府部门、私人部门和社会组织，在非等级协调基础上相互作用而形成的政府运作的新机制。政策网络治理自身的特点决定了，它可以弥补现存的政府回应机制上存在的种种弊端。只有这样才能提高浙商参与公共权力运作的有效性。

三、浙商参与公共权力运作的未来展望

（一）参与动机的公共化

民主型公益性参与显示了浙商参与公共权力运作的公共性的发展趋势，但是现阶段浙商参与的主流形态仍然处于功利型经济性参与阶段。他们还没有意识到参与公共权力的运作是自己作为一个公民责无旁贷的职责，参与的目的应该以增进公共利益为取向。事实上，大多数浙商参与公共权力运作的真正目的还是获取和维护自身的利益，特别是经济利益。由此，浙商参与公共权力运作的公共性还有待于进一步提高。提升公共性表明了浙商参与公共权力运作行为的未来发展趋势。这种发展趋势首先是伴随着浙商参与意识的改变而改变的。呼唤公共性已经成为当今世界的潮流。伴随着社会的不断发展，社会公共生活的层次也在不断提升，这必将对人们参与公共权力运作过程中的参与意识产生重要影响。人们将会不断挣脱自利性套在人们意识上的枷锁，使公共性不断地彰显出来。浙商在参与公共权力运作的过程中也会经历一个从自利性向公共性展开的过程。这需要浙商在参与公共权力运作的过程中，从公共利益角度考虑自身的参与行为。在表达自己的利益诉求时，至少不应该与公共利益相冲突，即使在冲突的时候也应当以公共利益为先，以回应社会对公共性的呼唤。当然这还需要一个很长的历史过程。

（二）参与方式的制度化

随着我国社会主义民主政治建设的发展，参与机制将不断完善，浙商参与

---

① ［加］迈克尔·豪特利等著，庞诗等译：《公共政策研究：政策循环与政策子系统》，三联书店2006年版，第220页。

公共权力运作的制度性渠道会越来越畅通，并向着规范化和有序化方向发展。在浙商参与公共权力运作的实践中，非制度性参与之所以大量存在，主要是由于社会转型期的政府行为和市场机制均存在着明显的缺陷。由于制度上的漏洞，政府官员在资源配置上还握有比较多的自由裁量权。在浙商中也存在着某些依靠非制度性参与，赢得了享受不应该享受的特殊政策或某些特权，而取得成功的民营企业家。但随着政治文明建设的不断发展，参与制度逐渐完善，非制度性参与必将逐渐减少。同时，随着浙商作为民营企业家自身的逐步成熟，其参与也将会从个体参与逐步向组织参与过渡。在参与的过程中将会更加积极地表达整个阶层的想法和主张，表现出更强的阶层自觉性，更大地发挥其作为一个阶层的力量去影响社会和政治体系的作用。参与方式的制度化，也会使在浙商参与公共权力运作的过程中，越来越多地思考整个社会的利益。

（三）参与形式的组织化

第三部门发展是实现社会治理的重要保障。近年来，尤其是我国加入 WTO 后，政府对非营利组织加大了关注和扶持力度，非营利组织（包括行业协会、民间商会、工商联在内）取得了快速发展。从浙商参与公共权力运作的调查数据可以看出，通过行业协会与民间商会的渠道进行参与构成了浙商参与公共权力运作的最主要的方式。以个人的形式参与公共权力运作，其影响力毕竟是有限的。通过加入行业协会、民间商会之类的非营利组织或工商联等政治性团体，以组织的形式参与公共权力的运作，既可以有效降低参与成本，更重要的是可以提高参与的效能，使参与取得更为理想的效果。浙商参与公共权力运作的行为伴随着非营利组织的发展，组织化程度将会越来越高，这也是浙商参与公共权力运作未来发展的必然趋势。

第七章　浙商参与公共精神积淀

浙商参与公共精神的积淀是浙商公共行为公共性的根本体现。自利性与公共性相统一的本质特征推动了浙商的公共行为，伴随着浙商自身的发展和社会的不断进步，浙商参与公共产品的供给和公共权力的运作，正在经历着由自利性向公共性展开的过程。浙商参与公共精神的积淀则是更能体现其公共性的行为。当然，公共精神的积淀也需要一个历史过程。浙商以其自身的公共精神参与整个社会公共精神的积淀。浙商的公共精神源于中华民族的文化传统，承接浙江精神的血脉，是浙商在实践中不断成长壮大的精神动力。它在浙江精神的弘扬中、在浙商精神的发展中不断得到给养和更新，使浙商对于公共性内涵的理解更加丰富，加速浙商实现"责商"向"哲商"的跨越。在人类社会发展的推动下，浙商公共精神必将越来越丰富，成为推动浙商自身的发展和社会的全面进步的重要力量。

第一节　浙商参与公共精神积淀的内涵与演进

一、浙商参与公共精神积淀的具体内涵

浙商参与公共精神的积淀，是指浙商以自身的公共精神来参与整个社会公共精神的积累和沉淀，推动公共精神在越来越厚重的前提下不断得到弘扬，使浙商的公共精神成为社会公共精神的重要组成部分。"公共精神，是个庞大的体系，涉及经济、政治和文化等公共生活领域，事关社会稳定与经济发展，关系到个人生命健康和社会秩序。"[1] 富有民族色彩、时代特征的浙商公共精神亦是

---

[1]　潘强恩：《论公共精神》，《光明日报》2003 年 11 月 5 日。

如此，它是浙商在长期经营发展过程中对于公共领域公共事务的一种价值认同和理念追求，是浙商在学习和实践的过程中不断成长壮大的精神食粮。

对于浙商来说，公共精神是一种美德，但弘扬公共精神不仅仅是一种道义层面的要求，它更是一种和社会价值紧密联系的法律层面的要求。[①] 浙商要以社会责任为依托，以公平正义为宗旨，在从事企业经营活动中必须具有强烈的对国家、民族和人民的责任感。这就需要浙商在搞好企业经营的同时也应致力于增进和弘扬公共精神。特别是在企业"效率至上，利润至上"的价值取向驱动下，公共精神被淡化的情况下更应如此。

改革开放以来，我国民营企业进入了前所未有的高速发展时期，民营企业在整个国家中的地位和作用也发生了历史性变化。民营企业作为"社会公民"，作为"行为主体"，必须为其行为社会后果负责任。民营企业在谋取经济利益的同时，有采取必要措施以保护和促进社会公共利益的义务。浙商要弘扬自身的公共精神，并通过自身公共精神的弘扬为整个社会公共精神的积淀做出应有的贡献。浙商所要弘扬的公共精神具有丰富的内涵，而且这一内涵还会伴随社会的发展而不断丰富。当前，浙商所要弘扬的公共精神，应该是浙商发展尤其是社会发展迫切需要的精神。

第一，公正精神。公正精神就是以社会的公平正义为依归的精神。实现社会的公平正义应该成为浙商根本的价值追求。公正精神的核心理念是承认公民具有平等的权利，而这些权利并不因为个人的地位、性别、种族、收入等差异受到损害，也不能被权力和特权所侵袭，更不能被金钱所买卖。这就意味着，浙商不仅要关注自身的权利，同时要注重广大社会公众的平等权利，以自己的实际行动推动社会公平正义的实现。在通过自己的经营为社会提供产品、提供服务的过程中，排除各种可能存在的不平等或偏见因素。由此可见，公正精神是浙商必备的公共精神之一，而且必须贯穿企业整个生产经营的过程之中，贯穿浙商的公共行为之中。

第二，服务精神。从学理上理解，民营企业之所以能够在激烈的竞争中生存、运营并且创造利润，是源于社会公众的支持。因此，浙商应该树立以人为本，以服务对象为本的理念，服务于民众，回馈于民众。充满服务精神的企业就是要与公民的愿望和需要相一致，提供更好的产品与服务，使社会需求得到

---

① 张华、赵海林：《公共精神：公共管理的核心诉求》，《天府新论》200 年第 6 期。

更大程度的满足。

第三，自律精神。自律精神经常与遵纪守法和践行伦理规范联系在一起。对浙商而言，自律精神常常外化为企业的形象和信誉以及企业所肩负的社会责任。浙商的自律精神作为道德层面的要求，是一种内在的自我约束，根源于人的良心，当然也依赖于外在的伦理道德规范的内化。浙商的自律精神作为法律层面的义务，应该是法律正义精神支配下的一种责任意识。自律精神表现为浙商在内在因素和外在因素的双重作用下的自我约束行为。

第四，奉献精神。奉献精神是付出而不索取回报，或者根本就没有思考过回报的一种摒弃了自利性的为他人、为社会作出贡献的精神。奉献精神是现阶段浙商应该具备的公共精神的最高境界。而是否具有奉献精神或奉献精神的多少，取决于企业社会责任感的驱使和浙商对更高人生价值的追求。它体现了无私的大爱，参与慈善事业是奉献精神的一种现实表现。企业的奉献精神对社会大众有着重要的影响，对于社会净化和民众的价值取向能产生重大的示范效应。

浙商参与公共精神的积淀，即为浙商的公共精神在历史潮流中不断适应社会变迁与发展、不断进步与提升的一个文明累积的过程。从浙江精神、浙商精神与浙商公共精神互动的视阈出发，可以为浙商参与公共精神的积淀提供比较清晰的脉络。

二、浙商参与公共精神积淀的历史渊源

浙商以自身的公共精神参与社会公共精神的积淀。浙商的公共精神有其厚重的历史渊源。浙商公共精神的历史渊源，可以从中国的传统文化中寻找，从孔子的"仁爱"、墨子的"兼爱"到"天下为公"等思想，展现了中国传统文化中可以追溯的公共精神的原生态。当然，浙商公共精神的历史渊源还应从浙江文化中寻找。浙江历史悠久、人文荟萃，这方土地孕育了万千的时代骄子，形成了独特的文化特征，其中最具代表性的当然是浙江人普遍的精神和气质。浙商精神在这样的背景下生根发芽，激励并且指引着浙商在实现物质利益的同时更加注重精神世界的拓展，为明确浙商自身发展的战略定位、加快浙商参与经济结构转型升级的步伐、丰富浙商参与社会治理的方式、壮大浙商构建和谐社会的力量，都发挥着重要的影响。

浙江精神是几千年来浙江人生存发展的血脉。在长期的历史演进中，浙江人以不畏艰辛、锐意进取、灵活务实的精神自立于民族之林。这种人文气质浸润了世世代代生活安乐于此的浙江人，影响塑造了当代社会中含有优秀因子的浙江人的心理和行为，更新赋予了其深刻的时代意义。按照时任浙江省委书记的习近平的一种提法，即"在坚持和发展原来总结提炼的浙江精神的同时，要与时俱进地培育和弘扬'求真务实、诚信和谐、开放图强'的精神"。① 显然，这种在传承传统文化基础上融合新时代核心价值的浙江精神，为浙商公共精神的积淀提供了文化背景和精神动力。

浙商精神是对于具有地域特征的浙江商人因地制宜、发挥聪明才智、克服各种困难、赢得经营利润和社会尊重等在心理和文化层面上的总结。不可否认的是，面对资源禀赋先天不足、工业化基础薄弱、政策支持滞后的不利现实，浙江商人自力更生、艰苦奋斗，通过整合资源、创造条件，形成了极具地域色彩的精神文化特征。在浙商精神研究方面，费孝通先生早在 1986 年就称道，温州百工艺人和挑担货郎是"八仙过海"，他们后来发展成为生产组织者、供销组织者、经纪人和区域间产销组织者。② 从底层的小商品领域起家，是浙商"草根性"的真实写照，是浙商精神原生态的展现。

在当下个人意识不断延展的社会变迁中，浙商释放公共性既是履行社会责任的需要，也是企业可持续发展的必然要求，这是有深刻原因的。哈贝马斯就认为，过分的理性化追求使得现代社会正在陷入这样一个深刻的危机：系统世界（system word）对生活世界（life word）的过度殖民，使人们的日常生活变得日益扭曲。③ 此外，当今实际生活中的冷漠是普遍存在的，是前现代的冷漠、现代的冷漠以及后现代的冷漠三种形式的聚合：前现代的冷漠表现为按照"熟人社会规则"对"圈外人"的冷漠；现代的冷漠是使人失去个性的制度性的冷漠；后现代的冷漠则是只愿意享受、不承担任何责任，追求自我享受、绝对快乐和生活刺激，只问索取不思回报。④ 因此，在个体展现公共性缺乏有效保障

---

① 习近平：《与时俱进的浙江精神》，《哲学研究》2006 年第 4 期。

② 费孝通：《小商品大市场》，《浙江学刊》1986 年第 3 期。

③ 所谓"系统世界"是体制化、制度化和组织化的世界，包括按照政治制度和法律制度建立起来的国家机关，按照经济制度建立起来的经济系统或市场体系，系统世界是占有各种社会控制权力的领域；"生活世界"是交往行动展开的领域，包括两个层面：一是展开言谈沟通、追求话语共识、发挥舆论评价作用的公共领域；二是维持私人利益、追求个人自主性的私人领域。参见刘少杰：《后现代西方社会学理论》，社科文献出版社 2002 年版，第 326 页。哈贝马斯关于交往行动的理论，参见［德］尤尔根·哈贝马斯著，曹卫东译：《交往行动理论：第一卷行为合理化与社会合理化》，上海人民出版社 2004 年版。

④ 杭州市委政研室：《关于"我们与社会"的讨论》，2004 年 8 月，http//jianpeng.blogdriver.com/jianpeng/283907.html。

机制的前提下，作为经济社会发展的一支重要力量，浙商肩上公共性的担当对于正确引导社会价值、切实改善社会治理格局就显得格外重要。

浙商公共精神积淀是具体而生动的，从"自我实现"到"社会实现"升华的例子数不胜数。杭州西子联合控股集团董事长王水福先生，于 2006 年 2 月率先在全国发布企业社会责任报告，并成为全国首家全面、系统、科学发布企业社会责任的民营企业，公共精神可嘉。2010 年 3 月，西南抗旱形势严峻，作为饮用水龙头企业的农夫山泉和娃哈哈在第一时间向云南、广西等地组织调运了大量的生活饮用水。这些是浙商公共精神与浙江精神、浙商精神充分融合的具体表现，是浙商参与公共精神积淀的最好的学习和教育素材。

当然，浙商公共精神与浙江精神、浙商精神的互动是与时俱进的、也是卓有成效的。浙商公共精神在微观的个体层面向浙江精神、浙商精神提供了大量的具体的素材。浙江精神与浙商精神在不断总结和提升的过程中，必然地对浙商公共精神的积淀提供更多的依据。三者的互动也为研究浙商参与公共精神的积淀提供了铺垫。

三、浙商参与公共精神积淀的演进过程

浙江文化的精神内涵博大精深，有以实效为核心的求实精神，有以民商为核心的重商氛围，有以逐利为核心的理性取向，有意借力为核心的变通智巧。[①]站在时代的前沿，浙江商人公共精神的彰显体现着时代的进步，其中价值取向的转型、社会实践的面向等角度的分析，为深入了解身边的浙商、了解浙商公共精神的具体内涵，尤其是浙商公共精神的演变的过程，提供了不同的视野。

（一）价值取向的转型

浙商公共精神的价值取向转型，主要是指以朴素理性主义为特征的传统浙商意识向个众结合的现代浙商发展模式转型。一个展现的是浙商的主体属性，一个关注的是浙商与社会主客体的和谐共荣。其中，转型的表现形式丰富多彩，具体可以从以下几个方面来看。

1. 态度从消极到积极

浙商对待公共行为的态度，尤其是对待承担社会责任行为的态度，经历

---

① 汪岩桥、吴伟强：《浙商之魂——浙江企业家精神研究》，中国社会科学出版社 2009 年版，第 2 页。

了一个从非情愿消极到自愿积极的转化过程。浙商在各级政府的支持下，把握历史机遇，发扬浙商精神，从无到有、从小到大，这个过程是艰辛的、曲折的，当然也是富有成效的。于是，在获得一定物质利益和社会尊重的同时，逐渐改变了以逐利为根本、较少分享的状况，开始对参与公共产品供给、公共权力运作采取积极的态度，而且具有了越来越多的公共性。以前不情愿做的事情，开始主动做、愿意做。以慈善捐赠行为承担社会责任就是最好的例子。

当然，浙商态度从非情愿消极到自愿积极的转化赢得了社会普遍的认可，对于引导社会大众的价值取向起了很好的示范作用。但是现实中仍存在着一些不可回避的问题，当前部分浙商态度的转化仍然是以物质利益为前提的，例如在环境保护方面就是如此。后金融危机时代下的部分浙商，由于背负着相当大的生产成本的压力，对此缺少积极性和主动性，还是消极地接受职能检查部门的管理。从这个意义上看，有必要利用各方面的机制优势，真正使浙商从非情愿消极的思维向自愿积极的公共意识转化。

2. 内容从单一到全面

浙商参与公共事务行为的历史并不久远，但是随着时代的变迁，新的经济成分和新的经济组织不断涌现，内容也在不断丰富和扩展。浙商公共行为的内容从早期群体利益表达和社会捐助到参政议政模式下影响政府政策的制定，再到现在全方位多层次的参与社会治理，发生了令人瞩目的变化。特别是在弥合"政府失灵"和"市场失灵"方面，浙商的公共行为切实地起到了推动社会发展的良好作用。2009 年 7 月，浙江商人叶茂西旗下的西京集团有限公司全资收购了英国本土一家名为 PROPELLER（译为螺旋桨）的卫星电视台。事实上，这是海外电视台未来发展的一种思路，也是中国文化产业"走出去"的重要途径。叶茂西认为，通过企业运作的方式，带动中国文化"走出去"，不仅扩大了文化产品的出口贸易，同时还会带动相关产业产品的出口与发展，搭建国际化的营销网络和平台，实现经济效益和社会效益的双丰收。①

通过内容由单一向全面的转型，可以清晰地看到，浙商的公共行为能力呈现快速成长的趋势。但在市场机制运行过程中，人们看到的往往是浙商的自由竞争更多地满足的是少数优胜者的利益，部分浙商选择的公共利益却很难实现。

---

① 叶茂西：《在英国买下电视台的温州人》，浙江在线网，2009 年 07 月 20 日，http://biz.zjol.com.cn/。

这反映浙商公共精神的内容还有待于结合浙商的自身特点拓展到更合适、更宽广的领域，以满足当前社会对这支中国第一商人群体的更高期待，从而有利于浙商的长远发展。

3. 方式从间接到直接

随着经济社会的不断发展，利益表达的渠道和技术更加丰富。浙商反映公共精神的公共行为在态度上和内容上的转变不断实现的同时，方式也从之前的间接更趋向直接。这是伴随着浙商公共行为能力成长的结果。帮扶社会不仅仅是"授之以鱼"的过程，更应该是一个互助互惠的过程。浙商公共行为方式由间接向直接的转变可以更好地确保信息全面、对称和透明，保证公共服务的质量，提高公共行为的效率。以前，浙商公共行为的着力空间有限、效能滞后，例如企业组织员工集体献血，或是捐建希望小学，抑或是遇到自然灾害通过捐助奉献爱心，这些间接的帮扶行为可以改善一部分人的福利，但是帮扶主体难以真切地感受帮扶者的公共精神，对于深入培育集体以及社会的公共意识并不是一种理想的方式。志愿者队伍等直接参与的方式正好可以克服这样的弊端，因此，越来越多的浙商开始组建自己的志愿者队伍，培育自己的志愿者组织。来自萧山的一位热爱消防、自建民间消防队的生意人李立兴就是一位典型的人物。2008年5月12日，汶川地震发生的当天，这位商人没有犹豫，放下生意，向杭州市消防部门请示后，带了9个人，开了两辆消防车直奔四川。经过48小时的长途跋涉，于15日早上到达了都江堰，直接参加抗震救灾。① 这样直接展现公共精神的行为越来越多地出现在当下浙商的公共行为之中，越来越多地受到社会的普遍关注和认可。

事实上，浙商公共行为的实践方式多种多样，从建希望小学到造公园、办大学、建医院，造福社会；从积极支持春风行动、扶贫济困，到参与国企改革和中西部等区域的开发建设，为政府分忧等等。公共精神的实践需要的是浙商更直接的表达方式，担负社会责任不仅仅在改善公共福利，更为重要的是通过面对面接触、身体力行了解社会现状，体验社会现实，以积淀公共精神、提升公共精神，从而使服务公众成为企业发展的一项使命。

---

① "震在汶川，痛在我心！'5·12'大地震后，浙江的志愿者群体在战地书写着一个个公民的责任。滔滔岷江水见证他们的赤子之心；滚滚大渡河镌刻他们的报国之情"，《钱江晚报》2008年5月21日。

（二）实践面向与作用

浙商公共精神的实践面向可做如下理解：一是实践面向是以理论为支撑的。对浙商公共精神与浙江精神、浙商精神互动的理论描述就是其重要的来源。二是实践面向是有层次的。浙商公共精神的根本体现在于：合法经营、创造财富；浙商公共精神的直接表现在于：慈善捐助，社会治理；浙商公共精神的终极关怀在于：价值引导、科学发展。三是实践面向是全面的、是具体的。例如，浙商以"质量第一"为经营己任，提供优质的售后服务、妥善处理危机事件等等。当然也包括在实践中不断延展的内容，如提高学习和落实相关新法新政的能力、确立低碳环保的发展方式等。

1. 公共精神的根本体现：合法经营，创造财富

商人"合法经营、创造财富"天经地义，是商人个体的本性使然。人们往往看到的只是商人的经营和创造追逐自身利益的一面，也就是自利性的一面，忽视了这一行为背后也隐藏着公共性的一面。不可否认的是，我国社会主义法治建设仍然有很大的发展空间，物质财富仍然需要不断地积累和丰富。浙商作为社会发展和变迁的重要见证者，依照法律法规经营、主动避免不正当竞争，在此基础上通过技术革新、改善管理，提供更多优质的产品和服务就是对社会发展的支持和贡献。

在后金融危机时代的今天，浙商面临着继续创业创新、转型升级发展的客观要求，倘若可持续发展的压力转化成为对现行物权法、商法、税法、工商法规等一系列经济法的不正当利用甚至背离，那么直接受害的不仅仅是企业自身以及市场中的竞争者与合作者，其他社会主体的利益势必也会受到影响。这对于提高市场主体的合法经营意识、规范市场秩序显然是不利的。

在对"最能体现浙商公共精神的行为"的调查中，调查结果显示，有31.0%的浙商认为，"遵守法律法规"最能体现浙商的公共精神，排在第一位；其次是"环境保护"，认为环境保护最能体现公共精神的占29%；认为"慈善捐助"最能体现公共精神的占23%（见图7-1）。可见，合法经营已经成为浙商心目中体现公共精神的第一标杆。

长期以来，人们习惯于把"利己"与"利他"割裂开来，无视两者存在复合的空间，于是简单地把企业家追求利润与承担社会责任对立起来。其实不然，浙商在逐利驱使下创造企业财富的过程中，同时也满足了社会物质文化的需求，提供了大量宝贵的就业机会，夯实了相应的财政基础。

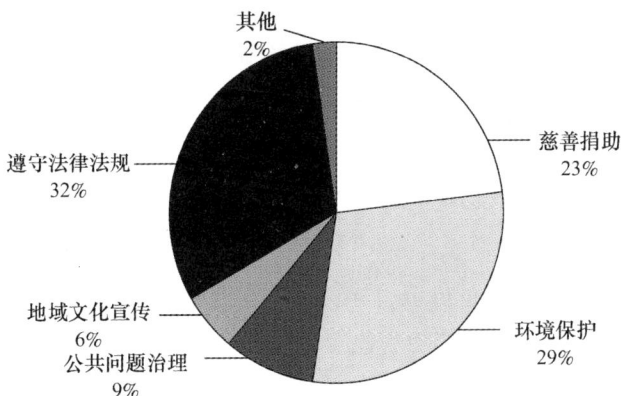

图7-1 最能体现浙商公共精神的行为

资料来源：调查问卷整理所得。

事实上，浙商在"合法经营、创造财富"方面做得比较成功。在各级政府的监督和各类商会的组织下，浙商经营性的纠纷在持续地减少。另外，尽管由于种种原因浙商这一群体创造的社会财富难以量化，但是我们依然可以从2009年的浙江省国民生产总值22832亿元人民币（较上年增长8.9%）可见一斑。大部分由浙商创造的社会财富源源不断地支持着国家建设和民生改善，这是浙商贡献的最大份额的公共财富。

2. 公共精神的直接表现：慈善捐助，社会治理

企业的生存和发展离不开社会的繁荣和稳定，企业回报社会，一方面造福大众，另一方面也能大幅提升企业竞争力。"慈善捐助、社会治理"一直是浙商公共精神最显性的表现。在对"最能体现浙商公共精神的行为"的调查中，有23%的浙商选择的是"慈善捐助"，仅列"遵守法律法规"之后，排在第二位（见图7-1）。这进一步说明了"慈善捐助"在弘扬公共精神中的重要地位。

除了慈善捐助以外，近年来越来越多的浙商通过参与公共权力的运作、新型组织建设等不断深入到社会治理领域，为提高社会治理水平贡献力量。例如，伴随着城市化进程的演进，城镇传统社会中"单位人"逐渐向"社区人"转型，企业在参与社区建设方面就发挥着前所未有的作用。他们帮助社区做好促进就业等民生工作，利用各种机制优势推动社区建设、社区自治等基层工作的发展。目前，杭州市上城区51个社区的便民商业服务企业及为老服务联盟单位实现了信息联网和呼叫联动，咨询、受理、反馈上城区居民的商业服务呼叫请

求，为广大居民提供个性化服务。① 这就是企业参与社会治理的突出例证。浙商参与的全方位立体式的社区治理模式，就是浙商公共精神在社会转型和变迁的过程中，不断适应社会大众的客观要求直观展现的一项重要内容。当然，浙商参与社会治理还有很多领域和层次可供发掘和探讨，重要的是，浙商正通过种种途径成为在社会治理中与政府和第三部门一样重要的一支力量，并且在不断进步，这是值得欣喜的。

3. 公共精神的终极关怀：价值引导，科学发展

诚然，公共精神可以在带着功利色彩的商业经营行为和社会治理上展现出来，但是其终极的目标应该是唤起全社会对于公共问题的持续关注和积极参与的个体或集体意识。正如卡斯特（Manuel Castells）所说，从内心渴望来看，"人们总是会拒绝个体化（individualization）和社会原子化（social atomization）的过程，而更愿意在那些不断产生归属感、最终在许多情况下产生一种共同体的、文化的认同的共同体组织中聚集到一起"。②

改革开放初期，曾有部分浙商以假冒伪劣产品追逐高额利润，这种不良的经营行为不可能得到社会大众的认同，只能遭到社会的唾弃，"以人为本，以和为贵"仍然是绝大部分浙商坚持的重要价值。依据社会学家郑杭生提出的"社会互构理论"，社会主体在互构过程中既存在某种和谐和一致，也不可避免地存在差异和冲突。浙商企业作为社会复合治理主体的重要成分，在培育合理的社会价值、理顺利益关系和利益结构、优化社会资源和社会机会配置方面能够发挥重要的作用。在近期的"王家岭事故"和"玉树地震"等灾害面前，当地浙商包括其他浙商积极给予周到的各项帮助，在第一时间向社会和大众传达了重要的价值信息：奉献、博爱，是社会主导的价值取向。显然，这是浙商公共精神最优质的体现，是具有力量的终极关怀。

另外，"科学发展"也是浙商顺应历史发展潮流、彰显公共精神的必然结果。"科学发展"是涉及市场主体的经营理念，要与自然和谐相处，为人类保持可持续的良好生态。与大众分享共同价值和社会进步的成果，是科学发展的

---

① 郑杭生主编：《中国特色和谐社区建系列实例调查研究报告——中国社区建设史上的一颗灿烂明珠"上城模式"实地调查研究》，中国人民大学社会学理论与方法研究中心和杭州市上城区区委，世界图书出版社 2010 年版，第 147 页。

② ［美］曼纽尔·卡斯特著，曹荣湘译：《认同的力量》，社会科学文献出版社 2006 年版，第 65 页。

价值所在。例如，在当前"低碳"理念渐入人心的时候，一部分浙商早已行动起来。2009 年 11 月，由温州林业局牵头，包括浙商李星涛的公司在内的 5 家企业捐资成立了温州"林业碳汇"项目。这个听起来有几分玄乎的项目，说白了就是通过企业的自愿捐资造林行为帮助企业实现社会责任并提前储存"碳信用"。[①] 了解气候变化的人都知道，相较减排，"碳汇"是另一种减少温室气体的途径。减排针对的是排放源头，而"碳汇"则是通过造林等项目，增加吸收二氧化碳的能力。目前，许多国家开始借助清洁发展机制（简称 CDM）中的林业碳汇项目来完成减排承诺。由于京都议定书机制和自愿碳交易市场的存在，碳汇市场本身具备着可观的市场前景。由此看来，"碳基金"的建设与经营已然成为浙商"引导社会价值、坚持科学发展"的一个重要内容和方向。

第二节 浙商参与公共精神积淀的现状与治理

一、浙商参与公共精神积淀的现状

在对浙商公共精神与浙江精神、浙商精神互动以及其具体内涵进行考察后，有必要对浙商公共精神的现状进行探讨，以全景式地了解浙商公共精神积淀的完整过程。具体来说，对浙商公共精神积淀的影响因素可以从政策供给、企业经营、社会观感与地域人文四个维度进行分析；对浙商公共精神的局限可以从公共概念的内部化和模糊化、公共意识的非常态化倾向、公共行为的私人利益驱使成分三个向度进行考察。

（一）浙商参与公共精神积淀的影响因素

1. 政策供给

毋庸置疑，政府在浙商公共精神的引导和培育方面起着非常重要的作用。浙商公共精神的弘扬需要政府政策的引导和法律保障。一方面，政府的宏观经济政策包括产业政策、税收政策以及相应的法律规范等必须为市场主体提供一个理想的竞争发展环境，在合理的经营行为预期可以获得法律和政策保障的前提下，商人的自利性和公共性的统一才有展现的平台；另一方面，政府的政策必须注意以下内容：政策供给与政策需求相匹配、政策制定与政策执行相衔接、政策工具与政策原则相吻合。例如，政府在制定企业参与社会公共事务的规定

---

① 袁瑛：《碳基金温州"冒险"》，《南方周末》，第 1344 期，2009 年 11 月 19 日。

中必须明确自己的职能和限度，做到信息的公开与透明，这样浙商慈善捐助等行为才会在社会充分的监督下获取丰硕的社会效益。简言之，影响浙商公共精神积淀的政府政策供给因素有两个方面：一是政府对于公共行为制度和法律的保障；二是政府对于公共行为效益的保障。

事实上，在浙商公共精神培育的过程中，一方面政府做好各项工作维护浙商商业利益，另一方面政府潜移默化地与浙商形成了社会治理的合作伙伴关系，这在一定程度上弥合了政府失灵、市场失灵和社会失灵。例如，"在义乌，专业市场、物流站场等主要由政府控股的商城集团或国资公司出资建设，再以低廉、合理的价格出租给经营户和货运公司"。[①] 仅仅从表面来看，这可能并非直接地影响了浙商的公共精神，但是义乌市政府通过产权这一垄断资源的分割，保障了"经营者有其摊"，大大降低了市场进入门槛和经营成本。浙商在分享公共资源的过程中必然会倍感温暖，并以实际行动回报社会，最终将转化成为推动浙商公共精神积淀的重要动力。

2. 企业经营

政府与市场的关系历来是理论争论和实践探索的一个焦点。市场是迄今为止人类发现的最有效率的资源配置方式。尤其是在发挥经济自由、体现消费者主权、培育企业家创新精神、保证信息效率和进行灵活价格调节等方面，市场的作用是不可取代的。[②] 显然，市场的力量不容忽视。但是，正是因为受市场机制"利润最大化"的驱使和自由主义的影响，浙商充分逐利的一面难以避免，这直接影响浙商公共精神积淀的广度与深度。

不可否认的是，浙商的经营行为和公共行为在受到政府因素影响的同时，也取决于市场中其他竞争者和整个行业的发展态势。市场中其他竞争者的行为决定了市场的竞争效率，整个行业的发展态势决定了公共行为可以拓展的空间。经济学家樊纲曾预言：后危机时代世界经济将出现五大重要趋势，其中之一就是以这次国际金融危机为分水岭，一部分中国企业开始转变为跨国公司。[③] 跨国公司意味着更广阔的市场和更艰巨的社会责任。宁波商人创办的杉杉集团就是很好的例子，是市场让杉杉选择了与全球最大纺织品销售商、全球五百强企

① 陆立军等：《义乌模式》，人民出版社 2008 年版，第 38 页。
② 陈剩勇、马斌：《民营中小企业的发展困局与政府作用》，载于《后金融危机时代的政府与市场论坛》，2009 年 11 月 23 日。
③ 杉杉攻略：《世界五百强》，《钱江晚报》2010 年 4 月 13 日。

业日本伊藤忠商社签订全面合作协议，同时进军高科技领域，成为中国第一、世界第二的锂电池综合材料供应商；又是市场让杉杉集团在步入多元化、国际化的发展阶段时候，开始了社会公益领域的常态性投入。1998 年长江洪水，杉杉捐资 600 余万元。2008 年汶川大地震，杉杉各集团、公司、加盟商及员工捐款捐物共计 1500 万元。[①] 市场成就了浙商经营行为的同时，也深刻地影响着浙商的公共行为。应该说，生于斯、长于斯的民营资本集团，一举一动都透着古老的祖训："穷则独善其身，达则兼济天下。"市场影响对于浙商公共精神的积淀是巨大的、深刻的。

3. 社会资本

在中国古代的历史发展过程中，有一种现象似乎成为一个定律，即"胜王败寇"，而且已经成为中国社会和中国人普遍接受的理念。更重要的是传统社会的政治封闭使社会缺少众参与政治的途径。在这样的背景下，长期以来形成了国民的"参与冷漠症"。受此因素的影响，刚刚兴起的浙商缺乏对公共事务的参与就不难理解了。在经济社会发展的过程中，人们最为期待的是政府的善治以及个人家庭生活的改善。传统的社会共识并不会对商人缺乏社会责任意识、不具公共性的行为举止报以严肃的社会谴责甚至施以压力制约，而且事实上一般社会力量和个人也没有足够的资源和机会对此进行纠治和引导。但是，任何一个浙商的发展都必须经历一个周期和过程，当业务范围不断扩大、生产经营日益稳定的时候，浙商不得不为其社会信誉做好备书，特别是在社会资本方面的积累。

社会资本是指共同的价值观、规范、非正式网络，这些能够影响社会成员为实现共同目标进行合作的能力和条件。应用在浙商身上，社会资本主要是指浙商已经拥有的以及正在拥有的旨在减少企业交易成本、完善企业社会关系网络、有利于企业健康发展的非正式民间资本，具体包括浙商恪守的企业文化、浙商经营的规章制度、浙商构建的社会网络，这些社会资本的积累和运营足以影响浙商的行为是不是可以得到社会的认同，能不能得到社会的尊重，同时这些认同和尊重是不是又可以成为浙商公共行为不断深入和拓展的动力。由此可见，社会资本是影响浙商公共精神积淀的重要因素。

4. 地域人文

原浙江省委书记习近平曾经提到，"浙江有着以人为本、注重民生的观念，

---

① 王科、杉杉：《"独善其身"与"兼济天下"》，《南方周末》第 1288 期，2008 年 10 月 16 日。

求真务实、主体自觉的理性，兼容并蓄、创业创新的胸襟，人我共生、天人合一的情怀，讲义守信、义利并举的品行，刚健正直、坚贞不屈的气节和卧薪尝胆、发愤图强的志向"。① 这一切已经成为今天浙江地域文化的主流特征。但是，由于受浙江传统文化的影响，过于自我和较强的功利性也是浙江地域文化的突出特征。"浙江的思想文化传统始终是重视个体的生活实践，通过个体的生活实践将内在道德表达于生活世界本身。"② 导致浙商更注重个体自我的实现而忽视对社会的贡献。浙江传统文化中主张"事功"、"以利合义"的思想，使浙商生存的地域文化中公共性的一面更为缺少。历史上手艺人和小商人的传统影响、农民的出身，也都使浙商打上了地域文化的印记。即使在当下社会，浙江的地域人文有了质的提升，但是展现公共性的空间依然很大。

地域共同的文化传统支撑了浙商的成长，地域共同的环境变迁造就了浙商不一样的人文精神。浙商地域人文中公共性的缺失值得关注，当然也必然地成为影响浙商公共精神积淀的重要因素。

（二）浙商参与公共精神积淀的局限

浙商精神既承载着历史的厚重，又跳跃着时代的脉搏。"远贾通商、工商贯通、民本经济、结义经济"③ 展现了浙商特有的的经营精神。在充分总结浙商丰富的"私人"经营品质的基础上，在全面认识影响浙商公共性发挥的背景的情况下，可以发掘浙商公共精神积淀的局限性，从而确定提升浙商公共精神的发展空间和责任使命。

1. 公共概念的内部化和模糊化倾向

公共利益究竟包括哪些，它与私人利益的边界在哪里？这一直是一个广泛讨论的话题，浙商公共精神积淀中的"公共"当然也不例外。部分浙商有意或无意地混淆公共与私人的边界，甚至借公共利益之名行私人利益之实的现象也屡见不鲜。当然，在有些情况下公共利益与私人利益是难以界定和区分的，并且事实上公共利益与私人利益的重合也是普遍存在的。正因为如此，部分浙商往往会利用公共与私人之间的模糊空间，以牺牲公共利益来降低企业的生产成本，使得原应体现公共精神的东西变了质、内部化了。此外，由于社会对体现

① 习近平：《与时俱进的浙江精神》，《哲学研究》2006 年第 4 期。
② 吕福新主编：《浙商人文精神》，中国发展出版社 2007 年版，第 5 页。
③ 汪岩桥、吴伟强：《浙商之魂：浙江企业家精神研究》，中国社会科学出版社 2009 年版，第 133 页。

企业公共精神的内容也存在着一定误区，以及浙商自身对公共精神积淀还处在比较朦胧的阶段，把浙商的公共精神等同于"企业办社会"或是仅仅等同于"企业捐赠或企业所做的公益事业"，显然这是对公共精神概念的模糊理解。

2. 公共意识的非常态化倾向

从浙商承担社会责任，展现公共精神的历史过程和现实状况来看，浙商经历了从偶尔顾及和少有承担社会责任阶段到经常顾及和部分承担社会责任阶段，再到全面顾及和系统承担社会责任阶段的发展过程。同时浙商在承担社会责任的表现方面，有着一些优秀浙商积极承担全面社会责任、多数浙商承担直接部分利益相关者责任、很多浙商同时承担不同层次的社会责任、不少浙商随意和偶然地承担一些社会责任等特征。① 这种多阶段、多层次的具体情况普遍存在。现实中某些浙商诚实守信的不足、社会责任的弱化、思想观念的局限等问题依然比较严重，归根结底，这是由浙商公共意识的非常态化倾向造成的。公共意识的非常态化使得浙商在一些公共问题上会采取非制度化的安排，这种安排可能出于经营者临时的非系统分析，也有可能源自经营者对企业发展非长远的认识，甚至有可能是经营者寻租产生的有意策略。公共意识非常态化倾向的存在势必成为阻碍浙商公共精神积淀的障碍，必须及时有效地纠治。而常态化的公共意识对于浙商建立广泛的公共联系、培育内化的公共精神有着举足轻重的作用，而且对于相关社会组织的制度化建设、公民社会的发育也有至关重要的影响。

3. 公共行为的私人利益驱使倾向

"从企业的本体来看：企业不具备承担社会责任的内生机理"；"从大系统与企业的委托代理关系来看：企业应该承担社会责任。"② 从这个角度可以得出，逐利是浙商的根本属性。商人缺失公共精神并不应理所当然地成为社会指责的对象，当下部分浙商之所以愿意做出体现公共精神的公共行为是出于对社会压力的释放。浙商尤其是占据相当规模的中小企业浙商在经营的过程中，其公共行为受自身利益驱使的情况屡见不鲜。例如，部分中小企业浙商在缓解社会就业压力、扩大公共福利的同时，为了片面追求商业利润，往往以牺牲员工

---

① 吕福新等：《浙商的崛起与挑战——改革开放 30 年》，中国发展出版社 2009 年版，第 239 ~ 242 页。

② 吕福新主编：《浙商人文精神》，中国发展出版社 2007 年版，第 137 ~ 138 页。

的安全健康和全面发展为代价，超时加班、克扣薪水、忽视安全生产、不建立劳动合同等现象时有发生。这种变相的或是直接利益驱使成分较重的行为，是浙商公共精神局限性的典型表现，从长远来看，势必对浙商公共精神的拓展和丰富形成一大障碍，当然，也必将成为对公共精神的局限性进行治理的重要内容。

二、浙商参与公共精神积淀的治理

了解浙商公共精神积淀的具体内涵、历史渊源与现状，可以为寻找提升浙商公共精神的途径提供具有方向意义的启示。如前所述，浙商公共精神的积淀取得了一定的成果，为积淀整个社会的公共精神也发挥了积极的作用。但是，浙商公共精神积淀仍然存在着诸多问题，既影响浙商自身的发展，也对社会发展产生了消极的影响。因此，从公共精神积淀的治理主体、治理工具与治理内容等方面来寻找一条治理之路，可以提升浙商公共精神积淀的层次与品质。

（一）公共精神积淀的治理主体

对于浙商公共精神积淀的治理主体，可以从以下三个方面来把握：一是公共精神积淀的治理主体是多元的，包括政府、市场与社会；二是公共精神积淀的治理主体是有层次的、可复合的；三是公共精神积淀的治理主体最终归于浙商，最终实现的是浙商的自律和自由全面发展，使其公共行为得到全社会的尊重，成为引导其他人群公共精神的一支重要力量。

第一，公共精神积淀的治理主体是多元的。任何事物都是普遍联系的，对浙商公共精神的治理亦是如此。治理主体的多元化已经成为当今公共治理的必然趋势，要对浙商公共精神积淀的局限性进行治理也离不开多元主体的共同努力。这些主体包括政府、市场和社会等。政府在政策供给、服务保障等方面可以夯实展现浙商公共精神的土壤，市场在自由竞争、效率生产等方面可以增加彰显浙商公共精神的养分，社会在监督管理、价值引导等方面可以提供优化浙商公共精神的保障。在政府、市场与社会充分发挥各自功能的基础上，同时作为治理主体和治理对象的浙商必须提高自身觉悟，在各方治理主体的促动下主动行动起来，自觉履行责任和应尽的义务。

第二，公共精神积淀的治理主体是有层次的、可复合的。既然浙商公共精神积淀的治理的主体是多元的，那么，主体间必然存在着一定的结构联系。层次性和复合性构成了浙商公共精神积淀的治理主体结构联系的主要特征。层次性是指治理主体在空间拓展上的结构联系。从公共精神积淀治理对象的角度出发，浙商自身是攸关公共精神发挥的最终变量，所以浙商本身是治理的首要主体。但是，从现实出发，浙商处理私人与公共关系的能力是有限的，而掌握重要权力与资源的政府开展此类的治理行动就显得比较合适，因此政府就成为当然的治理主体。社会主体在私人向公共过渡的过程中起着中介的作用。复合性是指治理主体在空间上是可以组合的，而非单一的。在对浙商公共精神积淀治理过程中，政府、市场和社会组合在一起共同发挥作用的。例如，在2010年4月14日发生的青海玉树大地震的抗震救灾工作中，浙商第一时间的善举往往是借助社会组织提供的平台展现的，而后续的监督审计也是由相关部门完成的，在这样的情况下，浙商公共精神积淀的治理自然是复合的。

第三，公共精神积淀的治理主体最终归于浙商。政府的作用也好，社会的作用也好，最终都要通过浙商自身内在因素变化才能奏效。作为治理的终极主体，浙商在与其他主体的复合合作中释放自己的善意是必要的。对公共精神的接受、认可、内化应该成为浙商自我修炼中的重要内容，这同时也反映了浙商自我修炼的层次。此外，任何一项事物的发展都是复杂的、艰巨的、长期的，浙商在遭受公共行为挫折、困惑于公共精神提升的时候，积极的主观能动性的发挥是不可或缺的，只有这样，才有助于作为治理主体的浙商真正学会自我治理、自我进步。

（二）公共精神积淀的治理工具

第一，政策工具。治理本质上是运用政策工具、政策手段或管理手段提供公共物品和公共服务或者解决公共问题。加拿大公共政策学者迈克尔·豪利特和M·拉米什根据政府介入的程度不同将政策工具分为强制型政策工具、混合型政策工具和自愿型政策工具三种。[①] 在对浙商公共精神积淀的治理过程中，同样可以运用这些工具，特别是运用一些自愿型的政策工具，通过参与社区公共服务供给、社区自治等形式的公共行为，让当下越来越重要的社区建设成为浙商公共精神积淀的重要载体。

第二，社会组织。社会组织是为了实现特定的目标而有意识地结合起来的社会群体。在浙商公共精神积淀的治理过程中，公共领域对浙商的影响离不开

---

① ［加］迈克尔·豪利特、M·拉米什：《公共政策研究——政策循环与政策子系统》，三联书店2006年版，第144页。

相应的社会组织功能的发挥。这样以社会组织为中介的双向治理模式最终体现的是公民社会的发育和成长。例如，浙江省商会，即浙江省工商业联合会，是中国工商业联合会的省级地方组织，它的一项重要职能是协助有关部门做好私营企业协会、个体劳动者协会、异地商会和以非公有制经济为主体的社团组织的指导工作。① 浙江省商会给予了浙商在广阔的平台上互相熟识、互相影响的良好机会。通过制度的约束和公共意识的传导，使得公共精神成为浙商们日常交流中互通往来的精神纽带，形成共同的价值。覆盖广泛的行业协会和民间商会在这方面也发挥很重要的作用。当然，随着经济社会的发展，各类社会组织有待于更新自我定位、优化组织结构、提高自身价值，为浙商公共精神的发挥提供更好的舞台。

第三，大众媒体。在浙商公共精神积淀治理的过程中，大众传媒在信息传播、社会监督等方面具有优势，可以有效地对浙商公共行为进行评价和反馈。特别是近年来迅速发展的网络舆情与服务浙商群体的专业专门媒介，在纠治浙商公共精神积淀的问题上发挥了重要的作用。伴随着我国网民数量的增加，网络舆情与社会现实舆情逐渐走向趋同，网络舆论已经成为社会舆论的一个缩影。汶川地震后网络媒体对于部分浙商慈善捐助的善举并没有落实做出客观真实的报道，从而引发了全社会的关注就是一个大众传媒参与浙商公共精神积淀治理的典型例证。事实上，传统媒体是点对面的传播，代表了仅是一种层层把关的精英话语。而网络传播的内容来自于草根，大众的发言权相对更充分。在最初的网络传播过程中，其内容依然比较容易受到精英话语的影响，但近几年，草根力量已经开始和传统精英争夺话语权，"舆论导向"逐渐从精英走向大众，这一点在 2009 年的网络舆情中表现得异常明显。② 这显然为浙商公共精神积淀的治理提供了良好的环境和氛围。当然，传统媒介的功能也是不可忽视的，它不仅对于浙商公共精神的自我提升发挥着重要的作用，而且在社会的传播和接受上也发挥着重要的作用，在空间上扩大了其公共精神的社会影响力、在时间上深化了其公共精神的社会积淀。创办于 2004 年 6 月的《浙商》杂志，以其独特的定位和风格，成就了国内高端财经杂志的地位。创刊 100 期之际，杂志社

---

① 浙江省工商业联合会（浙江省商会）简介，浙江省商会网站，http：//www. zjfic. org. cn/www/shgk/gsljj. htm。

② 《2009 中国网络舆情综述：南京大学—谷尼网络舆情报告卷一》，http：//yq. people. com. cn/htm-lArt/Art608. htm。

邀请国内著名学者、媒体研究专家及知名浙商代表共同探讨。有的学者认为，在新媒体繁荣的时代，作为传统媒体，《浙商》成功地立足于社会角度对中国民营经济力量进行报道、组织相关互动。在未来，《浙商》应致力于进一步铸造浙商文化，让浙商更有归属感。① 因此，大众传媒在浙商公共精神积淀的治理过程中，在信息传播、社会监督等方面应该充分展现其特长，为浙商公共精神的提升补给丰富的养分。

（三）公共精神积淀的治理内容

结合治理主体的功能发挥、治理工具的有效运用，在对浙商公共精神积淀的治理过程中，通过治理使政府逐步去自身在市场中的经营性和公共权力的垄断性，使社会逐步实现向公民社会的发育和成长，使浙商逐步成为公共精神积淀治理的最终受益者，让其公共精神积淀有充分的平台和保障。

第一，改善和提高经营状况。改善和提高经营状况的根本在于做优做强企业。企业的经营状况是影响企业公共精神积淀的重要因素。从宏观上讲，经济基础是社会意识形态的决定力量；从微观来看，公共精神的积淀与企业的经营状况密切相关。当然也不能否认，与企业经营状况相脱离的崇高精神。但是，无论如何，有时公共精神的弘扬要以经济实力为基础。最新的"2010胡润浙商慈善榜"显示，刚刚完成收购沃尔沃的吉利集团董事长李书福成为最慷慨的浙商，其累计捐赠额为2.5亿元。吉利集团的掌门人之所以有这样的社会责任和胆识，成为慈善捐助的第一人，其雄厚的经济实力显然是重要基础。吉利集团自1997年进入轿车领域，资产总值已超过200亿元，连续5年进入中国汽车行业10强，2010年3月28日，吉利集团宣布与福特汽车签署最终股权收购协议，获得沃尔沃轿车公司100%的股权以及相关资产（包括知识产权）。② 以上不难看出，浙商公共精神的治理离不开浙商"改善和提高经营状况，做优做强"的艰辛付出，这是重要的基础。当然，经济实力与公共精神并不是一种简单的线性联系，有些经济实力并不很强的浙商却具有很强的公正精神、服务精神、自律精神和奉献精神，这也是不争的事实。

第二，完善相关制度和机制。制度和机制为浙商公共精神积淀提供相应的

---

① 钟慧丽：《〈浙商〉百期，群英云集——今后将有多种增刊新刊，继续引领民营商业力量》，《钱江晚报》2010年4月17日。

② 吉利集团简介，浙江吉利控股集团网站，http：//www.geely.com/general/intro.html。

规则和保障。从自身来看，浙商是不是有足够独立和充分的公共行为选择权，例如，组建、参与拥有价值认同的、合法的非营利社会组织；浙商是不是有足够公开和透明的履行公共行为的制度，例如，合理地制定和执行履行每一项公共行为的财务预算和人力资源规划；浙商是不是有足够持续和有效的履行公共行为的自我管理能力，例如，把公共行为常态化、制度化。从外部来看，浙商公共行为是不是能够与其他社会群体的公共行为和谐共存；浙商公共行为是不是能够切实产生良好的社会效应；浙商公共行为是不是能够获得社会大众的认可并切实提升他们的公共意识。这些都应成为公共精神积淀治理的内容。

第三，搞好传承和教育。改革开放后崛起的有一定企业规模的浙商，大多已经完成了第一代的奠基工程；近年来，土生土长、草根发育的浙商大多也有了完整的企业文化。应该说，这部分战略思想明确、社会责任意识稳固的浙商在公共精神的积淀上是有作为的、有贡献的。但是随着社会改革发展的不断深入，浙商中出现了越来越多的"少当家"，即指那些在父辈创造的现在依然活跃的事业中已经接班和正在接班的二代浙商。这部分浙商往往具备优质的受教育条件，但是他们接受的教育理念和教育方式对其公共精神的培育不一定是正面积极的。因此，对于这部分可塑性较强的浙商而言，通过教育，以期提高浙商公共精神的自觉意识、增强浙商公共行为实践能力，显然是浙商自由全面发展的题中之意。传化集团徐传化和徐冠巨父子的故事就是一个很好的例子。徐传化留下了坚守产业的精神，徐冠巨在此基础上打造资本利剑；徐传化留下好人缘，徐冠巨在此基础上进行家族企业社会化改造；徐传化留下一副热心肠，徐冠巨在此基础上感悟企业家的社会责任。[①] 父辈给予的潜移默化的影响，让现任浙江工商联合会会长的徐冠巨承担了一个负责任浙商应尽的责任。1998年9月，经中共萧山市委批准成立了浙江省私营企业中第一个党委；2008年的全国两会，提交了《积极推进民营企业社会责任标准体系建设，为构建社会主义和谐社会作贡献》的提案；同年7月，荣膺浙江省社会主义新农村建设经验交流暨表彰大会民营企业新农村建设贡献奖。当然，自己创业的新兴浙商也大有人在，对于他们来说，教育可能是奢侈品，但是不能因为种种原因而否定教育在浙商公共精神积淀治理中的重要角色。新兴浙商在增强政治素质、提升职业道德方面显然是需要教育的。此外，基础教育要紧跟时代的步伐，要在青少年

---

① 徐王婴：《浙商1.5代——浙商30年1.5代里程》，浙江人民出版社2008年版，第105~109页。

中早早树立正确的世界观和价值观，以有利于形成崇尚、发扬公共精神的良好社会氛围。事实上，最为有效的教育方式即是浙商们通过公共行为的实践、不断积累公共精神的体验，从而真正能够影响自己感化别人，丰富共同的精神世界。

第三节　浙商参与公共精神积淀的发展与未来

一、浙商参与公共精神积淀的发展

（一）从广度拓展社会责任的领域

浙商公共精神的积淀和发展，社会责任的拓展首当其冲。在承担社会责任方面，浙商更青睐于"遵守法律法规"。如果把承担社会责任仅仅理解为遵守法律法规，这种理解未免过于狭窄。当然，遵守法律法规是最基本的社会责任，这是不容否认的。出现这样的情况，归因于浙商对于社会责任的理解误区。具体来看，浙商公共精神的积淀和发展离不开社会责任的拓展，可以从以下几个角度获得一些启发：一是从本质上看，社会责任是一种社会意识，需要社会存在的推动，而社会存在是社会物质生活条件的总和；二是社会责任的拓面包括责任意识的深化和社会实践的深入；三是社会责任的拓面是一项长久的工程，随着时代的进步和发展，社会责任拓面的内容是与时俱进的。就当前而言，慈善捐助、环境保护等形式的善举已深入人心，在优秀人才培育、社区文化塑造等方面浙商还有很大的空间去提升公共行为的品质、丰富公共精神的积淀。

另外，浙商终究是商人，商人的经营行为离不开市场机制的作用，商人的公共行为冀望得到充分的经济效益和社会效益，当然也少不了市场功能的发挥。当前，浙商的公共行为还需要完善组织化、市场化、制度化的运行模式，这方面可以借鉴一些成功的案例。2007 年位居《福布斯》小额信贷机构 500 强榜首的孟加拉国 ASA 公司（NGO）把小额信贷作为企业发展的重要平台，通过市场化的经营增进公共福利。而这些 NGO 小额信贷泛指通过向低收入群体提供无抵押的小额贷款，达到增加收入、增进低收入人口福利的公益型小额信贷活动。[①]总言之，浙商公共精神积淀发展的最终目的在于实现社会效益、培育优秀公民，只要实质是公共的、技术是完备的、方式是认可的，公共精神积淀的发展不应

---

① 《NGO 小额信贷式微》，《南方周末》第 1347 期，2009 年 12 月 10 日。

回避市场化的运作机制。

（二）从深度上丰富实践的渠道和方式

丰富实践渠道首要的任务是要消除长期阻碍浙商公共精神实践的媒介障碍，主要包括公共事业领域事实存在的壁垒。一是由于占有资源的有限，浙商公共精神积淀的发展往往要借助于一定的平台，而当下的环境并没有为浙商提供进入这些平台通畅的渠道，民营企业可以施展才能、展现公共精神领域存在着的壁垒障碍。从可持续发展来看，这些领域更需要放宽民间资本的准入限制，允许和鼓励民间资本进入基础设施、公用事业、金融服务和社会事业等垄断性、公益性领域，以扩大民间资本投资，拓宽公共精神的实践界域。这也有助于浙商公共精神的提升，加深社会的认同。二是浙商公共精神的实践还需要公民社会的不断发育。因为浙商绝大部分时间和精力会放在企业的经营和管理上，公共精神的实践往往需要合法的、专业的组织给予帮助和代理，而社会组织作为浙商公共精神实践的重要载体和渠道，要在取得相应的地位与自治权力、建立自由平等的内外部契约关系、形成合法的社会组织系统等方面多做出努力，为浙商公共精神的实践更好地服务。当然，这些渠道的建设是渐进的，需要政府和社会为浙商敞开甚至铺设更多的实践道路。

丰富实践方式主要是指浙商体验式实践以及实践方式的多样化和规律化。一是浙商理应成为公共精神实践的主角，亲力亲为，充分发挥其在企业和社会的影响力，这应成为浙商一种体验式的自我治理和自我提升。事实上，当下民众感受到的最能体现浙商公共精神的是浙商在媒体上进行慈善捐助或参与公益活动，但这仅仅是浙商公共精神实践的一种方式。而且在有些情况下这并不一定意味着浙商真正从中提升了自我价值、提升了公共精神，有能力和有责任的浙商应该充分发挥现代企业制度的优势，体验公共精神实践的全过程，同时用言行带动其他人积极参与公共事业，感悟体验式公共精神实践的成果。二是公共精神的实践必须遵循客观规律。实践应是专业的、公平的、透明的。遵循客观规律有助于浙商形成战略性的经营思维、准确定位公共精神实践的价值地位。专业的实践方式是指浙商公共精神的实践在专业组织的架构下和专业人士的操作下，进行的合乎制度和规则的一种实践方式；公平的实践方式是指浙商公共精神的实践是非排他的，应尊重每一位浙商公共精神实践的机会、方式以及成果；透明的实践方式是指浙商公共精神的实践的过程应是透明的、可监督的、可评价的，具体包括透明的财务、可监督的程序和有效力的评价，等等。

二、浙商参与公共精神积淀的未来

（一）"公共"内涵理解的丰富和深入

浙商公共精神积淀的未来，不可回避的是需要浙商对"公共"和"私人"这一组概念进行深入理解。在未来相当长的时间内，由于经济快速发展、社会急速转型，浙商将面临更多的利益诱惑，以及公共精神实践的挫折。因此，"公共"内涵理解的丰富、公共精神信仰的坚定，将成为浙商公共精神积淀未来的重要内容。

对于如何丰富"公共"的内涵，可从数量和质量两方面予以考虑。在数量上，对于"公共"内涵理解的丰富，必须以形成相当数量级的浙商企业家群体为基础。幸运的是，无论从工商部门登记注册还是在资本市场上的活跃运营，浙江商人规模在数量和成长速率上都一马当先；在质量上，对于"公共"内涵理解的丰富必须以创造社会财富为条件，以营造良好社会风气为己任，以切实提升自身公共精神为最终关怀。

（二）实现"责商"到"哲商"的跨越

长久以来，浙商公共精神积淀主要是通过浙商的社会责任来体现，社会责任已然成为浙商从经营行为延展到公共行为不可或缺的精神纽带。但是被冠以"责商"之名的浙商在历经经济社会发展的长期历练之后，往往对于周遭的环境有了较之以前不一的看法，越来越多地形成了自己成熟的经营哲学和公共哲学。在未来，浙商应在以下几个方面加强发掘"责商"到"哲商"的潜力，壮大可持续的资本，实现公共精神积淀的跨越式发展。

第一，发扬浙商重利尚义的价值观。"重利尚义"既是浙商生存发展之本，也是浙商提升公共精神之源。这是浙商公共精神积淀实现从"责商"到"哲商"跨越的物质基础。"重利"是商品经济发展对浙商的必然要求，"尚义"是人文社会进步对浙商的客观影响。重利尚义的价值观是浙商公共精神积淀中永恒的信条，是提升和发展公共精神的本源。

第二，大力倡导参与式治理。浙商公共精神的积淀和提升最终关怀的对象是浙商，在时间和精力有限的基本假设下，浙商应积极把参与式治理作为其公共精神积淀的重要实践载体。广义上，参与式治理就是公共政策实践中，政府、企业、社会组织和公民个人通过良性互动，共同参与公共政策制定，共同分配社会资源的过程。在这里，主要指的是浙商通过参与公共政策决策、公共资源分配、公共问题治理等方式全程参与公共精神的实践，获得第一手信息、体验最真实的反馈、赢得社会的尊重。这是浙商公共精神的实践实现从"责商"到"哲商"跨越的现实基础。2010年的两会，国务院总理温家宝的政府工作报告首次写入了"让人民活得有尊严"，引发热议，成为当时舆论的焦点。浙商公共精神的参与式治理，一方面提升了浙商自己的实践能力，更为重要的是可以影响感化周边的人，这是未来浙商赢得其他社会群体信任、推动社会进步的重要方向。

第三，繁荣教育。广义的教育泛指一切有目的地影响人的身心发展的社会实践活动。狭义的教育主要是指学校教育，即教育者根据一定的社会要求和受教育者的发展规律，有目的、有计划、有组织地对受教育者的身心施加影响，期望受教育者发生预期变化的活动。这是浙商公共精神积淀实现从"责商"到"哲商"跨越的精神支持，这也是"责商"向"哲商"跨越的重要一步。在浙商公共精神积淀发展的过程中，浙商以及其他人群都需要在接受正规教育的基础上，不断充实理论，同时积极把握社会中各种学习实践的机会。这样，浙商公共精神与浙江精神和浙商精神的互动才会保持与时俱进，才会深厚积淀。

教育是百年大计，是一个民族进步和可持续发展的源泉和力量。浙商公共精神积淀的未来必然地需要繁荣的教育。教育的繁荣必将提升人们学习的能力和拓展看问题的视野。由于拥有一定的知识背景和丰富的经营历练，浙商这一人群是社会一直推崇的学习型企业和学习型社会建设中的中坚力量。当然，相关政府部门对浙江教育资源的重视和充分利用、建立相应的激励机制以及利用高等院校科研机构和有关社会团体的优势等等，这些都将成为帮助浙商通过教育提升公共精神觉悟和实践能力的重要途径。事实上，当下部分浙商已经开始行动。例如，2010年4月22日，浙江省民营企业发展联合会①在杭州表彰了一批学习型民营企业，这批学习型民营企业多数拥有成熟的学习文化和环境，仅吉利控股集团一家，就拥有达4000平方米的图书馆，内藏4万多册藏书。会上康恩贝集团有限公司董事长胡季强发起"争做书香民企，建设人文浙商"的倡议。他认为，浙江民营企业要从粗放型增长向集约型增长、单一产权家族制向现代公司制转变，必须依靠学习，才能把握机遇，应对挑战。教育与学习已经

---

① 在"第七届中国民营企业峰会"上，为了更好地团结、代表浙江民营企业整体提升为全球浙商服务的水平，浙江省个体私营（民营）企业协会正式更名为"浙江省民营企业发展联合会"，中国商务部，2009年12月2日，http://www.mofcom.gov.cn/aarticle/n/200912/20091206647358.html。

成为企业家自身与企业发展的内在要求。①

（三）公共精神成为主流价值

浙商作为中国民营经济的代表和第一商人群体，存在和需要经历一种从边缘到主流的发展，目标是成为"世界之中国"的主流群体。在此过程中，从公共精神积淀主体的总体布局上理顺政府、市场和社会的关系，推动商业文明发展，使浙商公共精神成为未来的主流价值，成为推动社会进步的重要前提和条件。

在发展主体总体布局上理顺三大部门关系。浙商公共精神积淀的主体是什么，笼统地说就是浙商以及帮助浙商提升公共精神的社会力量，归纳起来说就是政府、市场、社会三大部门和三种力量，即通常所说的"社会三大部门"。三大部门是对现代社会日益分化为三个既相互关联又彼此独立的领域的概括：一是国家或政府组织，也叫公共权力领域，通常叫"第一部门"，它们属于政治领域；二是市场或营利组织，也叫私人领域，通常叫"第二部门"，属于经济领域；三是社会组织，也叫公共领域是前两者之外的"第三域"，通常叫做"第三部门"，它们属于狭义的社会领域。浙商公共精神的积淀离不开这三者关系的理顺。作为典型的"第二部门"主体，浙商在发挥自身功能的同时，必须处理好与政府组织、社会组织的关系，以提升自己的能力及影响力。

推动商业文明的发展。在积淀主体总体布局上理顺三大部门关系后，未来浙商公共精神冀望成为主流价值，刻不容缓的任务是推动商业文明的发展。阿里巴巴总裁马云就曾在一次公开的演讲中吁请：建立以消费者导向的新商业文明体系，未来十年理想的新商业文明，企业从事商业的基因将是诚信、分享、责任和全球化，企业将不再以赚取利润为最高目标，而是以实现社会价值的最大化为目标。②

在理顺部门关系、推动商业文明发展的基础上，有理由相信浙商的价值观念特别是浙商的公共精神积淀完全有可能成为社会的主流价值、推动社会的发展。这是浙商日益成熟的重要标志，也是浙商肩负的历史责任，展现了浙商公共精神积淀的美好未来。

---

① 《浙商走向"哲商"之路》，天下浙商网，2010 年 4 月 23 日，http：//www.zjsr.com/news/28647.htm。

② 《网商十年：马云剑指新商业文明》，阿里巴巴十周年庆典盛会，2009 年 9 月 15 日，http：//tech.sina.com.cn/i/2009 – 09 – 15/10143438889.shtml。

总之，浙商公共精神是长期积淀提升的产物，而非一朝一夕，每一阶段所发生的历史性事件都会为浙商公共精神注入时代的元素，并推动整个社会人文精神的发展。当代浙商公共精神积淀的特性研究，应当着力面向当代浙商的现实与实践，并为当代浙商未来发展所涉及的普遍问题提供前瞻性、战略性的分析和预见，力图描绘出清晰美好的浙商公共精神积淀的蓝图，全面推进和谐社会建设。浙商以其特有的公共精神积淀方式参与整个社会公共精神的积淀，从而为全社会共同弘扬公共精神，推动人类从自利性向公共性展开的历史过程。

第八章　浙商参与公共领域建构

　　浙商参与公共领域的建构是浙商公共行为的核心内容，也是浙商从自利性向公共性展开的根本途径。公共领域的本质特征是公共性。公共领域是公共精神形成和积淀的场所，对于参与公共产品供给和公共权力运作具有重要的支撑意义。浙商参与公共领域的建构同公共治理也有着密切的关系。因此，浙商参与公共领域的建构是关乎全社会健康、快速发展的一项必要和紧迫的事业。浙商参与公共领域建构是以民间组织为依托的，这根源于市场经济对私人领域的建构。浙商参与公共领域的建构的未来发展，必将是其公共行为公共性的大幅度提升，公共精神在更高层次上得到弘扬。

第一节　浙商参与公共领域建构的内涵与演进

一、浙商参与公共领域建构的内涵

（一）浙商参与公共领域建构的概念界定

　　浙商参与公共领域建构是指浙商通过组建行业协会和民间商会等民间组织，在国家和社会之间构建公民参与公共事务领域的行为。也就是浙商通过自身的公共领域的建构参与整个社会公共领域建构的过程。

　　按照哈贝马斯的观点，公共领域通常指的是介乎于国家与社会（即国家所不能触及的私人或民间活动范围）之间、公民参与公共事务的地方。公共领域一直是私人领域的一部分，但它有别于私人领域，而只限于与公共权力机关（即国家行政机关和司法机关）有关的事务。当公民们以不受限制的方式进行协商时，他们作为一个公共团体行事，对于涉及公众利益的事务有聚会、结社的自由和发表意见的自由。在一个大型公共团体中，这种交流需要特殊的手段来传递信息并影响信息接受者。今天，报纸、杂志、广播、电视，尤其是网络就是这一领域的媒介。在这种情况下，公共领域就开始形成了。哈贝马斯认为公共领域就是指公众自由表达和自由对话的公共空间，借助这一空间，各种观点和意见相互碰撞，展开理性讨论。公共领域具有"让公开事实接受具有批判意识的公众监督"，"公共领域具有调节国家和社会的功能"。①它本质上凸显了公民在政治活动中的互动，是一个国家或社会的民主力量的彰显形式。

公共领域是市场经济的产物，因为市场经济造就了独立的市场主体，同时也造就了一个独立自主地、充满活力的私人领域，为公共领域的形成提供了基础；市场经济培育的自由、平等和权利意识，成为建构公共领域的精神力量；市场经济需要不同市场主体之间建立广泛的联系，直接推动了公共领域的形成。市场经济造就了公民社会，而公共领域是与公民社会相联系的社会现象。

20世纪90年代的中国，伴随着市场经济体制的确立和发展，民营经济开始蓬勃发展起来，同时出现了一个引人注目的社会现象，就是一大批行业协会和民间商会涌现出来。一大批由民营企业家自发自愿组建起来的行业协会和民间商会，通过民主选举的方式产生商会领导人；依靠会员企业的会费、理事单位的自愿捐助和章程规定的服务性收费等方式成为商会运作的资金来源，不花国家的一分钱；为了保证组织决策的民主性、代表性，不断完善和健全商会的组织结构、治理机制和运作方式；并且在长期的市场活动中发展出了一套基于群体自愿遵守的制度规范和纠纷化解机制，使其成为行业规范和纠纷化解的重要一极。同时，组团参加国内外博览会，宣传和提高产品的知名度，开拓国内外市场；并且在协调和沟通企业与政府、企业与企业、企业与社会之间的关系方面发挥了积极和重要的作用。民间商会和行业协会的出现，在一定程度上实现了国家与社会的分离，为公共领域提供了赖以存在的基础，对公共领域的形成和建构产生了重要影响。浙商成为引领行业协会和民间商会潮流的力量，以颇有特色的浙商公共领域参与了整个社会公共领域的构建。所谓浙商公共领域，是指浙商在相对独立的民间活动范围内参与公共事务的场域。这里的公共事务主要是指浙商群体面临的共同问题，旨在服务浙商群体以及整个社会。

（二）浙商参与公共领域建构的内在逻辑

浙商的公共领域是客观存在的，但其公共领域还处在相对弱小的发展状态

---

① 解菲：《浅谈互联网对当代公共领域建构的影响》，《新闻世界》2009年第8期。

中。浙商参与公共领域建构需要建立和规范公共领域的公共秩序、重拾公共领域的公共价值。雄厚的民营经济实力、现代化的产权制度、富有公共精神的社会责任感，在时代的召唤下使浙商公共领域建构进程愈发清晰和具有逻辑。浙商通过组建和发展行业协会和民间商会的形式，来构建自己的公共领域，参与整个社会公共领域的构建。行业协会和民间商会之所以会兴起，而且表现出强劲的发展势头，根本原因是适应市场、政府和社会客观需求的结果，这构成了行业协会和民间商会兴起和发展的内在逻辑。

第一，来自市场的客观需求。市场经济中，浙商民营化的特征格外醒目。因此，浙商对自我保护和自我发展的需求，理所当然地成为行业协会和民间商会产生的最基本的依据。浙商急需拥有代表行业和群体整体利益的组织，以协调行业内外的各种经济社会关系。具体来说，这个市场的客观需求主要包括两个方面。一是浙商自律合作的需要。像20世纪80年代初乐清柳市的劣质低压电器、温州的"一星期鞋"泛滥成灾，这些都是典型的负面例子，幸运的是，这些地方的企业率先意识到了行业自律的重要性，在政府引导和先进企业家的带领下自发地组建了行业协会，以规范同行业的竞争。多数浙商是起点比较低的中小企业主，在企业开办的初期存在过度竞争的状况，一定意义上难以避免。但是，随着企业的发展，浙商对经营发展、互利共赢的需求越来越强烈。因此，众多分散的浙商需要通过一定的形式组织起来，由企业之间面对面的恶劣竞争转变为企业之间比较稳定有序的协同与竞争关系，以维护和实现某些共同的利益，以及依靠单个企业无法实现与满足的特殊利益。二是浙商对外交往的需要。作为一个富有时代特征的社会阶层，浙商有自己群体特有的利益诉求，有自己特有的参与经济、政治、文化和社会治理的要求。浙商对外经济交往以商品贸易为主，而直接投资、技术转让等形式的比重却很少。为了进一步分享经济全球化的好处，浙商需要通过行业协会参与国际合作，开辟获取技术和资金的新渠道；以民间渠道对地区和国际经济决策施加影响；参与各种非官方的经济社会活动和事务。[①] 可惜的是，当下浙商行业协会和民间商会所能提供的这方面的服务少之又少，不能满足市场的大量需求。因此，从市场的客观需求来看，浙商公共领域的建构十分必要和迫切。

---

① 王晓明：《转型期行业协会制度的供给与需求分析——以浙江省为例》，《企业经济》2006年第3期。

第二，来自政府的客观需求。浙商公共领域的建构被视为浙商民主政治素养训练的场所、浙商公民道德和意识培养的基地、浙商参与公共产品和服务供给的依托和参与公共权力运作的载体。这一切与服务型政府建设的内容相契合，可以在一定意义上满足政府转型的客观需求。一是政府职能由传统的统治管理型向服务型转变是大势所趋，将主要体现在经济调节、市场监管、社会管理、公共服务四个方面，浙商的上述行为与政府四个方面职能的实现都密切相关。二是政府通过还权于民，合理配置资源和机会以重塑政府的合法性与权威，形成与市场、社会共同治理的政策网络将是政府提高效能的重要途径，而行业协会和民间商会的成长为形成这一途径提供了重要前提。三是在市场经济条件下，由于政府能力的有限性，不可能提供浙商需要的所有服务，有些服务更适合由行业协会和民间商会来提供，政府向社会让渡某些权力既可以减轻政府的负担，也可以满足社会的需求。行业协会和民间商会作用的发挥可以协助政府进行社会管理和社会服务。

第三，来自社会的客观需求。伴随着社会的发展公共领域的建构势所必然，这也是社会成熟的重要表现。浙商公共领域的建构是整个社会公共领域建构的一支不可忽略的力量，对于满足社会建构公共领域的需求发挥着重要作用。社会的发展带来了社会需求的不断丰富，在满足社会需求方面存在着政府失灵和市场失灵，因此人们冀望于民间组织的发育和成长是不无道理的。社会的客观需要正成为推动浙商公共领域建构的强大力量。浙商通过公共领域的建构担负起越来越多社会治理和社会服务的责任，建立公共服务的长效机制，满足社会发展的客观需求。

（三）浙商参与公共领域建构的主要特征

第一，浙商参与公共领域建构的载体。这主要是指浙商参与公共领域建构的依托平台和具体媒介。当然，浙商参与公共领域建构的依托平台就是浙商组建的行业协会和民间商会，这也是它发挥影响和功能的具体媒介。浙商参与公共领域建构的依托平台和具体媒介是多种多样的，浙商投资促进会也是其中一种。2010年年初，浙商投资促进会发布了一封《致全球浙商公开信》，除了将61个城市列为"2010浙商投资（中国）最佳城市"候选者之外，还提名了两个"投资预警区域"——山西和迪拜。[①] 其实本质上，浙商投资促进会也是商

---

① 陈新焱：《投资"红黑榜"台前幕后》，《南方周末》第1531期，2010年1月21日。

会的一种，只不过称谓不同而已，就像其他形式的公共领域平台一样总可以归结为行业协会或民间商会。

第二，浙商参与公共领域建构的性质。这主要是指浙商组建的行业协会和民间商会获得的法律身份。依照法律、行政法规规定，行业协会和民间商会主要分为两类，以企业法人名义在工商部门登记注册的民间组织和以社团法人名义在民政部门登记注册的民间组织。当前浙商组建的行业协会和民间商会基本上属于这两类性质的组织。此外，当然还包括在其他各种组织架构下未在政府部门登记注册但从事相关工作的组织。

第三，浙商参与公共领域建构的类型。这主要是指浙商组建的行业协会和民间商会的类型。浙商组建的行业协会覆盖领域相当宽泛。从行业来看，石化、地产、汽车、皮革、医药、小商品、渔业、果蔬等均在其列。浙商组建行业协会和民间商会的类型是多样的，但布局还存在一定的问题，第三产业、新型产业，尤其高新技术领域的行业协会明显不足，同时农业领域的行业协会发育也不足。[①] 这主要同浙商的投资领域相关，当然，这也是必须正视和努力改善的现实。

二、浙商参与公共领域建构的源起

浙商参与公共领域的建构基于浙商私人领域的拓展和深化。浙商在私人领域得到一定资源和相应保障的基础上为了企业持续发展以及社会公共福利，通过行业协会或民间商会等组织形式构建起自己的公共领域。并通过其功能的发挥，形成和壮大一支拥有相对独立的地位和自治权力、内含自由平等契约关系的合法社会组织力量。这一过程的缘起和历史演变同公共治理的变革密切相关。

二十世纪七八十年代以来，在全球范围内掀起了一场公共治理的变革。各种公共管理的思潮此起彼伏，传统的官僚制模式受到质疑，新公共管理运动的制度价值和组织实践的矛盾日益凸显[②]，以平等、互信、协商、共识、合作为核心要素的治理理论逐渐显示出自己的优势。在同一时间序列上，中国的改革开放也拉开了序幕，经济市场化、政治民主化不断向前推进。作为一支重要的商人群体，浙商开民营经济之先河，成为见证和参与这段历史变迁和发展的重

① 林海仁：《WTO 与我国行业协会》，《价格与市场》2002 年第 1 期。
② 黄健荣、杨占营：《新公共管理批判及公共管理的价值根源》，《中国行政管理》2004 年第 2 期。

要群体。

　　关于公共治理变革，最近二三十年，"研究公共部门投入和支出决策的经济学家注意到，设计用来克服市场失灵的制度经常展现出它们自身的严重缺陷。市场失灵不一定需要通过诉诸公共部门得以矫正。政府机构自身也遇到严重的制度衰弱和失败问题"。① 当市场失灵的时候人们寻求诉诸政府，现在政府也失灵了，这成为推动公共治理变革的重要契机。在这样的背景下，有一定市场影响力的浙商不得不思考在整合私人领域资源的基础上，如何寻求统一合法的组织以制定和完善行业标准，如何搭建联系市场、政府与社会的桥梁以拓宽合作渠道，如何设计有效的管理运行机制以提高集体行为效率和抵御风险的能力，赢得互利互惠的机会，这些问题都成为浙商公共领域建构源起的初始动力。

　　探讨浙商参与公共领域建构的缘起，理清行业协会和民间商会的差异是必要和有意义的。关于行业协会，1997 年国家经贸委曾下发《关于选择若干城市进行行业协会试点的方案》，认为"行业协会是社会中介组织和自律性行业管理组织。在社会主义市场经济条件下，行业协会应是行业管理的重要方面，是联系政府和企业的桥梁、纽带，在行业内发挥服务、自律、协调、监督的作用。同时，又是政府的参谋与助手"。而商会是一种实现利益组织化、实现自主治理，并在此基础上作为一种新的利益表达机制对政治参与和政治民主的发展具有重要意义的民间组织。② 从法学的视角来看，当前我国的行业协会和民间商会本质上都应属于法人社团。当然，有学者认为行业协会和民间商会的主要区别在于是否存在组织内部个体间的竞争关系。商会是指特定领域中个体和商业所构成的进行各种商业活动的组织，与行业协会不同，商会的组成者之间大部分并无直接的竞争关系，其目的旨在改进整个商业环境的一般共同利益，而非单一的经济团体的个别利益。③ 另外，全国工商联 2005 年完成的《中国商会发展报告》对行业协会和商会的异同曾经做有比较，概言之，该《报告》认为商会与行业协会仍然有较大的不同：在性质方面，行业协会"是政府部门的延伸，

---

　　① ［美］文森特·奥斯特罗姆著，王建勋译：《美国联邦主义》，上海三联书店 2003 年版，第109页。

　　② 陈剩勇等：《组织化、自主治理与民主：浙江温州民间商会研究》，中国社会科学出版社 2004 年版。

　　③ 鲁篱：《行业协会经济自治权研究》，法律出版社 2003 年版，第 6 页。

准官方机构"，民间商会是"协调企业、政府、市场关系的民间中介组织"；在产生途径方面，行业协会是"由政府主管部门自上而下组建"，民间商会是"会员自发地自下而上地组建"；在会员构成方面，行业协会"会员主体为公有制企业或较大的混合所有制企业，属于同一综合性行业领域"，民间商会"会员以民营为主，多数属于同一细分行业或生产同类产品的中小企业"；在隶属关系方面，行业协会"多数隶属于政府经济部门，具有法人资格"，民间商会"由工商联指导或是工商联的二级组织，一部分尚未取得法人资格"；在领导的人事组织方面，行业协会"主要负责人由业务主管部门推荐，多由政府部门分流或退休人员担当"，民间商会的"领导成员多由会员通过民主程序推选的业内具有较强影响并热心为行业服务的企业家担当"等等。[①]

应当指出的是，目前在大部分地区行业协会官办向民办的结构转型已经基本完成，或正在加速转型。因此，行业协会和民间商会的各自特点并不影响它们民间性、非营利性、中介性和自治性等公共领域的共同特征。基于这样的考虑，在对浙商参与公共领域建构的分析中，对行业协会和民间商会不作特别区分。浙商参与公共领域建构的源起即为以行业协会或民间商会为主体的浙商民间组织产生的过程。这同时也是一个搭建联结私人领域和公共领域的平台、利用市场化和科学化的运营机制、展现浙商经营能力和社会责任、推动社会进步的公共领域形成的过程。

正是在全球公共治理变革的背景下、在浙商公共领域建构的客观要求下，行业协会和民间商会的组建和成长受到了浙商以及社会的广泛关注和重视。一般认为，行业协会是由单一行业的竞争者所构成的非盈利组织，其目的在于促进提高该行业中的产品销售和为雇佣方面提供多边性援助服务。[②]正是行业协会的诸多功能和优势，使之成为浙商参与公共领域建构的不竭追求。具体有：非营利性，即指不以追求利润最大化为目的，其成立和运作的目的在于为其成员提供公共服务，不以盈利为圭臬；中介性，中介性是指行业协会是国家和企业之间的联结，其在一定程度上担负着促进和保障国家和企业互相沟通的功能。正是因为行业协会的中介性，行业协会从其本质上应属于非政府组织，具有民

① 张经：《行业协会商会工作基础》，中国工商出版社 2007 年版，第 243 页。
② Joseph, F. Bradley "The role of trade association and professional society in America" 1965, P4.

间性。① 行业协会的目的是对一种特殊普遍利益的保护，与政府旨在促进公共利益、企业私人领域关注个体综合效益最大化不同的是，行业协会的宗旨主要在于生产和促进本行业的集体利益和共通性利益。黑格尔在其《法哲学原理》中明确指出："同业公会的普遍目的是完全具体的，其所有的范围不超过产业和它独特的业务和利益所含有的目的。"② 因此，绝大多数行业协会都会在其章程中明确宣示其宗旨在于促进本行业协会成员的共同利益。另外，行业协会的成员具有单一性和竞争性。行业协会依据其成员来源的不同，可以分为水平式行业协会（指成员来源于同一产品的同一阶段）和垂直式行业协会（成员虽来自同一行业，但处于生产和流通的不同阶段，但无论何种形式，其成员都与某种产品相关，而且彼此之间具有程度不一的竞争关系）。由于行业协会成员之间存在彼此竞争的关系，因而在对行业协会进行研判的时候，也必须考虑集体行动理论在现实中可能发生的诸多问题，如"囚徒困境"等等。

公共领域建构的源起，就如著名集体行动理论家奥尔森指出的那样，"对组织进行系统研究的逻辑起点是它们的目的。"③ 因此，对浙商参与公共领域建构源起的解释，必将成为展开对浙商公共领域建构讨论的先行命题。

三、浙商参与公共领域建构的历程

通过对浙商参与公共领域建构的历史纵深的考察，可以得出如下认识：一是丰富的民间资本为民间商会的确立和发展创造了必要的经济条件；行业的集中发展与产业群体的形成为行业协会的发展提供了组织基础；民营经济发展中暴露的缺陷诱导了商会的发展。二是各级政府对商会发展提供了一定的制度保障，创造了一定的空间。三是民营企业家阶层的形成是民间商会发展的社会基础。四是"通商惠工"、"义利并举"的文化与结社的传统夯实了商会生成的基础。这是浙商参与公共领域建构发展历程的内在逻辑，具体可以从浙商参与公共领域建构的载体演进和意识转变两个维度，对浙商参与公共领域建构的发展历程有一个初步的认识。

---

① 黎军：《行业组织的行政法研究》，载于罗豪才《行政法论丛》（第4卷），法律出版社2001年版，第164页。

② ［德］黑格尔著，范扬等译：《法哲学原理》，商务印书馆1995年版，第248页。

③ ［美］曼库尔·奥尔森著，陈郁等译：《集体行动的逻辑》，上海三联书店，1995年，第5页。

（一）浙商参与公共领域建构载体的演进

在关于"进入行业协会或民间商会等组织之前利益维护渠道"的调查中，调查结果显示，有36%的浙商选择了"自身以及亲朋好友的社会关系"，所占比例最高；有32%的浙商选择了"走访相关部门"；有28%的浙商选择了"通过当地各种形式的合作社"（见图8－1）。而且在调查的过程中可以看出，"自身以及亲朋好友的社会关系"、"走访相关部门"、"通过当地各种形式的合作社"三者之间还存在着相互衔接的内在逻辑。反映出在探索公共领域建构载体的进程中，浙商经历了从非正式的途径"社会关系"，向反馈有限的"相关部门"，再向具有一定专业性和影响力的"合作社"延伸的过程。这一过程与公共领域建构由非正式、非专业、非组织状态，到更为合理的正式、专业、组织化方向发展的客观趋势相吻合。

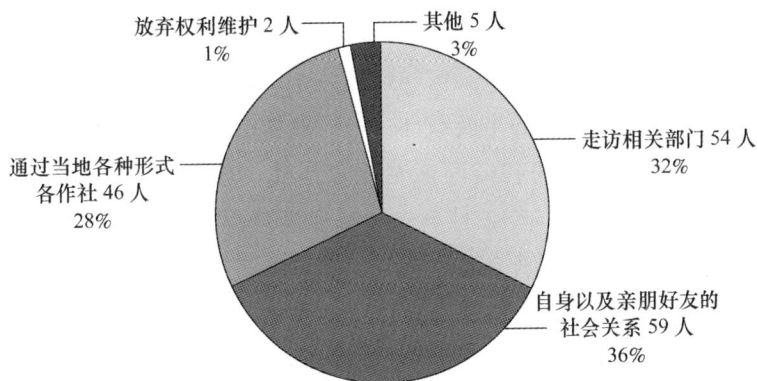

图8－1 参加行业协会或民间商会之前利益维护的主要途径

资料来源：问卷调查整理所得。

第一，以"自身以及亲朋好友的社会关系"为利益维护的主要途径，是浙商在创业之初的主要选择。浙商在创业之初往往依赖有限的非正式途径改进技术、改善管理、拓展市场。例如在义乌，"鸡毛换糖"获取微薄利润的商业模式至今常挂浙商嘴边。早期从事"鸡毛换糖"的义乌人出门在外时，往往几个、十几个结伴而行，相议行事，彼此照应，久而久之，形成了最初的"敲糖帮"。[①]通过亲朋好友组成一支力量进行交易博弈的过程让刚刚起步的浙商初尝寻求共同利益、建立公共领域的甜头。同时在这一过程中，浙商诚实信用的品

---

① 陆立军等：《义乌市场——从鸡毛换糖到国际商贸》，浙江人民出版社2003年版，第17页。

质和有效沟通的技能得到进一步锻炼和提升，为浙商公共领域的建构争取了良好的群众基础。

第二，以"走访相关部门"为利益维护的主要途径，是浙商经过一段时间的发展产生了相应的制度和政策需求时的主要选择。浙商的经营行为甚至某些公共行为，都离不开政府为市场的交易活动提供长期稳定、公正透明、可预期的体制框架和制度环境。浙商走访相关部门与政府积极主动制定实施相关政策可以形成合力，加快推动公共领域的建构。特别是在触及工商、税务等具体行政行为和行政争议的时候，走访相关部门是浙商在掌握有限资源和拥有有限机会的条件下，主动拓展公共领域空间的一条重要途径，为浙商参与公共领域建构形成了依法经营、崇尚法律规范的正确价值标准。

第三，以"通过当地各种形式合作社"为利益维护的主要途径，是浙商自身发展相对成熟以后的主要选择。当然，这里的合作社并非指像行业协会或民间商会那样拥有规范完整的组织架构和财务体系的组织，但事实上这些组织已经具有了浙商构建公共领域的主要载体——行业协会的雏形。例如，浙江温岭农民彭友达以及他领导下的箬横西瓜专业合作社，这些年来一直在全国上下"追着太阳种西瓜"——每年12月上旬安排在浙江温岭种，第二年5月收瓜；12月下旬安排在气温较高的江西、广西种，第二年五六月采摘；八九月份再安排到南边的广东、海南种，西瓜春节可以上市。近年来，彭友达任理事长、众多当地西瓜种植大户参与的箬横西瓜专业合作社已在全国十几个省份拥有了2.7万亩西瓜种植基地。① 这种以果蔬、渔业等为特色的专业合作社，为正在成长的中小企业浙商经营和融资搭建了一个可靠的平台。与工商、金融等部门形成良性互动，为浙商公共领域建构提供了宝贵的参与治理、合作共赢的实践经验。

（二）浙商公共领域建构的意识转变

伴随着公共领域建构载体的演进，浙商公共领域建构的意识也发生着潜移默化的改变。具体来说，浙商开始仅仅认为公共领域是整合资源、发挥集体优势的平台，到珍惜实践公共领域参与学习和自主治理的机会，再到追求培育公共事务网络治理共同体的愿望，这一线索可以从问卷调研的数据上找到一定的

---

① 《50万浙农闯天下省外承包土地已近3000万亩》，浙江在线网站，2010年2月18日，http: // 3n. zjol. com. cn/05sn/system/2010/02/18/016332167. shtml。

依据（见图8-2）。

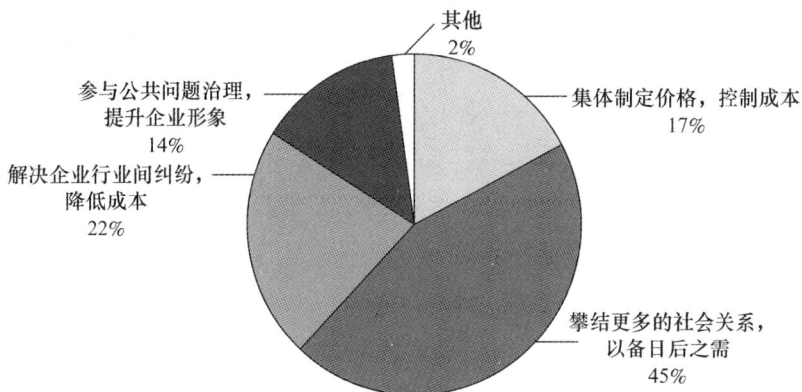

图8-2 行业协会和民间商会等公共领域平台可以给企业带来哪些帮助

资料来源：问卷调查整理所得。

第一，行业协会和民间商会是整合资源发挥集体优势的平台。在对"行业协会和民间商会等公共领域平台可以给您的企业带来哪些帮助"的调查中，结果显示，45%的浙商认为，行业协会和民间商会等公共领域平台带来的好处是"攀结更多的社会关系，以备日后之需"；另外有17%浙商认为，带来的好处是"集体制定价格，控制成本"，也就是在他们看来这是行业协会和民间商会等公共领域平台最大的优势。不难看出，多数浙商从社会资本和生产成本两个角度发掘和利用行业协会的功能，把它作为整合资源发挥集体优势的平台，这是浙商公共领域建构最为普遍的动力来源和最为主流的价值取向。正如有学者认为，从企业和政府对行业协会的双重赋权角度分析，行业协会权能包括企业赋权和政府赋权两种，其中企业赋权作为内部固有权能包括代表、维护和服务三大职能，而政府赋权主要以外部授权和委托职能为代表。[①] 这样的理解正是从浙商内外环境两个方向，对整合资源发挥集体优势更为具象的总结，显然也是浙商对建构公共领域最为基本的认识。

行业协会和民间商会提供了参与学习和自主治理的机会。公共领域构建的过程对浙商来说还是一个不断学习参与治理、提高治理水平、分享治理成果的难得机会。特别是在行规行标制定、行业自律和自主治理问题上，浙商在一个统一的平台上通过把握机会、提高能力，不断提升自我竞争力。这一认识可以

---

① 徐加良：《双重赋权：中国行业协会的基本特征》，《天津行政学院学报》2003年第1期。

在调查数据中得到印证。也是在对"行业协会和民间商会等公共领域平台可以给您的企业带来哪些帮助"的调查中，结果显示，有22%的浙商选择了"解决企业行业间纠纷，降低成本"，作为他们对行业协会和民间商会等公共领域建构载体主要功能的认识；此外有14%的浙商把"参与公共问题治理，提升企业形象"，视为行业协会和民间商会的重要功能。通过解决纠纷锻炼学习能力、通过公共问题治理提升自治水平，这都是浙商在公共领域建构的过程中可以充分拓展的空间和内容，必将成为浙商建构公共领域过程中最为现实的诉求和价值取向。

行业协会和民间商会培育了公共事务网络治理共同体的愿望。通过搭建整合资源发挥集体优势的平台，到把握实践参与学习和自主治理的机会，浙商公共领域建构的意识不断发生变化。越来越多的浙商也愿意把"培育公共事务网络治理共同体的愿望"付诸实践，而且正在做和计划做的浙商已经形成一股潮流并展现出一定的实践能力。举例来看，温州瑞安一名眼镜生产企业主就劳资问题娓娓道出了这样的希望，"每逢旺季工人就要罢工，周围的行业不惜高工资来挖走熟练工，不坐下来谈整个眼镜行业已经难以为继，我们不得不寻求更多组织的帮助"。① 瑞安眼镜行业协会、工会、政府形成的三方共商机制有效地缓解了劳方和资方之间的直接冲突。这一方面使浙商免于陷入亲自处理此类争端的纷扰，另一方面行业协会或商会以及企业的知名度、社会声誉、公共行为能力，在公共事务网络治理的过程中不断得到提升，逐渐使浙商拥有一种归属感，向实现成熟的公共事务网络治理共同体的愿望迈进，这也是浙商公共领域建构意识转变的最高层次。

第二节　浙商参与公共领域建构的现状与治理

一、浙商参与公共领域建构的现状

浙商参与公共领域建构的现状分析，主要是要分析浙商参与公共领域建构的影响因素、存在的主要障碍与如何通过有效的治理来改进，对于提升浙商参与公共领域建构的能力具有重要意义。

---

① 章苒：《温州瑞安眼镜行业构建和谐劳资关系初探》，《半月谈》2008年第3期。

（一）浙商参与公共领域建构的影响因素

1. 法律法规因素

浙商参与公共领域建构离不开相应法律法规的完善，这是影响浙商参与公共领域建构预期和能力的重要因素。发达国家和地区在公共团体法等法律法规制定实施上较早地形成了采用非科层建制、具有弹性权限、独立于政府的公共团体运作体系①，这对拓宽公共领域域界、提升公共领域功能发挥了极为重要的影响。但现实的情况是，浙商身处的公共领域建构的法律法规环境仍然有很大的完善空间。1989 年 10 月，国务院颁布了关于社团的行政法规《社会团体登记管理条例》，此后诸如《注册会计师法》、《律师法》、《基金会登记管理办法》等法律法规的制定逐步搭建起了我国社团法律的基本框架，形成了比较完善的管理体系。但一直使用中的《社团登记管理条例》所确立的"归口登记"、"双重负责"、"分级管理"等原则要求社团有严格的成立条件和程序，对社团的组织机构与管理有严格限制，使得社团应有的活力得不到释放和展现。显然，法律法规已经成为影响浙商参与公共领域建构的首要因素。那么，在浙商积极有效地构建公共领域的同时，相关立法行政机构搭建起浙商参与公共领域建构的较为完善的法律法规，不仅十分迫切，而且具有重要意义，它有助于为浙商公共领域建构树立社会主义的法制权威，构筑浙商公共领域建构最为坚实的后盾。

2. 政策供给因素

浙商参与公共领域的建构需要政府政策的支持，这是影响公共领域建构中浙商经营和发展不可或缺的因素。政策供给因素不同于法律法规因素，主要体现在公权机关怎样在公共领域建构的进程中实现和保持政策供给与政策需求相一致、政策工具与政策原则相统一、政策制定与政策执行相衔接。如果政策供给的质量得到保证、执行得到监督、风险得到管控，那么，政策供给一定有助于为浙商参与公共领域的建构提供长期、安全有效的政策保障。

3. 社会舆情因素

浙商参与公共领域建构必须考虑和尊重社会舆情，这是影响公共领域建构中浙商能否实现社会认同、义利共荣的重要因素。这里所说的社会舆情包括重要性越来越凸显的网络舆情，当然也包括其他传统媒体以及交流方式影响下的舆论走势。在当前制度层面实际进展缓慢的客观条件下，浙商倘若尊重、营造、

---

① 吴小龙：《公共团体法研究》，中国政法大学博士毕业论文，2006 年。

利用好社会舆情，在合理范围内设计和实施切实可行的实践方案，当然有助于为浙商公共领域建构营造强大的舆论支持。

4. 浙商发展因素

浙商参与公共领域建构最终依赖的是浙商自我学习和自我发展的能力，这是公共领域建构中浙商实现自我价值和社会价值的重要影响因素。从整体上来看，浙商发展因素是内含作为市场主体和作为行业协会或民间商会成员两个角色综合的发展因素。作为市场主体，浙商需要学习和掌握公共领域建构的规则和技能；作为行业协会和民间商会的成员，浙商需要理解、实践、总结公共领域建构的组织和运营。事实上，由于种种原因，当前形势下浙商参与公共领域建构中两个层面的潜力都没有得到真正适度的发挥，而浙商自身力量的迸发有助于为浙商参与公共领域建构提供不竭的动力和稳定的精神支持。

（二）浙商参与公共领域建构的障碍

浙商公共领域建构在不断发展和进步，但与此同时，我国的微观制度环境却体现出以约束民间组织为主的特征①。这与其他问题一起构筑了浙商参与公共领域建构道路上的障碍。

第一，法律环境不健全。不可否认的是，规范我国公共领域建构的一系列法律法规建设是比较薄弱的，具体的登记管理操作仍然仅仅停留在部门法规、部门规章、地方性规章等层面，规范的内容往往预留一定程度的部门解释，使得浙商的公共权利在实际诉求过程中并没有得到充分的尊重和有效的实现。以温州市行业协会的法律法规建设为例，政府为规范行业协会和民间商会的有序发展于1999年4月在全国率先制定和颁布了《温州市行业协会管理办法》，正式确立了民间商会的社会团体法人地位，并对民间商会的办会宗旨、原则和方针，设立条件和程序，组织机构和职能，会员权利和义务，行业组织的监管体制等做了明确的规定。但是作为一个地方性行政规章，其仍然受制于国务院1998年颁布的《社会团体登记管理条例》以及其他一系列法规。而且由于地方政府职能转化的滞后，《温州市行业协会管理办法》所规定的16条职能未必都能有效地落实到位。因此，从这个意义上看，整体上法律环境的缺失已经成为影响浙商参与公共领域建构的首要障碍，值得全社会共同关注与思考。

---

① 俞可平：《中国公民社会的制度环境》，载俞可平编著的《中国公民社会的制度环境》，北京大学出版社2006年版，第25~26页。

第二，管理体制的约束。当前环境中，一定程度上存在的政党职能不完全正位，人大权力不完全归位，公民参与不完全留位的管理体制，对浙商参与公共领域建构造成了一定程度的影响。这主要表现在行业协会不明确的地位和不清晰的定位。行业协会管理体制上地位不明确的主要表现：一方面政府希望行业协会作为行业管理辅助工具并通过部分转移政府职能，使自己对行业管理的权利得到"合法"的延伸；另一方面，大多数行业协会也愿意成为"第二政府"，去组织和管理其会员企业，而忽视了其应代表的企业利益。① 换句话说，行业协会不明确的地位本质上一方面为主管部门延续特权提供了制度保障，另一方面也给公共领域内生需求的实现设置了制度障碍。行业协会管理体制上定位不清晰主要表现在：限制竞争的"一业一会"制度在协会成立上存在明显的"先发优势"，谁先在法规上取得合法地位，就理所当然地成为本行业的合法代表人，不再有其他竞争存在。这种情况容易造成协会养尊处优和不思进取的思想，不利于协会长远、健康发展。当然，行业协会在最为基本的服务会员、促进行业发展、社会管理等功能定位上的不清也是有目共睹的。总之，在行政依附性依然显著、灵活性有待改善的管理体制约束下，浙商参与公共领域建构的活力将会受到不同程度的压制，势必成为影响浙商参与公共领域建构的另一个障碍。

第三，行业组织发展失衡。这里的失衡主要体现在两个方面：一是地区、行业间发展不平衡，二是覆盖面过窄。地区发展不平衡，主要是指浙商在不同地区的政策环境下，公共领域建构的条件和资源是有所区别的，相伴而来的发展失衡，直接限制了政策环境比较差的地区浙商参与公共领域建构平台的搭建、制约了浙商能力的发挥。致使身处异境的各省市浙江商会在推动浙商参与公共领域建构过程中的不同步。同浙江省内的政策环境相比，有些省市的政策环境更须尽快改善。当然也存在着诸如上海市浙江商会②这样较为成功的案例。但是，地区失衡的现象仍然普遍存在，已成为浙商在参与公共领域建构过程中的障碍。行业间发展不平衡，主要是指当前浙商登记注册的行业协会主要涉及科

---

① 余晖等：《行业协会：为何难走到前台》，《中国改革》2002 年第 6 期。

② 上海市浙江商会是 1986 年 3 月 5 日经上海市民政局注册登记批准成为具有法人资格的社会团体组织。接受上海市合作交流办公室和浙江省人民政府驻上海办事处的指导，是浙江省驻沪企业和浙江籍企业家的经济总部，是联结沪浙两地经济和政企沟通的桥梁纽带。目前商会联系宁波、杭州、温州、台州、绍兴、金华、湖州、丽水等地区商会，同时设有房地产分会、文化餐饮娱乐分会、女企业家联谊会等直属分会。参见上海市浙江商会门户网站：http：//www.zccs.org/about.aspx。

技教育、医药卫生、小商品等传统先发产业，而第三产业、高新技术产业、农林果蔬等行业的协会明显不足，一定程度上阻碍了这些产业提高行业治理水平、参与社会治理的能力，不利于推动整个浙商群体参与公共领域建构的全面发展。依据浙江省民政厅 2008 年民政事业公报，截至 2008 年底，全省经民政部门登记的社团共有 13 743 个，比上年增加 828 个，其中省级社团 879 个，地市级社团 3691 个，县级社团 9173 个；民办非企业单位 12 383 个，比上年增加 1093 个，其中教育类 8153 个，科技类 744 个，卫生类 998 个；基金会 151 个，比上年增加 11 个，其中公募基金会 104 个，非公募基金会 47 个。① 以上所述不难得出，地区、行业间行业组织发展失衡是客观存在的现象。另外，行业协会覆盖面也是不可忽视的重要内容，具体表现为参与会员占全行业的比例以及非国有企业会员参与所占比例过低两种情况。在"行业协会（或商会）在日常运行上需要改进的内容"这一调查中，有 32.2% 的浙商认为"协会的代表性和覆盖面"是最为迫切需要改进的内容，排在第一位（见图 8-3）。总之，浙商行业协会地区、行业间发展不平衡和覆盖面过窄的问题较为突出，是浙商参与公共领域建构亟须克服的障碍。

第四，内部管理不完善。从行业管理角度出发，大多行业协会存在行业管理弱化的现象，专业性管理名存实亡、预警性管理体系缺失、调控性管理手段匮乏、自律性管理职能混乱、行业准入管理未与国际惯例接轨。② 这样的分析对于当前浙商行业协会和民间商会的内部日常管理存在的问题同样具有解释力，具有现实意义。具体来看，当前浙商行业协会和民间商会在日常管理方面有许多进一步提高和完善的空间。在对"行业协会和民间商会在日常运行上需要改进的内容"这一调查中，除了 32.2% 的浙商选择了"协会的代表性和覆盖面"这一选项；有 25.1% 的浙商把"内部的人事组织建设"看做是最需要改进的内容；另外 25.1% 浙商认为"个体的权利和职能"是最需要改进的内容；当然，也有 15.2% 的浙商认为行业协会的去"行政化倾向"最为重要（见图 8-3）。以上看来，行业协会内部日常管理离不开组织人事、成员的权力和职能的落实和自主管理等问题，这些问题时刻左右着内部管理结构的优化和功能的提升。

---

① "2008 年浙江省民政事业发展统计公报"，浙江省民政厅门户网站，http://www.zjmz.gov.cn/il.htm? a = si&id = 4028e48123c0ede10123db9435a4006b&key = main/10/xxgkml/tjbg。

② 强信然、方超英：《转轨时期行业管理工作的取向》，《宏观经济研究》2004 年第 10 期。

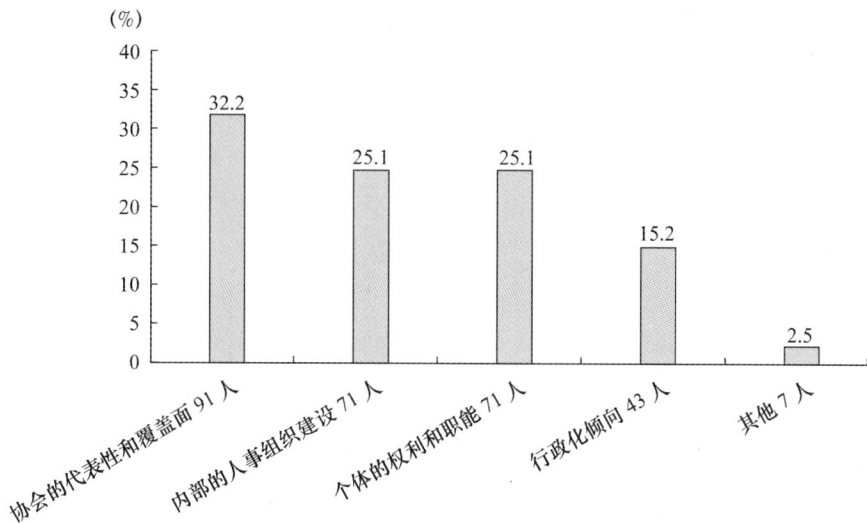

(%)

图8-3 行业协会和民间商会在日常运行上需要改进的内容

资料来源：问卷调查整理所得。

事实上，当前这些问题一定程度上阻碍了浙商参与公共领域建构由内而外、由易到难这一治理路径的发展，这样的障碍是必须正视和需要解决的。

第五，人文公共意识的淡薄。公共概念的模糊化和内部化、社会治理角色的缺失、公共意识的非常态化倾向等人文公共意识的淡薄，使得浙商参与公共领域建构的任务注定是任重道远。进一步来看，随着经济社会发展和行业自身建设的推进，行业协会"行业治理"的重心将逐渐向"社会治理"转移，通过"社会治理"的实践来改善"行业治理"是大势所趋。而人文公共意识淡薄会带来一系列问题，尤其是在环境治理、安全生产、劳资关系协调、社会志愿、公益事业服务等方面更是如此。此外，不容忽视的是在利益的驱动下，行业协会有可能从事损害社会福利的行为：如企业价格共谋，实施排他性措施以限制竞争，受大企业控制等等。这些行为的危害性是显而易见的，会造成经济效率低下、创新被扼杀，甚至发展停滞。在发展行业协会的同时，应该强调行业协会的"非营利性"、"非政府性"，通过健全的法规和监督体系，防止上述危害的出现。[1] 以上不难看出，浙商人文公共意识的淡薄，已经成为横亘在浙商参与公共领域建构道路上不小的障碍。

---

[1] 沈恒超：《发展行业协会的必要性和紧迫性》，《中国行政管理》2003年第3期。

二、浙商参与公共领域建构的治理

根据市场经济原理，企业数目在一个地区只有达到行业规模或产业规模的时候，才存在建立行业协会的市场条件，浙商的生存环境很幸运地孕育了这样的市场条件。而当前的问题在于，运行起来的行业协会一旦掌握部分公共权力，其内部治理就兼有经济和政治双重因素。由于浙商组织能力和民主修养都有待进一步提高，行业协会的发展显得一定程度上缺少了与经济社会相适应的底蕴。要使行业协会制度真正运行起来，除了拥有市场经济条件和需要政府部分转移公权之外，还需要许多制度与之配套，与浙商的经营行为和公共行为一起，共同加速公共领域的建构。具体来看，浙商参与公共领域建构存在着诸多阻碍前行的障碍，这些障碍的症结需要全社会多元力量通过合理机制来共同化解，包括政府完善法律环境和加强政策供给、市场发挥市场机制和合理配置资源、社会加快组织发育和营造共建氛围、浙商加强学习实践和提升自律水平，等等。而这个合理机制最终归于政策网络下各支力量组合的方式和程度。幸运的是，当前参与的每一支治理力量都在逐渐地积蓄能量，在公共领域建构的过程中发挥着影响和作用，为浙商参与公共领域建构乃至浙商公共行为的治理夯实了基础。

第一，政府方面，要完善法律环境，加强政策供给。从法治国家建设和市场经济发展需要出发，出台《宪法》框架下的社会团体根本法——《社会团体法》，这是公共领域建构必须要完成的一项迫切工作。这一法律要明确社会团体治理中政府、社会组织、公民各自权利与义务，同时要求与其他法律法规无缝衔接，而非流于政府部门更多的解释权限与自由裁量。此外，在《社会团体法》原则指导下，不同地区、不同行业、不同性质的各类公共领域平台的建设与管理必须尊重客观情况、做出合理调整。例如，针对由于行政法规约束饱受诟病的"一行一会"制度，在有条件的地区可先行试点、突破体制的篱障，以焕发行业协会整体发展新的生机。当然，未来行业协会管理体制的发展方向是一种合作主义体制，严格的管制将放松，双重管理体制将逐步消失；改革方向是国家主导力量减弱，社会自主的力量加强，行业协会得到更大的自由空间。[①]政府要提供资助或放宽有关政策，从而使得脱钩后的行业协会具有发展的潜力和能量，包括资产扶持、对个别弱势行业协会的补助等一系列政策供给。最后，

---

① 王明、刘培峰：《民间组织通论》，时事出版社 2004 年版，第 202 页。

需要指出的是，在完善成熟的法律政策环境过程中，对于行业协会和民间商会以组织的形式参与政策制定和执行，希望将其发展战略进入政策议程、形成政策决定、参与政策反馈等诉求，政府有责任也有义务做出合理的解释或回应。

第二，市场方面，要发挥市场机制，优化资源配置。具体来看，浙商在行业协会和民间商会的组织人事、财务管理、市场化运作方面都有待提高。作为市场经济中非营利互益性的中介组织，行业协会和民间商会内部权责分明是实现治理优化的最基本的条件。声誉激励、财务审计等公司管理模式的应用，对于行业协会和民间商会的发展也具有现实意义。当然，浙商参与公共领域的建构与发育市场化的竞争与合作也充满了渴望与期盼。例如，随着行业协会和民间商会管理权限由政府向社会转移的客观趋势，行业协会和民间商会在部分经费自我负担的基础上必须要有相应的财政扶助。政府通过供求、价格等市场机制购买行业协会信息和服务的方式以实施间接补贴，不失为一个好的办法，以摆脱协会失灵、提高协会绩效，帮助浙商参与公共领域建构过程中合理配置资源。

第三，社会方面，要加快组织发育，营造共建氛围。浙商参与公共领域建构不是一部分人的期盼和诉求，也不仅仅是一部分人的责任和事业，这是一项在时代发展的进程中全社会必须共同面对并共同需要运用智慧解决的事情。这关乎浙商如何利用这个公共领域赢得市场经济释放的更多优势，关乎浙商与其他主体如何借助这个公共领域展开深入的合作，关乎社会网络如何通过公共领域培育制度化、机制化的公共问题治理模式，以最终实现经济社会的可持续发展。在这一过程中，新式传媒、信息化管理等社会新生事物和技术支持，对纠治浙商参与公共领域建构的障碍可以发挥重要的补充作用。例如，以互联网为代表的新式传媒在公共领域中建构中的地位就不可小觑。当互联网蓬勃兴起后，它为公共领域搭建了新的对话平台，激活了传统媒体的公共领域对话空间，推动着公共领域朝着更为开放、更具包容和更为理性的方向发展。事实上，合法成立运营、拥有自治色彩的独立媒体也是浙商公共领域建构的一项重要载体。浙江商人叶茂西旗下的西京集团有限公司全资收购了英国本土一家卫星电视台，就是一个重要的案例。事实上，这是海外电视台未来发展的一种思路，也是中国文化产业"走出去"的一个重要途径。这不仅仅是浙商参与公共精神积淀的丰硕成果，也是浙商参与公共领域建构的成功尝试。这些网络、电视台等新老媒体一定程度上为浙商的生存发展搭建了重要的平台。为凝聚更多的浙商情感、团结更多的浙商力量、争取更广泛的市场盟友提供了一个崭新的模式，成为浙商组建较为成熟、高效的公共领域系统的难得契机。

第四，浙商方面，要加强学习实践，提升自律水平。归根结底，浙商参与公共领域建构的逻辑起点是浙商的公共行为，逻辑终点在于公共领域的公共秩序，一切治理措施的落实都离不开浙商的学习实践和道德上的自律约束。学习实践的是公共领域建构的技能，自律的是公共领域建构的普遍规则。例如，对行业性社团的基础条件、内部治理、工作绩效、社会评价等内容，浙江有关政府部门在 2009 年曾下文做出明确规定和要求①，而具体的绩效很大程度上仍依赖于浙商的自律水平。另外，浙商的 EMBA 教育、浙商二代的集中培训等都是学习实践、提升自律水平的重要形式。政府、市场、社会固然缺一不可，人力、财力、技术固然重要，但是浙商自律仍然是公共领域公共秩序形成和优化的本源。

以上几方面的治理措施都是社会各方力量围绕行业协会和民间商会展开的，如何集约这些措施的优势并发挥其联动效能，通过政策网络途径是一种有效的选择。政策网络是相互依赖的行动主体之间某种程度上的稳定的社会关系，是政府、市场和社会多元互动的结果。通过政策网络可以把政府机制、市场机制和社会机制统一起来。组织既是重要的政策网络资源，也是配置政策网络资源的重要机制。美国著名政治学家塞缪尔·亨廷顿把组织看做是通向政治权力的必由之路，认为没有组织就没有权力，权力存在于组织之中。作为政策网络资源的组织，当然也包括政府组织，但更主要的是指民间组织，浙商行业协会就是一种很好的形式。在组织化程度比较高的社会中，广大成员以组织的形式聚合在一起，以集体行动的方式进入政策网络表达利益诉求，或者与进入政策网络的其他组织发生互动，以保障政策网络的产出能够更充分地承载自身的利益。在组织化程度比较低的社会中，广大成员以单个的形式表达利益诉求，结果往往被排除在政策网络之外，无法同进入政策网络的其他组织形成有效互动，更不用说去实现自身的利益。因此，公众的组织化程度越高，政策网络的开放程度也就越高。② 通过政策网络把各种力量整合起来，在政府、市场和社会的良性互动中形成协同效应，是克服浙商参与公共领域建构各种障碍的有效路径。

---

① 浙江省民政厅：《浙江省民政厅关于开展行业性社团评估工作的通知》，浙民［2009］193 号。
② 王春福：《政策网络的开放与公共利益的实现》，《中共中央党校学报》2009 年第 1 期。

政策网络途径的选择也为构想和设计浙商参与公共领域建构的发展与未来提供了启发和思路。

第三节　浙商参与公共领域建构的发展与未来

一、浙商参与公共领域建构的发展

尽快发展一批功能健全的行业协会和民间商会的任务，是由浙商具体情况以及我国当前国情决定的，是市场经济的内在要求，是政府职能转变和机构改革的需要，同时，这也是不断适应世贸组织规则、提高国际贸易交往能力的迫切要求。伴随着社会重心的下移、公共事务的下沉，服务型政府的建设必然地要求政府逐渐实现管理中的去统治性和市场中的去经营性。作为一支富有时代精神的商人群体，浙商在行业协会和民间商会治理的不断学习和实践的过程中，应把握时代机遇，加快浙商参与公共领域建构行为的发展。应该在信息服务、技术服务、教育与培训、融资服务、市场开拓等服务会员方面，在产品质量建设、行业维权、行业品牌建设、突破贸易壁垒等企业经营方面，在环境治理、安全生产建设、劳资关系协调、社会关系融合等社会管理方面，与加强党委建设、工会建设等一起，探寻与行业协会和民间商会自身特点相适应的治理模式，以推动公共领域的建构，发挥好公共领域的功能。

幸运的是，在温州，由于国家和社会关系实现了适时适地的转型，在公民社会有发育需要的情况下，国家适时地出让了部分空间，温州商会得以复兴和发展；在民间商会与地方政府的合作博弈中，一种国家与公民社会的良性互动关系已然出现，温州商会突出的治理绩效使其成为政府不可忽视的社会力量。①这是浙商用努力和实际行动取得的公共领域建构的成果。因此，有理由相信，在制度环境和治理水平逐渐提升的客观情势下，浙商参与公共领域建构的发展必将是一个备受瞩目、令人期盼、成果丰硕的过程。

二、浙商参与公共领域建构的未来

浙商公共领域建构的发展取决于众多的影响因素，但不管怎样，行业协会

---

① 郁建兴等：《在参与中成长的中国公民社会——基于浙江温州商会的研究》，浙江大学出版社2008年版，第207页。

和民间商会拥有经济自治权，将成为是浙商公共领域建构未来非常重要的一项内容。当然在此过程中，另一显著特征——浙商公共精神的提升和公共能力的培育也将日益被接受和认可。总之，浙商从公共领域建构出发，在做优做强行业协会和民间商会的同时，事实上也在承担着一项历史责任——让我们的社会向权责清晰、自助互助、民主文明的社会不断迈进。未来的公共领域应具备如下特征。

（一）拥有经济自治权的公共领域

1. 经济自治权的合理性与合法性

经济自治权的合理性与合法性为浙商公共领域建构提供了明确的理由和清晰的方向。本质上，经济自治权是公权与私权的混合体，其产生方式有因契约而产生的自治权、因法律直接规定而取得的自治权、因授权而取得的自治权。[①]当前和不远的将来，浙商参与公共领域建构同样面临着公权与私权混合以及产生方式选择等严肃命题，倘若能够在这些命题中挖掘出浙商参与公共领域建构的合理性与合法性基础并予以利用，对于未来公共领域的长远、健康发展显然大有裨益。

第一，合理性基础。这主要应从浙商参与公共领域建构与市场经济发展、公民社会发育的角度来认识。浙商身处的市场经济环境要求浙商在一定的政府或市场力量干预下，进行有效的自我防御和保护，回应经济民主，实现浙商在公共领域平台上经济权的自治，即为一种理想的途径。同时，公共领域作为与公民社会相联系的领域，在现代民主政治中的诸多功效归根结底在于人们对自身利益的关切。正如美国学者基思·格雷厄姆指出："从利益角度的分析来看，人们追求民主制度的动机是因为在大多数时候民主制度能够实现每个人的利益。"[②] 显然，拥有经济自治权的、制度化的行业协会和民间商会等公共领域的建构为商业文明的发展、为公民社会的发育提供了重要条件。

第二，合法性基础。这主要应从浙商参与公共领域建构与宪政民主发展、法治社会进步的角度出发来认识。众所周知，宪法保障公民的表达自由、集会自由与结社自由，行政法规、地方规章也对自治权利作了符合实际的适度规定。另外，我国在1998年签署的带有国际约束力的《公民权利与政治权利国际公

---

① 鲁篱：《行业协会经济自治权研究》，法律出版社2003年版，第139页。

② 周叶中：《论民主与利益、利益集团》，《学习与探索》1995年第2期。

约》一定程度上也体现了对自治权的尊重和保护。

2. 经济自治权的制度设计

如果说经济自治权的合法性与合理性，为浙商参与公共领域建构的未来提供了某些理论支持，那么从制度设计、政策供给的维度来考察经济自治权的具体内容和限度，显然是对浙商参与公共领域建构的未来更为清晰的展示。

第一，经济自治权的内容。经济自治权的内容包括规章制定权、监管权、惩罚权、争端解决权。这些权利理应是法律神圣赋予、承认并受到尊重的，原则上行政机关不得介入，而司法审查也必须充分谨慎和合理。例如，规章制定权的自治功能，即为行业协会依赖一定的规章制度促使其运作规范化和有序化并对成员企业行为产生严格约束力，以保持规则稳定、树立组织权威。换句话说，"制度系统是通过将社会惯例和规范正式确立在法律和规范之中而获得其稳定性的"。[①] 这样看来，规章制定权是经济自治权不可或缺的重要组成部分，尤其在浙商参与公共领域建构的未来，科学自主的规则制定和实施为其他公共行为的展开预设了前提、提供了保障。

第二，经济自治权的限度。经济自治权的限度可以主要从行业标准采认、集体抵制行为两个方面进行探讨。一是行业标准采认的限度。事实上，理论研究分析表明行业协会比政府更具有标准制定及认证的优势，行业标准采认由国家主导向行业协会主导将会成为一种趋势。当然，由于体制和技术的原因，我国当前统一领导、分级分口管理的标准化管理模式仍然发挥着重要的作用，但是这样的客观现实并不影响顺应潮流的趋势。因此，在可预见的未来，标准采认方面的经济自治权始终是有限度的，但是减少政府的不当干预和过度管制、释放市场主体活力的最终目标将是浙商参与公共领域建构的不渝追求。二是集体抵制行为的限度。"集体抵制，是指两个或两个以上竞争者达成共识拒绝与第三方进行交易"。[②] 伴随着浙商行业协会和民间商会的发展，集体抵制逐渐显山露水。在关注其在行业协会和民间商会存在的合理性同时，特别对其反垄断竞争的能力予以重视是符合社会期待和要求的。当行业协会和民间商会内部存在搭便车现象或者部分成员出现敌意破坏行为等情况的时候，合法合理的集体抵

---

① ［英］马尔科姆·卢瑟福著，陈剑波等译：《经济学中的制度》，中国社会科学出版社1999年，第112页。

② 鲁篱：《行业协会自治权研究》，法律出版社2003年版，第272页。

制将成为行业协会和民间商会向各方力量施压谈判的重要方式。但是，如果集体抵制的动因仅仅限于反垄断等市场经济的贸易争端，那么即使在公共领域建构的未来，行业协会和民间商会的功能还是有限度的，不可避免地需要更多力量的制衡和更多技术性的服务。

3. 经济自治权的未来地位与意义

拥有独立经济自治权是浙商参与公共领域建构未来亟须实现的目标之一。作为杰出商人群体，浙商不仅仅满足于为自己事业打拼，不断提升的公共精神也召唤着浙商把握时代机遇，通过未来行业协会和民间商会经济自治权的行使和延伸，提升公共事务治理的综合能力。"在公共利益和服务方面，除了拓展和完善官僚机构之外，其他机构也可以提供所有这些职能"。① 显然，经济自治权拓宽了浙商学习和实践的空间，必将成为未来浙商参与公共领域建构的重要基石。从"制度分析"的视角来看，基于群体自发形成的内在制度在商会治理实践中起着主导性的作用，同时民间商会在治理实践中的民主价值也是值得关注和研究的。②

（二）提升公共精神和锻炼公共能力的公共领域

浙商参与公共领域建构的未来，归根结底主要取决于两个方面，一是制度环境的改善，二是社会力量的自我发展。制度环境的改善是一个长期、复杂、艰巨的过程，在程序上至少需要经历政策议程设置、政策评估、政策制定、政策执行、政策反馈等环节，而且不断调整中的制度和政策预期目标的实现总是充满了诸多的风险和不确定性。因此，在相关制度建设与公共领域建构不相同步的现实环境下，社会力量尤其是浙商自身如何在有限的制度空间内利用有限的资源和机会提高组织化程度，就成了浙商参与公共领域建构未来一个重要的着力点，这关乎浙商公共精神的弘扬、浙商公共能力的提升。同时浙商只有广泛参与并取得更好的治理绩效，公共领域乃至公民社会才可能获得更大的合法性，从而扩展自治空间，扮演好其应有的社会角色、发挥其应有的社会功能。回归本质，浙商参与公共领域的建构是浙商自身的一种公共行为，脱离不了对商业利益的平衡、对市场竞争合作的渴望。但是，也应该看到，呵护新生事物的成长需要浙商公共精神的提升、公共能力的锻炼。这样在公共领域建构的过

---

① 陈振明：《评西方的新公共管理范式》，《中国社会科学》2000 年第 6 期。

② 陈剩勇、马斌：《温州民间商会：一个制度分析学的视角》，《浙江大学学报》2003 年第 3 期。

程才会出现源源不断的新鲜血液和来自社会的坚定支持。。

  总之，不断演进中的全球公共治理变革深刻地影响着经济社会的发展，浙商参与其中。我国的改革开放进程不仅是一个经济市场化过程，而且也是一个政治民主化和社会自治化的过程。以往的政府与市场简单的两级关系，逐渐被社会与政府、市场的"三位一体"关系所替代，其中行业协会、民间商会等公共领域平台作为公民社会的结构性要素，正日益成为多元治理主体中的一个重要角色。在公共领域建构的未来，其治理功能和社会影响必将与日俱增。浙商行业协会和民间商会这样的公共组织正好可以把握这样的机遇。通过积极参与公共事务管理，当好政府的伙伴，而政府也据此增强了对民间组织的信任，转移给它们更多的公共治理职能，在合作共治中伴随着公共事务治理绩效的提高，民间组织获得了成长，政府也获得了更多的合法性。因此，拥有自治权的公共领域和可以提升公共精神、锻炼公共能力的公共领域将是公共领域建构未来不可或缺的组成部分，必将为探寻浙商公共行为的公共治理机制和实现公共秩序提供可靠的支撑。

第九章　浙商公共行为与公共治理

　　浙商公共行为主要表现在参与公共产品的供给、公共权力的运作、公共精神的积淀、公共领域的建构四个方面。长期以来，浙商公共行为为经济发展与社会进步做出了重要贡献，但是随着改革开放的深入和社会利益关系的不断调整，浙商公共行为在实践的过程中出现了一些的问题，一定程度上影响了规模庞大的浙商可持续发展的能力，值得全社会共同关注。从浙商公共行为与公共治理的关系出发，对浙商公共行为与公共治理的模型、浙商公共行为与公共治理的机制进行深入地探讨，从浙商公共行为与公共治理的互动的视角分析，公共治理主体的互动机制、公共治理资源的共享机制、公共治理工具的调整机制、公共治理过程的监督机制、公共治理绩效的评价机制、公共治理责任的追究机制，构成了浙商公共行为与公共治理关系的主要机制。通过这些机制的有效运作，对于改善公共治理，纠治浙商公共行为存在的问题，提升浙商公共行为的品质具有重要意义。

第一节　浙商公共行为与公共治理的关系

　　如果用流行的公共治理理论来解析当前浙商遇到的诸多问题，可以为研究浙商公共行为与公共治理的关系提供强大的理论支持和经验指导。公共治理是一个上下互动的管理过程，它主要通过民主协商、伙伴关系、确立认同和共同的目标等方式实施对公共事务的管理，其实质在于建立在市场原则、公共利益和认同至上的合作。它所拥有的管理机制主要不依靠政府的权威，而是合作网络的权威，其权力向度是多元的、相互的而不是单一的和自上而下的。[①] 的确，

---

　　① 俞可平：《治理与善治》，科学文献出版社 2000 年版，第 1~15 页。

在公共管理领域，并非只有政府一个主体，当前私营部门、志愿团体、社区互助组织和各种社会运动蓬勃发展，在经济社会领域内积极活动，并依靠自身资源参与解决公共问题。虽然治理理论还很不成熟，它的基本概念还十分模糊，但它打破了社会科学中长期存在的两分法的传统思维方式，即市场与计划、公共部门与私人部门、政治国家与公民社会、民族国家与国际社会，它把有效的管理看做是两者的合作过程；它力图发展起一套管理公共事务的全新技术；它强调管理就是合作；它认为政府不是合法权利的唯一源泉，公民社会也同样是合法权利的来源；它把治理看做是当代民主的一种新的现实形式等等，所有这些都是对政治学与公共管理学研究的贡献，具有积极的意义。①

一、浙商公共行为与公共治理的互动

浙商公共行为包括了浙商参与公共产品供给、公共权力运作、公共精神积淀、公共领域建构等内容，涵盖了经济、政治、文化和社会各个领域。这些公共行为的学习和实践弥补了浙商私人经营之外的行为空间，提高了浙商适应时代发展、社会转型的素质和能力。当然，浙商的公共行为在地方甚至国家的公共治理中发挥着重要的作用，对其他社会群体以及社会发展产生一定的积极影响，提高了公民意识，增进了公共福利。国家和地方的公共治理对于解决浙商公共行为存在诸多问题，提升其公共性层次也发挥着重要的作用。为了形成两者的良性互动，亟须发现一种科学有效的公共治理运行方式，形成一个系统合理的公共治理运行结构，利用一套切实可行的公共治理运行机制，以营造浙商公共行为与公共治理联动共荣的良好局面。

（一）浙商公共行为在公共治理中的作用

当然，对公共治理可以从全球治理的层次来理解，可以从国家和国家内部区域治理的层次来理解，也可以从一个公共组织内部治理的层次来理解。这里的公共治理，主要是指在国家或国家内部一定的地域空间范围内，多元主体构建的网络结构中，以公共权力为依托，以公众需求为导向，管理公共事务、解决公共问题、提供公共服务，推动国家或地方全面发展的新型的管理活动和管理方式。在当代的治理结构中，多元主体包括政府、私人组织、非政府公共组织以及公民等，它们联系在一起形成协商互动的网络结构，共同承担公共治理

---

① 俞可平：《治理理论与公共管理》，《南京社会科学》2001 年第 9 期。

的职能。它强调不同层级政府之间、政府与民营企业之间、政府组织与公民社会之间广泛的合作与伙伴关系，通过民主协商共同对国家或地方的公共事务进行治理。公共权力的纵向分割和横向分化为它提供了可能性，以公众需求为导向奠定了它的合法性基础，提供公共服务是它的核心内容。从根本属性来讲，它是一种新型的管理活动和管理方式。从公共治理的多元主体来看，浙商无疑是其中的重要主体。

公共治理是一个系统工程，涉及经济、政治、文化和社会各个领域。以多中心体制供给公共产品、以网络结构为依托运作公共权力、以公平正义为核心弘扬公共精神、以社会本位为基础构建公共领域，是地方治理最具先进性的机制。浙商的公共行为覆盖了上述在上述各个领域，在公共治理中发挥着重要的作用。

第一，高质量提供公共产品和公共服务是公共治理的首要任务，也是衡量公共治理绩效的根本标准。治理意味着主体的多元化，以多中心体制提供公共产品和公共服务。治理主体的多元化可以通过政府和私人部门的合作来体现，进一步，可以通过各级政府、民营企业和社会组织共同合作来完成。在多中心体制下，地方政府、民营企业和社会组织之间是相互补充、相互支持、相互监督的关系。它们依据不同的原则在公共产品和公共服务的供给中分别发挥着不同的社会功能。地方政府以行政区域内的公共利益为取向，对公共产品和公共服务的供给作出全面安排。它要确定可以由民营企业生产的公共产品项目，同其他主体共同完成相应的政策制定和制度设计。政府还负责对社会组织进行扶持、引导和规范，使其在公共产品供给中更有效地发挥作用。民营企业以追求利润最大化为取向，依据相应的制度安排参与公共产品和公共服务的供给。在引入竞争机制的情况下，私人部门既要通过激烈的竞争获取相应的项目，也要通过激烈的竞争取得消费者的信任，发挥政府无法发挥的作用。浙商参与公共产品和公共服务供给，可以为自己开辟新的投资渠道，开辟新的经营领域，既能够为自己获取一定的利润，还可以满足社会的公共需求，一举多得。随着经济社会的发展，浙商参与公共产品供给的积极性不断提高，领域不断扩大，为浙商带来可观的经济效益的同时，也产生了很大的社会效益。

第二，公共治理的重要任务是制定公共政策，解决公共问题。公共政策作为调整社会利益关系的工具，在地方治理中发挥着重要的作用。公共问题可以界定为一定的社会共同体大多数成员所面临的问题，归根结底是由社会利益关系失衡导致的。解决公共问题最主要的就是协调好社会利益关系。在制定公共政策解决公共问题的过程中需要广泛的公众参与。在地方治理过程中，公共政策的运行应是在由不同的利益群体形成的政策网络中进行。不同的利益群体在政策网络中进行民主协商，交换资源，平等互动，以制定和实施相应的公共政策满足各自的利益要求，解决公共问题，化解社会矛盾。浙商通过各种渠道参与公共治理中公共权力的运作，既可以为自身的发展创造良好的公共政策环境，同时，也可以对政府运用公共权力的过程中可能出现的异化现象进行监督和矫治，使公共权力更好地发挥解决公共问题，实现公共利益，更好地协调社会利益关系的作用，为社会的稳定与发展建立良好的秩序。浙商通过参与公共权力运作有助于民营企业表达自己的利益诉求，并通过参与公共权力的运作来实现自己的利益。通过参加选举、参与决策、实施监督等行为直接介入公共权力的运作过程，制约政府的政治行为，有利于消除个人专断和政府独裁；另一方面，民营经济的发展日益强劲，对公共事务的运行和决策带来了新的压力，这从根本上造成了民主协商的需求。民营经济的这种发展趋势以及民营企业的公共行为，有助于推动民主政治建设。

第三，在公共治理中，要求各治理主体甚至广大公众都要具有公共意识，弘扬公共精神。以公平正义为核心弘扬公共精神，构成了公共治理的灵魂。公平正义同样也是公共治理的终极价值。虽然，公平正义在不同的历史条件下会有不同的内涵，但基本方向是一致的。正义的核心就是追求社会公平。按着罗尔斯的观点，正义即公平。在公共治理中体现其价值依归的公共精神显然就是对公平的承诺和践诺，这意味着要保证所有公民身份上的平等，要保证在社会公共交往中权利与义务的对等。对正义的信仰就是对社会基本正义原则的坚持与维护。浙商要在公共精神积淀中发挥自己的作用，首先要树立社会责任感和社会公德心。浙商的社会责任区别于商业责任，是指除了创造利润外，还必须对全社会承担责任，包括遵守商业道德、维护劳动权利、保护生态环境、发展慈善事业、捐赠公益活动等。具有社会责任感体现了浙商的公共精神，为在公共治理中弘扬公共精神起了重要的推动作用。

第四，公共治理的一个不可或缺的前提就是公民社会的培育，这是公共领域的重要依托。浙商参与公共领域的建构其目的，不仅仅是为了使私人利益得到保障和促进，更重要的可以健全自身的人格。可以借鉴汉娜·阿伦特的观点：人的需求有两个层面，一方面人需要有私人生活空间，以隐藏一些应该隐藏起来的东西；另一方面，人又渴望互相沟通与交流，这就必须进入可以显现自己的公共领域，这是一个人得到他人承认的必要条件。公共领域的社会基础是公民社会，既包括自愿性组织、社团、私人领域等结构性要素，也包括公开性、开放性、参与性等价值性要素。民间组织的发展是公民社会得以形成的标志，也是公共领域构建的前提。随着民营经济的蓬勃发展，行业协会和民间商会大量涌现，产生了一大批由浙商自发自愿组建起来的行业协会和民间商会。浙商通过民间商会和行业协会的发展，既为推动民营经济的发展发挥重要作用，同时也通过民间组织的发展加快公民社会的发育，形成政府和社会的一种新型关系，有利于社会的稳定。

（二）浙商公共行为在公共治理中的提升

浙商的公共行为能够推动公共治理的发展，同时也依赖于公共治理的发展而发展。要完善和发展浙商的公共行为，提升浙商公共行为的层次，更好地发挥它在公共治理中的主体作用，一方面需要提高浙商自身的素质，更重要的是依赖于公共治理的改进。

从浙商公共行为的基本现状中，可以大致归纳出如下特点：一是实际的公共行为有限而且层次比较低。随着浙商经济实力的不断提升，在得到了社会其他群体认同的情况下，参与公共事务的热情比较高。但是，由于缺乏对公共行为的系统性认识，使得现阶段浙商的公共行为相对比较缺乏，而且层次不高。二是浙商公共行为的利益导向性明显。考察浙商公共行为动机会发现，从整体来说，公共行为一般都是在为了维护和增加企业经济社会利益时才会变得比较积极，对社会公共利益的追求和伦理道德的动因占比较小的部分，即民营企业公共行为的利益导向性明显，关注自我利益的"理性经济人"表现得比较明显。三是浙商公共行为存在不均衡性。浙商由于其文化素质、年龄、政治面貌和经济实力等的不同，使他们在获得公共行为的机会以及具体的公共行为方面存在较大差异。另外，不均衡性还表现在浙商公共行为所涉及的领域分布不均衡。大多民营企业家的公共捐赠行为明显多于其他公共行为。四是浙商公共行为的感性、随意成分居多。作为改革开放的直接受益者，民营企业家对党和政府有着朴实强烈的感激心理。对政府的动员和引导，都会给予积极的配合和协作，因此他们的公共行为往往表现得比较感性，处于一种自在、随性的状态，他们的公共行为无法在激烈的利益竞争中保持长久。浙商的公共行为是在公共治理中提升的，完善公共治理方式，健全公共治理机制，可以进一步完善浙商的公共行为，提升浙商公共行为的公共性。

第一，搞好公共治理可以提升浙商公共行为的层次。伴随着公共治理的不断改善，浙商的公共行为不断向更高层次发展。一是搞好公共治理可以加快民营经济的发展，为浙商的公共行为提供坚实的物质基础。提升浙商公共行为的公共性的层次，首要的任务便是发展和扩大企业公共行为的物质基础。实现这一目标，推进市场经济体制的改革，进一步完善以市场竞争为资源配置的主要方式，提高资源流动的效率和人力资本的活动空间，从而达到解放生产力，提高生产效率的社会目标，扩大社会整体的经济存量，这一切为扩大企业公共行为的规模和层次提供了经济支撑。二是搞好公共治理可以提升浙商的思想文化素质，为浙商的公共行为提供精神支撑。搞好公共治理可以正确引导浙商对公共行为的认识，进一步提高浙商对公共行为的层次，使浙商的公共行为朝着健康的方向发展。在公共治理中加强对浙商的教育和锻炼，将他们的知识转化为公共行为所需要的能力。民营企业公共行为范围的扩大和层次的提升是社会发展的必然结果，它不仅有利于经济社会的发展，也有利于企业自身的发展，从而调动浙商参与公共行为的积极性。最终将他们塑造成为具有较高公共行为认知和具备丰富的公共行为经验的民营企业家。加强浙商的道德修养。通过道德建设，引导浙商理性地看待公共利益和个人利益、整体利益和群体利益的关系，尊重他人的合法权益，学会以合法的方式表达自己的利益诉求，养成与政治文明建设要求相一致的道德文化素养。市场经济作为一种参与型的经济，能够引发并增强人们的主体意识、平等观念和竞争精神。民营企业是市场竞争的主体之一，他们必将在市场化的过程中形成强烈的主体意识、平等意识、竞争精神，并在这些意识的指导下不断锻炼和提高自身的公共行为能力。放宽民营企业的融资渠道和市场准入，使得广大的浙商获得公平的竞争机会，在注重功利性经营活动的基础上，提升其行为的公共性。

第二，搞好公共治理可以拓宽浙商公共行为的空间。搞好公共治理必须积极推进政治体制改革，转变政府职能，加强服务型政府建设。在政府职能收缩的前提下为浙商的公共行为留下更大的空间。政府职能转变是浙商公共行为的基础条件之一。要扩大民营企业公共行为的范围，就要通过弱化和转化一些本来不该由政府直接管理的职能，具体来讲，政府就必须进一步放权，将部分职能交由市场去承担。实际上，目前我国的市场经济还很不完善，市场秩序还很不规范，政府职能的转变还远没有完成，这些都会阻碍浙商公共行为的发展。于是一些浙商为了避免公共行为对经营行为的干扰，采取了一些非制度化的手段和方法，给现行的政治体制带来一定的压力。因此，我们必须深化政治体制改革，进一步转变政府职能，为民营企业公共行为创造一种良好的环境，提供更大的空间，从而使民营企业的公共行为能够得到应有的发挥。

第三，搞好公共治理可以完善浙商公共行为的制度设计。搞好公共治理需要进行相应的制度设计，这是浙商公共行为持续性和稳定性的保证。针对当前浙商公共行为缺乏相应的制度化安排，相关的法律、法规还不够完善，具体的操作程序还存在缺陷，必须加强制度建设。换句话说，浙商的公共行为应该始终与制度化建设联系在一起，用制度化的方式规范和引导浙商的公共行为。加快民营企业公共行为的制度化建设，一是一切制度建设都应该立足于保证政治和社会稳定；二是构建民营企业公共行为的制度框架应具有全面和系统的眼光，要深入研究和分析现有的各项制度安排的科学性，吸收国内外促进企业公共行为的先进经验，全面和系统地构建民营企业公共行为的制度框架；三是循序渐进，在民营企业公共行为已经活跃起来的领域，加快制度化、规范化和程序化进程，提高已有的公共行为的质量。

第四，搞好公共治理刻意营造浙商公共行为的文化氛围。浙商公共行为的主观效能感对其行为具有重要的决定作用，而这一心理因素的形成受制于相应的社会文化。要扩大浙商公共行为，必须要营造一个积极的社会文化氛围，使浙商的公共行为向更高一级发展。社会文化氛围制约和影响着浙商对制度的认同感和归属感，规范着他们的社会责任，影响着他们的思想意识、政治价值评价和政治心理习惯。这种文化氛围全过程、全方位地渗透到浙商具体的公共行为之中，构成支配浙商公共行为的内在精神力量。当前加强社会文化建设，主要是营造与浙商公共行为相适应的文化环境，为浙商创造一个公共行为得以顺利展开的基本心理环境和基本的态度体系。传统的社会文化对浙商公共行为的影响并不只是负面的，其中的一些思想对浙商公共行为的发展也会起到积极的作用。所以应该客观全面地看待传统文化，吸收其有利于民营企业发展的因素，抵制其不利的意识。随着市场经济的建立和民营企业的壮大，传统社会文化所依赖的社会条件已经发生巨大的变化，加强对浙商公共行为社会文化氛围的营造，提高浙商的公共行为意识，可以促进浙商公共行为的发展。

第五，搞好公共治理可以构建浙商公共行为的互动机制。浙商公共行为的发展需要政府、社会、企业之间的有效合作和良性互动。要促进政府、社会和企业之间的互动，首先要明确政府和社会的关系模式。与市场经济相对应的理想的政府与社会关系模式应该是：政府对社会控制既能保证社会秩序的有效运转，又不侵害社会自由和公民权利；政府的社会规范能力既提供有效的产权和有效的市场，又不影响社会的独立性与自主性。从我国社会发展的客观需要来说，社会主义市场经济如同一般的市场经济一样，不需要政府对社会有太多的干预，凡是市场能够做的事，政府便不应插手。只有在市场无能为力的范围内，政府才应该充分发挥作用。因此，应该按照市场经济体制和知识经济时代的客观要求，调整政府机构、规范政府行为，充分发挥社会自治功能，构建中国特色的市民社会，在政府与社会、企业之间建立一种互相促进、共同发展的合作伙伴关系。此外，要强化民营企业公共行为与经营行为之间的依附关系。在这一环境下，要将公共行为与经营行为两者之间的"单项依赖"，即企业的公共行为取决于企业的经营利润，转变为"相互依赖"，并通过建立企业与政府之间的良性互动机制加以维护。

二、浙商公共行为与公共治理的结构

（一）浙商公共行为与公共治理主体

在浙商公共行为公共治理过程中，主要是以浙商为核心，以市场为依托，以政府为屏障。其中浙商既是治理机制的建构者，也是主要的运行者，各种治理活动的主力军。市场和政府则为治理机制的健康运行提供合法性、合理性支撑以及各种资源的供给。应该指出的是，浙商的治理主体地位，由于强政府的传统，各种治理机制很大程度上都受到政府的控制。在对自身的公共行为进行治理的过程中，大多浙商治理机制的构建都是建立在自发自愿的基础上，并形成了适应自身环境的治理机制，因为他们有着信息优势和较低的运营成本。因此，无论是从产出效果还是从综合效应上看，浙商应是对自己公共行为进行治理的治理机制的操控者，而政府更多应作为一种元组织存在，为治理提供良好的法律环境、政治环境和一些基础性的公共产品。

从联合国全球治理委员会对治理的界定："治理是各种公共或私人的个人和机构管理其公共事务的诸多方式的总和。它是使相互冲突的或不同的利益得以调和并且采取联合行动的持续的过程。它既包括有权迫使人们服从的正式制度和规则，也包括各种人们和机构同意或以为符合其利益的各种非正式的制度安排。"① 从这一定义中可以发现，治理既涉及公共部门，也涉及私人部门。从另

---

① 喻可平：《治理与善治》，社会科学文献出版社2000年版，第4页。

一个角度看，公共治理的主体可以分为政府、市场（企业）和社会（非营利机构、社会组织、个人）三大部分。一是政府是公共治理机制中的统筹者。在公共治理机制中，政府凭借自身的权威和合法性基础有效地统筹协调各个主体。政府组织在整个社会中依然充当着非常重要的角色，特别是在合法地使用暴力、决定重大的公共资源分配方向和维护公民的基本权利，实现社会的公平正义等方面，政府仍将发挥着其他组织不可替代的作用。但是，它不再是实施社会管理功能的唯一权力核心。二是市场是公共治理机制的重要参与者。公共治理机制主要的作用之一是解决市场与政府之间的各种问题。市场是与企业相联系的，在以往政府本位的机制中，政府往往无法直接地了解企业的需求，企业也很难向政府表达自身的利益诉求。在公共治理机制下，政府已不再是唯一的治理核心，市场中的企业与政府和社会中的非营利机构、社会组织拥有平等的社会地位，也拥有相同的管理权利。三是社会是公共治理机制的主权所有者。这里所说的社会主要是指公民社会，即民间组织包括非营利机构、社会组织和公民个人。它们分别致力于种种社会和经济问题的解决，把传统上属于政府的一些责任和职能承接收过去，作为市场和政府的缓冲地带，能有效地为各参与主体服务，弥补政府与市场职能的缺失。

在公共治理机制的这三大主体中，浙商是公共治理机制中的重要组成部分和重要参与者。在公共治理的利益关系的协调中，浙商及其相关的组织作为利益的一方有权利提出自身的利益诉求，参与公共行为治理。而政府、社会组织应该尊重他方合理的利益诉求，同时从各方利益出发进行民主协商，最后形成实现公共利益最大化的治理方案。

（二）浙商公共行为与公共治理对象

公共治理机制的对象主要是解决存在于现实中的诸多公共行为问题，这些问题大多是与浙商相关的公共资源的社会管理问题。由于激励不足、信息不对称等因素导致了在解决这些问题时，通过政府和市场这两种途径无法实现有效的纠治。这些问题大多集中在浙商之间的利益协调、浙商与社会之间的互动、社会相关的公共产品供给等方面。一是浙商之间的问题基本上是要解决他们共有的资源的建立和维护，保证他们长期良性的合作与发展，如制定相应合理的行业标准、企业的商业行为和非商业行为的规范等。二是要解决浙商这一群体与社会的良性互动，增加自己的社会资本，作为一个群体来参加到社会活动和平等协商中去，如浙商与政府、市场之间通过合作或协商来实现公共事务合作治理和利益分配。三是浙商通过治理机制与各方合作解决一部分公共产品和准公共产品的供给，如以慈善模式来捐修学校、参与提供各种公共服务等等。

（三）浙商公共行为与公共治理层次

不同的浙商遇到的具体的问题是不相同的，各种不同层次的公共治理机制所面对的对象和所要达到的目标也是各有差异的。一些较小的、层次较低的浙商团体的公共治理机制的主要目标就是要维护本团体的利益，通过内部利益协商和与外部其他利益团体的博弈来维护本身的利益。而一些层次较高的浙商团体在进行内外部的利益调整时，更注重对公共治理的参与，希望更为广泛的参与到政治经济和社会活动中去。通过广泛的参与来提高自己的美誉度、实现自我价值，在设计自身治理机制的基础上来参与社会机制的建构。他们所面临问题的不同，导致各个治理主体之间的互动方式和强度也不尽相同，这决定了各个层次的治理机制也会出现差异。

三、浙商公共行为与公共治理的性质

（一）浙商公共行为与公共治理目的

公共治理机制最终发挥作用衡量的标准归依于公共治理的目的。社会资本是人类活动群体交往过程中形成的共享知识、理解力、制度以及交往模式。美国学者克拉格在《制度与经济发展：欠发达与后社会主义国家的增长与治理》一书中，对社会资本做了说明。社会资本作为群体交往的产物，表现形式多样，即有信赖和互惠的模式，也有人为设计的维护群体利益的规则。浙商公共行为的治理目的就是要维护浙商这个群体的社会资本。通过良性的互动以及有效的制度建构，运用社会资本实现在不损及他人利益或是增加他人利益的基础上来增加自己的利益。具体来说，首先是维护浙商团体的利益，作为一个团体加入到各方博弈的过程中去。其次是要积极参与各种公共活动，为浙商的发展营造良好的外部环境，实现浙商的公共目标。在为社会这个大池塘提供资源和辅助的同时维持自身利益的持续、健康发展。而这些目的的实现需要公共治理机制在激励机制、监督机制和建立社群观念等方面有所建树。

（二）浙商公共行为与公共治理方式

公共治理机制的主要方式是通过合作来达成相应的合约，使得浙商与政府及社会在治理公共行为方面建立高效、灵活的公共治理模式。其核心就是通过自组织来协调各方利益和需求以实现预期目标。在这里，它既不同于政府官僚

制的垂直命令，也不同于市场中的各种主体之间的竞争，这种自组织有着它的使命，以平行的权力关系网来实现信息的充分流动和协作的广泛达成。因此合作、协调而非命令、竞争是公共治理机制的主要的治理方式。这种治理方式源于这种组织的结构和权力的分布。由于权力在组织成立之时已经通过合约使其平等化，这也决定了组织的行为方式。这种治理方式的存在的合理性在于它的高效、平等，同时使信息的流动和各种资源的调度更加合理。

治理理论下的治理方式主要有三种研究途径，即政府管理的途径、公民社会的途径和合作网络的途径。[①] 从政府管理的视角去研究治理，侧重于从政府部门的角度来理解市场化条件下的公共管理改革。在这一改革进程中，政府是改革的主体，直接影响治理的效果和效益。从公民社会的视角去研究治理，着眼于横向的社会化组织保证公民最大限度地参与网络，是一种社会中心论的治理观。从合作网络的途径去研究治理，倾向于整合以上两种框架内的治理途径。合作网络途径是 20 世纪 90 年代以来，伴随私营部门、第三部门以及各种社会运动出现在管理公共事务的舞台上，这些非政府部门与政府部门联结起相互依存的合作关系，即网络关系，就共同关心的问题采取集体行动。合作网络既不同于传统的计划干预，也不同于自由市场的资源配置。

（三）浙商公共行为与公共治理限度

公共治理机制都有其限度，因为它们解决的大多是公共资源的维持，即一定范围内的公共利益的保护。过大的范围会使得协调难度加大，激励和监督机制失效，有效承诺少和可信度降低。当然各种不同层次的治理机制所面对的治理限度是不同的。但如何来对治理的限度进行识别和确定，这很大程度取决于机制设计时的目标和自治能力。目标的确定基本决定了公共治理机制的治理范围和限度。如果治理机制是有效的，而且合约的制定和执行是有效率的，那么，这个机制的治理边界会比较清晰。即使其中牵涉的主体较多、各种活动方式会有变化，也可从它的目标实现方面来对其进行辨析。一旦脱离了组织的目标和宗旨，必然会导致一些浪费，因为机制的设计是基于各方力量的平衡以及信息的可获得性假设等条件之上的，因此脱离了目标也就意味着力量的失衡和信息的不确定性，这样组织的有效性就会大打折扣。

---

① 陈振明：《公共管理学——一种不同于传统行政学的研究途径》，中国人民大学出版社 2003 年版，第 82～88 页。

浙商公共行为与公共治理机制的治理限度，主要表现为多元治理机制的共同治理目标和治理能力存在的局限。一是浙商公共行为本源是浙商的自主市场行为，纠治的主体理应是具有独立市场地位的浙商，导入其他利益相关主体参与治理，其共同治理目标往往是妥协的结果，出现一定程度的扭曲。可以预见的是，公平与效率的失衡将日益消磨生成自身公共行为的浙商的理性与激情，诚如奥尔森所言："一个团体的成员越多，利益越分散，其采取集体行动的能力越弱。"① 二是浙商公共行为公共治理机制中的各项机制的治理能力本身是存在缺陷的。政府机制、市场机制、社会机制都不可能单独成为公共利益实现的机制，或者说它们都有可能使公共利益的实现陷入困境。② 因此，在全面研究分析情况、尊重客观现实的基础上，努力把这样的限度控制在可以接受的范围内将是我们共同追求的目标。

第二节　浙商公共行为与公共治理的模型

一、公共治理模型的运行机理

当今世界进入了一个全球化、网络化时代，公民社会正在发育，第三部门不断成长壮大，非营利组织发挥着重要的作用，这些都对政府单一的治理传统提出了新的要求。政府不再是治理的唯一主体，政府要和新兴的公共组织或者私人组织处理好关系。不管是政府、私人组织还是第三部门，都越来越多地追求双赢甚至是多赢局面，这就使得润滑和胶合这些组织的优势、实现多元主体有效合作，成为当前浙商公共行为与公共治理机制的重要方向和内容。

科学有效的治理运行机理往往是治理主体与治理客体的统一、社会公平与治理效率的统一。一是治理主体与治理客体的统一。浙商公共行为公共治理的治理主体是以浙商为主的多元社会主体，治理客体是浙商的公共行为——浙商参与公共产品的供给、公共权力的运作、公共精神的积淀、公共领域的建构等。在不同阶段不同层次的治理过程中，主客体是否统一直接影响着治理供需是否能够准确对接，进而决定了治理的效果和效益。二是社会公平与治理效率的统

---

① ［英］戴维·赫尔德等著，杨雪东等译：《全球大变革——全球化时代下的政治、经济与文化》，社会科学文献出版社2001年版，第15页。

② 王春福：《政策网络的开放与公共利益的实现》，《中共中央党校学报》2009年第1期。

一。公平与效率的统一是人类追求的永恒价值，浙商公共行为治理在提升治理主体公共治理能力、肩负更多公共治理责任的基础上，有必要置公平于突出位置，这是因为公共行为直接体验者和最终受益者是社会公众，而当前社会公众对于社会公平的预期是比较强烈的。正如有些学者指出的那样："在表达自己的利益需求时，政府的一些顾客比另一些顾客拥有更多的资源和更强的技能。就像在私人部门中一样，这是否就说明他们应该得到更好的对待？显然不是。在政府中，公平和平等方面的考虑在服务供给中起形成一个系统合理的治理运行结构。"[①] 但是，浙商毕竟是市场经济体制下的独立市场主体，公共行为同样需要市场化运作的考虑，参与公共产品的供给面临着市场竞争、参与公共权力的运作存在着市场合作、参与公共精神的积淀有待于市场环境的成熟、参与公共领域的建构期待着市场体制的发展。因此，发现一种科学有效的治理运行机理是浙商公共行为公共治理的头等大事。

第一，形成一个系统合理的治理运行结构——浙商、各级政府、社会组织与公众的互动。浙商公共行为的治理机制涉及的主体包括各级政府、企业、社会组织与公众等等。他们之间的行为选择是由他们的利益诉求、主体地位、职能范围与行为方式所决定的。他们之间的协调互动必须在有共同利益的基础上通过制度设计和激励措施来实现（见图 9-1）。

第二，利用一套切实可行的治理运行机制——激励、协商、监督、合作机制等。根据"社会运行论"[②] 的基本观点，一个社会的良性运行和协调发展是以结构协调、功能协调以及机制协调为基础的。其中，结构的协调是指社会要素的联系具有较高的有序性、合理的比例与排列和严密的组织性；功能性协调是指社会系统在活动和作用上相互配合与相互促进；机制的协调则是社会运行的动力机制、整合机制、激励机制、控制机制、保障机制的健全和协调。[③] 浙商公共行为的公共治理机制是这些机制独立或共同地发挥功能和影响，在政府、市场、社会"三赢"的治理机制中不断探索和前进。

---

① ［美］罗伯特·B·丹哈特，珍妮特·V·丹哈特著，刘俊生译：《新公共服务：服务而非掌舵》，《中国行政管理》2002 年第 10 期。

② "社会运行论"是郑杭生教授在 20 世纪 80 年代中期提出的第一个系统的本土社会学理论，在学术界和社会上产生了比较大的影响。其主导观点是：社会学是关于社会良性运行和协调发展的条件和机制的综合性具体社会科学。参见郑杭生主编：《社会学概论新修》（精简版），中国人民大学出版社 2008 年版。

③ 郑杭生主编：《社会学概论新修》，中国人民大学出版社 2003 年版，第 75 页。

```
                    ┌─────────────────┐
                    │ 各级政府:         │
                    │ 利益诉求          │
                    │ 掌握的资源        │
                    │ 公共财政体系      │
                    │ 行政决策机制      │
                    │ 基层政府执行力    │
                    └─────────────────┘
                      ╱              ╲
                    ╱                  ╲
      激励、协商、监督、
        合作机制
  ┌──────────────┐              ┌──────────────┐
  │ 浙商(民营企业):│              │ 社会组织与公众:│
  │ 利益诉求      │◄───────────►│ 利益诉求      │
  │ 掌握的资源    │              │ 掌握的资源    │
  │ 产权制度      │              │ 主体地位      │
  │ 内部制度安排  │              │ 内部制度安排  │
  └──────────────┘              └──────────────┘
```

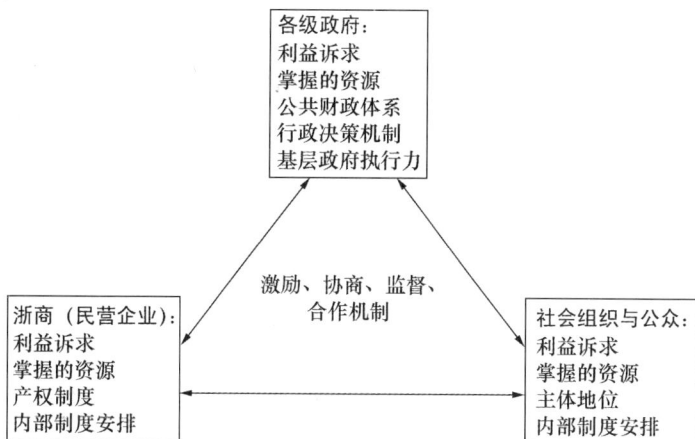

图 9-1   浙商公共行为公共治理模型

资料来源:问卷调查整理所得。

二、主体的角色定位与功能

(一)各级政府的角色定位与功能

各级政府在公共行为治理过程中的角色定位应以创造良好制度环境为主要内容,在机制联动运行中积极扶助各个主体发挥应有的功能,包括提供相应法律支撑、政策支持,其他公共资源辅助等。稳定的政治环境和持续的政策供给是公共治理机制良性运行的前提条件。当然,浙商公共行为的治理是一个复杂、艰巨、长期的过程,有不同目标的设定和不同层次的需要,而这些要求并非所有层次的政府都拥有相应的权限。因此,各级政府在公共治理过程中的角色定位和功能也不尽相同。一般来说,中央政府主要提供准入标准和实施规范,提供一个合理的法律规则,不参与具体的公共治理机制的设计和运作。地方政府主要作用是相关的政策扶持和一些具体事务的执行。由于地方政府能够接触到更多的信息,对具体情况更为了解,所以它在浙商公共行为治理过程中的作为空间应该更大,这也要求了地方政府要有相应的权力和资源。因此,中央政府适度的放权、公共财政体制的完善、决策机制和基层政府执行力的提升,都将对各级政府在浙商公共行为治理过程中的角色重塑和功能实现有积极的推动作用。

具体来看,在公共产品的供给方面,政府的规划执行力要与社会的需求拉动力相一致,在法律和制度上规范浙商公共行为的程序和操作,与其形成在公共产品供给方面有效的互补,确保公共产品的供给效率以及浙商公共行为的公平与正义；在公共权力的运作方面，积极发现、尊重、回应浙商的利益诉求，充分保障浙商的知情权、参与权、表达权和监督权；在公共精神的积淀方面，利用体制优势，准确把握社会舆情，引导、营造良好的社会氛围；在公共领域的建构方面，政府要去管理中的统治性和市场中的经营性，帮扶建构、充分利用公共领域平台，在行业治理和社会治理过程中逐步提高浙商自治能力和自治水平。当然，各级政府在治理浙商公共行为的同时，要充分利用各种政策工具，不断加强自身建设，以加快服务型政府的建构。

（二）浙商的角色定位与功能

浙商在公共治理过程中处于重要的位置，作为治理机制主要的构建者和运行者，浙商的角色定位应为治理公共行为的主要推动者。由于一定的信息资源优势，在治理公共行为的过程中浙商能及时基于现实采取便利手段进行适度的解决，并且在这一过程中同其他的治理主体的关系得到巩固和发展，联系更为紧密。在多元博弈中也能充分地进行信息交流和资源传递，因此它的角色是整个治理网络的中心。

在公共治理过程中，浙商的功能与它的角色定位紧密关联。作为一支富有时代精神的商人群体，浙商既有为本群体争取利益、保护利益的诉求，也有追求公共利益、实现公共利益的渴望，两者并不冲突，可以有效组合。具体来看，通过合理的利益诉求表达通道、掌握的资源、产权制度和内部制度安排，在其基础上构建与环境相适应的有效的公共治理机制，通过与其他治理主体进行交流合作来推动公共治理机制的健康运行，并将运行中出现的问题进行分析处理后反馈到机制中，对机制进行纠偏，实现机制与环境的动态平衡。

（三）社会组织和公众的角色定位与功能

社会组织和社会大众在公共行为的治理过程中扮演了重要的角色。良性运行、独立合法的社会组织以及拥有核心社会价值观的社会大众可以通过一定的制度安排以及掌握一定的资源和机会，来实现对浙商公共行为进行纠治等利益诉求，以凸显其在现代民主社会中越来越重要的治理角色。

社会组织和社会大众在公共行为治理过程中的功能也不应小觑，尤其是公民社会发育中的核心主体——社会组织的功能，它不仅仅可以改善现实的行为环境，而且通过各种机制可以提高公民的责任意识和实践能力。美国学者萨拉蒙教授概括了第三部门（公民社会组织）的五个特征：一是组织性，即有正规的组织机构和管理制度，并开展经常性的活动。那些临时聚集在一起的人群或者经常活动的非正式团体应被排除在外，尽管他们也有很重要的社会功能。二是非政府性，即在组织机构上独立于政府，它不是政府组织的组成部分，不承担政府的职能，其决策层也不是由政府官员控制的董事会。但这并不是说第三部门不能让政府官员参与活动，也不意味着不能接受政府的支持而是说要有自己的独立决策权，不为政府所控制。在这个意义上，将第三部门称为"民间组织"、"非政府组织"是很恰当的。三是非营利性，是指其成立的目的不是为拥有者谋求利润，但这绝不是说它不能产生利润。它可以收费，在某些时候还可能会有盈余，但这种盈余必须为其服务于公众的基本宗旨服务，不能在其所有者或者管理者中进行分配，这是第三部门与以追求利润最大化为目的的营利组织最大的区别。四是自治性，即第三部门实行自我管理，自己监控自己的活动。他们有内部的治理秩序，不受制于政府，也不受制于私营企业或者其他非营利组织。五是志愿性，指第三部门的活动以志愿为基础，在组织的管理和其他的一些活动中都有不同程度的志愿参与。当然，这并不是说其成员都是或者大部分都是志愿人员，或者其收入全部或者大部分来自志愿者捐教，而是说只要参与是志愿的即可。①

　　浙商公共行为公共治理模型是精心设计的，但是在现实中如何健康有序地运作起来，又是另外一项重要课题。因此，各级地方政府要尊重回应多元的利益诉求，依法合理利用掌握的资源，落实完善公共财政体系，加快创新行政决策机制、积极提高基层政府执行力，确保浙商公共行为公共治理拥有强有力的政府支持；浙商要合理明确利益诉求，继续拓展已有的资源，严格遵从产权制度，在内部制度安排激励下确保浙商公共行为公共治理能够发挥市场机制优化资源配置的优势；同样，社会大众和社会要合理表达利益诉求，在有效的内部制度安排下以治理参与者的身份通过掌握的一定的资源，确保浙商公共行为公共治理展现出正在崛起的社会力量。最后，最为重要的是，形成各级地方政府、浙商、社会大众互动有序的治理网络，逐步提高网络的开放程度，让浙商公共产品的供给、浙商公共权力的运作、浙商公共精神的积淀、浙商公共领域的建构不仅仅在有着独立运行逻辑的内容上有所提升，而且在互为补充的协同运行、共同治理上也有所进步和发展。

---

　　① ［美］莱斯特·萨拉蒙、赫尔穆特·安海尔：《公民社会部门》，载何增科主编《公民社会与第三部门》，社会科学文献出版社 2000 年版，第 257～269 页。

第三节　浙商公共行为与公共治理的机制

　　根据"社会运行论"的基本观点，一个社会的良性运行协调发展是以结构协调、功能协调以及机制协调为基础的。其中，结构的协调是指社会要素的联系具有较高的有序性、合理的比例与排列和严密的组织性，浙商公共行为与公共治理发现一种科学有效的治理运行机理、形成一个系统合理的治理运行结构、利用一套切实可行的治理运行机制，正是在整体上对浙商公共行为公共治理的梳理和规范，以发挥结构协调方面的指导意义。功能的协调是指社会系统在活动和作用上相互配合与相互促进，浙商公共产品供给、公共权力运作、公共精神积淀、公共领域建构作为浙商公共行为的主要内容有着各自独立的运行逻辑，并且在功能上是互补的。① 机制的协调则是社会运行的动力机制、整合机制、激励机制、控制机制、保障机制的健全和协调，浙商公共行为的公共治理离不开各主体的互动、资源的共享、工具的调整、过程的监督、绩效的评价、责任的追究。因此，一个社会的持续和品质发展离不开结构协调、功能协调与机制协调三者之间的"大协调"，尤其是在实际运行中不可或缺的各机制的健全与协调。

　　通过以上不难得出，浙商公共行为公共治理在发现一种科学有效的治理运行机理，形成一个系统合理的治理运行结构后，如何现实地利用一套切实可行的治理运行机制就显得至关重要。公共治理主体的互动机制、公共治理资源的共享机制、公共治理工具的调整机制、公共治理过程的监督机制、公共治理绩效的评价机制、公共治理责任的追究机制这六方面机制有效运行或许可以帮助政府、企业、社会在治理浙商公共行为上获得治理的启发、找到治理的路径（见图9-2）。

一、公共治理主体的互动机制

　　第一，政府与市场的互动。浙商参与公共产品供给、公共权力运作离不开政府与市场的互动，政府与私营组织的合作也被称为公私合作，顾名思义就是以政府组织为主体的公共部门（通常是政府或社团）和私营部门（通常是企

---

　　① 郑杭生主编：《社会学概论新修》，中国人民大学出版社2003年版，第75页。

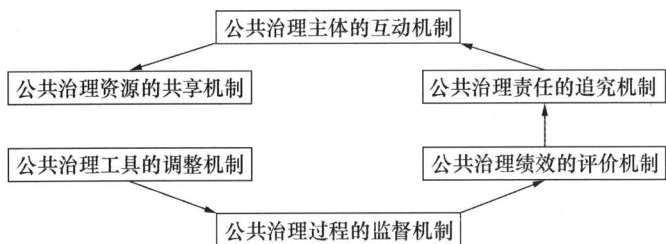

图 9 – 2　浙商公共行为与公共治理机制协同运行模型

资料来源：作者归纳整理所得。

业）的合作关系，即 PPP 模式，它是由英文 "Public Private Partnership" 直译而来的。在北欧，政府将国有企业、私营企业的功能充分融合，建立了公私合作的伙伴关系，涉及交通、教育、医疗、环保等多个领域，在公共建设、服务民生等方面发挥了重要的作用。在浙江，对公私合作的探索同样没有落后，特别是在地方政府强县扩权、增强中小企业活力方面，浙商受益匪浅。具体来看，从 1992 年至今，浙江省已经进行了五轮强县扩权改革。扩权主要采取三种方式进行：一是减少管理层级，原来县报市再报省，改为县直接上报审批和管理；二是由省以交办的方式下放，直接由县审批和管理；三是市通过交办的方式将权限下放给县审批和管理。有的学者认为：在中国，县一级政权非常关键，县级政府的行政自主性是最强的，省直管县最能调动的就是县级政权的主动性。① 在这样的背景下，地方政府与大量的中小企业浙商在地方财税、土地、金融、物流等政策供需上更容易实现准确的对接，对拓展公私合作关系以及纠治浙商公共行为都有积极正面的影响。值得欣喜的是，在浙商加强自我建设的同时，其公共行为越来越受到中央政府的关注和支持。温家宝总理带着浙商找商机就是典型的例证。英国是此次金融危机的重灾区，英镑也大幅贬值，相对投资机会而言是个阶段性"价值投资洼地"；同时英国拥有奥运会概念的预期，这为企业走出去选择英国市场又增加了一个砝码；再加上当前正值中英领导人战略合作之际，政府的支持也给中英的商贸合作带来一定预留空间。对浙商的这次英国寻觅商机之行，有的学者认为机遇大于风险。② 这样的公私合作不仅仅为

---

① 《浙江强县扩权改革调查：义乌成中国权力最大县》，网易新闻网，2010 年 7 月 24 日，http://news. 163. com/10/0724/05/6CB72HTN00014AEE. html。

② 吴智勇、夏芬娟：《浙商跟着总理英国找商机》，《今日浙江》2009 年第 3 期。

浙商提供了开拓市场、深化发展的机会，更为重要的是让浙商体会到回馈社会、提升公共行为品质是企业可持续发展中不容回避的当务之急。

第二，政府与社会的互动。这就涉及到浙商参与公共领域的建构。浙商的公共产品供给、公共权力运作、公共精神积淀等公共行为都需要一定的展示平台和空间，需要政府释权，需要社会参与，浙商公共领域建构正是搭建彼此桥梁的一种公共行为。政府与社会的互动在浙商公共领域建构的过程中主要的功能是提高浙商公共行为自治能力和水平，其中如何利用和保障公共领域平台的中介性和民间性是互动过程中重要的主题。而中介性是指行业协会是国家和企业之间的联结，其在一定程度上担负着促进和保障国家和企业互相沟通的功能。正是因为行业协会的中介性，行业协会从其本质上应属于非政府组织，具有民间性。① 如此中介性和民间性的要求就需要政府与社会良性的互动——政府尊重并回应社会的合理需求。

第三，市场与社会互动，两者互动最能体现浙商的社会责任，包括市场责任、环境责任、用工责任、公益责任等等。当然，市场与社会的互动离不开浙商公共精神的积淀，法律道德都是规范调整社会行为的重要工具，但在缺乏现实利益激励的前提下，浙商如何正视其肩负的社会责任、如何参与社会公共问题治理、如何建立公共治理的长效机制都是市场与社会的互动过程中值得浙商深入思考的问题。

事实上，无论是政府与市场、政府与社会，还是市场与社会，主体间的互动并非泾渭分明，在更多的情况下是三者之间的胶合和调整。而这三者的互动机制又是其他机制发挥作用的重要前提，是影响浙商公共行为公共治理最为重要的部分。

二、公共治理资源的共享机制

资源整合能力是浙商公共行为与公共治理成败的另一个决定性因素。资源整合需要权力，只有在拥有合法适度权力的情况下浙商资源整合行为才能有效地进行，一是需要政府还予浙商一定的权力，尤其是实践公共行为的权力。二是信息资源。信息化时代下资源是浩繁的，浙商公共行为公共治理必然需要大

---

① 黎军：《行业组织的行政法研究》，载罗豪才主编《行政法论丛》，法律出版社2001年版，第164页。

量的信息并进行准确删选，例如，浙商公共产品供给需要掌握精准的宏观市场信息，浙商公共权力运作需要厘清不同的社会群体诉求，浙商公共精神积淀需要呼唤缺失的社会公共性，浙商公共领域建构需要满足正在崛起的社会力量期待。三是财力和人力资源。这既需要浙商本身的财力和人力，同时也需要政府优化公共财政体系，在充分竞争的市场环境下拓宽融资渠道、丰富融资方式，通过资金的高效使用和透明监督来吸引更多的优质力量。人力资源配置则需要依靠更多社会优质人才资源的参与，如政府参事室、专门社会问题研究机构、高等院校等，通过理念分享与多方合作来吸引多元复合人才参与公共治理，"以事业留人、以情感留人、以待遇留人"，有效地整合人力资源以科学经济的方式来达成预期目标。

在后现代社会的社会生态下，社会的风险性、社会集体行动的困境以及正义价值的普遍性，构成了公共治理的基本处境，民主治理需要更多的合作实践以满足公民复杂丰富的公共服务欲求。[1] 不同功用资源的有效整合有助于权力资源的合理分配，有助于信息资源的充分共享，有助于人力资源的有效利用，有助于公共财政的全面保障。浙商公共行为公共治理的过程中少不了合作者的参与和贡献，在理顺政府、市场、社会三大部门关系的基础上，使合作者在结构上排列有序，功能互补，发挥各自资源优势，政府发挥决策核心力和指导力，市场发挥推动力，社会发挥自治力和参与力。

三、公共治理工具的调整机制

治理本质上是运用政策工具或管理手段，提供公共物品和公共服务或者解决公共问题。在政策网络中，复杂性、多变性和动态性是社会问题的基本情景。政府治理想要达到预期的目标，必须对于不同的政策环境采取不同的政策工具。"政策工具的选择取决于工具的特征，所面对问题的性质，政府过去处理相同或类似问题的经验，决策者的主观偏好，以及受影响群体对于该选择的可能的反应。"[2] 当然，政策工具的选择所要考虑的因素还有很多，如政府预算限制、组织文化的影响和价值系统作用等。对于新的治理模式政策网络治理而言，在当

---

① 孔繁斌：《公共性的再生产——多中心治理的合作机制建构》，凤凰出版传媒集团和江苏人民出版社 2008 年版，第 2 页。

② ［加］迈克尔·豪特力等著，庞诗等译：《公共政策研究：政策循环与政策子系统》，三联书店 2006 年版，第 280 页。

前我国环境下，强制型政策工具由于缺乏弹性在一定程度上无法在网络中充分发挥功效，而混合型政策工具中政府更多选择的是补贴等方式，这些工具的运用都是建立在政府掌握公共资源比较多的前提下的。事实上，这些工具的使用必然增加政府政策的成本，并且有失效率，不利于公共利益最大限度的实现。并且，政策网络治理更需要依赖具有诱因性、学习性、契约性、沟通性和自愿型的政策工具。当然在政策网络环境下，面对复杂的公共问题，政府综合使用多种政策工具显然要比使用单一的政策工具更能达到治理的目标。

因此，浙商公共行为公共治理必须使用更多的自愿型政策工具，即非行政性、非强制性的政策工具。同时，政府、市场、社会三大治理主体在混合使用政策工具的时候需要信息对称，适时调整。具体来看，政府因其宪法赋予的地位和权力拥有较多的强制性政策工具，这些工具在公共治理过程中应该处于辅助地位，只有在整个机制运行违背国家政策法规时才可依法使用，应当慎之又慎，而更多应当使用混合性工具和自愿性工具；市场资源配置的效率毋庸置疑，作为各种资源的流通领域，市场不具有强制性的治理约束，但其契约性往往会激发以自愿为基础的利益交易，在这样背景下政策工具的选择必然是制衡的结果，是受到欢迎的；现代社会中呈现越来越多的不同声音和诉求，表达方式也越来越多元，尊重、引导、利用以网络舆情为代表的社会舆情是大势所趋，这种类似于社区概念的公共讨论平台正是自愿型政策工具应用的典型示范。

当然，各式政策工具可以满足不同浙商公共行为公共治理的需要，一定情况下有必要优化组合使用。2010 年 7 月末，杭州市对所在地浙商社会责任的考评就是利用多元政策工具的较好例子。《杭州市企业社会责任评价体系》（征求意见稿）①，把社会责任分为市场责任（诚信经营、财会纳税、产品质量）、环境责任（环保减排、低碳节能）、用工责任（依法用工、协调机制、安全生产、职业健康）、公益责任（公益慈善、社会评价）等四大方面，实施办法一应俱全。通过征求意见的方式，让政策制定者、政策对象、政策监督者都有机会深入了解企业的社会责任究竟怎样才能更好地评判和激励，是应用各式政策工具的有益尝试。

---

① 《关于征求〈杭州市企业社会责任评价体系〉（征求意见稿）意见的通知》，《杭州日报》2010年 7 月 29 日。

四、公共治理过程的监督机制

美国著名行政学家诶莉诺·奥斯特罗姆指出：在每一个群体中，都有不顾道德规范、一个可能采取机会主义行为的人；也都存在这样的情况，其潜在收益如此之高，以至于恪守信用的人也会违反规范。因此，有了行为规范也不可能完全消除机会主义的行为。在她看来公共治理机制面临的三大难题：一是新制度的供给问题，主要是要建立信任和规范；二是可信承诺问题，包括了外部强制、激励、监督等问题；三是相互监督问题，包括了各种可能的搭便车问题。① 这几大难题都反映了监督机制的效度和信度问题，因此，监督机制决定了公共治理机制能否真正高效有序地运转起来。此外，学者罗森布鲁姆和克拉夫丘克将监督公共行政官员遭遇到的困难与阻碍归纳为九项无法突破的困境，即专业知识、技术和信息的增长；公职人员专职地位的重要性；人事制度的保护；反制的法则；协调的问题；政治领导的缺乏；机关结构与功能的分裂；公共行政规模与范围的庞大；"第三部门"的管理等。② 浙商公共行为公共治理所有的参与者也同样面临着诸如行政官员遇到的困难与阻碍，需要立体多维内含激励成分的监督机制弥合这些缺陷。

具体来看，内部监督、党政监督、社会监督、独立专业监督等监督形式以法律法规为准绳，以公共精神为指引，各种监督形式互为补充，根据公共行为不同治理内容的需要给予最为合理有效的组合。充分发挥公共治理过程中监督应有的功能，保有公共治理过程中来之不易的合作治理成果，赢得公共治理过程中各方主体的信任和再次合作的机会。一是内部监督。内部监督虽然往往存在着一定的失灵，但是如果能够利用其信息优势，以合理的制度为支撑，在公共治理机制构建的过程中通过内部监督来防止搭便车等非友善公共行为的出现将是监督机制能够发挥作用的强大保障；二是党政监督。在当前的政治生态中，党政监督在公共治理过程中的角色和功能仍然不可替代，发挥着重要的作用和影响。党政监督既要着眼于对公共治理机制的监督，又要着力于对政府部门机构作为的监督，合理规划自由裁量空间，斩断寻租的通道，防止越权和过分干预公共治理机制，为机制健康发展护航；三是社会监督，即大众传媒、社会组

---

① ［美］诶莉诺·奥斯特罗姆著，余逊达等译：《公共事务的治理之道》，上海三联出版社 2001 年版，第 118 页。

② ［美］罗森布鲁姆、克拉夫丘克著，张成福等译：《公共行政学：管理、政治和法律的途径》，中国人民大学出版社 2002 年版，第 564～566 页。

织与国际社会监督。随着我国开放程度的提高和国际化进程的推进，公共事务的有效治理离不开新兴组织和新兴技术，正在崛起的以网络舆情为代表的社会监督事实上起到了很大的作用，产生了深刻的影响；四是独立专业监督，独立市场化专业化运营的专业监督机构，提供方案设计、监督、评价、奖惩执行等商业化服务，独立专业的监督如会计事务所、信用评级机构等可以在其专业市场上有突出表现，这种监督有其专业性质来弥补其他监督方式的不足，也有其独立性来保证监督的品质。

浙商公共行为公共治理需要内部监督的先觉优势，需要党政监督的体系支撑，需要社会监督的新生力量，需要独立专业监督的市场服务，这样浙商公共行为公共治理过程的监督机制才能真正有效地运转起来。

五、公共治理绩效的评价机制

浙商公共行为公共治理评价机制建立的目标在于实现公共行为的规范化和公共治理的标准化。浙商公共行为的公共治理机制要有序开展，必须需要一系列的控制机制，否则毫无章法、一片混乱。规范化和标准化就是一种非常重要的控制机制，它使得公共治理这一抽象的概念变得具有可操作性、可评估性，使得不同层面公共行为的公共治理变得具有可比较性和可激励性。例如，在浙商公共领域建构的过程中，行业性社团的基础条件、内部治理、工作绩效、社会评价等内容，浙江有关政府部门在 2009 年曾下文做出明确规定和要求①，这样的举措正是对浙商公共行为的规范和激励，有利于其健康、稳定发展。

当然，绩效的评价无外乎从价值层面和事实层面两大方面去寻找解决之道。价值层面可以衡量的标准包括：公共精神，主要是指浙商社会责任；公共能力，主要是指浙商公共产品的供给质量和水平；公共生产力，主要是指浙商公共行为的可持续发展能力。衡量事实层面的得失包括了以下指标：公共产出，主要是指政策效率、政策效果以及伴随着的政策风险；回应性，主要是指公共行为公共治理是否善始善终，形成良性互动的长效治理机制。

总之，公共治理绩效的评价机制通过价值和事实两个层面确定相应的衡量标准，利用科学的技术手段确定标准的权重，结合专业分析得出改良的方案，以示规范，最终回归政策影响，即浙商公共行为公共治理综合效应的评价。而

---

① 浙江省民政厅：《浙江省民政厅关于开展行业性社团评估工作的通知》，浙民字［2009］193 号。

"政策影响"是指政策产出所引起的人们在行为和态度方面的实际变化。① 此外，当然还包括公共行为公共治理的风险是否得到管控和优化，有助于实现浙商公共行为公共治理绩效评价相当重要的关怀内容——公共治理的安全性、稳定性和可持续性。

六、公共治理责任的追究机制

治理主体依法定权限落实政策，是权、责、利的统一体，对政策执行必须承担相应的政治责任、道德责任和人格责任。为此，应当激励多元主体提高政策质量和政策水平，控制政策执行方向，规范政策执行行为，应当重视建立公共政策执行者责任制，使政策理解偏差、贯彻不力、执行失误，甚至违背政策、对抗政策的责任落实到具体的执行者身上，以使政策执行的责任明晰，增强执行者的责任感、使命感和危机意识，构建完整的浙商公共行为公共治理责任的追究机制。具体来看，应重点建立、健全以下几项制度：一是核心负责制。虽然治理机制的权力是分散化的，但在实际运行中依然存在着一个中心或是几位委托人。这个中心或是这几位委托人在统筹运作整个公共治理机制，那么相应的就需要一定的激励机制和监督机制来支持整个体系的运转。因此，在这样的背景下，核心负责制可以有效地追踪各项工作的责任。当然，这种核心负责制中的核心或是治理主体中相应的主要领导人，或是独立的个体，抑或是委员会集体。但不管情况如何，相应的主要核心负责人理应担当的责任必须明确。二是目标责任制。在浙商公共行为公共治理过程中，目标责任制也是一种有效的监督和激励方式。治理活动往往是由众多关联的项目活动组成的，而治理进程往往又是漫长的，以某一项目或某一阶段的目标完成情况进行控制可以发挥目标责任制在责任追踪方面调整灵活的优势，避免由于项目的变更造成参与主体的责任不明，这样的目标责任制在浙商公共行为公共治理中将更具操作性。三是岗位责任制，即根据治理执行的目标与任务选择治理分工，进而确定权责范围，做好因事设岗、因岗择人工作。

从以上不难看出，浙商公共行为公共治理离不开公共治理主体的互动机制、公共治理资源的共享机制、公共治理工具的调整机制、公共治理过程的监督机

---

① 〔美〕威廉·N·邓恩著，谢明等译：《公共政策分析导论》，中国人民大学出版社 2002 年版，第 366 页。

制、公共治理绩效的评价机制、公共治理责任的追究机制等六大机制的独立运行和相互作用。同时，在浙商公共行为公共治理的过程中始终不容忽视公共治理的核心价值——参与、责任、创新。

参与，特别是培育参与型公民文化——全球治理的潮流之一。公民文化，也称参与型政治文化，是美国政治学家阿尔蒙德和弗巴在1963年出版的《公民文化》一书中提出的概念。参与型政治文化是指社会成员对政治体系作为一个整体以及体系的输入方面和输出方面都有强烈而明确的认知、情感和价值取向，并对自己作为政治体系成员的权利、能力、责任以及政治行为的效能具有积极的认识和较高的评价。在政治民主化水平较高的政治体系中相伴生的就是这种政治文化。浙商公共行为公共治理急需这样的公民文化。

责任，特别是培育浙商公共精神。无论是浙商公共产品供给、公共权力运作，还是浙商公共领域建构，横贯始终的精神动力一定是浙商的公共精神，而公共精神最为直观的表现即为浙商的社会责任。在当今纷繁复杂的社会变迁中，公共治理太需要共同的价值信仰来面对不同的挑战和机遇，而作为实现自我价值和社会价值的重要评判标准，责任势必是浙商肩负的一项重要历史使命。

创新，特别是培育浙商在治理技术和治理手段上的创新能力。一般认为，创新概念的使用可追溯到美籍经济学家熊彼特（J. Schumpeter）1912年发表的《经济发展概论》。熊氏认为创新是将新生产要素和生产条件的"新结合"引入到生产体系，既包括技术性的生产创新也包括非技术性的组织创新。浙商公共行为公共治理同样面临着技术性的生产创新和非技术性的组织创新，即治理技术的创新和公共领域建构的突破等等现实问题。

第十章 浙商公共行为的制度生态

　　浙商的公共行为是在一定的制度环境中进行的，制度生态为浙商公共行为提供了相应的制度环境。我国民营经济从最初萌芽到发展壮大，经历了一个迂回曲折的过程，这与国家重点扶持与大力发展民营经济的决心密不可分。特别是保护性法律制度的建立与相关法规的不断完善，形成了特定的制度生态，为民营经济的发展提供了制度上的保障，也为浙商公共行为提供了制度上的支撑。改革开放30年多年来，随着体制改革的推进和深化，民营经济发展的制度环境变得越来越宽松、良好，更重要的是通过民营经济自身的不懈努力，其竞争力与创新能力也不断提高，因此获得了飞速发展。民营经济也在很大程度上提高了自身的政治地位和社会地位。随着民营经济实力的不断提升，越来越多的民营企业涌入到公共事务领域，展现出越来越丰富的公共行为。从社会发展的角度来看，浙商展现共公行为有助于社会进步，符合社会发展的需要。但由于浙商自身的自利本性，在履行社会责任的同时更多的是注重企业的收益，并非社会效益。因此需要国家在制度上对浙商的公共行为予以引导，通过制定相关制度，保障浙商的合法权益，引导他们更多地注重社会效益，提升公共行为的公共性。

第一节　浙商公共行为与制度生态的关系

一、浙商公共行为与制度生态本质

（一）制度的基本内涵

　　就一般意义而言，制度就是要求大家共同遵守的办事规程或行动准则。对于制度的内涵，西方制度学派有着丰富的阐述。新制度经济学的代表人物诺斯认为："制度是一系列被制定出来的规则、守法程序和行为的道德伦理规范，它旨在约束追求主体福利或效用最大化利益的个人行为。"① 制度是"一个社会的博弈规则，或者正式地说……一种人类设计出来形塑人们互动的一系列约束。"② 政治哲学家罗尔斯把"制度理解为一种公开的规范体系"③。政治学家亨廷顿认为，制度就是"稳定的、受珍重的和周期性发生的行为模式。"④ 经济学家布罗姆利认为制度就是"确定个人、企业、家庭和其他决策单位做出行动路线选择的选择集的规则和行为准则。"⑤ 美国制度学派的创始人凡勃仑认为，制度就是人们拥有的"固定的思维习惯、行为准则、权利与财富原则"。⑥ 韦伯认为："制度应是任何一定圈子里的行为准则。"⑦ 吉登斯认为："制度是社会中的互动系统，它们能长时间延续并能在空间上进行人员配置。"⑧ "我把在社会总体再生产中包含的最根深蒂固的结构性特征称之为结构性原则。至于在这些总体中时空伸延程度最大的那些实践活动，我们则可以称其为制度。"⑨ 迪维尔热认为："制度是作为一个实体活动的结构严密、协调一致的社会互动作用整体，它理所当然地主要是在这个范围内设立的模式。"⑩ 青木昌彦认为，制度是"关于博弈重复进行的主要方式的共有信念的自我维持系统"。⑪

学者们从不同的视角对制度做了不同的界定。总括起来，制度是规则或规范体系、行为模式、行为准则、思维习惯和原则、社会互动系统的人员配置和结构性原则、社会互动模式、博弈的自我维持系统，等等。通过总结上述学者的观点，所谓制度，就是现实生活中用来规范人们行为的各种规则、准则、原

---

① [美] 道格拉斯·C·诺斯著，陈郁等译：《经济史中的结构与变迁》，上海人民出版社 1994 年版，第 225 页。

② 何俊志等编译：《新制度之一政治学译文精选》，天津人民出版社 2007 年版，第 80 页。

③ [美] 罗尔斯著，何怀宏等译：《正义论》，中国社会科学出版社 1988 年版，第 50 页。

④ [美] 塞缪尔·P·亨廷顿著，王冠华等译：《变革社会中的政治秩序》，三联书店 1989 年版，第 12 页。

⑤ [美] 丹尼尔·W·布罗姆利著，陈郁等译：《经济利益与经济制度》，上海人民出版社 1996 年版，第 49 页。

⑥ [美] 凡勃仑著，蔡受百译：《有闲阶级论》，商务印书馆 1997 年版，第 138 页。

⑦ [德] 马克斯·韦伯著，林远荣译：《经济与社会》（上卷），商务印书馆 1997 年版，第 345 页。

⑧ [英] 吉登斯著，李康等译：《社会的构成：结构化理论大纲》，三联书店 1998 年版，第 80 页。

⑨ [美] 乔纳森·特纳著，吴曲辉等译：《社会学理论的结构》，浙江人民出版社 1987 年版，第 572 页。

⑩ [法] 迪维尔热著，杨祖功等译：《政治社会学》，华夏出版社 1987 年版，第 200 页。

⑪ [日] 青木昌彦著，周黎安译：《比较制度分析》，上海远东出版社 2001 年版，第 11 页。

则及其体系，其实质反映的是社会不同主体之间的关系，主要表现为互动结构、行为模式和自我维持系统。社会之所以需要制度，因为制度可以形成秩序，降低人们交往的成本。制度从根本上来说，是在社会生活中形成的规范化、系统化、定型化的社会关系体系。制度作为社会关系体系，是人们在社会生活中通过交往形成的，目的是对人们的交往行为予以规范，建立起正常的社会秩序。按照这种对于制度的定义，可以根据不同的标准将制度分为不同的类型。根据地位的不同，可以分为根本制度、基本制度和具体制度；根据领域的不同，可以分为经济制度、政治制度、文化制度和社会制度等。

（二）制度生态的界定

制度生态就是行为主体同制度构成的环境，在相互作用中所形成生存和发展的状态，反映的是社会主体同制度所形成的环境之间紧密相连、环环相扣的关系。制度生态概念突出强调了制度环境同行为主体之间的极为密切的关系。任何社会主体都不可能脱离特定的制度生态。良好的制度生态为社会主体提供了健康的行为环境，构成了社会主体行为有效性的基础。一般说来，制度通常表现为"对行为起构造作用的正式组织、非正式规则及与之相关的程序"。[①] 制度生态也是由正式制度和非正式制度相互作用形成的。"正式制度是指人们自觉发现并加以规范化和一系列带有强制性的规则。正式规则包括政治（及司法）规则、经济规则和合约。""非正式制度包括行为准则、伦理规范、风俗习惯和惯例等，它构成了一个社会文化遗产的一部分并具有强大的生命力。非正式制度是正式制度的延伸、阐释或修正，它是得到社会认可的行为规范和内心行为准则。"[②] 正式制度和非正式制度交织在一起，以各自的不同性质，从不同层面上规范着社会主体的行为。

（三）制度生态与浙商公共行为

从制度生态同浙商公共行为的关系来看，浙商的公共行为是在一定的制度生态中产生的，也是在一定的制度生态中发展的，制度生态直接或间接地规范和影响着浙商的公共行为。因此可以把浙商置身其中的，对其公共行为产生影响的制度环境称为浙商公共行为的制度生态。浙商公共行为的制度生态，从一

---

① 何俊志等编译：《新制度主义政治学译文精选》，天津人民出版社2007年版，第142～143页。

② ［美］道格拉斯·C·诺斯著，杭行译：《制度、制度变迁与经济绩效》，上海三联书店1994年版，第64页。

般意义上说，就是浙商同制度构成的环境，在相互作用中所形成的浙商公共行为生存和发展的状态。浙商公共行为的运行不可能脱离特定的制度生态。良好的制度生态为浙商的公共行为提供了健康的运行环境，构成了浙商公共行为合理性和有效性的基础。

制度生态主要从以下方面对浙商的公共行为产生影响：一是制度生态塑造了浙商同其他社会主体的关系。浙商的公共行为必然要受到其他社会主体行为的影响。浙商同其他社会主体的关系，从根本上来说，决定于浙商同其他社会主体相互作用过程中资源在不同主体之间的分布。这里所说的资源，包括经济资源、政治资源、文化资源和社会资源。浙商的公共行为与其自身掌握的资源直接相关。正因为制度生态影响浙商同其他社会主体间的资源分配关系，所以，在社会不同的发展阶段，由于制度上的变化，也会对浙商同其他社会主体的关系进行重组，从而使浙商展现出不同的公共行为。二是制度生态规定了浙商公共行为的选择机制。浙商的公共行为是浙商行为选择的结果。在特定的制度生态中形成了特定的浙商公共行为的选择机制，包括选择路径、选择范围和选择方式。三是制度生态决定了浙商公共行为的实际效果。浙商公共行为实际产生的效果也由有制度生态决定的。浙商的公共行为在不同的制度生态下会产生不同的结果，例如同样是参与公共权力运作的行为，在开放的制度环境中和在封闭的制度环境中其效果显然是不一样的。

总体上来说，良好的制度生态为浙商展现公共行为提供了动力与保障。例如，经济上，以公有制为主体多种所有制经济共同发展的基本经济制度，为浙商的生存和发展及进入公共经济领域提供了保障；政治上，人民代表大会和共产党领导的多党合作与政治协商制度，充分调动了浙商参与政治活动的积极性，进而发挥了他们民主参政议政作用；文化上，发展着的马克思主义的指导地位和社会主义核心价值观统领下的多元文化发展，为浙商弘扬公共精神、创新企业文化发挥着重要的推动作用；社会上，和谐社会建设方面的基本制度，为浙商参与公共领域构建提供了重要保证。

二、浙商公共行为与制度生态结构

所谓制度生态结构，是指制度生态的构成要素及其相互关系。制度生态的结构是非常复杂的，它同浙商公共行为之间也呈现出极为复杂的相互关系。对制度生态的结构可以从要素、层次、领域和特征四个方面进行分析。

（一）制度生态的构成要素与浙商公共行为

制度生态的构成要素就是实际发生作用的所有制度。要对制度生态结构进行分析，首先要对制度的内在结构进行分析。制度作为构成制度生态的基本要素，一般由以下四个部分构成：制度主体、制度客体、制度理念和制度规则。制度主体指的是指制定和实施制度的人或组织，制度客体指的是制度作用的对象，制度理念是指制度的价值取向和目标定位，制度规则指的是对制度客体的权利和义务的规定及要求。与浙商公共行为相关联的制度，当然有一般制度的共同特点，但也有其特定的表现形态。从制度主体来看，这里主要是指政府。政府组织是制度的制定者，也是制度的主要执行者。但是，在多中心体制下，制度主体多元化了，政府、企业和社会组织都可以成为制度的主体，这就产生了制度主体自身的结构问题。但无论如何，政府应该是制度的主要制定者和主要执行者。由此，为浙商的公共行为提供制度保障是政府的重要职责。从制度的客体来看，浙商的公共行为构成了制度规则作用的对象。所形成的制度规则，只有通过浙商自身按照制度规则的要求调整其行为时才能有效地发挥作用。从制度规则来看，规定了浙商公共行为的权利和义务，规定了浙商公共行为应遵循的原则和准则。只要浙商按照制度的要求去做，就应受到制度的支持和保护。

健全的制度结构一定是制度的四个构成部分缺一不可，而且四者之间搭配合理，每一个构成部分都有效发挥自己应有的功能。制度结构从根本上决定制度的有效性，一种制度的结构越是健全，它的有效性就越大，反之则相反。原因在于制度只有在结构健全的情况下才能正常运转从而发挥其应有的作用。如果缺乏制度主体或者制度主体存在但不具有确定性和具体性，则制度会因主体不明确、多头指挥或者无人执行等原因而无法运转；如果缺乏制度客体或者制度客体缺乏可控性，则制度会因目标不清或者无处着手而无效运转；如果缺乏制度理念就等于制度没有了灵魂，就会失去价值取向和目标；如果缺乏制度规则或者制度规则过于抽象和空泛，则制度会因定位模糊无法执行而形同虚设；如果四者具备但是搭配不当，也就是结构不合理，则制度会因人不对事、事不对人、政出多门、缺乏动力等原因而无法生效。制度的有效性与制度结构健全的程度具有正相关关系。

（二）制度生态的层次结构与浙商公共行为

制度生态的层次结构是由根本制度、基本制度和具体制度三个层次构成的。在制度系统中根本制度、基本制度和具体制度纵向一致和横向协调，才能形成制度体系的整体效应，并通过同社会主体的相互作用形成相应的制度生态。对制度生态的结构层次进行分析，对于考察制度生态及其对浙商公共行为的影响具有重要意义。

根本制度是同国家性质和国家政权组织形式直接相关的制度，反映的是国家中各种力量相互关系最本质的内容和基本特征。根本制度具体表现为，经济基础中的生产资料所有制形式和分配关系；上层建筑中的国体和政体，即哪一个阶级掌握国家政权，掌握国家政权的阶级以什么方式组织自己的政权；意识形态中的指导思想与核心价值体系；社会领域的国家和社会的关系，社会公众的根本权利和义务等。根本制度是制度体系首要的构成要素，是制度生态的基础与核心。根本制度如果发生了改变，整个社会的性质就发生了改变。根本制度处于制度体系的最高层次，对基本制度和具体制度具有最终的指导意义。根本制度从最高的层次上规定了浙商的公共行为，为其提供最根本的制度保障和规范。

基本制度是在一定的历史阶段某一个领域起主导作用的规则。基本制度是根本制度的具体化，居于制度体系的中间环节，具有承上启下的作用。基本制度要依据根本制度来制定，同时又是制定具体制度的依据。基本经济制度主要包括：资源配置方面的制度、产权方面的制度、劳资关系方面的制度等；基本政治制度主要包括：政党制度、行政制度、司法制度等；基本文化制度主要包括：文化资源配置制度、文化产品供给制度、文化产业制度等；基本社会制度主要包括：公民诉求表达制度、社会团体制度、非营利组织制度等。无论是哪一个领域的基本制度，在不同的历史条件下会有所不同。基本制度从不同的领域和不同的历史条件下，对浙商的公共行为进行约束并提供保障。

具体制度就是不同领域的具体细则和个别契约。具体制度虽然处在制度体系的最低层次，但其作用不可低估。没有具体制度作基础基本制度和根本制度就成为空中楼阁，因无法落到实处而被形式化了。具体制度如市场准入、公私合作、税收、补贴等具体规定；企业家加入中国共产党的具体规定、参选人大代表和政协委员的具体规定；发展文化事业化和文化产业的具体规定；行业协会和民间商会的具体规定；等等。当然具体制度还可以细分，直至细分到具体细则和个别契约。具体制度通过把根本制度和基本制度具体化，形成制度生态，为浙商的公共行为提供制度环境。

（三）制度生态的领域结构与浙商公共行为

制度生态的领域结构要从其所覆盖的空间范围来考察。作为特定社会的制度生态，它覆盖了经济、政治、文化和社会所有领域，或者说，经济制度、政治制度、文化制度和社会制度及其相互关系构成了制度生态的领域结构。不同领域制度的相互协调是制度生态有效发挥作用的前提条件。

经济制度就是建立在一定的生产力基础上的生产关系和为了维护生产关系有效运作而确认或创设的国家经济管理体制，以及各种有关经济问题的规则和准则的总称，其目的是要建立起有利于经济发展的经济秩序。一个国家社会价值的分配以多数人的利益为取向，还是以少数人的利益为取向，归根结底是由经济制度决定的。在私有制为基础的经济制度下，带有价值导向性的社会价值分配总是向少数富人倾斜的；在公有制为基础的经济制度下，带有价值导向性的社会价值分配总是向多数人倾斜的。经济制度从根本上决定了浙商公共行为的利益取向，也决定了浙商公共行为的基本特征。

政治制度是指一个国家的权力构成及其运行的组织行为模式，以及与此相适应的在政治领域中要求政治实体遵行的各种准则和规范的总和，目的是建立一种政治秩序。政治制度是伴随着社会政治现象的出现而出现的，是维护社会共同体的公共安全和公共利益的制度保障。国家的权力构成是一个国家的国体问题，就是由谁来掌握国家的政权；国家权力运行的组织行为模式是一个国家的政体问题，就是怎样来组织国家政权。政治制度主要包括国家制度、法律制度、权力制度、行政制度和政党制度等。政治制度提供了浙商公共行为的路径、程序和选择空间，同时也决定了浙商公共行为的产生、性质和特点。

文化制度是指围绕着作为观念形态的文化活动而形成的，事关社会文化关系的一系列规定，是规范人们思想文化行为的组织体系和行为准则。文化制度主要包括两方面的内容：一是关于人们之间的根本性思想文化关系及其思想文化行为的制度规定，具体体现在思想信仰、宣传教育、科学文化、新闻出版、文学艺术等诸多方面；二是关于人类精神生产资料和精神产品的占有制度，主要包括对文化产品的生产和传播机构，如报纸、广播、电视、网络、剧团、出版、图书馆等各类文化场馆的占有关系。[①] 文化制度的目的是要建立起特定的文化秩序。文化制度为浙商公共行为提供理论指导、价值导航和伦理规范。

---

① 刘斌、王春福等：《政策科学研究》（第一卷），人民出版社 2000 年版，第 114～115 页。

社会制度是指反映国家与社会的关系以及不同社会群体相互关系的，用来规定和保障公民的权利和义务、规定不同社会群体及其社会组织活动的一系列原则和规范。这里的社会制度主要是指与经济、政治和文化领域相并列的社会领域的制度。社会制度的目的是要在社会领域建立起相应的秩序。社会制度规定了浙商公共行为的组织形式以及同国家和社会其他群体行为的关系。

（四）制度生态结构特征与浙商公共行为

制度生态结构呈现出来的基本特征就是一种四维网状形态。这种网状结构既表现为空间上的错综复杂的三维网状交织，也表现为时间上的传统、现实和未来的混合交织，形成了浙商公共行为特定的制度生态结构。

在空间上，纵向上的根本制度、基本制度和具体制度交织在一起；横向上经济制度、政治制度、文化制度和社会制度交织在一起，形成了纵横交错的网状结构。根本制度、基本制度和具体制度都是由不同层次的经济制度、政治制度、文化制度和社会制度构成的，而经济制度、政治制度、文化制度和社会制度每一个领域的制度又都是由根本制度、基本制度和具体制度构成的。浙商的公共行为依赖于根本制度、基本制度和具体制度纵向一致的制度保障，当然也要受到制度的制约和规范。浙商的公共行为在横向上覆盖了经济、政治、文化和社会四个领域，参与公共产品供给是浙商公共行为在经济领域的展现；参与公共权力的运作是浙商公共行为在政治领域的展现；参与公共精神的积淀是浙商公共行为在文化领域的展现；参与公共领域的建构是浙商的公共行为在社会领域的展现，依赖于经济制度、政治制度、文化制度和社会制度横向协调所提供的制度保障和规范。

在时间上，传统、现实和未来交织在一起。传统就是在现存的制度中残存着旧制度的残余；现实是指现行的制度；未来就是在现存的制度生态中生长着未来制度的萌芽。任何一个历史条件下的制度都不是纯粹的，旧的制度虽然被废除了，但其残余还要存在相当长的时期，还会发挥一定的消极作用，阻碍现行制度的实现。任何现存的制度当中都孕育着新制度的萌芽，虽然它还很弱小，但是蕴含着无限的生机，代表着制度的未来发展方向。这也是构成制度生态结构一个重要特征。浙商的公共行为既要受到现存制度的影响，这是主要的，但是也可避免地要受到旧制度残余的影响，这种影响是消极的。现存制度中孕育的未来制度的萌芽会对浙商的公共行为起到积极引领和导向作用，规划着浙商公共行为的未来。

三、浙商公共行为与制度生态功能

制度生态功能就是制度所具有的对制度客体发生作用的能力和方面。制度生态的具体功能可以概括为：一是确定行为界限的功能。制度确定了人行为的合理性的界限，也就是规定哪些行为是允许的，哪些行为是不允许的。把人们的行为规范在一定的界限之内，有利于处理好人与人之间的关系。二是形成社会秩序的功能。一个社会要想生存和发展必须形成一定的社会秩序。社会秩序是人类生存和发展的必要前提，是人类社会生活有序进行的重要保障。制度通过对人行为的规范形成一定的社会秩序，有利于建立人与人之间的和谐关系。三是提供未来预期的功能。人们在从事一项活动的时候最想知道的是这一活动会产生什么样的结果，它决定着人的行为选择。而这种对行为未来结果的预期是由相应的制度提供的。[①] 四是降低交往成本的功能。人在社会生活中离不开与他人的交往，这是人融入社会生活的根本前提。人与人之间的交往是要支付成本的，相应制度的建立和完善可以使人们在交往中降低交往的成本。从一定的意义上来说，制度越完善人们的交往成本就会越低。制度通过以上功能的发挥为人们营造良好的制度生态。

制度生态的功能还可以从应然和实然的角度来分析。"制度功能有两个层面的含义，一个层面是在理想上和理论中制度具有什么样的功能，这可称之为制度的应然功能。另一个层面是现实中的、特定历史阶段的制度已经和正在发挥什么样的作用，这可称之为制度的实然功能。从历史唯物主义的角度看，制度的应然功能表现为三个方面：促进社会的发展，实现人与社会的协调发展，促进人的全面发展。但在现实社会中，制度的应然功能并不能完全发挥出来，反而会出现制度失灵与制度异化的现象，阻碍社会的发展，压抑人的发展等等，使得制度实然功能充满缺憾甚至弊端。"[②] 合理的制度对浙商公共行为的功能从根本上来说，就是促进浙商公共行为的健康发展，促进浙商公共行为同经营行为的协调发展，促进浙商公共行为同社会其他群体公共行为的包容性，目的是提升浙商公共行为的公共性。

衡量制度生态功能的主要指标是制度的有效性。所谓制度的有效性，就是某种特定的制度对于制度客体的行为发生现实影响的效力。制度的有效性问题

---

① 辛鸣：《制度论：关于制度哲学的理论建构》，人民出版社 2005 年版，第 115～120 页。

② 辛鸣：《制度哲学——着眼于实践的理论建构》，《理论前沿》2007 年第 5 期。

可以从以下几个方面来把握。一是某种特定的制度是否有对于制度客体的行为发生现实影响的效力，反映的是制度有效性问题质的方面，也就是制度有效性的有无问题；二是某种特定的制度对于制度客体的行为发生现实影响的效力有多大，反映的是制度有效性的量的方面，也就是制度有效性强弱的问题。三是某种特定的制度对于制度客体的行为发生现实影响的效力作用的方向，反映的是制度有效性的趋向问题，也就是制度有效性的性质问题。一般来说，任何一种制度都会对人的行为发生一定的现实影响，区别在于这种现实影响的程度有强有弱、性质有正有负、形态有隐有显、状态有动有静。完全不对制度客体的行为发生现实影响的制度几乎没有，因为它要么根本就不会产生，要么很快就会消失或者变迁为一种新的有效的制度。那种完全无效的制度是不存在的。从政府的制度供给同浙商公共行为之间的关系来看，制度改变了浙商的公共行为，说明制度是有效的，改变的程度反映了有效性的强弱，改变的方向反映了制度有效性的趋向问题。

第二节　浙商公共行为与制度生态的保障

我国民营经济的发展道路是曲折的，民营经济起步于个体经济，发源于民间，经历了一个从无到有、从少到多、从小到大的发展过程。改革开放掀起了民营经济发展的热潮。此后经济体制与环境逐渐变化，日益宽松，初步形成了有利于民营经济发展的体制框架，使民营经济的政治地位、经济地位与社会地位不断提高。浙商也是在这样的背景下获得自己的地位的。根据民营经济的发展历程，可以从经济、政治、文化和社会四个层面来整理国家对民营经济的制度。经济制度、政治制度、文化制度和社会制度以及它们从根本制度到基本制度，再到具体制度的纵横交错的复杂关系，形成了浙商公共行为的制度生态体系。

一、浙商公共行为与经济制度保障

经济制度从根本上来说，就是构成一个社会经济基础的生产关系，其中主要是生产资料所有制关系，以及由此而决定的生产活动中人与人之间的关系和分配关系。同时还包括由社会生产关系决定的并与之相适应的各种经济规则和准则。

（一）浙商公共行为与根本经济制度

《中华人民共和国宪法》（以下简称为宪法）规定了我国的根本经济制度。宪法规定：中华人民共和国的社会主义经济制度的基础是生产资料的社会主义公有制，即全民所有制和劳动群众集体所有制。社会主义公有制消灭人剥削人的制度，实行各尽所能、按劳分配的原则。国家在社会主义初级阶段，坚持公有制为主体、多种所有制经济共同发展的基本经济制度，坚持按劳分配为主体、多种分配方式并存的分配制度。按照宪法的规定，我国社会主义初级阶段主要有四种经济形式：一是国有经济，即社会主义全民所有制经济，是国民经济中的主导力量。二是社会主义劳动群众集体所有制经济。农村中的生产、供销、信用、消费等各种形式的合作经济和城镇中的手工业、工业、建筑业、运输业、商业、服务业等行业的各种形式的合作经济，都是社会主义劳动群众集体所有制经济。三是个体、私营等非公有制经济。在法律规定范围内的个体经济、私营经济等非公有制经济，是社会主义市场经济的重要组成部分。国家保护个体经济、私营经济等非公有制经济的合法的权利和利益。国家鼓励、支持和引导非公有制经济的发展，并对非公有制经济依法实行监督和管理。四是中外合资与合作企业和外资企业。我国的根本经济制度确立了个体和私营经济的合法地位，为其存在和发展提供了根本的法律依据，也为浙商公共行为奠定了具有决定意义的基础。

宪法规定了公民的合法的私有财产不受侵犯。国家依照法律规定保护公民的私有财产权和继承权。国家为了公共利益的需要，可以依照法律规定对公民的私有财产实行征收或者征用并给予补偿。这一制度规定为个体和私营经济提供了法律上保障和发展的根本动力，也为浙商的公共行为提供了经济基础和内在的发展动力。宪法规定了国家实行社会主义市场经济。国家加强经济立法，完善宏观调控。国家依法禁止任何组织或者个人扰乱社会经济秩序。社会主义市场经济使个体和私营经济的发展具有了现实的可能性，为个体和私营经济获得了独立的市场主体地位和生存、发展的空间。也为通过相应的制度对浙商公共行为进行规范和引导提供了根本的法律依据。

（二）浙商公共行为与基本经济制度

同浙商公共行为关系最为密切的基本经济制度主要有产权制度和市场准入制度。这既为浙商参与公共产品供给的公共行为提供了前提条件，也为其提供了基本的制度保障，可以极大地调动浙商公共行为的积极性。

1. 产权制度

产权制度是与根本经济制度关系最为密切的基本经济制度。"所谓产权制度，是指集产权关系和产权规则而成的能对产权关系实现有效的调节、组合和保护的制度安排。产权制度是制度集合中最基本的、最重要的制度。产权制度的最主要功能在于它能降低经济活动中的交易费用，提高资源配置效率。"① 产权是交易双方权、责、利的划分，产权只能形成于两个（或两个以上）平等的所有权之间的交易，或简称为"交易中确定的权利"。建立归属清晰、权责明确、保护严格、流转顺畅的现代产权制度，是市场经济存在和发展的基础，是完善基本经济制度的内在要求。

制度的保障与企业的发展息息相关，尤其是企业的可持续发展。因为产权制度在企业制度中处于核心地位并起着关键作用，所以产权制度健全与否，很大程度上影响着企业的发展，关系到企业能否做大做强，从而也影响到民营经济的发展壮大。

从新制度经济学的观点出发，一是产权明晰是市场经济的基本要求，也是市场机制有效运作的基本前提。产权明晰，可以提升民营企业在投资和经营方面的动力，促进其不断寻求自身的扩张与发展。一般说来，民营经济产权明晰、自主经营、自负盈亏、自担风险，真正做到按照市场经济的法则来参与市场竞争，由此民营经济同市场经济是天然的联系在一起的。二是产权明晰是建立企业自我发展、自我约束机制的关键。只有产权明晰了，才能保证企业资产的保值增值，才能鼓励企业家大胆地增加投入，促进企业的技术进步和产品质量档次的提高。三是产权明晰更是民营企业扩大投资，参与公共产品供给的关键性保障。民营企业参与公共产品供给，如果由于产权的模糊不清无法保证民营企业的合理收益，就会打击到民营企业的积极性，也一定程度上阻碍了整个社会公共产品的供给。产权明晰是浙商参与公共产品供给的前提条件，也是浙商参与公共产品供给的首要的制度需求。

民营经济权利主体资格确立的根本前提是财产权的保护。宪法对私有财产权的保护经历了一个逐渐演变和不断完善的过程。党的十一届三中全会确立了改革开放这一基本国策，为我国民营经济创造了稳定的发展环境，使之得到快速、健康的发展。1982 年宪法颁布之后，我国主要是通过调整社会主义经济制

---

① 谢小军：《民营企业产权制度创新研究》，湖南大学出版社 2007 年版，第 115 页。

度来提高对私有财产的保护。现行宪法的 4 次修正案，每次修宪都一定程度地满足了民营经济发展的制度需求，促进了民营经济的持续发展。1982 年宪法第一修正案，第十一条"在法律规定范围内的城乡劳动者、个体经济，是社会主义公有制经济的补充。国家保护个体经济的合法的权利和利益"。1988 年宪法第二修正案，第十一条增加规定："国家允许私营经济在法律规定的范围内存在和发展。私营经济是社会主义公有制经济的补充。国家保护私营经济的合法的权利和利益"；1999 年宪法第三修正案，第十一条修改为"在法律规定范围内的个体经济、私营经济等非公有制经济，是社会主义市场经济的重要组成部分。国家保护个体经济、私营经济的合法的权利和利益"；2004 年宪法第四修正案，第十一条修改为"国家保护个体经济、私营经济等非公有制经济的合法的权利和利益。国家鼓励、支持和引导非公有制经济的发展，并对非公有制经济依法实行监督和管理"。第十三条修改为"公民的合法的私有财产不受侵犯"。"国家依照法律规定保护公民的私有财产权和继承权"。通过对"八二"宪法的四次修改，使得民营经济从没有地位到有一定地位，从政策地位到法律地位，从不完全的法律地位到完全的法律地位，最终成为社会主义市场经济体制的重要组成部分。另一方面，国家还通过强化公民私有财产权的保护来强化民营企业的生存，"公民的合法的私有财产不受侵犯"，"国家依照法律保护公民的私有财产权和继承权"，"国家为了公共利益的需要，可以依照法律规定对公民的私有财产实行征收或者征用并给予补偿"，从而使得民营企业的生存权从公民私有财产保护角度得到进一步的保障。这也进一步调动了浙商参与公共产品供给的积极性。

2. 市场准入制度

市场准入制度是指国家或政府准许自然人、法人进入市场从事经营活动的法定条件和程序规则的总称，它包括一般市场准入和特殊市场准入。一般市场准入是指自然人、法人进入市场从事市场经营活动所必须具备的一般法定条件和必须遵循的基本程序和规则。特殊市场准入是指自然人、法人进入对公共利益有重大影响的特殊市场时，必须具备的条件和必须遵循的程序规则。特殊市场准入同浙商参与公共产品供给关系更为密切。随着改革开放的不断深入，市场经济体制不断完善，政府在行政审批问题上也进行了比较深入的改革，缩减审批范围，简化审批程序。在我国目前的企业立法和企业登记实务中，行政审批许可制度的适用范围已受到严格的限制。我国企业立法在市场准入制度规定上的上述变化，一方面最大限度地确保了市场准入的自由，清除了浙商参与公共产品供给不必要的障碍；另一方面，也为国家严格规范对公共利益有重大影响的特殊市场提供了依据。

市场准入制度是国家对市场主体资格的确立、审核和确认的法律制度，包括市场主体资格的实体条件和取得主体资格的程序条件。其表现是国家通过立法，规定市场主体资格的条件及取得程序，并通过审批和登记程序执行。这里最重要的是进入公共产品供给领域的市场准入制度，这是浙商参与公共产品供给首要的制度需求。政府要通过相应的制度安排，明确开放的领域，也就是明确哪些公共产品领域允许民营企业进入；明确进入的条件，也就是明确哪些私人部门和民间组织可以进入；明确相应的程序，也就是明确设置能够保证私人部门和民间组织平等竞争的程序，保证进入的公正性和合理性。如果没有健全的准入制度的支持，浙商参与公共产品供给只能是一句空话。

（三）浙商公共行为与具体经济制度

具体经济制度是根本经济制度和基本经济制度的具体化，也可以说，根本经济制度和基本经济制度只有通过具体经济制度才能有效发挥作用，脱离了具体制度生态无法形成。用来实现根本经济制度和基本经济制度的具体经济制度很多，与浙商公共行为密切相关的如财政制度、金融制度等。财政制度又包括国家预算制度、税收制度、基本建设财务管理制度和各种会计制度等。金融制度又包括货币制度、信贷制度、汇率制度等。这些都会对浙商的公共行为特别是参与公共产品供给的行为产生重要影响。

二、浙商公共行为与政治制度保障

政治制度规定了国家的基本政治关系，一个国家的国体和政体是一个国家根本的政治制度。政治制度还包括由这一根本政治制度决定的行政制度、司法制度、政党制度等基本政治制度以及与之相适应的各种具体的政治规则和准则。

（一）浙商公共行为与根本政治制度

宪法规定了我国的根本政治制度。从国家的性质，即国体来看，中华人民共和国是工人阶级领导的、以工农联盟为基础的人民民主专政的社会主义国家。社会主义制度是中华人民共和国的根本制度。中华人民共和国的一切权力属于人民。宪法也规定了国家政权的组织形式，即政体问题，也就是人民代表大会制度。人民行使国家权力的机关是全国人民代表大会和地方各级人民代表大会。

中华人民共和国全国人民代表大会是最高国家权力机关。地方各级人民代表大会是地方国家权力机关。人民依照法律规定，通过各种途径和形式，管理国家事务，管理经济和文化事业，管理社会事务。宪法规定：中华人民共和国的国家机构实行民主集中制的原则。全国人民代表大会和地方各级人民代表大会都由民主选举产生，对人民负责，受人民监督。国家行政机关、审判机关、检察机关都由人民代表大会产生，对它负责，受它监督。中央和地方的国家机构职权的划分，遵循在中央的统一领导下，充分发挥地方的主动性、积极性的原则。这非常明确地确定了国家权力的人民归属问题，也非常明确地确定了人民行使国家权力的主要方式问题。这也为浙商公共行为，尤其是浙商参与公共权力运作提供了最高层次的法律保障和最基本的途径。宪法规定：中华人民共和国实行依法治国，建设社会主义法治国家。国家维护社会主义法制的统一和尊严。一切法律、行政法规和地方性法规都不得同宪法相抵触。一切国家机关和武装力量、各政党和各社会团体、各企业事业组织都必须遵守宪法和法律。一切违反宪法和法律的行为，必须予以追究。任何组织或者个人都不得有超越宪法和法律的特权。依法治国，建设社会主义法治国家，树立了宪法最高权威和法律的尊严。这也为一切组织和个人划定了最基本的行为界限，同时也为浙商的公共行为划定最基本的行为界限。

（二）浙商公共行为与基本政治制度

由国家的根本政治制度决定的，并为实现根本制度服务的是基本政治制度。宪法对基本政治制度也做了规定。

1. 行政制度

行政制度是在一定的行政理念指导下，由国家宪法和法律规定的关于国家行政机关的活动规则，以及政府内部各权力主体相互关系等方面的准则体系。主要包括国家行政机关的产生、职能、权限、组织结构、领导体制、运行程序和部门之间的权力分配等规定。我国的行政制度是国家的根本政治制度决定的，是中央地方关系模式的产物，从它所涵盖的内容来看，既包括国家人民代表大会制度下的中央行政制度，也包括中央行政机关对地方各级行政机关的领导关系和地方行政制度。

宪法规定了我国的基本行政制度：中华人民共和国国务院，即中央人民政府，是最高国家权力机关的执行机关，是最高国家行政机关。国务院对全国人民代表大会负责并报告工作；在全国人民代表大会闭会期间，对全国人民代表大会常务委员会负责并报告工作。

地方各级人民政府是地方各级国家权力机关的执行机关，是地方各级国家行政机关。县级以上地方各级人民政府依照法律规定的权限，管理本行政区域内的经济、教育、科学、文化、卫生、体育事业、城乡建设事业和财政、民政、公安、民族事务、司法行政、监察、计划生育等行政工作，发布决定和命令，任免、培训、考核和奖惩行政工作人员。乡、民族乡、镇的人民政府执行本级人民代表大会的决议和上级国家行政机关的决定和命令，管理本行政区域内的行政工作。地方各级人民政府对本级人民代表大会负责并报告工作。县级以上的地方各级人民政府在本级人民代表大会闭会期间，对本级人民代表大会常务委员会负责并报告工作。地方各级人民政府对上一级国家行政机关负责并报告工作。全国地方各级人民政府都是国务院统一领导下的国家行政机关，都服从国务院。

我国的行政制度明确规定了各级行政机关同各级人民代表大会的关系，规定了中央政府和地方政府之间的关系。人民代表大会是权力机关，行政机关是它的执行机关，决不容许行政机关凌驾于权力机关之上的现象的发生。这种基本的行政制度，为浙商通过参选人大代表并通过人民代表大会对政府权力进行制约，监督政府的行政行为提供了法律上的依据。

2. 司法制度

司法制度是指关于国家体系中司法机关及其他的司法性组织的性质、任务、组织体系、组织与活动的原则以及工作制度等方面规范的总称。宪法规定了我国基本的司法制度：中华人民共和国人民法院是国家的审判机关。中华人民共和国设立最高人民法院、地方各级人民法院和军事法院等专门人民法院。人民法院审理案件，除法律规定的特别情况外，一律公开进行。被告人有权获得辩护。人民法院依照法律规定独立行使审判权，不受行政机关、社会团体和个人的干涉。最高人民法院是最高审判机关。最高人民法院监督地方各级人民法院和专门人民法院的审判工作，上级人民法院监督下级人民法院的审判工作。最高人民法院对全国人民代表大会和全国人民代表大会常务委员会负责。地方各级人民法院对产生它的国家权力机关负责。中华人民共和国人民检察院是国家的法律监督机关。中华人民共和国设立最高人民检察院、地方各级人民检察院和军事检察院等专门人民检察院。人民检察院依照法律规定独立行使检察权，不受行政机关、社会团体和个人的干涉。最高人民检察院是最高检察机关。最高人民检察院领导地方各级人民检察院和专门人民检察院的工作，上级人民检察院领导下级人民检察院的工作。最高人民检察院对全国人民代表大会和全国人民代表大会常务委员会负责。地方各级人民检察院对产生它的国家权力机关和上级人民检察院负责。国家的司法制度使公民的法定权利得到保障，也使公民可以通过法律途径来维护自己的合法权益，这也为浙商的公共行为提供了司法上的保障。

3. 政党制度

所谓政党制度，指的是一个国家通过政党进行政治活动的方式或状态，以及与之相适应的原则和准则等。政党在国家中的活动方式通常是由国家的法律来规定的，但有时这种活动方式是由实际的历史活动导致的。中国共产党的执政地位是历史选择的结果。我国的政党制度包括执政党执政的集体体制和运行机制，执政党与其他政党的关系等。政党制度是现代政治制度的重要组成部分。宪法指出，中国共产党领导的多党合作和政治协商制度是我国的又一基本政治制度。它的主要内容包括：中国共产党是执政党，是我国革命和建设事业的领导核心；各民主党派是参政党，与中国共产党长期共存、互相监督、肝胆相照、荣辱与共；人民政协是各民主党派、各人民团体和社会各方面代表人士组成的爱国统一战线组织，其基本职能是政治协商、民主监督和参政议政。

宪法指出：社会主义的建设事业必须依靠工人、农民和知识分子，团结一切可以团结的力量。在长期的革命和建设过程中，已经结成由中国共产党领导的，有各民主党派和各人民团体参加的，包括全体社会主义劳动者、社会主义事业的建设者、拥护社会主义的爱国者和拥护祖国统一的爱国者的广泛的爱国统一战线，这个统一战线将继续巩固和发展。中国人民政治协商会议是有广泛代表性的统一战线组织，过去发挥了重要的历史作用，今后在国家政治生活、社会生活和对外友好活动中，在进行社会主义现代化建设、维护国家的统一和团结的斗争中，将进一步发挥它的重要作用。

中国共产党领导的多党合作和政治协商制度将长期存在和发展。我国的政党制度为浙商参与公共权力运作提供了稳定的重要途径。浙商可以通过加入中国共产党，通过参选政协委员等途径参与公共权力运作。

（三）浙商公共行为与具体政治制度

国家的根本政治制度和基本政治制度必须转化为具体政治制度，才能有效地发挥作用。社会主义的国家制度和人民代表大会制度，要通过行政制度、司法制度和政党制度体现出来。而作为基本政治制度的行政制度又是由行政组织制度、行政权力制度、行政决策制度、行政执行制度和行政监督制度等构成的。作为基本政治制度的司法制度也是由一系列的具体制度构成的。中国共产党领导的多党合作和政治协商制度，也要通过一系列的具体制度发挥作用，如中国共产党自身建设的具体制度、人民政协的具体制度等。只有形成公开、透明的公共权力运行制度，人民参与公共权力运作才真正成为可能。一系列具体的行政制度、司法制度和政党制度，为浙商参与公共权力运作提供了前提，也提供了参与的原则和准则等具体的行为规范。

三、浙商公共行为与文化制度保障

文化制度是指一国通过宪法和法律调整以社会意识形态为核心的各种基本关系的规则、原则和准则的综合。文化制度从一个侧面反映着国家性质。国家的文化制度也是由根本文化制度、基本文化制度和具体文化制度构成的，它们之间的相互联系、相互作用，形成了浙商公共行为的文化制度环境，引领浙商弘扬公共精神，提升浙商公共行为的公共性。

（一）浙商公共行为与根本文化制度

国家的根本文化制度是用来规范人们文化行为的最高层次的制度。宪法肯定了马克思列宁主义、毛泽东思想、邓小平理论的指引下取得的成就，也就肯定了它们作为指导思想的地位。这是国家最根本的文化制度。

社会主义精神文明建设也通过宪法上升到根本文化制度层面。宪法规定：国家通过普及理想教育、道德教育、文化教育、纪律和法制教育，通过在城乡不同范围的群众中制定和执行各种守则、公约，加强社会主义精神文明的建设。国家提倡爱祖国、爱人民、爱劳动、爱科学、爱社会主义的公德，在人民中进行爱国主义、集体主义和国际主义、共产主义的教育，进行辩证唯物主义和历史唯物主义的教育，反对资本主义的、封建主义的和其他的腐朽思想。遵纪守法，爱护公共财产，遵守劳动纪律，遵守公共秩序，尊重社会公德。

（二）浙商公共行为与基本文化制度

宪法对基本文化制度也做了规定，其中最主要的包括：文化事业制度、专业人才制度和文化活动制度等。

1. 文化事业制度

文化事业要为人民服务、为社会主义服务构成了文化事业制度的基本内容。宪法规定：国家发展为人民服务、为社会主义服务的文学艺术事业、新闻广播电视事业、出版发行事业、图书馆博物馆文化馆和其他文化事业，开展群众性的文化活动。

2. 专业人才制度

宪法规定：国家培养为社会主义服务的各种专业人才，扩大知识分子的队伍，创造条件，充分发挥他们在社会主义现代化建设中的作用。

3. 文化活动制度

宪法规定：中华人民共和国公民有进行科学研究、文学艺术创作和其他文化活动的自由。国家对于从事教育、科学、技术、文学、艺术和其他文化事业的公民的有益于人民的创造性工作，给以鼓励和帮助。

（三）浙商公共行为与具体文化制度

具体文化制度是指文化领域的具体原则和具体的行为准则。具体文化制度主要包括教育事业，科技事业，文学艺术事业，广播电影电视事业，医疗、卫生、体育事业，新闻出版事业，文物事业，图书馆事业以及社会意识形态等方面的具体原则和准则。直接用来规范具体的文化事业和文化活动。

四、浙商公共行为与社会制度保障

社会制度是指与经济领域、政治领域和文化领域相并列的社会领域的制度。伴随着国家和社会的分离，社会领域作为一个相对独立的领域产生了，同时也就产生了社会领域的制度需求。对社会领域也需要相应的制度予以规范，以形成良好的社会秩序。同时也为浙商的公共行为提供社会制度规范和社会制度保障。

（一）浙商公共行为与根本社会制度

根本社会制度就是关于国家和社会关系的社会制度，是用来规范国家权力和公民权利关系的根本原则和行动准则。宪法规定中华人民共和国的一切权力属于人民，这是主权在民思想的充分体现，也是理顺公民权利和国家权力关系的根本出发点。"人民是国家的主人，人民是一切国家权力的本源，国家权力行使的目的是为了人民的权利、利益和幸福。维护人的尊严、保障人的权利是国家的一项最基本的义务和责任。为实现这一宗旨，必须将国家权力的主权部分归属于人民，使人民掌握最高的、最终的政治权力"。[①] 人民主权构成了权利和

---

① 邹平学：《国家权力分配原理论纲》，中国宪政网：http//www. chinalawedu. com。

权力的共同本原，是构建公民权利和国家权力平衡互动机制的根据。

以公民权利制约国家权力，是构建两者平衡互动机制的最根本的制度设计。宪法中的根本制度设计主要包括两个方面，一是通过公民享有的选举权和被选举权制约国家权力。人民主权的核心内容，就体现在公民享有选举权和被选举权上。公民选举权和被选举权的真正落实，而不是一种形式上的落实，才能有效发挥用公民权利制约国家权力的作用。二是通过对国家机关和工作人员的监督制约国家权力。国家权力要靠国家机关及其工作人员来行使。在他们行使国家权力的过程中，如果缺少有效的监督，就会导致权力被滥用。宪法规定一切国家机关和国家工作人员必须接受人民的监督；公民对于任何国家机关和国家工作人员，有提出批评和建议的权利；对于任何国家机关和国家工作人员的违法失职行为，有向有关国家机关提出申诉、控告或者检举的权利。根据宪法的制度设计，不仅在国家机关的产生上实现了公民权利对国家权力的制约，而且在国家权力运行过程中也实现了公民权利对国家权力的制约。通过双重制约来实现两者间的平衡，公民的权利才能得到应有的保障。这也为浙商参与公共权力的运作，维护和实现自身权利提供了根本的制度保障。

（二）浙商公共行为与基本社会制度

《宪法》通过对公民的基本权利的确认，构建了基本社会制度。宪法所确定的公民的基本权利，主要包括政治权利、平等权利、自由权利等等。从制度角度来分析，宪法确定了公民的政治权利制度、平等制度和自由权利制度，使公民的基本权利上升到国家基本制度的高度。

1. 政治权利制度

政治权利是公民在一个国家从事政治活动的资格。政治权利制度就是关于公民从事政治活动资格的制度规定。政治权利的核心就是选举权和被选举权，这是宪法赋予公民的最基本的权利。选举权和被选举权是国家一切权力属于人民的根本体现。选举权和被选举权能否真正落实，而不是形式上"被落实"，就成为公民行使政治权利的关键。当然，选举权又同监督权和罢免权联系在一起，没有监督权和罢免权的有效行使，选举权是不完整的。在我国，公民的选举权和被选举权主要通过选举和参选、监督和罢免人大代表等活动表现出来。

2. 平等权利制度

平等权利制度是指公民同等地依法享有权利和履行义务的制度。宪法对公民平等权利的基本制度规定是公民在法律面前一律平等。宪法规定的基本权利是每一个人都平等享有的。当然任何公民都享有宪法和法律规定的权利，同时也必须履行宪法和法律规定的义务。它们共同构成了我国宪法有关平等权利规定的规范系统。平等既是宪法权利，又是宪法原则，也在一定意义上表明了平等权利对于公民的重要性。丢掉了平等原则，公民的权利就会变得不可思议。国家权力作为"公权力"，必须同等地关心和尊重人民。它绝不应该认为某些公民尤为值得更多地关心，就可以拥有更多的权利，从而不平等地分配利益或机会。

3. 自由权利制度

自由权利是"对社会已然形成和存在的自由事实，加以确认和规范，并给以规限和保护，使之纳入社会秩序要求的轨道，成为不受他人侵犯、也不致用来侵犯他人的法定权利"。[①] 自由权利也是公民的一项基本权利。宪法对公民的自由权利做了非常明确的规定。根据宪法的规定，公民的自由权利主要是由表达自由、信仰自由、人身自由等内容构成。表达自由包括公民有言论、出版、集会、结社、游行、示威的自由。这说明，言论表达、书面表达和行为表达都可以作为公民表达的合法形式。但是无论采取什么形式表达，都必须以不侵犯他人的法定权利为前提。不仅如此，公民还有对国家机关和国家工作人员提出批评和建议，并对他们的违法失职行为提出申诉、控告或者检举的权利。对于公民的申诉、控告或者检举，有关国家机关必须查清事实，负责处理，不得压制和打击报复。这是建立在监督权基础上的一种表达。公民有宗教信仰自由；有人身自由不受侵犯、有人格尊严不受侵犯等自由，也是构成公民自由权利的重要内容。

（三）浙商公共行为与具体社会制度

具体社会制度主要有：社会保障制度、社会团体制度、社会自治制度、社会救助制度、社会慈善制度、教育制度等。与浙商公共行为关系最密切的社会具体制度主要是商会制度和慈善制度。

1. 商会制度

商会制度是指用来规范政府与商会关系以及商会与企业关系的原则和准则的总称。"商会的制度安排可以分为两个层次：第一，政府与商会之间的制度安排。这一制度安排可以看做是政府与商会之间的一种契约。政府和商会之间的

---

① 郭道晖：《社会权利与公民社会》，译林出版社 2009 年版，第 277 页。

契约一般是按照不同国家的法律结构来确定的。因为，国家的法律结构可以确定商会组织的法律地位，并赋予相应的权利。""第二，商会与企业之间的制度安排。商会与企业之间的制度安排也可以看做是它们之间的一种契约关系，这种商会与企业之间的契约关系可以看做一种权力的让渡契约，即加入商会的企业把自己的私权力形成所谓的'准公权力'（商会的规章制度）交由商会使用。"①

民营经济发展与商会的完善和发展有着密切的关系。商会是市场经济的产物，在市场经济下商会的完善发展是民营企业发展的助推器，对于企业开展公共行为，投资公共事业建设有着很大的帮助。商会是由某一行业或地区的工商企业自发组成的民间社会团体，它代表该行业或地区企业的共同利益，与政府及外界交往，为会员企业发展提供服务，并用国家法律和政府规章来约束和规范会员企业的行为，使经济活动正常运行和发展。商会是一种特殊的中介组织，在市场经济中起中观调控作用。"由于商会的中间性、自发性、服务性和非营利性，其地位和作用具有不可替代性。商会可以承接一些政府做不到、做不好或不便去做的事，能办成许多单个民营企业想办而难以办成的事，对民营经济的发展起着代言、协调、自律、服务、监督、维权、整合、引导等方面的特殊作用，商会可以促进民营经济的发展。"②

商会组织是市场经济结构中的中介组织，把市场经济管理身份的政府与市场经济主体的企业联系在一起。它是市场体系中不可或缺的一部分，也是市场经济的重要组成部分。商会组织的发展受到市场经济发展的影响与制约，市场经济越发达，商会组织力量越强大。由于民营经济和市场经济天然相联系，民营经济发展水平越高的地区，商会组织越发达。同时，发达的商会组织又能极大地促进民营经济的发展。通过将一定范围内的企业群体建立起联系，提供信息与服务来降低企业的交易成本。通过在较大范围内资源的共享、信息的流通，来减小企业风险，促进民营企业和民营经济的不断壮大。此外，商会组织的发展在一定程度上为民营企业投身公共事业建设，民营企业家开展公共行为提供了重要途径。商会组织通过把企业与社会联系在一起，建立一个帮扶平台或者

---

① 刘华光：《商会的性质、演进和制度安排》，中国社会科学出版社 2009 年版，第 25~26 页。

② 龚晓菊：《中国商会在民营经济发展中的作用》，《武汉大学学报》（人文科学版）2004 年第 4 期。

机制，促进民营企业发挥自身优势来开展公共行为，为公用事业建设贡献力量。

市场化改革使中国的非公有制经济从躲躲藏藏到走向前台，并在经济建设中日益发挥重要作用，成为活跃在今天中国经济舞台上的一支重要"生力军"。经济上的强势发展，势必导致在政治上谋求相应的地位。伴随非公有制经济的逐渐成长，以维护他们切身利益为己任的商会也逐步加强，表现为机构的日益健全和职能的逐渐完善。1987 年，中央重新明确了工商联作为我国民间的对外商会，在对内搞活、对外开放中要发挥积极作用。1993 年 10 月，全国工商联七大召开，正式确认"中华全国工商业联合会"同时又叫"中国民间商会"，进一步明确了工商联的民间商会地位。1997 年的全国工商联的八大会议对工商联章程作了重要修改，补充了工商联作为民间商会的内容，突出了其"民间性"地位。[①]

2. 慈善制度

慈善制度是指用来规范慈善活动和慈善事业的各种原则、准则等，通常是通过相关法律法规的形式表现出来。目前，中国涉及慈善事业以及公益捐赠的法律法规有六部，分别是：《公益事业捐赠法》、《红十字会法》、《社团登记管理条例》、《基金会登记管理条例》、《企业所得税法》以及《个人所得税条例实施细则》。制度的建设对于慈善事业的发展有着不可或缺的作用。

总之，国家保证和鼓励民营经济发展，鼓励和保障民营企业公共行为的制度生态体系正在形成和逐步完善。经济上，承认民营经济是中国特色社会主义市场经济的重要组成部分，分配方式上的多种分配方式保证民营经济的投资收益，私有财产权制度保证私有财产不受侵犯，鼓励民营经济投资公共事业建设，同时产权制度的革新有利于提高企业的核心竞争力，促进民营企业更好更快发展；政治上，确立民营经济的政治地位，从允许私营企业发展党组织，吸收优秀私营企业人员入党到从杰出企业家中选举人大代表，参与管理国家事务和社会事务；文化上，发挥社会主义先进文化的引领作用的同时，允许企业拥有自身特色的企业文化，鼓励创新理念，推动民营经济的文化发展；社会上，表现在社团制度的发展，行业协会和民间商会的建立有助于民营企业家发挥社会人的角色，更好地履行自身社会责任。这一切也为浙商共公行为在经济、政治、文化和社会各个领域展开提供了制度上的支持和保障。

---

① 许崇正等：《民营经济发展与制度环境》，中国经济出版社 2008 年版，第 399 页。

第三节　浙商公共行为与制度生态的缺陷

一、浙商公共行为制度生态体系的缺陷

我国现有的制度生态，构成了浙商公共行为特有的制度环境，并对浙商的公共行为产生了深远的影响。制度生态对浙商公共行为的影响是全方位、多层次的。从浙商公共行为的价值取向、浙商公共行为基本特征到浙商公共行为的选择机制，乃至浙商公共行为的效果、效益和效应，无不打上了制度生态的烙印。

我国现有的制度生态体系，由于受社会转型和体制转轨的影响，一定程度上存在着根本制度、基本制度和具体制度不能有效衔接，制度生态体系的纵向上存在不同程度的断裂问题。宪法规定了国家的根本的经济制度、政治制度、文化制度和社会制度。产权制度、市场准入制度等基本经济制度；行政制度、司法制度、政党制度等基本政治制度；文化事业制度、专业人才制度和文化活动制度等基本文化制度；公民政治权利制度、平等权利制度和自由权利制度等基本社会制度，构成了同浙商公共行为关系密切的基本制度。与上述制度相关联的不同领域的具体原则、准则，成为具体制度的主要表现形式。它们之间的关系对根本制度的实现具有决定性的意义。基本制度要依据根本制度来设计，具体制度要依据基本制度来设计，实现根本制度、基本制度、具体制度的有效衔接，根本制度才不至于被形式化。可是在现有的制度生态体系中基本制度同根本制度没有实现无缝隙对接，尤其是具体制度同基本制度和根本制度的关系上存在的问题更多，而且制度越具体存在的问题越多。具体制度中同根本制度和基本制度相违背的内容直接影响基本制度的实现，而基本制度中同根本制度不一致的内容同样会影响根本制度的实现，使制度在运行过程中，形式上的设计和实际上的作用形成反差。浙商公共行为实际运作过程中遇到的问题就证明了这一点。

制度生态体系中经济制度、政治制度、文化制度和社会制度之间也不同程度地存在着不相协调的问题。使浙商公共行为的选择一定程度地陷入了"善"与"善"的冲突之中。经济制度从根本上决定了浙商公共行为的利益取向；政治制度规定了浙商公共行为选择的程序和选择空间；文化制度为浙商公共行为选择提供理论指导、价值导航和伦理规范；社会制度赋予了浙商公共行为选择

的权利和决定了浙商公共行为选择方式。由于受社会转型期所带来的大变动的影响，经济制度、政治制度、文化制度和社会制度没有实现无缝隙对接，导致价值观念、伦理规范和利益取向的冲突；理论基础与选择程序、选择空间的冲突；选择权利、选择方式与具体约束的冲突。经济制度的重构带来了社会经济结构的巨大变化，重新分配了社会的经济资源，导致了财富在不同群体之间的差异性分布。经济制度的重构必然要求政治制度与其相适应，而政治制度的重构相对滞后，与已经变化的经济制度必然产生某种矛盾。"制度建立起了某种'政治空间'，正是在这个空间之内，相互依存的政治行动者才得以展开行动。"[①] 而这个政治空间同经济制度所要求的政治空间存在一定的错位，使浙商公共行为的选择无法摆脱难以抉择的困扰。文化制度要与政治制度相适应，归根结底要与经济制度相适应。由于种种原因，文化制度中的核心价值理念，同经济制度、政治制度中蕴含的价值理念存在着某种错位，使浙商公共行为的选择陷入价值困境。社会制度必须与经济制度、政治制度和文化制度相协调。然而，由于制度体系的缺陷，社会制度所赋予的权利有时往往会遭到某种侵害，使浙商公共行为的选择上存在困惑。浙商公共行为的选择依赖于同不同社会群体之间的互动。由于对经济资源、政治资源、文化资源和社会资源占有的多寡不同，这种互动成为力量不对称情况下的非平衡互动。在强政府、弱市场、弱社会的结构中，政府占有更多的资源，政府、市场、社会的互动力量不对称。浙商作为民营经济在强政府面前处于弱势。经济精英占有更多的经济资源、政治精英占有更多的政治资源、文化精英占有更多的文化资源，浙商尤其是中小浙商同各种精英的互动力量不对称。少数大型企业的浙商同占大多数的中小企业的浙商，在互动中力量不对称。尽管根本制度的顶层设计更注重自身的合理性与合法性，但其正确取向在不平衡的互动中不可避免地要偏离原有的轨道，加上一系列潜规则的干扰，再牢固的顶层设计也会产生扭曲。

制度的宏观结构、中观结构和微观结构不能有效衔接，不可避免地影响浙商公共行为的结果，使其有效性大打折扣。国家层面的制度构建起来的宏观结构同地方层面的制度构建的中观结构，以及最基层的制度构建的微观结构存在着不同程度的断裂。这种断裂来自于中央政府的宏观结构、地方政府的中观结构和基层组织的微观结构不同的利益追求。这些不同的利益追求有些是正常的，

---

① 何俊志等编译：《新制度主义政治学译文精选》，天津人民出版社 2007 年版，第 76 页。

反映了不同结构之间的关系；有些是不正常的，割断了三者之间连接的利益纽带。不正常的利益要求更多地依赖于潜规则来实现。正式制度、非正式制度乃至潜规则在不同层次的结构中，呈现出不同的分布状态。某种潜规则在宏观结构中可能是偶尔的特例，到了微观结构就变成了通行的惯例。在不同的结构中，某些正式制度的形式化，非正式制度同正式制度不同程度的错位，潜规则对正式制度的弱化，在如此制度生态的作用下，浙商的公共行为必然要受到影响。

二、浙商公共行为制度生态的内容缺陷

浙商公共行为制度生态的内容缺陷，可以从经济制度、政治制度、文化制度和社会制度四个方面进行分析。

（一）浙商公共行为与经济制度的缺陷

改革开放以来，党和国家有关民营经济发展的制度环境越来越宽松，民营经济的地位越来越高，并且相继出台了一系列鼓励民营经济发展的制度。但是对于一些已经放开的领域，民营企业依然很难进入。在实际执行过程中，民营经济在不少方面并没有得到真正的国民待遇，市场准入方面还受到诸多约束。

产权制度是市场经济的基本制度。完善的产权制度，有利于激发产权主体的积极性。随着民营经济的快速发展，民营经济的财产也迅速增长。但是，与此相适应的保护民营经济财产的具体产权制度安排和产权保护的相关体制、法律制度还不完善。1986 年出台的《民法通则》，规定了各经济主体间的平等财产关系；1999 年和 2003 年的宪法修正案，以国家最高法律的形式确立了"坚持公有制为主体、多种经济成分共同发展的基本经济制度"，同时也明确规定，公民的合法私有财产不受侵犯。但是与此相对应的产权制度却缺乏保障，这种制度缺陷是影响民营经济加快发展和持续发展的突出问题。产权保护上的法制欠缺使得民营经济的合法权利得不到应有的保护，在实践中侵犯民营企业产权的问题时有发生。例如，政府部门侵犯民营企业的财物，一些政府执法部门随意干扰企业正常生产经营，并向企业乱收费等，这些都极大地挫伤了民营企业的积极性。近年来国内巨额资金外流的现象，显然与国内产权保护制度不够完善和可操作性不强有密切关系。

民营企业在参与公共产品供给，提供公共服务的过程中遇到体制上的阻碍。尽管国家没有规定不准本土民营经济投资的产业领域，但长期以来，由于部门、行业、地区垄断经营的存在，民营经济在一些行业往往难以进入或进入不充分，

尤其在基础设施、大型制造业、金融保险、通信、科教文卫、旅游业等投资上仍有不少障碍。特别在公共产品和公共服务上，由于政府职能转变不到位，县域及以下政府所提供的公共产品和公共服务总量和相对水平均偏低，与城乡公共服务均等化要求相适应的公共财政投入和公共资源配置向农村倾斜的体制机制尚未根本建立。而民营资本也无法突破体制阻碍，这也导致民营企业无法进一步深入发展。民营企业进入公共服务领域会遇到更多的实际壁垒。实际壁垒的存在造成市场分割和市场准入约束。准入限制的破除依赖于法律框架的建构、市场机制的确立及市场主体观念和行为的法制化、规范化。只有建立起全国统一开放、有序竞争的市场体系，才能真正消灭市场准入壁垒。另外，民营企业在进入市场准入领域时往往受到不公平的待遇，可称之为歧视性待遇。对于民营企业的非国民待遇问题事实上仍然存在着。

（二）浙商公共行为与政治制度的缺陷

民营企业家参与公共权力运作，主要面临着途径不畅和机制不健全这两方面的制度障碍。民营企业家参与途径不畅是目前需要解决的迫切问题，畅通的渠道是政治参与的前提条件。从我国目前的实际来看，民营企业家主要通过在人大、政协、工商联任职等渠道进行参与，但真正能够进入的毕竟是少数人。而通过加入一般的行业协会和民间社团组织进行参与，由于其地位低、影响力小、利益诉求无法充分实现，参与的目的难以达到。

民营企业家参与公共权力运作的综合评价机制还没有真正形成，他们与各级政府以及行业协会之间的信息沟通机制还不完善。同时还有一系列工作机制有待建立和完善，例如，民营企业家的教育培养机制；有关部门向民营企业通报情况、发布信息制度；民营企业家与党和政府的联系沟通机制，等等。正是由于以上原因，使得民营企业家参与公共权力运作出现表面化、形式化的现象。

（三）浙商公共行为与文化制度的缺陷

文化制度存在的主要缺陷是党政不分、政企不分和管办不分，政府和企业的文化关系没有理顺，文化资源的配置方式上无法适应社会主义市场经济发展的需要。文化事业同文化产业的关系没有理顺。在公益性文化事业方面，文化事业的发展还缺少具体的制度支撑和法律保障，已有的具体制度还有待进一步完善，增强操作性。公共财政投入的保证制度不完善，财政投入不足，文化基础困乏，公共文化服务功能弱化。社会力量支持文化建设缺少制度保障，不能调动社会力量捐赠文化事业的积极性。由于专业人才制度还不完善，导致人才总量短缺，结构不合理。在文化产业发展方面制度匮乏更为严重，由于缺少相应的制度，平等、规范、竞争、有序的现代文化市场体系还没有建立起来。文化产品市场、文化服务市场和文化要素市场发展滞后，影响了文化产业的发展。在文化产业发展体制上，缺少统筹管理文化产业的部门和机构。民营企业进入文化产业领域的市场准入问题还没有真正解决。

文化制度建设也包括与企业文化相关联的制度建设。文化是社会进步的体现，同样企业文化是企业的灵魂，是构成企业核心竞争力的要素，是决定企业是否持续发展的关键因素之一。企业文化的好坏反映了企业的凝聚力，好的企业文化有助于员工的团结一致，滞后的企业文化则会阻碍企业的向前发展。健康向上的企业文化能够引领浙商的精神风貌，积淀浙商的公共精神。政府在为企业文化的发展提供制度保障方面还有待于进一步加强。

（四）浙商公共行为与社会制度的缺陷

社会制度的缺陷，从总体上来说，"党委领导、政府负责、公众参与、社会协同"的社会管理格局还没有形成。在现有的社会制度环境中，政府在社会管理领域越位、缺位和错位的现象还比较严重。

政府在社会管理过程中的职能越位，主要表现是政府仍然是社会管理的唯一主体，政府包揽一切的状况没有根本改变。公共权力侵入私人领域的现象时有发生。民间组织某种程度上成为了政府的派出机构，承担很多政府指派的行政管理任务。由于政府干预过多，公民参与社会管理的渠道不多，而且现有的渠道也不够畅通。

由于政府在某些应该由政府负责的领域缺位，加上政府权力的不下放，其他社会管理主体无法介入，导致某些社会管理领域出现管理制度的真空地带，黑恶势力乘虚而入破坏正常的社会秩序。政府缺位还表现在社会管理法律法规不健全，某些领域还处于空白。制度对社社会管理载体的规定不明确。

政府在社会管理中的错位主要表现在制度价值取向错位和制度功能错位。某些具体制度的价值取向错位是指，政府在社会管理中制度的价值取向应更多地关注弱势群体的社会权利，社会资源配置上应使社会资源向弱势群体倾斜，提高弱势群体的社会资源占有量。然而，实际上具体社会制度表现出更多的强势群体权利偏好，重视强势群体，轻视弱势群体的现象还比较突出。制度功能的错位表现为具体社会制度的管理功能比较突出，而制度的服务功能弱化。

三、浙商公共行为制度生态缺陷的原因

导致浙商公共行为制度生态缺陷的原因可以从不同的视角进行分析，但根本原因在于我国正处于社会转型期，而且我国的社会转型期又同体制转轨交织在一起。原有的制度体系显然无法适应改革开放后，伴随着民营经济的发展而成长起来的浙商公共行为运作和发展的需要。社会结构转型和体制转轨打破了原有的制度体系，新的制度体系的建立和完善需要一个过程。在这种情况下，制度生态的缺陷从一定意义上来说不可避免。

改革开放这30多年，恰恰是我国社会结构转型步伐加快的时期，而且，结构转型带来冲击力和体制转轨带来的冲击力相交织对原有的制度体系发起冲击，加快了原有制度体系解体的步伐。原有的制度体系以惊人的速度崩塌了，产生了制度解体的"多米诺"效应，迎来了制度变迁的关节点。如此大的变动，不仅是社会公众始料不及，也是政治精英们没有完全预料到的。在缺少新制度储备的情况下，只能以"摸着石头过河"的渐进模式予以应对。原有制度被冲击后留下的制度真空，需要由新的制度来填补。然而，重建一个制度体系要比摧毁一个制度体系不知难上多少倍。原有的正式制度体系解体了，新的正式制度体系的建立需要一个过程，导致某些领域制度失范。在社会结构的大变动时期，如不能很好地应对，会导致制度生态危机。构建和完善与浙商公共行为相关联的制度体系更是一个全新的任务，其难度可想而知。

社会不能容忍出现制度的真空地带，原有的正式制度被破除了，如果不能及时以新的正式制度来补充，非正式制度甚至潜规则就必然来填补。之所以如此，因为"制度能够产生出某种结果的可预期性和规则性，从而有利于制度之下的所有参与者"。[1] 毫无疑问，社会需要一种秩序，秩序要靠制度来建构。在一个没有秩序的社会里，人们在交往中所付出的代价会大大增加交往成本，为了减少交往成本就需要制度的帮助。而且，没有规则，没有制度，没有秩序，必然导致交往结果的不可预期性，使人们陷入迷茫和处于焦虑状态。正式规则匮乏，潜规则就会大行其道。"所谓的'潜规则'，便是'隐藏在正式规则之下、却在实际上支配着中国社会运行的规矩'。"[2] 在缺少正式制度的情况下，非正式制度就会发挥更大的作用。运用非正式制度来规范人们的行为，甚至接

---

① 何俊志等编译：《新制度主义政治学译文精选》，天津人民出版社2007年版，第77页。
② 孙立平：《守卫底线：转型社会生活的基础秩序》，社会科学文献出版社2007年版，第6页。

受"潜规则",也能使交往结果变得可以预期,一定意义上也可以节约交往成本。这就是非正式制度,甚至潜规则迅速填补正式制度留下的真空的根本原因。"这种潜规则在政治上是普遍存在的,但在众多政治实践情形中,这种潜规则又是粗糙的。"① 潜规则大行其道,不断地挑战着社会的各种底线,从而使已经形成的正式制度在某种程度上也形式化了。某些正式制度的形式化和非正式制度中大量潜规则的显性化,成为我国社会转型期制度生态的一个突出特点。这是我国现有的制度体系存在纵向上的某种不一致和横向上的某种不协调的根本原因。浙商公共行为在这样一种制度生态中运行,一方面无法提供完善的制度保障,另一方面也无法进行有效的规范和引导。

第四节　浙商公共行为与制度生态的优化

随着浙商经济实力的普遍增强,浙商民营企业家的社会责任意识也不断增强,越来越多的浙商在经营企业的同时也不忘社会效益。他们通过提供公共产品,提供公共服务,慈善捐助等公共行为来履行自身社会责任。从浙商发展的角度来看,这也是浙商公共行为从"自利性"向"公共性"展开的过程,符合中国特色社会主义建设的要求,也符合人类社会未来的发展方向。问题在于必须通过制度生态的不断优化,来提升浙商公共行为的公共性。

一、制度生态优化的基本原则

旧制度破除后,新制度还没有建立起来,出现了暂时的制度真空。潜规则在抢先占领制度的真空地带后,在时间序列中先入为主,在回报递增的作用下,形成了制度变迁中的路径依赖。新的制度要想收复失地,难度可想而知。要优化浙商公共行为的制度生态,必须坚持如下基本原则。

（一）系统性原则

要优化浙商公共行为的制度生态,必须破除潜规则,实现根本制度、基本制度和具体制度的有效衔接;经济制度、政治制度、文化制度和社会制度的有效衔接;制度的宏观结构、中观结构和微观结构的有效衔接。构建一个不同层

---

① ［美］马奇、［挪］奥尔森著,张伟译:《重新发现制度:政治的组织的基础》,三联书店 2011 年版,第 26 页。

次环环相扣，不同领域横向协调、不同层级纵向一致，正式制度和非正式制度相互支撑、相互补充的，动态开放的制度体系。在动态开放中实现制度体系的良性发展和整体优化，以改善浙商公共行为运行的制度生态环境。这不仅仅依赖于系统完善的制度设计，更依赖于制度的现实化，实现正式制度和非正式制度的有机整合，收复被潜规则抢占的制度领域。在制度设计的过程中，更应强调战略性的顶层设计，对带有全局性、长远性和根本性的制度优先考虑，同时也要注重制度配套，完善中层设计和底层设计。

（二）多样化原则

由于浙商群体的广泛性，生产经营涉及多个领域，包括浙江各个市县、各个行业，存在着不同层面、不同层次的种种差异，这足以影响到浙商开展自身公共行为所需制度的设计和运行。因此，我们在推动制度创新、设计保障制度时，必须坚持多样化的基本原则，预留出足够的多样化发展空间。不仅在制度上保证浙商公共行为的持续发展，同时还不能影响到浙商自身正常的生产经营活动。所以必须根据浙江实际情况，坚持多样化原则。一方面意味着政府在管理上赋予浙商更大灵活性，使得浙商群体在法律的范围内，拥有比较大的积极性；另一方面，坚持多样化原则，有助于更多的浙商开展公共行为，提高效率。

（三）多层次原则

多层次性是对多样化原则的延伸和续接。浙商公共行为的多层次性，体现在包括政治参与、公用事业领域建设、企业社会责任文化、慈善捐赠、商会建设、公益事业等公共行为的各个方面。如政治方面，可以构建起民营企业家入党、参政议政、民主协商、民主监督等多层次参与公共权力运作的体系；在社会公共事业领域，可以构建起政府引导为辅、民营经济投资为主和社会投资参与的多层次体系；在慈善捐赠方面，从浙商企业公益捐赠的实际情况出发，结合慈善总会与基金会的制度与机制，在企业与个人捐赠的基础上，增加税收优惠以及完善遗产税等制度，从而激发浙商多层次公共行为的方向选择。

（四）协商性原则

无论哪一个层次的制度设计，都必须在不同主体权利平等的基础上，通过多元互动和民主协商共同做出抉择。民主协商的前提是权利平等。具体来说就是要实现国家权力机关、政党组织和行政执行机构的良性互动；政府、市场和社会的良性互动；中央政府、地方政府和基层组织的良性互动；强势群体、中势群体和弱势群体的良性互动。这一系列的互动行为首先要依据宪法原则来进行。宪法是国家的根本制度设计，政党制度作为基本制度必须以宪法为依据。政党包括执政党在内，都必须以宪法为根本活动准则，维护宪法尊严，保证宪法实施。行政机关是国家权力机关的执行机关。要防止政党权利、行政权力侵犯国家权力，也要防止政党权利代替甚至凌驾于行政权力之上。政党尤其是执政党要善于整合社会公众的利益，有效行使宪法赋予的权力。在政府、市场和社会的互动中，改变现存的政府过于强势的格局，强化市场和社会对政府的制约作用。中央政府、地方政府和基层组织都要依据宪法原则处理好相互关系，实现三者无缝隙对接。大幅度提高中势群体和弱势群体的组织化程度，增加同强势群体进行互动的能量。尤其是要严防或者消除强势群体同强势的政府部门纠集在一起，侵害中势群体和弱势群体权利的现象。在多元互动和民主协商基础上做出的制度设计，这样的制度在实现的过程中才能减少阻力。

二、制度生态优化的具体思路

要优化现有的浙商公共行为的制度生态，需要完善一系列的制度，其中比较主要的包括如下几个方面，这也构成了制度生态优化的具体思路。

（一）完善产权制度

民营企业投资公用事业建设，特别是在基础设施，如道路桥梁、水电等方面。要促进民营投资的增长，就应加快有关保护民营经济合法权益的法制建设步伐。在宪法已明确合法的私有财产不受侵犯的情况下，下一步就是要制定具体明确的、有操作性的法律法规。为了支持私营经济的发展，各地先后颁布了保护和扶持私营企业合法权益的地方性法规，为法院受理私营企业权益争议案件提供了法律依据。应认真清理歧视性政策法规和规章制度，建立一套全国性的、不分所有制的权益保护细则。特别是在当前国家经济体制改革，市场经济转型的前提下，只有产权的明晰才能保护民营企业投资的合法财产不受侵犯，才能保证民营企业进一步投资公共事业，提升自身的公共性。

第四次宪法修正案第一次强调公民合法的私有财产不受侵犯，提出了保护合法财产的总的纲领。但由于《宪法》是国家的根本大法，只规定一个大原则、大方向，而没有也不可能规定得太具体，必须有具体的法律和法规与其配套，才能在实际中具体操作。实际生活中，人们的财产表现形式多种多样，既有生产资料也有生活资料，既有流动资产，也有固定资产，既然货币资产，也有实物财产等等。这么复杂的财产关系和财产形式显然需要根据宪法规定的原则和方向，从实际需要出发，制定出各种具体的财产权利的保护法律，才能真正实施。然而，这方面的工作却做得很不够，存在很多空白和漏洞，不仅法律对保护私人财产的规定过于粗糙，而且还存在着私人财产权与国有财产权、集体财产权在法律保护方面的不平等，在执法上的不公平，以及在实际经济生活中的歧视等。在民营企业发展的法律建设方面，应加快法制建设步伐，完善合法财产得到有效保护的法制环境，以保证民营经济的健康持续发展。

（二）完善市场准入制度

根据公用事业民营化的实际情况，民营企业需要一个整体的、公开的市场环境，保证民营企业能参与到公共服务领域中来，进行公共产品的供给。

完善市场准入制度，一是要统一准入原则。在保护国有经济在部分特定领域的主导作用与控制力的前提下，在一般竞争性领域允许国有经济、民营经济公平竞争，这是制定公平准入制度的前提。二是统一准入领域。要让民营经济平等进入公共事业领域，需要制定比较完善的、系统的，具有权威性的统一规范的市场准入办法。三是统一准入条件。在市场准入的条件方面，民营经济何国有经济，应该统一准入条件，公平竞争，共同发展。

（三）完善协商民主制度

完善协商民主制度，必须建立政府和社会公众之间的理解和信任。这有一个重要的前提，就是必须确立政府同社会公众之间的平等互动的关系。真正实现政府和社会公众之间的平等互动。政府和社会公众只有平等互动，才能相互信任，相互尊重，求大同，存小异，通过协商达成共识。一是真正实现公共权力运作过程的公开性。协商民主的公开性特征，一方面表现为协商过程公开，政府要开放公共权力运作的领域，使政府、企业和社会等不同主体间的协商整个过程公开，社会公众知道制度的形成过程；另一方面表现为内容公开，协商参与者在讨论和对话过程中公开自己支持某项制度的理由和偏好，立法或政策建议是公开的。二是真正实现公共权力运作的程序性。协商民主尊重程序，并将程序看做制度设计获得合法性的基础。在这种程序中，不同主体之间都是彼此平等的，并根据讨论的结果进行合作。三是真正实现公共权力运作过程中不同主体的相互包容。协商民主通过协商过程创造条件，将各种团体吸纳进协商过程，并且认真倾听每个人的声音，容纳相对独立的、不一致的概念和观点，具有多样化的关怀，所有相关的政治共同体成员在平等的基础上参与制度设计。四是公共权力运作过程要诉诸公共理性。制度的合法性是建立在公共权力运作过程中所有主体集体理性基础上的，因为协商过程的结果源于自主的、在认识上不受限制的整体的集体理性的反思。

（四）完善文化引领制度

要巩固马克思主义指导地位，坚持不懈地用马克思主义中国化最新成果武装全党、教育人民，用中国特色社会主义共同理想凝聚力量，用以爱国主义为核心的民族精神和以改革创新为核心的时代精神鼓舞斗志，用社会主义荣辱观引领风尚，巩固全党全国各族人民团结奋斗的共同思想基础。要把社会主义核心价值体系融入精神文明建设的全过程，贯穿到理论武装、新闻出版、广播影视、文学艺术、社会科学等工作的实践中，以更好更多的精神文化产品，推动社会主义核心价值体系建设。进一步丰富精神文明创建活动的内涵，提高创建水平，使人们时刻受到社会主义核心价值体系的感染和熏陶，真正为广大人民群众所感知、所认同、所接受，内化为人们的价值观念，外化为人们的自觉行动。社会主义核心价值体系是社会主义制度的内在精神和生命之魂，它决定着社会主义的发展模式、制度体制和目标任务，在所有社会主义价值目标中处于统摄和支配地位。通过马克思主义理论的指导和社会主义核心价值体系的引领，不断提高浙商公共行为的公共性，使公共精神得到进一步弘扬。

（五）完善文化产业制度

第一，完善文化产业制度要进一步加强文化体制改革力度，理顺政府内外权责关系。文化体制改革要跟上经济体制改革的步伐，实现对文化产业的制度支撑功能，促进文化产业嵌入国家产业体系的整体格局并成为其中重要的经济增长点和新型产业链。明确文化企业的市场主体地位，切实解决政事合一，政资合一、政企合一的问题，使文化企业真正成为自主经营、自负盈亏、自我发展、自我约束的法人实体。转变政府管理文化市场的职能，一是在职能行使的范围上，以微观管理为主转变为以宏观调控为主，即从经济层面而言，文化企业的自主决策权不断提升，获得更多的市场主体地位，微观管理更多地体现在意识形态层面；二是在职能行使的方式上，以行政干预为主转变为以经济杠杆调节和法律制度监管为主，即将文化产业纳入到与其他产业经济部门的整体框架中，强化政府职能部门的经济手段，形成事实上的宏观经济政策覆盖，同时又兼具有序、规范的市场监管秩序；三是在职能行使的性质上，以管理为主转变为以服务为主，即政府要增强服务意识，发展和完善文化产业配套的社会化服务体系和自组织体系，如文化中介服务体系、文化基础设施服务体系、文化评估检验和文化举报等一系列监管体系。政府要加快文化立法进程，通过法律来规范文化市场，重塑市场秩序，通过法律来加强文化管理，保证文化产业健康有序地发展。立足本地实际研究制定各项有利于文化产业发展的法律法规。政府要加大对知识产权、稀缺文化资源的保护力度。从某种意义上说，知识产权和文化资源保护是文化产业崛起、发展的重要基础。政府要加大打击侵权的力度，整顿和规范文化产业市场秩序，特别是要加强对信息网络、咨询服务等新兴文化产业的管理，保护文化产品生产者的合法权益。[①] 四是在职能行使的力度上，实行适度宽松的文化市场准入制度，从根本上解放文化生产力，即大力发展社会文化产业，重构在文化体制改革和文化产业发展问题上的制度性设计。由于已有的文化产业的社会资本准入已经不能完全适应和满足中国文化产业飞速发展的形势需要，因此，当不进一步改革社会资本进入文化产业的准入制度便不能有效地克服当前制约中国文化产业发展活力不够、动能不足的一系列体制性障碍和结构性矛盾的时候，改革社会资本进入文化产业的准入制度，实行宽松的文化产业准入政策，降低准入门槛，就成为中国文化产业协调发展与战略力量重组的一项重要制度创新。[②] 这也会为浙商扩大参与公共产品供给的领域和范围开辟更大的空间。

（六）完善商会制度

由于商会自身建设的滞后性，使得商会不能很好的起到政府与民营企业、企业与其他组织的沟通桥梁作用。因此开展浙商的公共行为，就必须完善商会制度建设，建立良性的政府与商会之间的联系机制。一是商会应加强独立性和自主性建设。商会作为一个独立的民间社团法人组织，独立性和自主性是商会充分发挥其职能的前提。二是商会在自身组织建设中要转变思维，把依靠政府性质的民间社团组织转变为独立自主、以企业为服务对象的市场服务组织。三是加强制度建设。商会要进一步建立健全选举制度、日常议事制度，以及商会管理与责任制度，促进商会的转型升级。政府通过对商会发展给予适当的扶持，商会对企业的发展作出贡献，形成互动的机制，从而推动市场经济的发展。

浙商商会首先是浙商群体与政府、社会以及其他组织的重要沟通渠道，可

---

① 肖川：《论政府对文化产业的制度支撑》，《中国经贸导刊》2011年第5期。

② 胡惠林：《中国文化产业战略力量的发展方向——兼论金融危机下的中国文化产业新政》，《学术月刊》2009年第8期。

以说商会在浙商开展公共行为中起着相当重要的作用。无论是浙商群体的政治参与、公用事业投资，还是慈善捐赠等等，都离不开商会的组织体制。因此，商会在解决浙商公共行为的制度障碍，进行制度设计中能发挥途径与信息对称的作用。积极发挥商会的组织作用，利用商会与浙商群体的联系，及时了解浙商开展公共行为所需的制度安排，有助于相关的制度完善。

（七）完善慈善制度

制定相关慈善制度。通过制定《慈善事业促进法》，在保留现有立法格局的前提下，对慈善事业的共性问题做出全面、统一的规定。从宏观上看，民营企业家资助教育、救灾扶贫、资助公益事业有利于构建人与人、人与社会、人与自然的和谐关系。但是，我们不能期望每个民营企业家都从宏观的高度去认识这一问题。民营企业家通过捐助支持公益事业的社会责任感需要培养。但培养的机制不仅仅是加强教育，更重要的是通过制度安排进行引导。

强化税收政策的导向和激励作用。从民营企业自身的角度看，民营企业支持公益事业主要还是出于利益的驱动。不管民营企业的经营状况，而只是一味强调让其承担社会责任有时是不现实的。在引导民营企业承担社会责任问题上，国家通过税收减免、抵扣，鼓励民营企业承担社会责任。

三、制度生态优化的实现路径

构建完善的制度体系，仅仅为优化制度生态奠定了基础，更重要的是要推动制度设计转化为制度生态。制度生态化的过程实际上是一个制度学习的过程。"制度化过程经历三个明确的阶段：习惯化、客观化和积淀。"这"蕴涵着从制度仅仅作为组织生活的实施而存在，到其内部个体的生活把制度作为长期接受的价值运动。"① 制度生态化的过程通常要经历由抵制到内化的长过程。在这个过程中，制度学习通常要经历由抵制、排斥、服从、顺应、认同到内化的一系列环节。为了推动这一过程的尽快完成，需要根据不同阶段的不同特点采取不同的激励方式。构建由成本递增、回报递减到成本递减，回报递增的回应模型，以在不同的阶段作出不同的回应。

在抵制和排斥阶段要运用制裁和惩罚等逆向激励手段，不仅力求使行为主体的收益为零，而且要使之支付高额成本。如果惩罚和制裁力度不够，会产生

---

① 何俊志等编译：《新制度主义政治学译文精选》，天津人民出版社 2007 年版，第 255 页。

逆强化，使抵制和排斥更变本加厉。因此，逆向激励手段的运用一定要到位。服从和顺应虽然程度有差异，但都属于制度实现过程中低层次的接受反应。由于制度本身带有某种强制性，行为主体为了避免受到惩罚和制裁，尽管缺乏内在的动力，行动上被迫服从。"规则使人们知道：为了不受制裁，行动者'必须'承担'义务'，'绝对不'违反'禁令'，在'允许的'范围内采取行动。"① 如果制度的实现过程仅仅建立在服从和顺应的基础上，短期内可以维持。但是，行为主体背后所隐藏的抵触情绪，如果长时间得不到消除，往往会形成一股暗流，这股暗流聚合到一定程度，一有机会就会向制度的权威性发起挑战，制度的实现过程就将中断。在服从和顺应阶段可以降低逆向激励的强度，避免产生逆反行为，而且要适时地实现由逆向激励向正向激励的转变。

在认同和内化阶段要运用正向激励手段，并要逐步加大成本递减和回报递增的幅度，缩短由认同到内化的时间距离。所谓认同，指的是对新制度更高层次的接受反应，其特点表现为由于行为主体满意地确定了同新制度的关系，对新制度表示认可，就力求在行动上自觉遵守。尽管已经没有了外在的强制力量的作用，但仍然需要内在的强制力量发挥作用。因而，行为主体的行为也容易偏离制度的运行轨道，导致制度变形。如果这种偏离成为一种主要的行为倾向，制度的实现过程有可能发生紊乱。以认同反应作为制度实现的基础，其中包含着某种不确定的因素。对制度最高层次的接受反应是内化，它以行为主体对制度内容及其意义准确而深刻的理解，并作出积极肯定的评价为根据。在此基础上，把制度所规定的行为准则纳入自己的价值体系中，成为自己价值体系的有机组成部分，对制度坚信不疑，从而产生积极的、自觉的行为。"制度选择能够塑造人们的观念、态度，甚至偏好。"② 只有内化反应才是稳固的，以此作为制度实现的基础，才能真正实现制度的生态化。

"尽管对规则的遵守有可能变成一种'社会习惯'，但人们仍然有可能意识到自己的行为选择。人们能够有意识地决定采用一种截然不同的规则，并通过改变行为来遵从自己的这一决定。随着时间的推移，与新规则一致的行为很可

---

① ［美］埃利诺·奥斯特罗姆等著，王巧玲等译：《规则、博弈与公共池塘资源》，山西人民出版社2011年版，第40页。

② 何俊志等编译：《新制度主义政治学译文精选》，天津人民出版社2007年版，第172页。

能就会成为习惯的选择。"① 在制度生态化的过程中，各级政府组织、企业和社会公众都有一个制度学习的过程。尤其是各级政府组织在制度生态化过程中发挥着重要作用，应该尽快地完成整个学习过程，真正使制度设计现实化、生态化。以一种良好的制度生态为支撑，浙商的公共行为的有效性和公共性会大幅度提升。

---

① ［美］埃利诺·奥斯特罗姆等著，王巧玲等译：《规则、博弈与公共池塘资源》，山西人民出版社 2011 年版，第 142 页。

第十一章　浙商公共行为的政策导向

　　民营经济已是国民经济的重要支撑，民营企业是推动一国经济发展的重要因素。从发达国家的经验来看，国家经济的持续发展往往不是依靠数量不多的大型企业和国有企业，而是得力于中小企业和民营企业的发展与繁荣。随着我国民营经济的快速发展，民营企业的作用日益扩大。关注民营企业、扶持民营企业、促进民营企业的发展也成为我国政府需要研究的重要课题之一。浙商作为民营企业家的典型代表，其公共行为不仅对自身的发展具有多种意义，而且对国家经济社会的发展也有重要的推动作用。浙商公共行为的层次是需要提升的，政府的政策对于提升浙商公共行为具有重要的导向作用。充分发挥政府政策的导向作用是提升浙商公共行为层次的根本途径。

第一节　浙商公共行为相关政策发展过程

　　中华人民共和国成立以来，民营经济的发展走过了异常曲折的道路。经历了从建国初期的恢复和起步到生产资料社会主义改造完成后的停滞和倒退，从改革开放初期的徘徊观望到后来的稳定发展。这一过程同党和政府的政策变化直接相关。改革开放以来，我国政府对民营企业的发展日益关注，中央政府和各地方政府都相继出台促进民营企业发展的相关法律法规，良好的政策环境对民营经济的发展产生了十分有效的影响，同时也对浙商公共行为发挥了重要的导向作用。

一、恢复与起步阶段

1949 年 9 月，中国人民政治协商会议通过《共同纲领》，以临时宪法的形式规定"国家应在经营范围、金融政策等方面，调剂国营经济、合作社经济、农民和手工业者的个体经济、私人资本主义经济、国家资本主义经济成分，使各种经济成分在国营经济领导之下，分工合作、各得其所，以促进整个社会经济的发展"。新中国经济建设的根本方针"是以公私兼顾、劳资两利、城乡互助，内外交流的政策，达到发展生产、繁荣经济之目的"。①其中对民族资本主义的规定是保护小资产阶级和民族资产阶级的经济利益及其私有财产，"凡是有利于国计民生的私营经济事业，人民政府应鼓励其经营的积极性，并扶助其发展"。②但"在必要和可能的条件下，应鼓励私人资本向国家资本主义方向发展"。③由此可见，国家对民族资本主义一方面采取团结政策，让资本主义得到发展，发挥其有利于国计民生的作用。但另一方面又采取斗争政策，限制了其不利于国计民生的方面，并规定了它的发展方向——国家资本主义。

1950 年 12 月，国家颁发了《私营企业暂行条例》，规范私营企业的经营活动，使私营工商业得以快速发展，表现在私营工商业开业增多，私营商业的销售额和利润大幅增加。1951 年与 1950 年相比，全国民族资本主义工业户数增长了，职工人数增长了，总产值增长了。全国民族资本主义商业户数增长了，从业人员增长了，批发额增长了，零售额增长了④。

新中国成立初期，在国家制定的施政纲领《共同纲领》规定的各种经济成分共同发展的政策指导下，浙江省民营经济恢复较快，发展迅速。到 1951 年底，全省经登记的工商企业有 272 519 家，其中私营企业 267 291 家、合作社 4187 家。1952 年底全省登记的商贩有 19.6 万户。稳定的社会环境、宽松的经济政策，使个体工商户、私营企业等民营经济不仅自身得到恢复，也对整个国民经济的恢复发挥了重要作用。之后几年，经过对资本主义工商业、手工业的社会主义改造，民营经济以个体、私营、公私合营、合作经营等多种经济形式存在。1956 年底，16 万各类企业类型中纯国营企业数量占比为 3.5%，纯私营的占 12%，公私合营、合作经营的占 84.5%，38 万多个体工商业者也绝大多数走上了合作化道路。⑤

---

①②③　中国人民解放军国防大学党史党建政工教研室编：《中共党史教学参考资料》（第十九册），1986 年，第 76 页。

④　董辅礽：《中华人民共和国经济史》，经济科学出版社 1999 年版，第 62 页。

⑤　浙江省人民政府网站：http：//v.zj.gov.cn/html/news/200910/29/1605136499.shtml#play。

二、停滞与倒退阶段

1953 年 6 月，毛泽东在中央政治局扩大会议上提出了"党在过渡时期的总路线和总任务，是要在 10～15 年或者更多一些时间内，基本上完成国家工业化和对农业、手工业、资本主义工商业的社会主义改造"的过渡时期总路线。对资本主义工商业的社会主义改造首先是从工业开始的。1954 年 1 月，中央财经委员会召开了扩大公私合营工业计划会议。会议报告提出在两个五年计划期间，将国家需要的、有条件的十个工人以上的私营工厂，基本上纳入公私合营的轨道，然后在条件成熟时，将公私合营企业，改造为完全社会主义的企业。毛泽东同意了这个计划，公私合营按照计划进行。

1954 年 3 月，中共中央批准下发《关于有步骤地将有十个工人以上的资本主义工业基本上改造成公私合营企业的意见》，公私合营工作由此全面展开。公私合营首先是对那些规模较大的私人企业实行逐个合营。这种公私合营的企业使原先的私营企业在生产关系上发生了深刻的变化。例如企业由资本家私有变为公私共有，企业的领导权基本上属于国家，资本家处于被领导地位，参加企业的经营管理。企业的利润按照"四马分肥"的原则进行分配，即国家所得税、企业公积金、职工福利奖金，企业股东股息四个部分，兼顾了国家、企业、职工与资本家四方的利益。同年 9 月，国务院制定了《公私合营工业企业暂行条例》作为扩展公私合营企业的准则，公私合营轰轰烈烈地进行。到 1956 年年底，16 万各类企业类型中纯国营企业数量占比为 3.5%，纯私营的占 12%，公私合营、合作经营的占 84.5%，38 万多个体工商业者也绝大多数走上了合作化道路。随着全行业的公私合营，私人资本主义经济已经改造成为国营经济，私有经济变为公有制经济，私营资本主义形式基本被消灭了。

1958 年 4 月，中共中央发出《关于继续加强对残存的私营工业、个体手工业和对小商小贩进行社会主义改造的指示》。《指示》规定：对资本主义性质的工业户，不允许继续存在；对个体手工业户，要加入手工业合作社；对小商小贩，组成合作小组、合作商店或者使他们成为国营商业的代购代销人员；对某些收入过高的个体工商户，国家还要从原料、订货、税收等方面加以控制。1958 年 5 月，中共八大二次会议，正式通过了"鼓足干劲、力争上游、多快好省地建设社会主义"的总路线。总路线提出后，开始了"大跃进"运动。

1966 年至 1976 年十年"文化大革命"期间，在无产阶级专政下继续革命和以阶级斗争为纲这一总的政治背景下，片面强调发展单一的全民所有制经济，轻视和削弱集体所有制经济，大搞生产资料所有制的"升级，过渡"，歪曲集体所有制经济的社会主义性质，如《手工业三十五条》、《商业四十条》被扣上"修正主义黑货"的罪名；合作经济被诬蔑为"小生产自发势力的温床"、"旧社会的残余"。①

历经"大跃进"、国民经济调整、"文化大革命"三个时期国家经济政策的变化，浙江与全国一样，总的是国有经济比重加大，而民营经济中公有制的集体经济加大，私营经济变小，以至于私营企业基本不再存在。1978 年，国有经济占 GDP 的比重为 38.6%，非国有制经济占 GDP 的比重为 61.4%。而非国有制经济中主要是公有制的集体经济，占 90.7%，非公有制经济不足 10%。1978 年末，全省有证个体商贩只剩下 2086 人。②

三、徘徊与观望阶段

1976 年 10 月粉碎"四人帮"标志着"文化大革命"的结束。经过两年的徘徊期，1978 年底中国共产党十一届三中全会在北京召开，确立以经济建设为中心，把工作重点转移到社会主义现代化建设上来的战略决策。1980 年 8 月 17 日，中共中央在《关于转发全国劳动就业会议文件的通知》中明确提出，要鼓励和扶持城镇个体经济的发展。宪法明确规定，允许个体劳动者从事法律许可范围内的、不剥削他人的个体劳动。这种个体劳动是社会主义公有制经济的不可缺少的补充，在今后一个相当长的历史时期内将发挥积极作用，应当适当发展。有关部门对个体经济发展要予以支持，不得刁难、歧视。一切守法的劳动者，应当受到社会的尊重。

1981 年，国家在雇工问题上又有所松动，允许有技术和手艺的个体劳动者可以请一两个帮手，带不超过五个的徒弟。以上文件规定的出现使得国家在发展个体工商经济上的态度日益明朗，这对于个体工商经济的恢复起了有力的推动作用。6 月，中共十一届六中全会通过的《关于建国以来党的若干历史问题的决议》，指出"国营经济和集体经济是我国基本的经济形式，一定范围的劳动个体经济是公有制的必要补充"。这是在中共的正式文件中承认个体经济是公

---

① 欧健：《新中国前 30 年党的非公有制经济政策的回顾与思考》，《华北水利水电学院学报》（社科版）2005 年第 21 期。

② 浙江省人民政府网站：http://v.zj.gov.cn/html/news/200910/29/1605136499.shtml#play。

有制经济的必要补充。同年 7 月，国务院出台了《关于广开门路，搞活经济，解决城镇就业问题的若干决定》，规定"在社会主义公有制经济占优势的根本前提下，实行多种经济形式和多种经营方式长期并存，是我党的一项战略决策，决不是一种权宜之计。"说明了发展多种经济形式不是短期行为，而是一项长远的战略方针。这样，经过 1979、1980、1981 年三年的恢复，全国城乡个体工商业户从 1978 年底的 14 万人发展到 1981 年的 182.9 万户、从业人员 227.9 万人。[①] 在这一阶段发展起来的主要是个体工商业劳动者，还没有真正意义上的民营企业出现。

1982 年 9 月的"十二大"报告指出："在农村和城市，都要鼓励劳动者个体经济在国家规定的范围内和工商行政管理下适当发展。"12 月全国五届人大五次会议通过的《中华人民共和国宪法》第十条规定：在法律规定范围内的城乡劳动者个体经济是社会主义公有制经济的补充。国家保护个体经济的合法权益和利益。十二大的召开及 1982 年宪法中对于个体经济的规定标志着国家关于发展个体经济的方针基本形成。在这一阶段，国家经济改革的重点主要是在农村。家庭联产承包责任制的实行极大地调动了农民的生产积极性，推动了农村经济的迅速发展，农民收入显著增加。农村经济的发展和农民收入的增加有力地促进了农村个体工商私营经济的发展。

1987 年，党的第十三次代表大会报告指出："目前全民所有制以外的其他经济成份，不是发展太多了，而是还很不够。对城乡个体经济和私营经济，都要鼓励它们发展。"

1988 年 4 月 12 日第七届全国人民代表大会一次会议通过宪法修订案，指出："国家允许私营经济在法律规定的范围内存在和发展，私营经济是社会主义公有制经济的补充。"6 月 25 日，中共中央、国务院颁布《中国私营企业经营暂行条例》，从立法角度保护私营企业的合法存在和健康发展。

但是，1989 年后，西方资本主义国家对我国实行经济制裁，而随后苏联解体、东欧剧变，使一些人在宣传舆论上更多地讲非公有制经济的弊端和消极方面，认为发展非公有制经济就是偏离社会主义方向。而在经济上，我国出现了经济过热的势头，造成了通货膨胀的加剧。由于政治气候影响，个体、私营经济人士担心国家会否定非公有制经济，没收他们的财产，因而他们把企业挂靠

---

① 浙江省人民政府网站：http://v.zj.gov.cn/html/news/200910/29/1605136499.shtml#play。

到公有制经济企业或者停产停销，有的甚至以抽逃资金到海外等方式来避免国家出台不利政策给他们造成经济损失。总之，非公有制经济出现了几年以来第一次锐减的现象，从事非公有制经济的人员降幅很大，登记在册的私营企业也大大减少。非公有制经济发展减速，影响了国家经济的平稳发展，不利于国民经济的发展。江泽民在庆祝中华人民共和国成立40周年的大会上指出："我们要继续坚持以公有制为主体，发展多种经济成分的方针，发挥个体经济、私营经济以及中外合资、合作企业和外资企业对社会主义经济的有益的、必要的补充作用。"11月中共十三届五中全会审议通过了《中共中央关于进一步治理整顿和深化改革的决定》，反复肯定和重复了中共十三大关于个体私营经济的基本政策。1989年之后几年，民营经济进入了一个调整、巩固阶段。这个阶段的全国民营经济出现了先是下降、后是缓慢上升的情况。

随着党的思想路线的调整和向经济建设中心的转移，浙江这个原计划经济时代国家投入少、资源少的沿海省份率先改革，民营经济有了新的发展。在当时方针政策还不明朗、各地还在犹疑不决的时候，浙江各级政府却顶住压力，对民营企业采取了"无为而治"的态度，在不争论中发展，较少地对个体、私营经济创业设限，也较少地对个体、私营经济的发展进行干涉，这种默许的做法为民营企业的发展创造了较为宽松的政策环境，形成了浙江的先发优势。这一时期以温州、台州、义乌为代表的一些地方的城乡居民，开始兴办个体和小型私营企业，个体工商户得到迅速发展。

早在1978年，温州市政府就颁发了全国第一份关于私营企业的地方性法规——《温州市私营企业暂行条例》，该条例后来成为国家《私营企业暂行条例》的蓝本①。1982年党的十二大和1987年党的十三大的召开，使民营经济的地位得到了一定程度提高，成为了"国民经济的必要补充"。国有企业开始实施租赁、承包等民营化改革，乡镇集体企业发展迎来高峰。台州温岭工商局突破当时工商行政管理的禁区，向牧南工艺品厂等四家企业核发"联户企业"的营业执照，开创了股份合作企业发展的先河。1987年温州颁布了《温州市挂户经营管理暂行条例》、《温州市私人企业管理暂行办法》以及《关于农村股份合作企业若干问题的通知》。1989颁布的《关于股份合作企业规范化若干政策问题的通知》，1990年颁布的《批转〈关于股份合作企业规范化若干政策规定的

---

① 《浙江省各级政府在民营经济发展中的政策演进》，《资料通讯》2005年第7、8期。

报告〉的通知》等。对于产权问题，温州市政府还专门制定了《温州市推进企业兼并实现企业产权转让的暂行规定》、《温州市企业产权转让程序和温州市企业产权交易市场事务所章程》两个文件。这一系列政策法规极大地推动了温州民营企业的发展。

台州也是改革开放后民营经济发展较快的地区，与温州相似，早在1986年台州就出台了《关于合股企业的若干政策意见》。自此，股份合作企业发展迅速，为台州民营经济的后期发展壮大奠定了基础。

义乌市早在20世纪80年代初就已经出现了自发的小商品市场，在当时政策不明确，人们还处于"姓资"与"姓社"传统思维，"私营经济"还是敏感词汇的时候，义乌市政府顶住压力，结合当地的实际情况，总结经验，于1982年9月做出了开放小商品市场的决策，明确提出"四个允许"，即允许农民进城经商、允许农民长途贩运、允许开放城乡集市贸易、允许多渠道竞争。这使刚开始发展的义乌小商品市场获得了良好的政策支持，义乌小商品市场快速发展起来了。1984年，义乌市还提出了"兴商建县"的发展思路，进一步确立了小商品市场在义乌经济发展中的龙头地位，从而使义乌赢得了先发优势。

在1987年党的十三大确立了"一个中心，两个基本点"的基本路线之后，为规范浙江省民营经济，1988年，浙江省政府颁布了《浙江省人民政府关于鼓励乡镇企业多出口多创汇的补充通知》，1989年又颁布了《浙江省城乡个体工商户税收征收管理办法》，1991年颁布了《中共浙江省委、浙江省人民政府关于加强城乡个体工商户和私营企业管理的通知》、《浙江省人民政府关于扶持乡镇集体企业稳定发展若干政策措施的通知》以及《浙江省人民政府关于完善我省乡镇企业管理体制若干问题的通知》等文件。为民营经济的发展保驾护航。

到1990年非公有制经济占GDP比重上升为71.6%，非公有制经济中集体经济为74.2%，个体私营经济上升为25.8%。1991年，全省个体工商户由1978年的2086户猛增至100.26万户，私营企业为9.2万家[①]。在浙江省政府"无为而治"的理念下，部分市、县政府对民营经济的默许甚至提倡的政策，极大地促进了改革开放初期浙江民营经济的发展，也为浙江民营经济取得了良好的先发优势。

---

① 浙江省人民政府网站：http://v.zj.gov.cn/html/news/200910/29/1605136499.shtml#play。

四、稳定发展阶段

1992 年 1 月，邓小平"南巡"讲话打破了长期以来纠缠人们的姓"资"姓"社"的问题，阐述了建立社会主义市场经济体制的基本原则，为非公有制经济发展扫除了思想障碍。10 月党的"十四大"确立了建立社会主义市场经济体制的改革目标。十四大报告指出："坚持社会主义公有制的主体地位，坚持多种经济成分共同发展。"由此可见，中国共产党在公有制主体地位不变情况下进一步提升了非公有制经济的重要地位，强调我国非公有制经济不但要长期存在和发展，而且要同公有制经济在市场经济中互相合作、互相竞争，成为中国经济发展的一支不可缺少的力量。

1993 年，中共十四届三中全会通过了《关于建设社会主义市场经济体制若干问题的决定》，明确提出"国家要为各种所有制经济平等参与市场竞争创造条件，对各类企业一视同仁"。这一决定为非公有制经济创造了平等的竞争环境，同时为非公有制经济消除了制度障碍。

1997 年，中共召开的十五大更是将非公有制经济的地位提升到社会主义市场经济"重要组成部分"的高度，明确了非公有制经济应有的历史地位。十五大报告指出"以公有制为主体、多种所有制经济共同发展是社会主义初级阶段的一项基本经济制度"，"非公有制经济是社会主义市场经济的重要组成部分"。

1999 年 3 月，九届人大二次会议又通过了宪法修正案，规定"在法律范围内的个体经济、私营经济等非公有制经济是社会主义市场经济的重要组成部分。……国家保护个体经济、私营经济的合法权利和利益。"国家从政策、经济制度和国家法律保障方面给非公有制经济吃了"定心丸"。据统计，"到 20 世纪末，全国私营企业已达到 150.89 万户，个体工商户 3160.06 万户，两者从业人员 1.3 亿人。"①

2001 年，江泽民在庆祝中国共产党成立 80 周年大会的讲话中指出，个体户、私营企业主等非公有制经济人士"也是中国特色社会主义事业的建设者"，从而承认了非公有制经济人士在建设中国特色社会主义事业中的平等政治地位。

这一时期，浙江省的民营经济迅速发展，处于全国领先水平。1992 年浙江

---

① 《中共十三届四中全会以来历次全国代表大会重要文献选编》，中央文献出版社 2002 年版，第 662 页。

省私营企业协会成立。1993年初浙江省省委办公厅、省政府办公厅下发的《关于促进个体、私营经济健康发展的通知》，对个私经济做到"政治上不歧视，经济上不轻视，工作上不忽视"，不论成分重发展，不限比例看效益。从而以政府"有形的手"合力推动市场这只"无形的手"，促使个私经济蓬勃发展。浙江民营企业有了一个更为宽松的政治政策与社会舆论环境，1992年之后，浙江省部分地区开始尝试走公私合营的道路。如温州1993颁布了《温州市城镇集体企业实现股份合作制改组试行办法》，1994年颁布了《温州股份合作企业管理规定》、《温州市国有企业共有民营试行办法》等。台州地区于1992年颁布了《关于进一步完善股份合作企业的通知（试行）》，1993年发布了《台州地区股份企业试点实施意见（试行）》和《中共台州地委办公室、台州地区行署办公室关于恢复扶持挂牌乡（镇）村集体企业原有性质的若干意见》，1994年又发布了《台州地区行政公署关于加快企业产权制度改革的若干意见》和《台州地区行政公署关于企业产权制度改革中几个问题的意见》。由此，大批国有、集体企业改制和一些经过若干年积累的个体私营企业的联合、并购与重组，产生了大批混合所有制的民营企业。民营经济比重进一步提高，其中集体经济比重下降，而个体私营经济比重大幅度提升。1999年非国有经济占全省GDP的76%，非国有经济中个体私营经济占50.8%，与1991年相比，个体户增加了64万，增长64%。私营企业增加13.6万，增长12.4倍。浙江个体、私营企业的注册资本总额、工业总产值、社会商品零售总额均居各省市区首位。全国23家上亿元的私营企业，浙江占16家。①

五、整体转型升级阶段

20世纪90年代末期至今，随着我国加入WTO，使我国融入了全球经济一体化发展的行列，进一步加快了我国经济的发展。民营经济发展从加入WTO开始逐步进入转型升级阶段。2002年，江泽民在十六大所作的《全面建设小康社会，开创中国特色社会主义事业新局面》报告中指出，"必须毫不动摇地巩固和发展公有制经济"，"必须毫不动摇地鼓励、支持和引导非公有制经济发展"。要"放宽国内民间资本的市场准入领域，在投融资、税收、土地使用和对外贸

---

① 浙江省人民政府网站：http://v.zj.gov.cn/html/news/200910/29/1605136499.shtml#play。

易等方面采取措施,实行公平竞争"。① 允许非公有制经济投入到更广阔的市场、更多的领域,使各市场主体在市场中平等竞争、公平竞争。在承认个体户、私营企业者等非公有制经济人士是中国特色社会主义建设者后,为顺应新形势发展的需要,中国共产党本着扩大"党的阶级基础和群众基础"的目的,把"三个代表"重要思想写入党章,允许"其他社会阶层的先进分子"加入中国共产党,这实际上提出了非公有制经济人士中的优秀分子可以入党的问题。

2003 年,《中共中央关于完善社会主义市场经济体制的若干问题的决定》更提出"清理和修订限制非公有制经济发展的法律法规和政策,消除体制性障碍。放宽市场准入,允许非公有资本进入法律法规未禁入的基础设施、公用事业及其他行业和领域。非公有制企业在投融资、税收、土地使用和对外贸易等方面,与其他企业享受同等待遇。"进一步扩大非公有制经济经营的领域,非公有制经济已经可以涉足很多之前不能涉足的行业。比如允许私营企业上市融资、允许私营企业发行企业债券、扩大商业银行对私营企业的贷款、允许组建非国有银行,例如民生银行,开展融资业务,等等。

2004 年,十届人大二次会议又通过宪法修正案,规定"公民的合法的私有财产不受侵犯","国家依照法律规定保护公民的私有财产和继承权","国家为了公共利益需要,可以依照法律规定对公民的私有财产实行征收或者给予补偿"。这与 1999 年宪法修正案相比,更突出了对私有产权的保护。

2005 年国务院发布《关于鼓励支持和引导个体私营等非公有制经济发展的若干意见》(称为"非公有制经济 36 条"),这是新中国成立以来首部以促进非公有制经济发展为主题的中央政府文件。《意见》提出了放宽非公有制经济市场准入、加大对非公有制经济的财税金融支持、完善对非公有制经济的社会服务、维护非公有制企业和职工的合法权益、引导非公有制企业提高自身素质和改进政府对非公有制企业的监管等措施鼓励非公有制经济的发展。"非公 36 条"的出台受到广大的非公有制经济人士的欢迎。但是由于政策执行中各种因素的影响,"非公有制经济 36 条"有些条款并没有真正落到实处。

2007 年十届全国人大五次会议通过《中华人民共和国物权法》,更进一步从法律的高度保护合法的私有财产不受侵犯,有利于非公有制经济人士增加投

---

① 《中共十三届四中全会以来历次全国代表大会中央全会重要文献选编》,中央文献出版社 2002 年版,第 672 页。

资，有利于他们把资金留在国内，扩大生产经营。胡锦涛在十七大作的《高举中国特色社会主义伟大旗帜为夺取全面建设小康社会新胜利而奋斗》的报告指出："完善基本经济制度，健全现代市场体系。坚持和完善公有制为主体、多种所有制经济共同发展的基本经济制度，毫不动摇地巩固和发展公有制经济，毫不动摇地鼓励、支持、引导非公有制经济发展，坚持平等保护物权，形成各种所有制经济平等竞争、相互促进新格局。"在新的历史时期，非公有制经济将发挥更大的作用，得到更快速的发展，为国家经济建设作出更大贡献。非公有制经济的发展，为活跃市场、增加就业、满足人民群众多样化需要发挥了重要作用。

由于 2008 年全球金融危机使我国的企业都受到了很大的影响，民营企业更是受到了很大的打击。为了刺激经济增长，保持经济活力，2009 年国务院及相关部门出台了 3 个直接针对民营经济发展的政策文件，即《国务院关于进一步促进中小企业发展的若干意见》（简称"29 条"），《国家财政部、国家税务总局关于金融企业涉农贷款和中小企业贷款损失准备金税前扣除政策的通知》和《国家工业和信息化部、国家税务总局关于中小企业信用担保机构免征营业税有关问题的通知》。

2010 年随着政府刺激经济计划的逐渐退出，中国经济面临又一次持续稳定发展的挑战，而经济的可持续发展还需要依靠民营企业的健康发展。因此，5月 13 日，国务院发布了《关于鼓励和引导民间投资健康发展的若干意见》（简称"新 36 条"），相比较于 2005 年的非公有制经济 36 条，在四方面有了突破：首先，"新 36 条"明确界定政府投资范围，将民办社会事业作为社会公共事业发展的重要补充，鼓励和引导民间资本进入法律法规未明确禁止准入的行业和领域，为民间资本营造更广阔的市场空间。其次，"新 36 条"明确了鼓励和引导民间资本进入的具体行业和领域。鼓励和引导民间资本进入交通电信能源基础设施、市政公用事业、国防科技工业、保障性住房建设等领域，兴办金融机构，投资商贸流通产业，参与发展文化、教育、体育、医疗和社会福利事业。再次，"新 36 条"提出了鼓励民间投资进入的具体途径和方式。另外，"新 36条"还提出了鼓励民间投资发展的多种保障措施。这一政策的发布对民营企业来说无疑是一个利好，但是这一政策的执行落实还需要经历时间的考验。

这一时期浙江民营经济结构性、素质性矛盾日益突出。1997 年党的十五大确立民营经济是社会主义市场经济的重要组成部分的地位以后，浙江省委、省政府下发了浙江省第一个以省委名义扶持个体私营等非公有制经济的政策性文件——《关于大力发展个体私营等非公有制经济的通知》。绍兴市提出放心、放手、放开、放胆"四放"要求和不限发展比例、不限发展速度、不限经营方式、不限经营规模的"四不限"原则，促进了绍兴市民营经济的发展。1998年绍兴市还发布了《关于为非公有制经济发展提供人事人才保障的意见》。浙江省委省政府及时提出了推动民营经济新飞跃的目标，实施"创业富民、创新强省"的发展战略。

2001年12月20日中国加入WTO，为了适应我国加入WTO新形势的要求，进一步增强浙江省经济的国际竞争力，2002年1月，省政府出台了第一个有关中小企业发展的综合性政策性文件——《关于鼓励和促进中小企业发展的若干政策意见》。该意见包含了涉及中小企业产业结构调整、制度创新、财政金融扶持等7个领域的25条政策意见。同时，浙江民营经济开始了以提升国际竞争力为核心的第二次创业，在增长方式上进一步实现由速度型增长向质量型增长的转移。2002年7月，省委、省政府发布了《关于进一步加快民营科技企业发展的若干意见》。《意见》提出，要完善民营科技企业发展的投融资环境；加快民营科技企业的人才队伍建设；转变政府职能，优化发展环境等方法来大力鼓励和发展民营科技企业。随着社会主义市场经济体制的初步建立和逐步完善，浙江省民营经济的迅速壮大，投融资体制也发生深刻变化，民间投资的总量不断增长，领域不断拓宽。为了发展民间投资，2002年5月，宁波市人民政府发布了《宁波市人民政府关于促进和引导我市民间投资的若干意见》，提出实行积极的开放型投资准入政策，拓宽民间资本的融资渠道。宁波市的做法也引起了浙江省政府的思考，浙江省政府也认识到促进全省民间投资的必要性。2003年1月，浙江省政府出台了《关于促进和引导民间投资的意见》，提出要实施更加开放的投资准入政策，包括鼓励民间资本进入能源、公共事业等垄断性、基础性行业；拓宽融资渠道，加强和完善对民间投资主体的金融服务；为民间投资营造宽松的政策环境。这一政策大大鼓励了民间投资主体，激发了民间投资热情。2003年7月，浙江省委十一届四次全体（扩大）会议提出了发挥"八个优势"、推进"八项举措"的重大战略部署，即"八八战略"。其中第一条就是充分发挥浙江的体制机制优势，大力推动以公有制为主体的多种所有制经济共同发展，不断完善社会主义市场经济体制。在此基础上，2003年12月，浙江省政府出台了《浙江省民间投资登记备案管理办法》，对非政府资金项目实行核准制和备案制，不需审批，对非限制类、非禁止类的民间投资项目实行登记备案制。实行登记备案制的项目，投资主管部门仅对项目名称、行业属性等基本内容进行登记备案，不再审批项目建议书和可行性研究报告。民间投资项目登记备案制实行"属地受理、分级登记、全程服务、完善监督"的管理方式。2004年2月，浙江省委、省政府出台了《关于推动民营经济新飞跃的若干意见》，明确了我省推动民营经济新飞跃的目标要求和政策措施，提出要进一步优化民营经济结构、进一步推进民营企业创新、进一步改善民营经济发展环境、加强对民营企业的服务与监管。《意见》进一步放开了民营经济的市场准入门槛，加强了财政支持和金融服务，为浙江民营经济创造了更有利的发展空间和政策环境，加快推动了民营经济新飞跃，促进全省经济社会持续快速协调健康发展。

继2005年国务院发布《关于鼓励支持和引导个体私营等非公有制经济发展的若干意见》后，7月浙江省财政厅下发了《浙江省小企业贷款风险补偿试行办法》，通过具体的金融贷款补偿方法解决民营企业的融资问题。2006年浙江省人民政府发布了《关于鼓励支持和引导个体私营等非公有制经济发展的实施意见》，提出认真组织学习，深刻领会国务院《若干意见》的精神，并进行全面深化和细化，抓紧制订贯彻《若干意见》的具体措施和配套办法，狠抓政策落实，着力推动非公有制经济持续健康发展。广泛开展宣传，为非公有制经济发展营造良好的社会氛围，进一步促进了浙江省个体私营等非公有制经济发展。在全国与浙江省支持与引导民营经济的双重有利环境下，浙江省各市、县纷纷出台促进民营企业发展的政策法规。2006年杭州市余杭区人民政府出台《关于加快成长型微小企业发展的若干意见》，努力改善微小企业发展环境。2007年杭州市人民政府发布了《关于加快市政公用行业市场化进程的实施意见》，市委、市政府办公厅印发了《关于进一步加强非公有制经济组织人才队伍建设的意见》的通知，为民营企业进入公共事业领域和人才提供提出了详细的方法和保障。2007年嘉兴市人民政府也出台了《关于推进民营经济又好又快发展的若干意见》。

2008年的金融危机，使民营企业特别是传统制造业和外贸业遭遇严重挑战。浙江省各地党委政府按照中央和省委、省政府保增长、扩内需、调结构的决策部署，坚持"标本兼治、保稳促调"，把保增长与促转型有机结合起来，积极应对。2009浙江省工商行政管理局办公室发布了《关于促进全省民营企业平稳较快发展的若干意见》，提出推进产业转型升级，促进资本有序流转，营造和谐宽松环境，落实服务减负政策。

浙江省到2008年底，全省注册资本金超过百万元的私营企业达12.1万家，总资产亿元以上的私营企业1500家，私营企业集团1132家。2009年中国民营企业500强中浙江占182席。中国社会科学院公布的全国民营企业综合竞争力50强中浙江占23席。全省拥有驰名商标278件，省著名商标1586件，知名商号524个，民营企业均占90%以上。到2009年9月底，全省在册民营企业66.9万家，占全省企业总数的93.3%，个体工商户总量达到198.8万户。[①]

第二节　浙商公共行为的政策需求

尽管改革开放以来，中央和地方政府越来越重视民营企业的发展，也出台了较多促进民营经济发展的政策与法规。但由于经济制度和意识形态上的限制以及我国的市场机制的不完善，民营企业与国有企业甚至外资企业在地位和待遇上仍然有一定的差距。虽然浙江的市场化率已经达到75%，是全国市场化率最高的省份。但是由于受国际金融危机和国内社会问题的影响，浙江民营经济的劳动力成本优势已经下降，民营经济结构的不合理问题日渐严重，浙江民营企业面临着新的挑战。在此发展背景下，浙商公共行为需要更多的政策支持。

一、获得平等经济待遇的政策需求

由于长期受计划经济体制和传统意识的影响，我国各级政府对非公有制企业不能一视同仁，民营企业的发展仍旧受到很多方面的限制。在2005年国务院出台《国务院鼓励支持非公有制经济发展的若干意见》（简称"非公36条"）之前，我国80多种社会行业中，允许国有资本进入的有72种，允许外资进入的有62种，而允许私营企业进入的只有41种。[②] 民间投资在传统垄断行业和领域所占比重非常低。据国家发改委统计，在电力、热力的生产和供应业中占13.6%，在教育中占12.3%，在卫生、社会保障和社会福利业中占11.8%，在金融业中占9.6%，在信息传输、计算机服务和软件业中占7.8%，在交通运

---

① 浙江省人民政府网站：http://v.zj.gov.cn/html/news/200910/29/1605136499.shtml#play。
② 蔡根女、鲁德银：《中小企业发展与政策扶持》，中国农业出版社，第253页。

输、仓储和邮政业中占 7.5%，在水利、环境和公共设施管理业中占 6.6%，在公共管理和社会组织中占 5.9%。

在全国范围内，浙江省对民营企业发展的政策相对开放，政府对民营经济也相对重视，出台了较多对民营企业的扶持政策。2003 年浙江省政府出台了《关于促进和引导民间投资的意见》，对民间投资予以政策支持，鼓励民间资本向能源、公共事业等垄断性、基础性行业进军。2004 年 1 月开始实施的《浙江省民间投资登记备案管理办法》，对非政府资金项目实行核准制和备案制，不需审批，大大方便了民间资本的投资，有利于民间资本进入一些"禁区"。这些地方性文件的发布在一定程度上鼓励了浙江民营企业进入垄断行业，参与公共产品供给。但是，在缺乏中央总体政策指导的环境下，浙江民营企业在参与公共产品供给方面显得较为审慎。2005 年国务院出台的"非公 36 条"提出放宽对非公有制经济的市场准入：允许非公有资本进入垄断行业和领域、公用事业和基础设施领域、社会事业领域、金融服务业以及国防科技工业建设领域，鼓励非公有制经济参与国有经济结构调整和国有企业重组等。但是由于缺乏配套细则，在政策执行过程中，民营企业参与这些公共产品供给缺乏配套的法律和制度，很多公共领域民营企业依然无法真正进入。据浙江省工商联政策研究室对 1000 位浙商的调查，对"非公 36 条"非常满意的只占 3.3%，不满意的占到 24.7%，很多回答是说不清楚。[1] 2008 年金融危机之后，国家对国有企业的大规模的注资，提出了十大产业振兴规划，这间接地巩固了国有企业的垄断地位，甚至使国有企业的垄断地位得到了一定程度的扩张，使民营企业的发展受到了严重的影响。虽然 2010 年国务院颁布了《关于鼓励和引导民间投资健康发展的若干意见》，但此次政策能否落实依然面临考验，民营经济能否再次活跃依然需要具体政策的支持。

在一份从宁波市 150 家工商联执常委企业和县（市）区的规模较大民营企业的调查问卷中，即使是规模以上的宁波民企，目前也只有 5% 左右真正参与到垄断行业中；调研中有超过半数的民企认为现行法规与政策的滞后是影响民资进军垄断行业的首要原因。而一旦相关政策许可，则有超过四成的宁波民企

① 国新 36 条和浙商应对座谈会资料：周冠鑫发言，2010 年 6 月 21 日。

首选银行金融业作为自己新的投资方向。[①]

不想、不敢和不能，这三大难题是制约民间资本进入垄断行业的主要原因。宁波市工商联的调研显示，有33.4%的被调查企业认为自身条件不成熟，还不愿意进入垄断行业，是为不想；有31.7%的表示国家有关部委没有明确配套政策措施，急忙进入风险太高，是为不敢；而有24.6%的企业表示进入垄断行业是被法律法规禁止；有10.3%的企业认为地方有关部门不支持，是为不能。[②]调研中，宁波民营企业家期盼中央政府和地方政府在扩大民间投资上能够有大作为。

接受调研的企业表示，渴望看到中央政府层面的三大举措：一是完善政策法规，把促进民间投资纳入中长期发展规划和年度计划，出台具体措施吸引和支持民间投资进入实业投资、政府主导的基础设施项目以及国家产业政策鼓励和支持的领域中；二是创造宽松环境，鼓励全民创业，营造鼓励人们干事业、支持人们干成事业的社会氛围，并加强政府服务，减少审批程序；三是消除体制障碍，降低民间资本进入基础设施、金融服务、文化产业等领域的门槛，并特别希望在扩大地方小额贷款担保公司的基础上，加快以民资为主的村镇银行发展。

对地方政府层面，浙江民营企业的期待更为具体：一是开放大型项目让本土民间资本进入，在外资与本土民资的选择中，避免招商引资思维而产生的对外资倾斜的行为；二是让民间资本在市政公用事业项目等垄断行业中有利可图；三是先行开放桥梁防锈、内河清淤、保洁、农贸市场等市政公用事业和环保等服务性项目，向社会公开服务外包，对赚钱的行业以收费标的出让，亏损的行业以补贴标的招标，制订好规则后，政府作为考核验收的业主，使参与的民营企业可以根据合约履行而获利。

二、拓宽参政议政渠道的政策需求

随着财富的积累，浙商的消费观念、社会心态和价值取向都会逐渐发生变化，金钱和物质财富作为一种社会资源开始逐渐升值。来自各种研究的大多数证据表明，高地位总是伴随着政治功效感和政治能力感，具有政治功效感的人远比其他人更可能参与政治。实际上，如果高地位者缺乏政治功效感，他们不参与政治的情形则比低地位者更为严重。[③]浙商的金钱和物质财富为其带来了

---

①② 华银、方平原：《三大难题制约民气进军垄断行业》，《中华工商时报》2010年5月6日。

③ 李静雅：《转型期的公民社会与政治参与》，来源于中国选举与治理网。

一定的社会地位，这种社会地位是形成浙商政治参与需求的重要因素。另一方面，随着浙江民营企业组织形式的转变，私营企业在市场上的信誉度也逐步提高，企业运作的许多方面（包括融资、市场准入等）也开始发生变化。民营企业作为一个法人存在于经济生活中，与社会发生着千丝万缕的关系，这种社会地位进一步促成了浙商政治参与的需求。

亨廷顿认为，经济发展为民主提供了基础，由迅速经济增长或经济衰退所造成的危机削弱了威权主义。[①] 政治参与是市场经济发展和完善的内在要求和必然结果。尤其在现阶段，我国市场机制还不完善，经济的发展在很大程度上依赖于政策的支持。民营企业主通过政治参与，获取政治信息，提出本阶层的利益诉求，希望能获得一定的政策资源。在对浙商参与公共权力运作的问卷调查中，认为政策对民营企业影响很大的占28.8%，认为影响较大的占58.5%（见表11-1），这说明浙商非常重视政策的影响问题。在调查的过程中还可以发现浙商进行政治参与的人数正日益增加。由于浙江中小企业数量众多，参与的人数中进行非制度性参与的人数占到了12.8%，没有任何参与行为的人数依然占了17.5%。然而，在这些没有任何参与行为的人中，有84%的人选择了"如果条件允许的话，会参与公共权力运作"，这说明浙商中希望参与公共权力运作的人数较多，需求也较大。

表11-1 浙商对政策影响力的看法

影响程度	影响很大	影响较大	一般	影响较小	影响很小	合计
百分比（%）	28.8	58.5	8.5	1.7	2.5	100

资料来源：根据问卷统计数据整理。

在参与公共权力运作中，浙商的政策需求不尽相同。目前已经从事制度性政治参与的浙商，包括成为人大代表或政协委员的浙商，希望法律进一步完善公共权力参与的体制。一是要完善人大代表的反馈机制。目前浙商提出的提案或议案能真正进入议程，产生法律影响的十分稀少。很多议案只是提出，没有进入人大或政协的审议阶段，也没有对这些议案的处理结果提供充分的反馈信息，导致浙商参政议政的积极性降低。二是要完善政协制度。浙商是推动我国

---

① ［美］亨廷顿著，刘军宁译：《第三波——20世纪后期民主化浪潮》，上海三联出版社1998年版，第68~69页。

经济发展的一支重要力量，也是我国社会主义统一战线的一个重要组成群体。浙商也希望在各个社会阶层平等的基础上，通过政治协商会议，充分发挥作用，表达本阶层的愿望和诉求。

另一方面，浙江省作为全国民营经济大省，浙商在参与公共权力运作方面已经达到了相当高的水平，但在参与中较为活跃的基本是企业规模较大和社会地位较高的浙商，仍然有许多中小企业的浙商苦于没有渠道参政议政。从浙江省的现实状况看，浙江省的中小企业占了全省企业的 99.64%，其中小型企业占 91.54%，中型企业占 8.1%[①]。中小企业数量众多且分散，因此在参与公共权力运作中受到多重阻碍。这些中小企业浙商希望能进一步拓宽参与公共权力动作的渠道，尤其是完善直接参政议政的渠道，使政府能直接了解中小企业群体的愿望和意见。

三、弘扬公共精神的政策需求

公共精神是个庞大的体系，涉及政治、经济和文化等公共生活领域，事关社会稳定和经济发展，关系到个人精神健康和生活质量。企业不仅仅是一个经济组织，更是一个社会组织，企业公共精神的发挥成为我国目前能否真正构建和谐社会的重要问题。由著名经济学家厉以宁教授牵头的中国企业社会责任评价体系课题组，提出了中国第一个企业社会责任评价体系，主要指标包括股东权益责任、社会经济责任、员工权益责任、法律责任、诚信经营责任、公益责任和环境保护责任 7 项内容。这一评价体系也包括了企业公共精神的基本内容。

浙商自古就有守信济贫的优良传统。如宁波商帮有着近百年的诚信经营传统，他们以"宁可做蚀、弗可做绝"，"诚招天下客、信誉值千金"等经营格言，建立了可靠的商业信誉和信用制度，使宁波商帮的盛誉名闻海内外。杭州享有"江南药王"之称的胡庆余堂，长期以来延续胡庆余堂创始人、著名商人胡雪岩制定的"戒欺"、"采办务真，修制务精"的经营宗旨，并经常做善事。近年来，进入"福布斯中国慈善榜"的浙商每年都在增多，且上榜浙商人数多年名列全国之首，在福布斯慈善百人名单中浙商名列 27 位。

许多浙商在完成财富的原始积累和度过生存压力之后，已经开始思索关于企业发展和自身成长的深层次问题，开始关注与企业生存发展密切相关的劳资

---

① 吴家曦：《2007 浙江省中小企业发展报告》，浙江人民出版社 2008 年版，第 16 页。

关系、环境保护、社会形象等问题。据浙江省工商联的问卷调查报告显示，浙江省有95%的非公企业家都认为自己应当主动承担社会责任。弘扬公共精神，承担社会责任，实现人生价值是大部分浙商的愿望。但是由于我国相关制度的不成熟和政策的不完善，使浙商"想为而不能为，想做而不敢做"。例如，2010年比尔·盖茨和巴菲特到中国来举行慈善盛宴，鼓励中国有名的企业家进行慈善"裸捐"，其中也邀请了浙江两位民营企业代表人物：宗庆后与马云。宗庆后顶着舆论压力没有参加。他认为：慈善不是请客吃饭，是行为示范，慈善不是炒作，慈善不是做宣传，是自觉自愿，慈善不是身后裸捐，是生前时时刻刻都应该尽到的责任。我把企业的十几万员工安排好，让他们无忧无虑是最大的慈善。而马云参加了此次盛宴，但他并没有在晚宴上直接"裸捐"。他认为比尔·盖茨和巴菲特"找错了地方，任何事物都是有阶段的，中国还没有到这个阶段"[1]。从这两位浙商代表人物中可以发现，浙商公共精神的弘扬是理性的，他们希望在建立了较完善的公共责任政策和机制之后，才尽心尽力地履行自身的公共责任。在我国社会慈善和社会公益事业制度不健全、政策不完善的现状下，他们的行为比较谨慎。

四、发展民间组织的政策需求

达尔的多元主义民主理论认为，组织是民主参与的重要基础。民间组织在西方国家民主过程中发挥着重要的作用。随着近年来我国民间组织的快速发展，民间组织作为联系政府、企业和市场的纽带和桥梁，对我国社会经济与政治生活也发挥着越来越重要的作用。浙商希望通过行业协会、商会、各类民间社会机构等组织化的机构，以组织的形式与政府或与竞争对手建立联系，从而形成一种更强大的力量争取和保障自身的权利。没有进入到人大、政协等组织的浙商，希望借助行业协会这一组织，通过集体合力发出自己的声音。通过调查发现，加入行业协会或商会是浙商最主要的参与公共权力运作的途径。被调查的浙商中通过行业协会或商会参与公共权力运作的占到21.8%。而在对"最有可能对政策施加影响的渠道"的调查中，认为"通过行业组织"最有可能对政策施加影响的占40.3%，认为"成为人大代表"最有可能对政策施加影响的占21.6%。"通过行业组织"竟然超过通过"成为人大代表"成为最主要的有可

---

① 第八届民营企业峰会，浙江省工商局局长郑宇民的发言，2010年11月27日。

能对政策施加影响的渠道（见图 11-1），可见在浙商的观念中，行业协会等民间组织具有十分重要的影响力。相比较而言，浙江省的行业协会发展较快，浙商参与程度也较高。浙商通过行业协会、商会组成民营企业主阶层的利益团体，以团体的身份向政府提出整体的利益诉求，维护整体利益。

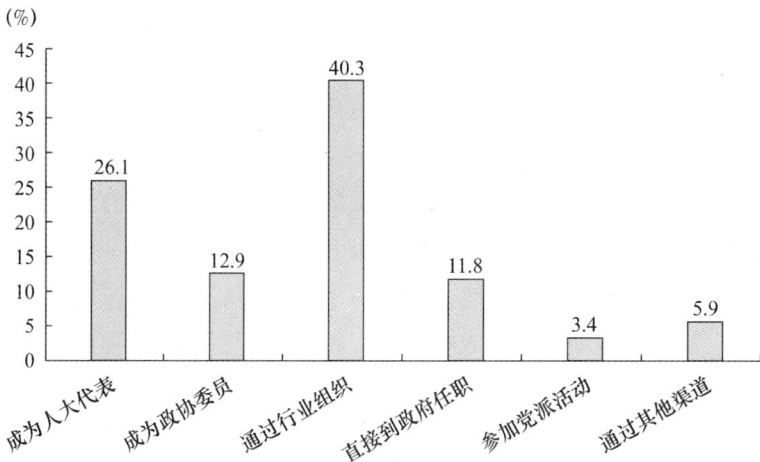

图 11-1　最有可能对政策施加影响的渠道

资料来源：根据问卷统计数据整理。

　　行业协会的主要职能包括：参政职能、代表职能和服务职能。浙江省各地区行业协会的发展水平不同，温州等民营经济发达地区的行业协会、商会的发展水平较高，职能相对履行得较好。但其他地区的行业协会在管理上存在一定的问题，也不能真正履行自己的职能。浙商期望行业协会能更加具有自主性，更能充分发挥行业协会的职能。一是在参政职能上，行业协会应充分了解本行业的要求和经济运行状况，代表行业的工商业者向政府表达诉求，争取良好的政策环境。二是在代表职能上，行业协会是本行业民营企业家的自治组织，是行业利益的代言人和利益维护者，因此商会应代表会员充分发表意见，争取良好的经营环境。三是在服务职能上，浙商希望行业协会能更好地维护企业的合法权益，调解业内纠纷、改善法制环境；招商引资，开拓市场；提供组织培训等服务。

　　除此之外，由于缺乏创立和参与民间组织的政策支持和完善的法律通道，浙商对很多社会事业往往只能"有心无力"，"望洋兴叹"。对于在社会慈善捐助方面政府、企业、社会共同管理和监督持怎样的看法的调查中，浙商普遍认为需要继续完善相关制度，其比例占76%（见图11-2）。浙商希望政府能够有更多的扶持政策支持其参与其他各类民间组织，例如，民办非企业单位、基金会、民间慈善组织等。

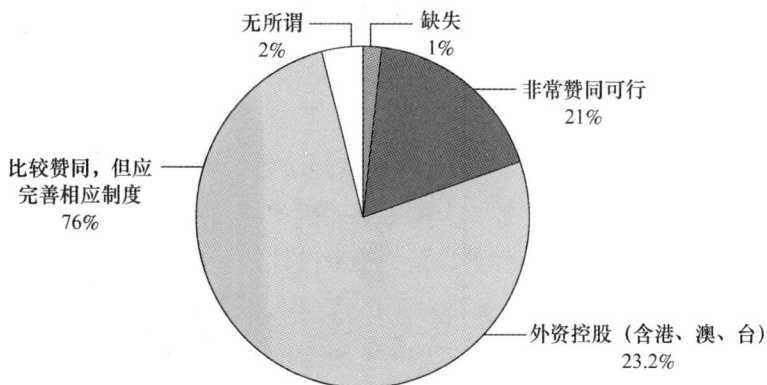

图11-2　社会慈善捐助方面政府、企业、社会共同监管的看法
资料来源：根据问卷统计数据整理。

第三节　浙商公共行为的政策完善

虽然当前浙商的公共行为处于初始阶段，但也是其发展的关键时期，它的进一步发展还需要明确的发展思路和合理的政策引导。在通过从公共产品、公共权力、公共精神和公共领域四个方面解构了浙商公共行为的政策需求后，再将目前浙商公共行为的现状与其需求进行比较，可以明确政府在引导浙商公共行为方面的政策思路。

一、浙商公共行为的政策供给差距

（一）参与公共产品供给方面的差距

近些年来，中央政府和浙江省政府都出台了放宽市场准入的相关政策，如2002年1月，《"十五"期间加快发展服务业若干政策措施的意见》指出，要积极鼓励非国有经济在更广泛的领域参与服务业发展，放宽外贸、教育、文化、公用事业、旅游、电信、金融、保险、中介服务等行业的市场准入。2002年党的十六大报告提出要"放宽国内民间资本的市场准入领域，在投融资、税收、土地使用和对外贸易等方面采取措施，实行公平竞争"以来，政府陆续出台放宽民营企业的市场准入门槛的相关政策，其中对民营企业放宽市场准入最明确的两个政策是两个"36 条"。2005 年国务院发布《关于鼓励支持和引导个体私营等非公有制经济发展的若干意见》（通称"非公 36 条"），提出了非公有制资本可以合法地参与原油钻探、开设一定规模的银行，提供电信服务，还可以经营航空公司。此外，公用事业、健康及教育甚至国防事业也已向非公有制资本开放。"非公 36 条"虽然提出了允许民营经济进入电力、电信、铁路、银行、石油等垄断行业和企业，但准入范围不够明确、进入行业不够明确、在投资形式上也只允许参股进入。事实上只是一个制度性的、方向性的文件，缺乏确实的可操作性。因此"非公 36 条"对于民营企业来说类似于一道"玻璃门"或者是"弹簧门"，难以真正进入。2010 年 5 月 13 日，国务院发布的《国务院关于鼓励和引导民间投资健康发展的若干意见》（简称"新 36 条"），"新 36 条"更进一步明确界定了政府的投资范围，民间资本的投资可以遵循"非禁即入"的原则进入垄断行业、公共事业领域，这是国家首次明确发布的放宽非公有制经济的市场准入的政策。对民间资本的投资方式的规定也更加具体。控股、参股均可，投资的方式更加明确。然而，浙商要进入垄断行业参与公共产品的供给却依然困难重重，现实与期望之间仍存在着一定的差距。

第一，缺乏配套法律和制度保障。在民间资本参与公共产品供给这一领域，目前我国尚未完善相关的法律与制度。在地方上，也缺乏相关执行细则，这是很多浙商"不能"进入的原因。

第二，政府的公信力问题。一段时间以来，政府失信的事件屡见不鲜。政府与民营企业地位的不平等导致了政府对民间投资"招之即来挥之即去"的态度，有些地方甚至出现了"开门招商，闭门打击"的状况，这些现实都令浙商对参与公共产品供给的投资"望而生畏"，"不敢"进入。

第三，原有的体制和既得利益集团的阻碍。目前垄断行业的既得利益包含很多方面。一方面在垄断行业掌权的人往往都与政治体系有一定关联，包括政府部门出来的官员以及其子女，这就牵涉到特权部门的利益问题。尽管国家与地方政府已逐渐放开民营企业市场准入的门槛，但民营企业要真正进入这些行业仍然面临较多困难，甚至有些企业千辛万苦进入了这些行业，仍然可能遭到国有资本排挤或收购而退出这些领域。这也是浙商既"不敢"又"不能"进入的原因。

可以说，尽管国家为民营企业开启了市场准入的一扇门，但是，在现实中由于缺乏配套细则和法律，要真正取得民营企业与其他性质企业同等的经济社会地位还需要政府政策的支持。

（二）参与公共权力运作方面的差距

随着我国民营企业的发展，民营企业家阶层的壮大，政治参与已经成为民营企业家阶层公共行为的重要需求之一。江泽民在庆祝中国共产党成立80周年的讲话和党的十六大报告中，积极肯定了私营企业家在中国社会中的政治地位，明确了包括私营企业家在内的新阶层中的优秀分子，只要承认共产党的党章、党纲，达到党员标准，主动申请，就可以加入中国共产党。浙江省提出"不论成份重发展，不限比例看效益，不看性质看贡献"，做到"政治上认同，社会上尊重，政策上支持，经济上保障"，彻底消除对民营企业干部怕接近、金融部门怕贷款、基层群众怕担风险的"三怕"思想。可以说，在此之后，制约民营企业家参与政治的思想性、制度性障碍已经基本解除。

尽管党和政府在思想上和制度上鼓励有条件的民营企业家积极参与公共权力的运作，但是在操作层面依然没有具体关于民营企业家如何参与的细则与规范，这也是目前影响浙商参与公共权力运作效果的主要因素。由于当前浙商的参与实践缺乏规范操作，又没有严谨的制度保障，也就很难保证他们的参与会取得积极有效的成果。而没有效果，不解决问题的参与实践，无异于画饼充饥，不会赢得浙商的满意和认同。

这些操作层面的问题影响到参与公共权力运作的整个过程，包括进入参与的程序、参与中的提案过程、参与后的反馈过程。在进入参与公共权力运作的程序中，由于国家与浙江省政府都没有出台有关民营企业家如何进入参与程序的法律规章，缺少对浙商进入中国共产党、人大、政协、工商联、行业协会和民间商会等组织和利益表达机构的条件和程序规定。在参与公共权力运作的提案过程中，由于提案审议程序的不透明、审议过程的不明确性，致使许多浙商的提案不受重视，从而也降低了浙商提案的主动性和积极性。在参与之后的反馈中，利益表达机构的反馈机制仍不够完善，尤其是企业规模和影响力不大的浙商的提案往往容易被忽视，得不到政府的信息反馈。

（三）参与公共精神积淀方面的差距

目前，浙江民营企业创造了全省70%的GDP，贡献着2/3的税收，提供了全省90%的新增劳动岗位，承担起全省近80%的公益和慈善捐款。从2003年开始，为扶持贫困山区和革命老区脱贫致富，促进地区经济发展和社会稳定，在南存辉、胡成中等著名浙商的积极倡导下，温州乐清市成立了全国首家民营企业慈善组织——乐清民营企业扶贫济困总会，156 家企业先后认捐扶贫济困资金近 3 亿元。浙江万向集团董事局主席鲁冠球在 20 世纪 90 年代就出资 1000 万元，设立"慈善基金"，开展一系列慈善活动，产生了良好的社会反响。浙江寿尔福化学有限公司董事长樊培仁积极参与"助残"活动和"解困工程"，向丽水全市的残疾人捐轮椅近 2000 辆，受到 2000 位残疾人的欢迎。台州环宇集团董事长戴学利热心收留 55 个孤儿。[①] 尽管浙商参与公益事业在全国处于领先水平，但是与欧美发达国家相比，我国民营企业的社会责任、公益责任以及环境保护责任的履行还没有达到规范化、普遍化的水平。

第一，关于公益事业法律体系落后。我国的法律法规中没有关于慈善捐款以及如何使用的规定，能够找到的依据只有现行税法的规定：企业所得税的纳税人用于公益、救济性的捐赠，在年度纳税所得额 3% 以内的部分，准予免除。个人向慈善公益组织的捐赠，没有超过应纳税额的 30% 的部分，可以免除。至于捐款资金如何使用，现行法律、法规没有具体的规定。

第二，非政府性的公益组织和慈善机构较少。由于受到民间组织注册登记的条件限制，完全民营化的公益组织或慈善机构很难注册成功，需要挂靠在官方机构名下。因此，国家承认的慈善机构大部分有官方背景，或者有半官方背景，特别是在慈善机构的运作上，存在官方的运作模式，官僚化的倾向非常明显。

第三，慈善免税制度不完善。根据中国目前的税法规定，企业所得税的纳税人用于公益、救济性的捐赠，在年度纳税所得额 3% 以内的部分，准予免除。个人向慈善公益组织的捐赠，没有超过应纳税额的 30% 的部分，可以免除，超过部分则需要按标准纳税。这一税收政策对企业而言，不仅不能带来多少税收减免，还要对限额以外的捐赠支付相应的税费，也就是捐的越多，纳税额也越高，影响了企业捐赠的积极性。另外，即使在企业年度纳税所得额 3% 以内的免税部分，办理免税的过程性手续过于烦琐，民政部救灾救济司长王振耀曾现身说法，讲述了自己以个人名义向中华慈善总会捐款 500 元并申请捐款的税收抵扣的经历。为了拿回抵扣的 50 元，他经历了 10 道手续，花了两个月的时

---

① 徐忠友：《浙商在社会责任面前勇挑重担》，《中华工商时报》2010 年 10 月 27 日。

间。可见，慈善免税制度在执行中也存在很大的问题。

第四，公益机构的组织和功能不完善。现阶段能够承担起慈善捐款任务的全国性慈善机构不超过 20 家，其组织结构还不是很完善。特别是在功能上，慈善捐款的渠道不是很畅通，个人对个人的单体捐款资助的方式得不到法律上的保护，加上整个社会的诚信缺失，款物的使用不能保证按照捐出人的意志。这些政策现状减少了浙商参与慈善与公益事业的热情，导致了浙商在参与公益事业时的理性谨慎态度，也是造成我国缺乏"乐善好施"的慈善环境的主要原因。

（四）参与公共领域建构方面的差距

浙江省不仅是民营经济大省，也是民间组织大省。浙江省的各类民间组织的发展较为完善。早在 2007 年底，全省经县以上民间组织管理部门核准登记注册的各类民间组织就达到 24 345 个，民间组织总数在全国居第三位，每万人拥有民间组织的数量居全国第二位。①

在市场经济条件下，社会利益主体多元化，公民之间、企业之间的矛盾冲突的解决途径在多数情况下不能诉诸政府，更多情况下是通过公民之间、企业之间的协商解决。民间组织的出现就是为了协调这种存在于社会层次的利益冲突，通过民间组织，在一定程度上填补了政府的管理空缺地带，为民营企业提供更完善的社会公共服务。

从浙商的角度上看，行业协会和民间商会是浙商参与的最主要的民间组织。民间商会在利益综合和利益表达上的优势，能作为行业利益的代言人和协调者参与政策的制定、修改、完善和执行，从而在很大程度上能改进政府决策的程序化、科学化、民主化过程，提高决策的质量、力度。但是目前浙江的中介组织在发展中不规范，关系也不顺，特别是各级民间商会的发展，制约因素也不少。除此之外，越来越多的浙商也开始参与其他民间组织，主要包括民办非企业单位、基金会、慈善组织等。尽管经过一段时间的改革，浙江省的民间组织在形式上基本都已经达到了"政会分离"，但是，一方面目前的法律制度环境还存在许多不利于民间组织健康发展的因素，包括登记注册限制过多，双重管理体制控制过严，具体管理措施的立法滞后于民间社会组织发展的需要等。②另一方面，由于权力、资金以及历史因袭问题，仍然有部分民间组织对政府存

---

① 吴锦良等：《走向现代治理》，浙江大学出版社 2008 年版，第 18 页。
② 吴锦良等：《走向现代治理》，浙江大学出版社 2008 年版，第 34～36 页。

在很大的依赖性。在组织上由政府安排，在资金运作上也由政府拨付，没有实现市场化运作，这造成了浙商只能对这些民间组织望而兴叹，无法在真正意义上进入这些民间组织，更无法参与这些民间组织的运作，这种问题也使民间组织很难达到真正的治理效果。

尽管政府对民间组织的政策扶持力度有所加强，但是，这些政策力度往往都是局部的。由于一般无利可图，有关部门的政策执行力度不够。这种政策扶持力度的不足主要表现在：在财政上，虽然政府通过招标等形式对民间组织进行资助，但是很多民间组织往往因为能力、信息等原因，很难争取到这些项目。另一方面，由于很多民间组织只是公益性较强的社会组织，没有被列入财政体制，没有常规性渠道得到财政支持。在用地用房方面，政府缺乏相关优惠政策，一线城市的高房价造成了民间组织办公场所难找，成本增加问题。这些问题导致目前很多民间组织的建立只是昙花一现，或者只是建立后不再运作，成了一个"空壳组织"。据问卷调查，浙商在参与民间组织方面对政府扶持政策的满意度显示，有49%的浙商认为当前的扶持政策一般，有17%的浙商不满意，仅有6%的浙商对当前政府的扶持政策表示满意（见图11-3）。可见改善的空间还很大。

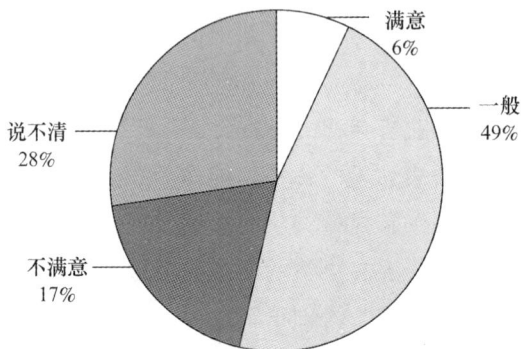

图11-3　在参与民间组织方面浙商对政府扶持政策的满意度

资料来源：根据问卷统计数据整理。

二、浙商公共行为政策改善的对策

（一）在公共产品供给方面政策改善的对策

第一，完善市场准入机制。淡化所有制差异，对个体私营企业与国有、集体企业一视同仁、平等对待。尤其是经历2008年金融危机影响后，民营企业受到了严重的打击，对国民经济的发展造成了重大的影响。为鼓励民营企业的健康发展，促进民间投资的规范化，2010年5月国务院发布的《国务院关于鼓励和引导民间投资健康发展的若干意见》为民营企业提供公共产品指明了大方向，为民营企业进入一直以来都不允许进入的行业和领域提供了更为明确的方式。可以说，这是中央政府目前对民营企业发展最重要的政策导向。在操作方面，这一政策的落实还需要地方政府的积极响应和配合。浙江省作为民营经济大省，2006年浙江省民营经济增加值为9898.85亿元，占全省GDP的比重为62.9%，税收收入47.7%来自民营经济①，经济的发展在很大程度上来源于民营企业的贡献。浙江省政府在国家"新36条"的政策导向下，结合浙江省的经济发展的实际情况，在国家"新36条"的框架下，出台符合浙江省民营企业发展的相关细则。财税金融政策平等，要求以产业导向为主要标准制定财税优惠政策，取消所有制差别待遇，对原来只给国有或集体企业的税收优惠，扩大到私营企业。各级财政扶持企业发展的各类发展、贴息和技改基金，都向私营企业开放，不再受企业所有制性质限制。

第二，完善民营企业参与公共产品供给的配套法律法规。现阶段，导致浙商"不想"、"不敢"参与公共产品供给的重要原因就是对浙商的参与行为缺乏制度性的保障。一是国务院有关部门要尽快制定并公示有条件准入的领域、准入条件、审批确认等准入程序以及管理监督办法。国务院发布的"新36条"作为一个国家引导民间投资的政策导向，不能也不需要将所有政策细节都做出规定。在具体领域还需要相关的部门各自制定该领域各行业的具体性政策和法规。二是浙江省省政府及各县市应在国家"新36条"的政策框架下，结合自身实际情况与特点，制定行之有效的地方性法规。三是还应当立法明确民营企业与政府双方在民营企业参与公共事业过程中的义务和权利。通过明确的立法规定，避免民营企业在参与公共产品供给中遭遇不公正待遇，降低了民营企业"不敢"参与的心态，同时也有利于政府明确职责，提高办事效率。

第三，拓宽民营企业进入公共产品领域的融资渠道。资金是民营企业生存和发展的血液，由于政策的制约，现阶段民营企业在资金来源与资金的运作上都存在不同程度的困境：融资渠道单一，政府支持力度不够，市场信用制度缺失等。要拓宽民营企业进入公共产品领域的融资渠道，一是要制定和颁布规范金融市场的法律法规。完善证券市场运作相关配套法规，加强金融监管，建立高效、有序、公平的金融市场。二是要打破金融垄断，逐步放开金融执照。政

---

① 吴家曦：《2007浙江中小企业发展报告》，浙江人民出版社2008年版，第61～65页。

府应出台政策鼓励建立民间金融机构，可以借鉴香港地区的经验。香港金融机构繁多，有着各式各样的大小银行，其中的大多数是私人银行，这些规模不等的私人银行，给社会提供多层次的金融服务。浙江省借鉴香港经验，在建立了良好的金融管理制度后，逐步放开金融执照的限制，打破金融垄断。三是要构建政府对民营企业的金融支持体系。要真正拓宽民营企业的融资渠道，还需要政府对民企金融的支持。从各国情况来看，政府的资金援助一般占到企业外来资金的10%左右。政府可根据企业性质及企业发展阶段制定有利于企业发展的金融支持政策，如对于创业起步阶段的新兴产业，可采取降低税率、减免税收、提高税收起征率等措施鼓励其发展；对于面临转型升级的企业，可提供研究开发补贴、贷款担保等政策促进其发展创新。

第四，保护民营企业参与公共产品投资的合法权益。缺乏政府公信力是导致浙商不敢进入目前法律已经允许进入的公共领域的重要原因。要改变这一局面，首先要明确产权。民营企业投资公共产品的模式有多种，有合同承包、特许经营和政府撤资等主要模式。① 特许经营是民间资本投资公共产品的主要方式，包括 BOT（建设—经营—移交）、BOO（建设—经营—拥有）、ROO（改造—经营—拥有）以及 TOT（移交—经营—移交）等方式。在这些运行模式中，企业和政府的产权首先应界定清晰，经营的范围、经营的时间、如何经营都应在经营协议中明确说明。其次，成立第三方监管组织对双方权责进行监管。政府和企业地位的不平等是政府随意毁约的根本原因。因此要建立一个免于政治影响的第三方监管机构，监管程序必须公正透明，可以鼓励公众和社会的共同监督。

第五，建立健全社会化服务体系。政府职责的基本领域，是在维护国家机器正常运转的前提下，满足通过市场机制满足不了或满足不好的社会公共需要。在浙江省，民营企业是重要的市场主体，也应当是政府服务的主要对象之一。浙江省政府应积极鼓励建立以资金融通、信用担保、技术支持、技术经纪、产权评估、管理咨询、信息服务、市场开拓和人才培训等方面的社会服务体系，并对服务体系建设给予必要的资金和政策支持；鼓励和支持科研院所、大专院校和各类商会等机构，为民营企业提供技术创新和科技产业化等方面的服务，

---

① ［美］E·萨瓦斯著，周志忍等译：《民营化与公司部门的伙伴关系》，中国人民大学出版社2002年版，第254页。

充分利用中介服务机构和计算机网络等先进技术手段，为民营企业提供网络化、社会化、市场化、产业化服务。

（二）在公共权力运作方面政策改善的对策

第一，重视提高民营企业家的社会和政治地位。由于我国封建社会大多"重农抑商"，导致商人的社会地位低下，时至今日，商人的地位早已非同以往。在对私营企业主对于自身经济地位、政治地位和社会地位的评价一项调查中，研究人员将此三种地位各划分为了十个层次，结果发现，认为自身的经济地位、政治地位和社会地位位于中间层次的比例为最高，分别为 21.2%、26.0% 和 26.6%①。可见民营企业家认为自身在经济、政治、社会方面的地位都处于中间层次，但并不认为自身具有较高的地位。然而在大多数人们的思维中，商人仍然只是在经济方面拥有较高的地位，而没有相对等的政治地位。民营企业主的经济实力已经得到了社会的广泛关注，同时也让这个阶层有了较为明显的政治诉求。然而，由于历史的原因，这个阶层在国家政治体系中的地位仍然比较模糊。尽管近些年来国家一直在解决社会新阶层带来的理论和政策问题，并且一再提高民营企业家的政治定位，但是仍旧无法和他们经济实力的飞升相比。同时，由于民营企业家政治地位没有受到普遍的认同，这一阶层在参与公共权力运作中的阻碍相对较多，在参与公共权力运作中的声音容易被忽视。浙江省早在几年前就提出，要使个体私营企业经营者经济上有实惠、社会上有地位、政治上有荣誉。省工商局会同有关部门开展了"百佳私营企业"、"百强科技私营企业"、"十佳个体私营经济专业村"、"纳税大户"等表彰活动，树立了一批不同类型的个体私营企业先进典型。在此基础上，还可以推荐民营企业家参选全国或省的人大代表、政协委员，而且让民营企业家参加包括劳动模范在内的各类评先进活动。

第二，完善对民营企业家提案的反馈机制。政府应当建立合理的反馈机制对浙商通过人大、政协的提案或其他方式（上访、电子问询等）提出的意见或建议给予合理的回应。改进提案的反馈方式，由代表或委员向承办单位反馈改为直接在网络上向政协和承办单位反馈，提高提案的反馈率。

第三，完善政协制度。民主党派要广泛了解民意特别是了解并表达自己所代表的社会利益群体、阶层成员的利益要求和建议，充分发挥好自身在国家政

---

① 金融界网站：http://finance1.jrj.com.cn/news/2007-10-29/000002848796.html。

治生活中参政议政的职能作用。

第四，要完善直接的参政议政渠道。针对中小企业企业主参政议政难，意见不被重视的困境，最直接的方式是完善直接参政议政的方式。直接参政议政的方式主要有听证会、座谈会、约谈会、情况通报会、网上政府、各类政府电话以及直接找政府接触等。目前这类渠道的运作还没有规范化，在运行中也往往流于形式。要真正发挥直接的参政议政的作用，一是政府应积极征询民营企业主的意见和建议，变被动为主动，使政府与企业的关系由原来的政府主导型转变成政府与民营企业之间公开的、良性的互动关系。二是发展多种形式的参政议政渠道。要加快提案信息化建设，畅通民营企业主与政府部门之间、政府各部门之间的信息渠道，根据需要，召开不同层面的座谈会、约谈会、情况通报会，并借助政务公开，引导浙商利用政府网络信息等载体，帮助其拓宽知情渠道。三是通过立法进一步规范直接参政议政方式，避免形式主义、形象工程的出现。通过改进政府与企业的关系，逐步改变浙商传统的利益表达方式。

（三）在公共精神积淀方面政策改善的对策

要促使浙商公共精神的发挥，一方面要解除目前对掣肘公共精神发挥的政策约束，另一方面要创造新的政策环境引导激发浙商公共精神的发挥。

第一，完善社会公益事业的法律体系。我国目前对公益活动的相关法律体系还很落后，民营企业在参与社会公益活动时具体运作、资金走向都缺乏相关的程序性。在慈善方面，我国目前还没有出台正式的《慈善事业与慈善组织法》，法规政策的滞后已经成为制约我国慈善事业发展的主要障碍。要激发我国公益事业的活力，形成良好和谐的慈善环境，最重要的是要完善我国公益事业的法律体系，将慈善组织的管理制度、运行标准和监督机制以法律形式具体化，明确慈善机构的性质、使命及其管理运行的基本准则，确立慈善机构独立的法人地位，制定一套科学合理、公开透明的法律体系。

第二，还原社会公益组织的独立性。社会公益慈善事业是人的爱心和社会责任感双重激发的自觉行为，本质上具有非营利、非政府的特性。但是在我国公益事业与慈善事业的组织机构都由政府进行管理，《社会团体登记管理条例》明确规定，民间组织实行登记管理机关和业务主管单位双重管理制度，从而决定了慈善组织与政府部门之间是一种管理与被管理的上下级关系，大部分的慈善活动带有行政强制性，群众参与捐赠活动大多属于"自上而下"的被动行为，有违公益事业自愿原则，对慈善机构的独立法人地位造成了损害。应逐渐取消现行法制中慈善组织的设立和行政监督"双重管理"制度，转变为由综合统一机关负责的制度，让慈善机构独立承担起自己的民事责任，对自己的行为负责。

第三，完善慈善免税制度。国内对慈善捐款中减免税收的政策是相对保守的，明确规定高于限额的部分不予抵扣。双重付款加重了企业的负担，因此，企业不得不考虑自身的承受能力，这是造成企业不愿多捐款的最主要原因。[①] 完善慈善免税制度，最重要的是要逐步打破这种双重纳税的制度，提高慈善免税额度，提高企业慈善行为的积极性。同时要加强慈善捐赠税收优惠政策的宣传，推动制定便利捐赠人办理税收优惠政策的手续等，以保护捐赠人应得利益。另外，随着我国慈善事业的发展，也可借鉴西方国家的遗产税制度。通过大幅度的遗产税率促使民营企业主减少财产遗留，推动个人慈善行为的开展。

第四，完善公益监督机制的建设。目前慈善机构缺乏财务管理方面的强制性规定，慈善机构的财务情况不够公开透明。而捐赠者总是希望将捐赠款明确分配到自己所希望的捐赠对象手中，但不规范的操作导致慈善事业得不到全社会的信任，更得不到社会捐赠人士的信任。2008年我国的《政府信息公开法》开始实施，在此背景之下，各级民政部门与慈善相关的信息公开制度也逐渐完善。对此，国家民政部门应联合相关部门建立评估制度、信息披露制度和财产管理制度等加强慈善机构的管理，每年对慈善财务进行一次审计，并且接受社会监督，保证组织高效、民主、规范的运行。

（四）在公共领域建构方面政策改善的对策

第一，完善民间组织发展的相关法律体系。一是要完善民间组织登记条例。现行的《社会团体登记管理条例》规定，成立社团一要找到一个政府部门作为其业务主管单位，二是要具有一定的资金。这一规定大大地限制了民间组织的创办，也限制了民间资本参与发展民间组织。若降低这一准入门槛，将有效促进民间组织的快速发展。三是要加快对民间组织具体管理措施的立法。建立明确的民间组织准入制度、民间组织的职能规定、民间组织的税收优惠政策、对志愿者及其活动的推动政策、收支管理、募捐与捐助政策、民间组织的评价和监督体系等完备的法律体系。

第二，建立以民间组织为中心的社会化服务体系。政府应支持民营企业建

---

① 杨茗著：《解析制约我国慈善事业发展的原因》，《理论与当代》2008年第3期。

立自治组织，尽快建立社会化服务体系。要以商会、行业协会等企业自治组织为中心，建立包括会计、法律、管理、技术方面的咨询和培训、政策信息提供等在内的企业社会化服务体系。现阶段，除了工商联这样的准政府组织外，行业协会组织还不发达。由于过去的体制中社会事务基本上都有事业单位所主管，缺乏民间组织进入空间。在事业单位改革之后，部分公共事务开始逐步允许民办，基本实现了"政会分开"。但是部分民间组织的职能转移尚未完全到位，作用发挥受到政府的限制，导致这类组织职能缺失，难以真正发挥作用。要激发行业协会等民间组织的活力，构建以民间组织为中心的社会化服务体系，首先政府要放权给民间组织，赋予这些民间组织相应的组织职能，这一点可以借鉴行业协会组织发展运作较为成功的温州经验。温州市政府制定了《温州市行业协会管理办法》，赋予行业协会16项职能，为民间商会开展业务指明了空间①。其次，政府帮助和扶持民间组织的创立。在民间组织创立过程中，政府应提供各类服务促进其快速成长。可以出台相关促进民间组织建立的政策条例，包括资金上的支持、技术上的扶助等。

第三，鼓励浙商积极参与各类民间组织的创办。在中国，民间组织的创办和建立主要有以下三种途径：一是由原来的准政府组织、事业单位和人民团体分化变化而来。这类组织通常都会依托原来的某个组织机构，其启动资金和运作人员往往来自原来的组织，因而与母体有着千丝万缕的联系。二是完全由私人创办，其资金、人员和活动均由自己决策，但由于私人创办受到诸多条件限制，运行十分困难。三是由个人、社会团体与政府合作的形式共同创办，政府主要以资金等形式进行赞助。根据《事业单位登记管理条例》、《社会团体登记管理条例》的规定，这类组织都有一个上级主管单位，这类组织对主管单位存在一定的依赖性，仍然缺乏独立性。

民间组织是组成公民社会的基石，只有大力发展民间组织，促进民间组织的繁荣才能形成成熟的公民社会。因此，政府有必要出台优惠政策鼓励民间资本创办民间组织。一是引导浙商创办公益性组织。公益性组织包括公益性的非营利机构，也包括公益性的基金会，公益性社团等，与西方发达国家相比，我国公益性组织无论在数量上还是服务质量上都存在显著差距，其中最主要的原因在于这类纯公益性组织缺乏资金支持，政府可通过税收减免、贷款优惠、经

---

① 许崇正等：《民营经济发展与制度环境》，中国经济出版社2008年版，第360页。

费补贴等政策工具引导、鼓励民间资本创办公益性组织。一方面满足民营企业主的实现社会责任和个人价值的需要，另一方面，也促进了企业和社会互助式和谐发展。二是引导浙商积极参与相关民间组织。在各类民间组织中，浙商除了在行业协会类民间组织参与度较高外，对其他组织参与较少。因此，政府一方面需要放宽对各类民间组织登记创立的限制，促进民间组织的发展繁荣。另一方面，要采取一定的政策工具引导浙商参与相关民间组织。如通过税收减免方式促进浙商参与慈善组织；通过提供志愿服务或信息服务等工具鼓励企业参与环保组织等。

第十二章　浙商公共行为的时代意义与未来

　　浙商的公共行为有助于弘扬社会的公共性，张扬社会的公平正义，构建和维持社会的公共秩序。对于公共行为的未来发展趋势，以及最终归宿，不同的思想家做出了不同的设想。乌托邦思想、历史终结理论以及马克思所推崇的"自由人的联合体"的思想，描述了公共行为的未来走向。这些可以用来分析浙商公共行为的未来发展形态和终结的过程。

第一节　浙商公共行为的时代意义

　　马克思在分析人类社会历史发展阶段时，首次从人自身发展的角度提出了历史发展的三种形态说。在他看来，"人的依赖关系（起初完全是自然发生的），是最初的社会形态。在这种形态下，人的生产能力只是在狭窄的范围内和孤立的地点上发展着。以物的依赖性为基础的人的独立性，是第二大形态。在这种形态下，才形成普遍的社会物质交换，全面的关系，多方面的需求以及全面的能力的体系。建立在个人全面发展和他们共同的社会生产能力成为他们的社会财富这一基础上的自由个性，是第三个阶段。"① 对应于这三个阶段的经济形态分别是：同人的依赖关系相联系的自然经济形态、同人的独立性相联系的商品经济形态和同人的全面发展相联系的产品经济形态。现代社会正处于商品经济时代，即人与人之间依据公平、公正、等价交换的原则进行物品与物品、物品与服务、物品与资本的交换等市场活动。只有当生产力高度发达，整体社会发展程度达到非常高的水平时，才能迎来马克思所阐述的同人的全面发展相

---

　　① 《马克思恩格斯全集》第46卷（上），人民出版社1980年版，第104页。

联系的产品经济时代。以公平、公正、等价交换作为原则的市场经济阶段，一定程度上促进了与公平、公正相联系的社会公共性的发展。企业是市场经济体系中的基本单位，是国民经济发展的主要载体。企业的生存与发展，直接关系到国民经济的发展、市场的繁荣和人民生活水平的提高。但是，现代社会的市场经济仍存在着许多缺陷与不足，企业公共性缺失比较严重，一些企业在进行生产经营过程中，仍然存在商业欺诈、偷税漏税、盗用国家资源、行贿等不良商业行为，对社会造成了很大的负面影响。浙商作为当代中国影响比较大的商人群体，被喻为"当今世界之中国第一民商"。浙商在自身发展过程中产生的公共行为有助于提高企业的社会责任感，促进社会整体公共性的提升，这也使浙商的公共行为具有重要的时代意义。

一、浙商公共行为与弘扬人的公共性

20世纪70年代末的改革开放推动了浙商的最初发展，随着20世纪90年代社会主义市场经济体制的确立，浙商在发展中逐渐壮大。然而，早期的浙商由于受资本薄弱、技术落后、资源短缺等条件的限制，以及受自身自利性的影响，出现了各种各样不规范的经营行为。假冒伪劣产品造成市场混乱、诚信缺失、牺牲社会利益满足个人利益，不择手段追求自身利益，导致了早期浙商公共性的缺失。为了重塑企业形象，伴随着企业发展的不断加快，浙商也一改早期唯利是图的经营思想，越来越多的浙商意识到自身的发展与社会的整体发展之间的关系，认识到企业承担社会责任的重要性。使浙商在进行生产经营活动的同时，也积极投身于社会公共活动之中。公共性的本质在于利他性，个体在实现自我的过程中，成就他人或组织的利益是公共性的重要表现。公共性也是一种内在属性，体现在公共行为上则是一种自觉的、自愿的行为。浙商作为经济群体，在生产经营与社会活动过程中所展现自觉的、自愿的公共行为，有助于推动整个社会公共行为的发展。

第一，浙商在经济领域弘扬人的公共性。由于公共产品满足的是社会公众的需要。公共产品具有效用的不可分割性、消费或使用上的非竞争性和受益上的非排他性，公共产品的私人供给往往难度很大，因而必须由政府来提供。但随着社会的不断发展，公共产品的需求量越来越大，需求的内容也越来越广泛。单靠政府提供公共产品已经不能完全满足社会的公共需求，需要政府与企业和第三部门合作来提供。浙商作为经济群体，立足于自身优势，参与公共产品的

供给，弥补了政府供给的不足。浙商参与公共产品供给是自身公共性的外在表现。浙商在参与公共产品供给的同时，也使人的公共性得到弘扬。20世纪90年代以来，浙商在经济上获得了较大的发展，在积累了一定的物质财富和货币资本后，开始进入科技教育、文化体育、城市设施等一系列文化事业和公共工程建设领域。温州汇丰公司投资2.1亿元修建苍南县龙金大道、浙江方俊集团出资2亿元新建浙江北溪水电站、杭州锦江集团投资4.8亿元建立6个热电厂。徐亚芬领导的万里教育集团创办和形成包括万里国际幼儿园、万里国际中学、浙江万里学院，还有宁波诺丁汉大学、宁波国际学院、万里汽车驾驶学院等完整的教育项目；徐文荣领导的东阳横店集团投资和发展影视旅游业，被誉为中国的"好莱坞"；李书福创办和领导的台州吉利集团，不仅在台州兴办浙江经济管理专修学院，而且还在北京兴建北京吉利大学。[①] 这些仅仅是浙商参与公共产品供给的一部分。浙商参与公共产品供给的行为，一定意义上弘扬了人的公共性。

第二，浙商在政治领域弘扬人的公共性。社会公共性的实现同民主制度建设相关联，公共权力的异化会导致政府的行为偏离公共性。要克服公共权力的异化，保证政府行为的公共性，离不开广泛而积极的政治参与。社会公众积极参与公共权力的运作，从不同角度和不同层面行使知情权、表达权、参与权、监督权，制约政府的行为，使政府通过整合社会公众的利益要求，形成社会的公共利益，并通过政府的行为保证公共利益的实现。当政府的行为偏离公共利益的时候，社会公众通过积极参与制约和纠正政府的行为，使之回到正确的轨道。浙商作为社会公众中的一个群体，积极参与公共权力的运作，同样有利于保证政府行为的公共性，从而为弘扬人的公共性发挥一定的作用。浙商参与公共权力的运作具有重要的社会功能，具体来说，一方面，浙商作为一个社会群体，浙商企业作为整个社会经济发展的组成部分，其发展过程与政府的公共政策息息相关。通过参与公共权力的运作，浙商能及时反馈企业经营和自身发展中遇到的问题和困难，及时地反映自身的政策需求，有利于政府针对具体问题制定合理有效的公共政策，促进企业的发展。另一方面，浙商作为社会群体的重要组成部分参与公共权力的运作，推动了政治民主化，决策科学化，巩固了政府合法性的基础，有利于和谐社会的构建。从个体角度来看，浙商参与公共

---

① 吕福新等：《浙商的崛起与挑战——改革开放30年》，中国发展出版社2008年版，第33页。

权力的运作，是内在地将个人属性置换成社会主人翁属性，把经济社会良性发展看成个人致力的目标；从群体角度来看，浙商参与公共权力的运作，关注社会公共问题，有助于带动其他群体公民意识的发展，使人的公共性得到弘扬。

二、浙商公共行为与社会的公平正义

公平正义既体现为社会发展的终极价值取向，也是社会现实的根本价值关照。公平从一般意义上来说，体现在社会活动的起点、过程和结果之中。起点公平，也称为机会均等；过程公平，意味着规则一致；结果公平，就是回报适度。所有人的劳动都是平等的，等量劳动换取等量产品，等量资本换取等量收益，这确实是一种公平。不去评论这种公平在现实的社会生活中能否真正存在，即便如此，其背后也隐藏着事实上的不平等。"起点平等即使作为一种理想，也不真正意味着一个人在进入每一个竞争时在所有四个因素中（出身、运气、努力和选择）与其他人都平等。"① 况且人在素质上是有差异的，只是这一点就带来了事实上的不平等，使"公平"大打折扣。罗尔斯给出了一条公平的重要原则，"我们只是在必要的约束下最大限度地增加处于最不利状况的人的期望"。② 又说："首先要最大限度地增加最差的代表人的福利。"③ 由此可见，对"处于最不利状况的人"的热切关注，表明了罗尔斯的公平理论对弱势群体的价值关怀。公平的真正实现本来就应该是弱势群体的福音。正义最原始的含义就是正当。所谓正当就是对人的利益要求的认可。如果人们的利益要求被国家法律所认可就上升为权利。正义首先意味着人人享有平等的权利，更意味着人人都能够实现他享有的平等权利。要实现社会的公平正义必须构建社会的平等机制。

第一，构建人人享有的平等权利的实现机制。这就需要理顺权力和权利的关系，用权利来制约权力，避免公权力对私权利的侵犯。从根本上来说，就是要实现权力向社会的真正回归。浙商参与公共权力的运作，恰恰是用权利制约权力的一种方式，也是权力向社会回归的一条重要途径。如果浙商能够在参与公共权力运作的过程中提升自己的公共性，在构建人人享有的平等权利实现机制的过程中会发挥更大的作用。

---

① ［美］詹姆斯·M·布坎南著，平乔心等译：《自由、市场与国家》，上海三联书店1989年版，第190页。

② ［美］约翰·罗尔斯著，何怀宏等译：《正义论》，中国社会科学出版社2001年版，第80页。

③ ［美］约翰·罗尔斯著，何怀宏等译：《正义论》，中国社会科学出版社2001年版，第83页。

第二，为所有社会成员创造平等竞争的环境。社会向所有成员提供均等的机会，提供所有成员必须共同遵守的一致的规则，创造一个公平竞争的环境。浙商作为市场竞争的主体其自身的发展，就内在地要求一种平等竞争的环境。浙商通过参与公共权力的运作，同政府形成良性互动的关系，通过民主协商同政府共同制定规则，有利于创造机会均等、规则一致的环境。浙商通过参与公共产品的供给，敦促政府开放公共服务领域，削平事实存在的各种壁垒，有利于打破垄断，构建平等竞争的环境。

第三，实现基本公共服务均等化。基本公共服务均等化，就是在一个国家内，处于不同地区、不同行业、不同群体的公民能享受到大体相同的公共服务。要实现基本公共服务均等化，必须缩小乃至消除城乡之间、地区之间和不同群体之间享有基本公共服务方面的差距。消除城乡之间基本公共服务供给方面的差距，需要加快城市化的步伐，同时也需要城市的基本公共服务向农村延伸。解决不同地区基本公共服务均等化问题，需要在基本公共服务方面向落后地区进行政策倾斜。要实现不同群体之间基本公共服务均等化，必须加大基本公共服务覆盖某些受到不公正待遇的群体的力度。这一切都需要大幅度提高基本公共服务的投入，大幅度地提高基本公共服务供给的效率。浙商通过同政府合作的方式参与公共产品和公共服务的供给，有利于提高基本公共服务供给的效率，而且可以缓解政府由于受手中掌握的资源的限制，而投入不足的问题。

第四，救助弱势群体。关照弱势群体，以弱势群体的利益为依归，是一个社会公平正义的重要体现。浙商通过各种慈善捐赠活动，承担社会责任，关照弱势群体，不仅仅反映了他们的乐善好施，更重要的是有利于实现社会的公平正义。

三、浙商公共行为与社会的公共秩序

亚里士多德曾经对公共秩序做过精辟的阐述，把公共秩序看做是人们共同生活必不可少的需要。他认为，人从来没有也不可能孤独地以单独的个体存在，他总是处在一定的家庭、部落、国家之中，总是在社会中生活的。因此，即使在最原始的水平上，这也必然涉及某种组织形式，秩序的概念就由此产生了。小至家庭、部落，大至社会、国家，都有它们赖以维持其功能和程序正常运转的一定之规，那就是秩序。对公共秩序的追求与社会公共生活共始终。追寻人类社会实践的足迹，人们在社会的公共生活中形成了公共利益，也形成了公共

利益和个人利益的矛盾，为了缓和和解决这些矛盾，从事社会公共生活的人们有了对公共秩序的需要。通过各种社会规范的作用，使社会需要结构、社会利益关系和社会价值偏好处于互相适应、彼此协调的关系时，就会建立起一种公共秩序。反过来，公共秩序的形成又会对调整社会需要结构，协调社会的利益关系，以使不同价值偏好的群体共处于一个统一体中发挥积极的作用。正是因为有了公共秩序，人类的公共生活才成为可能。正如彼得·斯坦等人讲的那样："消除社会混乱是社会生活的必要条件。即使是在尚未形成部落组织的原始人群当中，人们也认识到了暴力冲突必须加以控制。""必须先有社会秩序，才谈得上社会公平。……如果某个公民不论在家中还是在家庭以外，都无法相信自己是安全的、可以不受他人的攻击和伤害，那么，对他侈谈什么公平、自由，都是毫无意义的。"① 公共秩序对于社会的公共生活来说其意义怎样评价都不过分。塞缪尔·亨廷顿早就看到了这一点，"首要的问题不是自由，而是建立一个合法的公共秩序。"② 合理的公共秩序不仅是社会存在的基础，也是构成人类理想的基本要素和人类社会活动的基本目标。

第一，浙商的社会责任感和诚信经营有利于构建良好的社会秩序。经济秩序是社会公共秩序的重要组成部分。不仅企业的经营行为对社会的经济秩序有重要影响，企业的公共行为也会对经济秩序产生重要影响。企业自身在进行生产经营的过程中就会对整个市场秩序产生影响，好的经营行为会遵循市场秩序，推动经济有序的发展；不好的经营行为则会破坏市场秩序，阻碍经济的进一步发展。浙商作为具有代表性的经济群体，在经营过程中所产生的公共行为会对市场经济秩序、其他市场经济主体以及整体社会带来一定程度上的影响力。现代浙商以"社会责任者"的理念来约束自身的经营行为，遵循市场秩序，遵纪守法、诚信经营。同时利用自身优势，进行公共产品的供给，致力于公益事业等，对良好社会秩序的建立具有重要意义。

第二，浙商创立的民间组织在维护社会公共秩序中发挥着重要作用。根据哈贝马斯的观点，19世纪的西方社会是社会公共领域发展较为活跃和自主的时期，但是到了20世纪，由于公共权力侵入了社会公共领域，公共舆论丧失了应

---

① ［美］彼得·斯坦等著，王献平译：《西方社会的法律价值》，中国人民公安大学出版社1990年版，第39~40页。

② ［美］塞缪尔·亨廷顿著，王冠华等译：《变革社会中的政治秩序》，三联书店1989年版，第7页。

有的独立性、公正性，从而导致了社会公共领域结构的转型。一旦社会公共领域丧失了独立性、公共性，公共权力就会成为私人利益竞争的工具，最终使整体社会结构的公共性陷入危机。因此，发展代表社会各阶层利益的民间组织对于培育社会公共领域就显得尤为重要。伴随市场经济的发展，出现了各种各样的利益阶层和利益群体，尤其是各种民间组织，社会团体不断发展壮大。这些民间组织、社会团体实行自我管理、自我发展，逐渐成为了一股来自社会自身的公共秩序的保障力量。这些社会团体、民间组织作为市民社会的中坚力量，可以发挥自我组织、自我管理的维护社会公共秩序的作用。① 浙商商会作为重要的民间组织，通过商会章程进行管理，规范自身的行为，有利于维护社会的公共秩序。浙商商会的建立不仅对于浙商自身的发展有促进作用，同时还推动浙商积极参与地方的政治、经济、文化和社会建设，在建立地方的政治秩序、经济秩序、文化秩序和社会秩序方面发挥着重要作用。

第二节　浙商公共行为的未来趋势

从人类社会最初文明开始直到今天的现代社会，在这漫长的历史发展过程中，古今中外的思想家们从未放弃对理想社会的探索、追求与向往。他们试图通过自己的理论构造一个充满正义而又人人自由的理想社会，并力图通过自己的努力为实现理想社会而奋斗。在许多思想家设想的理想社会中，公平正义是这个社会的本质所在，社会资源的共同占有、高度自由和高度民主是这一社会的基本特征。在理想社会中，从个人层面来看，个人的公共行为得到最大限度上的发挥；从社会层面来说，公共性成为整体社会的价值取向。现代社会公共性的重塑与公共行为的不断拓展，将促进理想社会的最终实现。浙商作为经济群体，在社会政治、经济、文化和社会发展中起着十分重要的作用。探索并研究社会形态的未来发展趋势，有助于浙商找准角色定位，在发展自身公共行为的同时推动人类公共性的张扬。

一、浙商公共行为的发展

浙商公共行为的发展是人类社会公共行为发展的组成部分，也遵循着人类

---

① 曹鹏飞：《公共性理论研究》，党建读物出版社 2006 年版，第 123～124 页。

社会公共行为发展的一般规律。进入文明社会以后，人类公共行为的发展首先是在政治领域展开的。因为，社会政治领域一开始就具有公共的性质。无论是古希腊的城邦政治领域、中世纪的宫廷政治领域、近代的代议制政治领域，还是当代思想家所推崇的协商民主政治领域都具有公共的性质。只要有国家政权存在就存在着形式上的公共权力。在公共权力运作的过程中，离不开公共权力主体的公共行为。在城邦政治中，公民是公共权力运作的直接主体；在宫廷政治中，社会公众的权力主体地位被剥夺了，公共权力被教权所占有；代议制的发展使社会公众逐渐参与到公共权力运作的过程之中；协商民主政治的出现，恢复了公民公共权力主体的地位。

浙商的公共行为一开始也是表现在政治领域。伴随着浙商的发展，为了能够给自己争取更多的发展空间，他们通过各种形式同政府展开政治互动，以影响政府的行为，赢得更多的政策支持。在人类文明发展的初期，社会经济领域一开始仅仅作为私人领域而存在。为了能够为社会提供所需的公共产品，催生了社会的公共经济领域。最初的公共经济领域是由政府垄断的，政府通过直接开办政府所属的工厂企业来提供公共产品。伴随着社会经济的发展，公共经济领域开始向社会开放，这就为私人部门参与公共产品的供给打开了通道。浙商参与公共产品供给是自身有了一定的经济实力以后，政府又开放了公共经济领域的情况下所产生的公共行为。公共精神是在公共领域中得到弘扬的。真正的公共领域是近代以来形成的，人类的公共精神在公共领域中发扬光大。浙商通过行业协会和民间商会的发展，拓宽了社会的公共领域，同时也培育了自身的公共精神。使浙商的公共行为向政治和经济以外的领域扩展。由此可以对浙商公共行为的发展做出如下的描述：浙商的公共行为从政治领域开始，逐渐扩展到经济领域，又进一步扩展到文化和社会领域。浙商公共行为的发展伴随着时间的延续在空间上不断扩张、内容上不断丰富。

浙商公共行为的发展是公共性不断提升的过程。浙商公共行为最初通过政治参与的形式表现出来，目的是影响政府的政策，改善企业发展的环境，加快企业的发展。浙商参与公共产品的供给更多的是想扩大经营范围，通过政府的优惠政策获取更多的经济利益。其公共行为的功利色彩比较重，出于对公共利益的追求和伦理道德的动因所占比重比较小。随着浙商的不断发展，其公共行为表现为承担社会的责任，尤其是进入慈善活动领域，使浙商公共行为的公共性有了大幅度的提升。这与人类社会发展过程中人的公共行为公共性不断提升的历史趋势相一致。

二、公共行为的最终形态

公共行为的最终形态，可以到不同时代的思想家们所设想的理想社会中去寻找。在西方，最早对理想社会进行描述的是古希腊的思想家柏拉图，他在《理想国》这部著作中描述的理想国家是由"哲学王"治理的国家，因为只有"哲学王"的治理，才能实现社会的正义。理想的社会应该是一个正义得到全面实现的社会。以正义为依归的公共行为是公共行为的最终形态。亚里士多德在《政治学》中运用城邦至善的理念进行城邦公共生活的设计，能够达到至善的社会才是理想的社会。以追求至善为目的的公共行为，才是公共行为的最高层次。

文艺复兴之后的近代欧洲，出现了以托马斯·莫尔、康帕内拉、培根为代表的乌托邦思想，意在构建一种公平正义的理想社会。实际上，乌托邦思想渊源于古希腊的政治生活，是对古希腊思想家们把正义、至善作为理想社会的价值依归的发展。早期的乌托邦思想以托马斯·莫尔的《乌托邦》、康帕内拉的《太阳城》、培根的《新大西岛》为代表。这一时期的主要形式是社会乌托邦，即社会成员以进行政治活动为主。托马斯·莫尔的《乌托邦》通过对"乌托邦岛"和谐生活的描述，讲述了正义生活应具备的基本特征。参加公共活动是作为正常人自身价值得到社会认可的最主要形式。康帕内拉在《太阳城》中通过实行一切公有的制度，即一切产品和财富都由公职人员来进行分配，人们的行为始终围绕公共生活而展开。

"乌托邦的理想生活是公共性的，目的是将个性充分暴露于集体生活的光照之下，其中不可能保留任何私人利益算计的隐秘性。乌托邦就在一种纯粹的公共生活中实现了个人价值追求与政治共同体整体利益的高度统一，而普遍的正义只有在乌托邦中才有可能"。[①] 因此，乌托邦坚持正义的首要性，力图构建一种善的政治，以达到追求人的价值实现与政治共同体整体利益完美统一的目的。乌托邦描述的善的政治既是一种公共生活，同时也是人在公共行为中实现自我价值的活动。在承认人的价值的基础上，通过构造一个纯粹的公共领域，来达到乌托邦所追求的理想社会。

---

① 陈周旺：《正义之善——论乌托邦的政治意义》，天津人民出版社 2003 年版，第 35 页。

作为思想家们设计的人类理想社会，乌托邦给人带来了无限的遐想。尽管乌托邦仅仅是对理想社会的一种设想，被称为"乌有之乡"。但乌托邦作为一种精神向往和理想追求，代表了人类追求自由、正义的美好愿望。在这种近似完美的设计中最大限度地弘扬了人的公共行为的公共性。

乌托邦思想中对理想社会的设想和追求，被后来的空想社会主义者继承并发扬光大。三大空想社会主义者在批判资本主义社会种种弊端的基础上，对他们认为的理想社会进行了设计。在他们设计的未来社会中，处于第一位的是生产活动的有组织性和有计划性，而社会生产的根本目的是增进全体社会成员的共同福利。圣西门设计的理想社会是一种实业社会。在实业制度下，科学院负责编制计划，然后交实业家委员会审查，最后交银行家执行。并第一次明确提出把满足人们的需要，作为新社会的唯一和固定的目的。傅立叶认为，理想社会的基层组织应该是一种工农结合的组织形式。在这一组织内，人人劳动，男女平等，消灭了三大差别。收入按劳动、资本和才能进行分配。通过这种社会组织形式和分配方案来调和资本与劳动的矛盾，从而达到每一个人都能幸福地生活。欧文则把公社制度看做是理想的社会制度。他所说的公社实际上是一个由农、工、商、学结合起来的大家庭。公社的生产目的则是直接为了满足公社全体成员的物质生活和文化生活的需要。

在社会政治生活方面，空想社会主义者主张每一个人的权利都是平等的。圣西门提出，为了防止特权和腐败，保障人们的权利，应该通过广泛的民选产生领袖，"把选举能够担任人类的伟大领袖职责的权力交给全体人民"。而且，经由民选产生的领袖只是社会公共管理人员，只能根据人民的利益和意愿来领导社会，不能以权谋私和滥用职权。欧文主张在他的公社里，全体社员大会是最高权力机构，下设一个总理事会作为常设机构，定期向全体社员大会汇报工作，接受审查和监督。按照傅立叶的设想，在理想社会里国家政权形式事实上已经消亡，在社会的基本单位中设立的只是一种咨询式机构，负责对生产和发展提出参考意见，不具有真正意义上的领导和管理职能。各基层单位之间出于进行大型生产活动的需要经常交往甚至联合，人民实际上处于一种高度自治的状态。

"三大空想社会主义者在未来社会中都强调个人利益与社会利益的一致，'促使每一个人都以宽宏精神对待所有的人'，因为'全人类只有一个共同的目的和一些共同的利益，所以每个人在社会关系方面只应把自己看成是劳动者社会的一员'，为了社会的和谐、稳定、发展，为了让每个人生活在'和平、友爱和永存不息的慈善精神的'世界中，每一个人都应诚实、善良，把自己的利益与社会的利益联系起来，从而使人与人之间充满友爱、互助，形成良好的和谐的人际关系。如果'他个人的利益完全与社会的利益融成一片'的话，'不会再有那种必然会使人们互不团结、彼此疏远的环境了。恰恰相反，每个人都对其他一切人开诚布公，每个人都愿意帮助其他一切人，而不管对方是属于哪一教派，哪一阶级，哪一党派，哪一国家或种族。愤怒、憎恨和复仇心理都将得不到任何支持，任何邪恶的情欲都将无法滋长，任何范围内的团结和互助合作都将变得轻而易举和习以为常'。人们生活在安宁、慈善、诚实和善意相待的社会中。"① 在理想的社会中，公正、平等、正义覆盖社会的所有领域，人的公共性得到充分的张扬，每一个人的所有行为都真正具有了公共行为的性质。

当代西方学者也有人在探讨人类历史的最终形态，其中比较有代表性的是弗朗西斯·福山。他在对自由、民主进行讨论之后，提出了"历史的终结"的思想。1989 年，福山发表了《历史的终结》一文，认为西方国家实行的自由民主制度也许是"人类意识形态发展的终点"和"人类最后一种统治形式"，并因此构成了"历史的终结"。福山认为，"历史终结并不是说生老病死这一自然循环会终结，也不说重大事件不会再发生了或者报道重大事件的报纸从此销声匿迹，确切地讲，它是指历史的最基本的原则和向度可能不再进步了，原因在于所有真正的大问题都已经得到了解决。"② 福山关于历史终结的理论，不是把历史终结于国家的消亡，而是终结于西方的自由民主制度。

"自由国家是理性的国家，因为它把这些相互抵触的获得主认可的欲望协调成一个惟一的互相接受的基础，即'人人相同、人人平等'这个基础。自由的国家必须是普世性的，也就是说每个公民都只是因为他们是人，而不是因为他们是某个民族、种族的成员而获得认可。自由的社会通过消灭主人和奴隶之间的差别而成为一个无阶级的社会，因此它肯定是一种人人相同、人人平等的社会。这种人人相同、人人平等的国家建立在开放并公开的原则基础上，其理性将更为明显，即国家的权威应当是国家的所有公民公开评论后的产物，公民通

---

① 姚望：《试论空想社会主义者的和谐社会观》，《成都教育学院学报》2005 年 6 月。
② ［美］弗朗西斯·福山著，黄胜强等译：《历史的终结及最后之人》，中国社会科学出版社 1999年版，第 3 页。

过公开评论彼此同意按某个明确的条件共同生活。这种国家的权威表示一种理性的自我意识，人类第一次作为一个社会意识到他们自己的真正本性，并且能够创造出一种与这些本性相适应的政治共同体。"① 福山认为自由民主制度，实质是一种崇高的理性政治行为，是发动全社会来讨论支配公共生活的政体的形式。通过讨论达到对自由民主政治生活的认可。这种认可不仅在政治生活中所必不可少，而且是公共精神和正义等政治美德的心理基础。自由民主制度代表的"人人相同、人人平等"的理念，同富有的经济和发达的科学一起为发掘人内在灵魂与公共精神提供保障。因此，在自由民主制度中才能够彰显人的公共行为的公共性。

事实上，只要有国家存在，就不会有完全的自由民主。西方国家的自由民主制度只不过是自由民主制度的一种形态，是自由民主发展到一定阶段的产物。历史更不会在它的面前终结。只要人类社会存在历史就不会终结，终结的仅仅是历史的具体表现形式。

马克思、恩格斯批判地继承了空想社会主义的合理思想，提出了在未来社会中人的公共行为全面实现的最终形式，即自由人联合体的思想。"在马克思关于公共性的思想中，人的公共性的发展程度与人类共同体的发展形式，以及个人与共同体之间关系的发展是紧密相连的。马克思不但从人类社会发展的历史维度论述了人的公共性的产生、实质和发展过程，而且还从人的公共性发展与人类共同体发展的关系角度提示了人的公共性的最终归宿，即在自由人的联合体这种人类共同体中，人的公共性得以全面发展和体现。那时，公共领域成为人的自由自觉活动的领域，公共利益成为真正的人类的普遍利益。"②

马克思认为，首先人的社会性是公共性产生的基础和前提。人的社会活动包括公共活动产生于社会领域之中。社会领域的发展推动了相应的公共领域的形成与发展，公共领域的不断发展也为人的公共活动提供更多的场所，进而促进人个体与社会整体的公共性的弘扬。在人们的社会实践活动和交往活动基础上，产生了私人利益与公共利益。私人利益的实现一定意义上取决于公共利益的实现。但现实中的个体出于对各自私人利益的争夺，往往会引起矛盾、冲突

---

① ［美］弗朗西斯·福山著，黄胜强等译：《历史的终结及最后之人》，中国社会科学出版社 1999 年版，第 230 页。

② 郭湛：《社会公共性研究》，人民出版社 2009 年版，第 37 页。

和斗争。为了维护社会的稳定，公共利益需要一定的人类共同体来实现。这个人类共同体就是国家。国家的作用表面看来是运用公共权力来协调个人利益，维护公共利益，解决矛盾，缓解冲突。但实质上国家所代表的是统治阶级的利益。要真正实现全社会的公共利益，只有创造条件使国家这一根源于社会而又凌驾于社会之上的"怪物"彻底消亡，使社会真正成为"自由人的联合体"。

马克思、恩格斯不仅提出了国家消亡的任务，而且探索了国家消亡的过程和途径。在对资本主义进行批判的同时，马克思、恩格斯肯定了近代以来资本主义极大地发展了社会生产力。在他们看来，正是生产力的高度发展，导致人类社会同私有制的彻底决裂，进而同私有观念彻底决裂，从而推动了国家的消亡。人类社会在摆脱了国家的束缚以后，最终发展成为"自由人的联合体"。在自由人的联合体中，生产劳动摆脱了物质生产形式的束缚，成为人的自主活动，从而实现了自主活动与物质生活的一致。人的公共领域得以全面拓展，人成为真正社会共同体中的人。当社会实现了"两个彻底决裂"之后，人们才真正获得了充分的自由，社会的公平正义才真正实现了它的最终形态，人的自利性和公共性完全合二为一，每一个人的每一种活动都是以公共性为取向的活动，每一个人的每一种行为都是一种真正公共行为。

之所以把"自由人的联合体"中的公共行为作为公共行为的最终形态，主要是因为在"自由人的联合体"中，所有人的所有行为都是公共行为，个人行为和公共行为完全融为一体。失去了以个人行为为对立面的公共行为，也就成为公共行为的最终形态。

参考文献
References ◤

［1］ 吕福新等．浙商论．北京：中国发展出版社，2009

［2］ 吕福新主编．浙商人文精神．北京：中国发展出版社，2007

［3］ 吕福新等．浙商的崛起与挑战——改革开放30年．北京：中国发展出版社，2008

［4］ 朱国云．多中心治理与多元供给．北京：中国劳动社会保障出版社，2007

［5］ 陈家刚选编．协商民主引论．上海：三联书店，2004

［6］ 杨仁忠．公共领域．北京：人民出版社，2009

［7］ 刘鑫淼．当代中国公共精神的培育研究．北京：人民出版社，2010

［8］ 王春福．有限理性利益人与公共政策．北京：中国社会科学出版社，2008

［9］ 谭安奎编．公共性二十讲．天津：天津人民出版社，2008

［10］ 宁骚．公共政策学．北京：高等教育出版社，2003

［11］ 万俊人．现代公共管理伦理．北京：人民出版社，2005

［12］ 何增科．公民社会与第三部门．北京：社会科学文献出版社，2000

［13］ 邓正来等主编．国家与公民社会．上海：上海人民出版社，2006

［14］ 汪晖等编．文化与公共性．北京：三联书店，1998

［15］ 萧国亮，隋福民．世界经济史．北京：北京大学出版社，2007

［16］ 齐涛．世界通史教程．济南：山东大学出版社，2008

［17］ 高德步，王钰．世界经济史．北京：中国人民大学出版社，2005

［18］ 解光云．古典时期的雅典城市研究．北京：中国社会科学出版社，2006

［19］ 王维国．公共性理念的现代转型及其困境．兰州：兰州大学出版社，2005

［20］ 燕继荣．西方政治学名著导读．北京：中国人民大学出版社，2009

［21］ 李鹏程等．政治哲学经典（西方卷）．北京：人民出版社，2008

［22］ 赵立行．商人阶层的形成与西欧社会转型．北京：中国社会科学出版社，2004

［23］黄仁宇．资本主义与二十一世纪．上海：三联书店，2006

［24］樊亢．资本主义兴衰史．北京：经济管理出版社，2007

［25］朱孝远．近代欧洲的兴起．上海：学林出版社，1997

［26］高德步，王珏．世界经济史．北京：中国人民大学出版社，2005

［27］曹鹏飞．公共性理论研究．北京：党建读物出版社，2006

［28］陈周旺．正义之善——论乌托邦的政治意义．天津：天津人民出版社，2003

［29］郭湛．社会公共性研究．北京：人民出版社，2009

［30］李长明．经营伦理理论与实践．北京：经济管理出版社，1999

［31］杨光斌．政治学导论．北京：中国人民大学出版社，2004

［32］李爱华．现代政治学．北京：北京师范大学出版社，2001

［33］童书业．中国手工业商业发展史．北京：中华书局，2005

［34］徐斌．当代浙商——从配角到主角之路．杭州：浙江大学出版社，2008

［35］汪岩桥，吴伟强．浙商之魂——浙江企业家精神研究．北京：中国社会科学出版社，2009

［36］刘少杰．后现代西方社会学理论．北京：社科文献出版社，2002

［37］陆立军等．义乌模式．北京：人民出版社，2008

［38］徐王婴．浙商 1.5 代——浙商 30 年 1.5 代里程．杭州：浙江人民出版社，2008

［39］陈剩勇等．组织化、自主治理与民主——浙江温州民间商会研究．北京：中国社会科学出版社，2004

［40］鲁篱．行业协会经济自治权研究．北京：法律出版社，2003

［41］张经．行业协会商会工作基础．北京：中国工商出版社，2007

［42］俞可平等．中国公民社会的制度环境．北京：北京大学出版社，2006

［43］王明，刘培峰．民间组织通论．北京：时事出版社，2004

［44］郁建兴等．在参与中成长的中国公民社会——基于浙江温州商会的研究．杭州：浙江大学出版社，2008

［45］俞可平．治理与善治．北京：科学文献出版社，2000

［46］陈振明．公共管理学——一种不同于传统行政学的研究途径．北京，中国人民大学出版社，2003

［47］郑杭生主编．社会学概论新修．北京：中国人民大学出版社，2003

［48］罗豪才主编．行政法论丛．北京：法律出版社，2001

［49］孔繁斌．公共性的再生产——多中心治理的合作机制建构．南京：江苏人民出版社，2008

［50］辛鸣．制度论：关于制度哲学的理论建构．北京：人民出版社，2005

［51］刘斌，王春福等．政策科学研究（第一卷）．北京：人民出版社，2000

［52］谢小军．民营企业产权制度创新研究．长沙：湖南大学出版社，2007

［53］郭道晖．社会权利与公民社会．南京：译林出版社，2009

［54］刘华光．商会的性质、演进和制度安排．北京：中国社会科学出版社，2009

［55］许崇正等．民营经济发展与制度环境．北京：中国经济出版社，2008

［56］孙立平．守卫底线——转型社会生活的基础秩序．北京：社会科学文献出版社，2007

［57］董辅礽．中华人民共和国经济史．北京：经济科学出版社，1999

［58］蔡根女，鲁德银．中小企业发展与政策扶持．北京：中国农业发展出版社

［59］吴家曦．2007浙江省中小企业发展报告．杭州：浙江人民出版社，2008

［60］吴锦良等．走向现代治理．杭州：浙江大学出版社，2008

［61］［德］马克思，恩格斯．马克思恩格斯全集（第3卷）．北京：人民出版社，1976

［62］［德］马克思，恩格斯．马克思恩格斯选集（第1卷）．北京：人民出版社，1972

［63］［德］马克思，恩格斯．马克思恩格斯选集（第4卷）．北京：人民出版社，1972

［64］［德］马克思，恩格斯．马克思恩格斯全集（第46卷）（上）．北京：人民出版社，1980

［65］［德］马克思，恩格斯．马克思恩格斯选集（第3卷）．北京：人民出版社，1972

［66］［美］乔治·弗雷德里克森著．张成福等译．公共行政的精神．北京：中国人民大学出版社，2003

［67］［英］亚当·斯密著．蒋自强等译．道德情操论．北京：商务印书馆，1997

［68］［美］R. 科斯等著．刘守英等译．财产权利与制度变迁．上海：三联书店，1994

［69］［美］E. S. 萨瓦斯著．周志忍等译．民营化与公司部门的伙伴关系．北京：中国人民大学出版社，2003

［70］［美］埃利诺·奥斯特罗姆著．余逊达等译．公共事务的治理之道．上海：三联书店，2000

［71］［美］阿尔温·托夫勒著．朱志焱等译．第三次浪潮．北京：三联书店，1983

［72］［美］约翰·奈斯比特著．梅艳译．大趋势——改变我们生活的十大新趋向．北京：中国社会科学出版社，1984

［73］［美］罗伯特·A·达尔著．尤正明译．多元主义民主的困境．北京：求是出版社，1989

［74］［美］詹姆斯·M·布坎南著．吴良健等译．自由、市场与国家．北京：北京经济学院出版社，1988

［75］［美］托马斯·戴伊著．梅士等译．谁掌管美国——里根年代．北京：世界知识出版社，1985

［76］［美］塞缪尔·亨廷顿著．李盛平等译．变革社会中的政治秩序．北京：华夏出版社，1989

［77］［英］约翰·埃尔金顿著．庞海丽译．茧经济：通向"企业公民"模式的企业转型．上海：上海人民出版社，2005

［78］［德］黑格尔著．范杨等译．法哲学原理．北京：商务印书馆，1961

［79］［意］葛兰西著．曹雷雨等译．狱中札记．北京：中国社会科学出版社，2000

［80］［德］哈贝马斯著．曹卫东等译．公共领域的结构转型．上海：学林出版社，1999

［81］［美］迈克尔·麦金尼斯著．毛寿龙等译．多中心体制与地方公共经济．上海：三联书店，2000

［82］［澳］约翰·S·德雷泽克．丁开杰译．协商民主及其超越——自由与批判的视角．北京：中央编译出版社，2006

［83］［美］詹姆斯·博曼，威廉·雷吉著．陈家刚等译．协商民主：论理性与政治（导言）．北京，中央编译出版社，2006

［84］［南非］毛里西奥·帕瑟林·登特利维斯主编．王英津等译．作为公共协商的民主——新的视角．北京：中央编译出版社，2006

［85］［美］詹姆斯·博曼，威廉·雷吉著．陈家刚等译．协商民主：论理性与政治．北京：中央编译出

版社，2006

［86］［美］汉娜·阿伦特著．竺乾威译．人的条件．上海：上海人民出版社，1999

［87］［法］托克维尔著．董果良译．论美国的民主．北京：商务印书馆，1996

［88］［德］加达默尔著．夏镇平等译．哲学解释学．上海：上海译文出版社，1994

［89］［古希腊］柏拉图著．郭斌和等译．理想国．北京：商务印书馆，1986

［90］［古希腊］亚里士多德著．吴寿彭译．政治学．北京：商务印书馆，1981

［91］［法］霍尔巴赫著．管士滨译．自然的体系（上卷）．北京：商务印书馆，1999

［92］［英］戴维·米勒，韦农·波格丹诺著．邓正来等译．布莱克维尔政治学百科全书．北京：中国政
　　　法大学出版社，1992

［93］［美］丹尼斯·朗著．郑明哲译．权力论．北京：中国社会科学出版社，2001

［94］［美］约翰·罗尔斯著．姚大志译．作为公平的正义——正义新论．上海：三联书店，2002

［95］［法］马克·布洛赫著．张和声等译．历史学家的技艺．上海：上海社会科学院出版社，1992

［96］［英］H. 基托著．徐卫翔等译．希腊人．上海：上海人民出版社，1998

［97］［法］杜丹著．志扬译．古代世界经济生活．北京：商务印书馆，1963

［98］［英］D. 梅林著．喻阳译．理解柏拉图．沈阳：辽宁教育出版社，2000

［99］［意］卡洛·M. 奇波拉著．徐璇等译．欧洲经济史（第一卷）．北京：商务印书馆，1998

［100］［法］F. 布罗代尔著．顾良等译．资本主义论丛．北京：中央编译出版社，1997

［101］［德］马克斯·韦伯著．于晓等译．新教伦理与资本主义精神．上海：三联书店，1987

［102］［美］约翰·罗尔斯著．何怀宏等译．正义论．北京：中国社会科学出版社，2001

［103］［美］彼得·斯坦等著．王献平译．西方社会的法律价值．北京：中国人民公安大学出版社，1990

［104］［美］弗朗西斯·福山著．黄胜强等译．历史的终结及最后之人．北京：中国社会科学出版
　　　社，1999

［105］［美］亨廷顿著．马殿均等译．民主的危机．北京：求实出版社，1989

［106］［美］罗伯特·达尔著．王沪宁等译．现代政治分析．上海译文出版社，1987

［107］［美］戴维·伊斯顿著．马青槐译．政策体系——政治学状况研究．北京：商务印书馆，1992

［108］［美］道格拉斯·C. 诺斯著．陈郁等译．经济史中的结构与变迁．上海：三联书店，1991

［109］［英］米切尔·黑尧著．赵成根译．现代国家的政策过程．北京：中国青年出版社，2004

［110］［美］曼纽尔·卡斯特著．曹荣湘译．认同的力量．北京：社会科学文献出版社，2006

［111］［加］迈克尔·豪特力等著．庞诗等译．公共政策研究——政策循环与政策子系统．北京：三联书
　　　店，2006

［112］［美］克拉格著．余劲松等译．制度与经济发展——欠发达与后社会主义国家的增长与治理．北
　　　京：法律出版社，2006

［113］［德］哈贝马斯著．曹卫东译．交往行动理论——行为合理化与社会合理化（第一卷）．上海：
　　　上海人民出版社，2004

［114］［美］文森特·奥斯特罗姆著．王建勋译．美国联邦主义．上海：三联书店，2003

［115］［美］曼库尔·奥尔森著．陈郁等译．集体行动的逻辑．上海：三联书店，1995

[116] ［英］戴维·赫尔德等著．杨雪东等译．全球大变革——全球化时代下的政治、经济与文化．北京：社会科学文献出版社，2001

[117] ［英］马尔科姆·卢瑟福著．陈剑波等译．经济学中的制度．北京：中国社会科学出版社，1999

[118] ［美］罗森布鲁姆，克拉夫丘克著．张成福等译．公共行政学——管理、政治和法律的途径．北京：中国人民大学出版社，2002

[119] ［美］威廉·N·邓恩著．谢明等译．公共政策分析导论．北京：中国人民大学出版社，2002

[120] ［美］丹尼尔·W·布罗姆利著．陈郁等译．经济利益与经济制度．上海：上海人民出版社，1996

[121] ［美］凡勃仑著．蔡受百译．有闲阶级论．北京：商务印书馆，1997

[122] ［德］马克斯·韦伯著．林远荣译．经济与社会（上卷）．北京：商务印书馆，1997

[123] ［英］吉登斯著．李康等译．社会的构成——结构化理论大纲．上海：上海三联书店，1998

[124] ［美］乔纳森·特纳著．吴曲辉等译．社会学理论的结构．杭州：浙江人民出版社，1987

[125] ［法］迪维尔热著．杨祖功等译．政治社会学．北京：华夏出版社，1987

[126] ［日］青木昌彦著．周黎安译．比较制度分析．上海：上海远东出版社，2001

[127] ［美］马奇，［挪］奥尔森．张伟译．重新发现制度——政治的组织的基础．北京：三联书店，2011

[128] ［美］埃利诺·奥斯特罗姆等著．王巧玲等译．规则、博弈与公共池塘资源．太原：山西人民出版社，2011

[129] 张仁寿，杨轶清．浙商——成长背景、群体特征及其未来走向．商业经济与管理，2006（6）

[130] 王太高，邹焕聪．民生保障、民营化与国家责任的变迁．江海学刊，2011（1）

[131] 李延均．公共服务领域公私合作关系的契约治理．理论导刊，2010（1）

[132] 王磊．公共产品供给主体选择——基于交易费用经济学的理论分析框架及在中国的应．财贸经济，2007（8）

[133] 马恩涛．我国公共产品私人供给的有效性分析．哈尔滨商业大学学报》（社会科学版），2003（6）

[134] 周文．论公共产品的私人供给．党政干部论坛，2006（10）

[135] 吕达．公共物品的私人供给机制探析．江西社会科学，2004（12）

[136] 谢煜，李建华．准公共物品民营化的风险分析．行政论坛，2006（6）

[137] 赵俊怀．我国地方公共产品供给民营化研究．四川行政学院学报，2003（3）

[138] 黄华，杨平．公共产品多元化提供与行政体制改革．理论与改革，2006（2）

[139] 裴峰．试析公共物品供给的民营化．中州学刊，2004（2）

[140] 刘珍珍．我国公共产品供给的民营化研究．中国科学技术大学硕士论文，2005

[141] 张月英．公共物品私人供给的理论分析．聊城大学学报（社会科学版），2005（3）

[142] 成伟．关于私营企业主政治参与的理性思考．探索，2002（2）

[143] 杨贺男．关于私营企业主阶层政治参与的思考．企业经济，2007（3）

[144] 华正学．私营企业主政治参与中的满意度研究．河北省社会主义学院学报，2005（1）

[145] 胡绍元．我国私营企业主政治参与分析．西南民族大学学报（人文社科版），2006（11）

[146] 毛明斌．略论私营企业主阶层的政治参与方式及其特点．兰州学刊，2004（5）

[147] 董明．论当前我国私营企业主阶层政治参与．中共宁波市委党校学报，2005（1）

[148] 王晓燕．私营企业主非正式政治参与的途径与意义分析．南京师大学报（社会科学版），2006
（6）

[149] 陈诚平，崔义中．论社会转型时期的私营企业主政治参与．云南社会科学，2007（4）

[150] 邢乐勤，杨逢银．浙江省私营企业主政治参与的现状分析．中国行政管理，2004（11）

[151] 华正学．完善我私营企业主政治参与模式的对策选择．广州社会主义学院学报，2008（2）

[152] 陈晓峰．生命周期视角——民营企业社会责任履行促进机制探讨．现代财经，2011（3）

[153] 疏礼兵．民营企业社会责任认知与实践的调查研究．软科学，2010（10）

[154] 孙丰云．当前我国企业社会责任的缺位与重构．世界经济与政治论坛，2007（6）

[155] 刘锡荣，韩乐义．民营企业社会责任缺失原因及对策分析．人民论坛，2011（3）

[156] 周燕，林龙．新形势下我国民营企业的社会责任．财经科学，2004（5）

[157] 黄玲．民营企业社会责任的几个理论问题．福建论坛，2007（12）

[158] 陈旭东，余逊达．民营企业社会责任意识的现状与评价．浙江大学学报（人文社会科学版），
2007（3）

[159] 吴巧瑜．转型期民间商会组织的角色与功能．学术研究，2007（8）

[160] 郁建兴．民间商会的发展与政府职能的转变．中国行政管理，2005（9）

[161] 王珍珍．商会的形成机制及有效性理论综述．南开经济研究，2005（5）

[162] 陶庆．中国化"资产者公共领域"——从民间商会到市民社会的路径选择．文史哲，2005（2）

[163] 朱未萍．中国商会的生成和发展模式选择．管理世界，2006（8）

[164] 周立群，任一．我国商会组织的发展特点与转型路径．学术界，2007（5）

[165] 陈剩勇，马斌．民间商会与地方治理——功能及其限度．社会科学，2007（4）

[166] 刘伟伟．温州民间商会纵论．浙商经济，2005（8）

[167] 郁建兴，阳盛益．民间商会的绩效与发展．公共管理学报，2007（4）

[168] 马斌，徐越倩．民间商会的治理结构与运行机制．理论与改革，2006（1）

[169] 陈剩勇，马斌．温州民间商会——一个制度分析学的视角．浙江大学学报（人文社会科学版），
2003（2）

[170] 杨光飞．从"关系合约"到"制度化合作"——民间商会内部合作机制的演进路径．中国行政管理，2007（8）

[171] 王立军．浙江行业协会改革的探索及其扶持对策研究．生产力研究，2004（6）

[172] 俞可平．中国离"善治"有多远．中国行政管理，2001（9）

[173] [英] 斯蒂芬·艾斯特著．第三代协商民主．国外理论动态，2011（3）

[174] [美] 乔治·M·瓦拉德兹著．何莉编译．协商民主．马克思主义与现实，2004（3）

[175] 万平，罗洪．协商民主理论渊源探析．前沿，2011（5）

[176] 秦绪娜．国内外协商民主研究综述．中共云南省委党校学报，2008（2）

[177] 张恒龙．论"经济人"假说在微观经济学发展中的作用．经济评论，2002（2）

[178] 张华，赵海林．公共精神——公共管理的核心诉求．天府新论，2008（6）

［179］解菲．浅谈互联网对当代公共领域建构的影响．新闻世界，2009（8）

［180］黄洋．希腊城邦的公共空间与政治文化．历史研究，2001（5）

［181］梅芳．经济人假设的比尔·盖茨慈善行为分析．现代农业，2007（8）

［182］姚望．试论空想社会主义者的和谐社会观．成都教育学院学报，2005（3）

［183］王国平．现代企业行为结构初探．学术月刊，1997（7）

［184］李萍．论公共精神的培养．北京行政学院学报，2004（2）

［185］袁祖社．"公共精神"——培育当代民族精神的核心理论维度．北京师范大学学报（社会科学版），2006（1）

［186］王中林．对中小企业社会责任问题的思考．商场现代化，2007（12）

［187］李萍．论公共精神的培养．北京行政学院学报，2004（2）

［188］谭莉莉．公共精神——塑造公共行政的基本理念．探索，2002（4）

［189］吴光芸．公民公共精神与民主政治建设．理论探索，2008（1）

［190］张华，赵海林．公共精神——公共管理的核心诉求．天府新论，2008（6）

［191］费孝通．小商品大市场．浙江学刊，1986（3）

［192］习近平．与时俱进的浙江精神．哲学研究，2006（4）

［193］解菲．浅谈互联网对当代公共领域建构的影响．新闻世界，2009（8）

［194］王晓明．转型期行业协会制度的供给与需求分析——以浙江省为例．企业经济，2006（3）

［194］黄健荣，杨占营．新公共管理批判及公共管理的价值根源．中国行政管理，2004（2）

［196］徐加良．双重赋权——中国行业协会的基本特征．天津行政学院学报，2003（1）

［197］余晖等．行业协会——为何难走到前台．中国改革，2002（6）

［198］强信然，方超英．转轨时期行业管理工作的取向．宏观经济研究，2004（10）

［199］沈恒超．发展行业协会的必要性和紧迫性．中国行政管理，2003（3）

［200］王春福．政策网络的开放与公共利益的实现．中共中央党校学报，2009（1）

［201］周叶中．论民主与利益、利益集团．学习与探索，1995（2）

［202］陈振明．评西方的新公共管理范式．中国社会科学，2000（6）

［203］俞可平．治理理论与公共管理．南京社会科学，2001（9）

［204］辛鸣．制度哲学——着眼于实践的理论建构．理论前沿，2007（5）

［205］龚晓菊．中国商会在民营经济发展中的作用．武汉大学学报（人文科学版），2004（4）

［206］肖川．论政府对文化产业的制度支撑．中国经贸导刊，2011（5）

［207］胡惠林．中国文化产业战略力量的发展方向——兼论金融危机下的中国文化产业新政．学术月刊，2009（8）

［208］杨茗茗．解析制约我国慈善事业发展的原因．理论与当代，2008（3）

［209］James M. Buchanan, 1965, An Economic Theory of Clubs Economica, New Series, Vol. 32, No. 125, pp. 1~14。

［210］Keithl. Dougherty, 2003, Public goods theory from eighteenth century political philosophy to twentieth century economics, Public Choice 117：pp. 239~253。

[211] Samuelson, Paul, 1954, The Pure Theory of Public Expenditure, Review of Economics and Statistics, 36 (Nov), pp. 388 ~ 389。

[212] Joseph M Bessette, 1980, Deliberative Democracy the Majority Principle in Republican Government, pp. 102 ~ 116。

[213] Bernard Mannin, 1987, On Legitimacy and Political Deliberation, Political Theory, Vol15 · No, pp. 338 ~ 368。

[214] Joshua Cohen, 1989, Deliberation and Democratic Legitimacy, Alan Hamlin, Philip PetiteGood Polity, Blackwel, pp. 17 ~ 34。

[215] Bowen, H. R. , 1953, Social Responsibilities of the Businessman, NewYork: Harpor&Row。

[216] Davis, K. , 1960, Can business afford to ignore socialresponsibilities? in California Management Review, (2: 3), pp. 70 ~ 76。

[217] Frederick, W. C, 1960, The growing concern over business responsibility, in California Management Review (2), pp. 54 ~ 61。

[218] Walton, C. C, 1967, Corporate Social Responsibilities, Belmont, CA, Wadsworth。

[219] Steiner, G. A, 1971, Business and Society, New York: Random House。

[220] Manne, H. G. & Wallich, H. C, 1972, The Modern Corporation and Social Responsibility, Washington D. C. , American Enterprise Institute for Public Policy Research。

[221] Freeman, R. E, 1984, Strategic Management: A Stakeholder Approach, Boston, Pitman。

[222] Carroll, A. B, 1991, The pyramid of corporate social responsibility: toward the moral management of organizational stakeholders, in Business Horizons (34), July/August, pp. 39 ~ 48。

[223] Matten, D, Crane, A. & Chapple, W, 2003, Behind the mask: revealing the true face of corporate citizenship, in Journal of Business Ethics, 45: 1/2, pp. 109 ~ 120。

后 记
Postscript ◥

本书是浙江省社会科学重点研究基地——浙商研究中心省社会科学重点研究项目"浙商公共行为与政府政策导向"的最终研究成果。在研究过程中，通过查阅了大量现有文献资料，获得相关数据，走访政府相关部门，掌握制度和政策信息，并先后在浙江省杭州、宁波、温州、台州、绍兴、义乌、湖州等民营企业比较发达、浙商比较集中的地区进行问卷调查、专题访谈和案例搜集，同时还走访了上海、江苏等地省外浙商，获得了丰富的第一手资料，为课题的研究奠定了坚实的基础。本研究并没有停留在对实证材料的一般分析上，而是在实证分析的基础上进行提炼和升华，运用作者多年来的学术积累作更高层次的理论解读，力图使研究成果更具理论价值和实践意义。

浙江工商大学行政管理专业 2009 级研究生陈驰、齐玉华、范宇欣、沈银红参与了本课题的研究和研究报告的撰写工作，为本课题的研究作出了重要贡献。

本课题在研究过程中参考和引用了一些已有的研究成果，在此对相关学者表示最诚挚的感谢！

作 者
2012 年 2 月